Der Teerhof in Bremen

Christoph Dette
Anke Großmann
Ruprecht Großmann

Der Teerhof in Bremen

Bremens Insel
zwischen Altstadt
und Neustadt

1995
Verlag H. M. Hauschild

Abbildung auf dem Schutzumschlag:
Luftaufnahme vom Teerhof Ende der 20er Jahre
(Quelle: Landesbildstelle Bremen)

Abbildung auf dem vorderen Vorsatz:
Luftaufnahme vom Teerhof, 1938
(Quelle: Strähle KG, Schorndorf)

Abbildung auf dem hinteren Vorsatz:
Luftaufnahme vom Teerhof, 1950
(Foto: Georg Schmidt, Bremen)

Impressum

© bei den Autoren und beim
  Verlag H. M. Hauschild GmbH, Bremen
Buchgestaltung: Gernot Braatz, Bremen
Gesamtherstellung: H. M. Hauschild GmbH, Bremen

ISBN 3-929 902-88-5

Dem Andenken an die Menschen,
die auf dem alten Teerhof gelebt,
gearbeitet und gelitten haben

Wi möt seh'n, dat ut'n Schietpott wedder
'n Eetpott ward

Spruch vom alten Teerhof

Nur kleine Leute bauen schöne Häuser

Klaus Hübotter

Vorwort

Für das hier vorgelegte Buch lassen sich mehrere Beweggründe anführen. Erstens ist bislang, abgesehen von einer Examensarbeit aus dem Jahre 1962, keine eigenständige Darstellung der Geschichte des Teerhofs vorhanden — ganz im Gegensatz zur Behandlung anderer Bremer Straßen (Böttcherstraße, Schnoor usw.). Zum zweiten reizt die zentrale und zugleich einmalige Lage des Teerhofs als Insel und später als Halbinsel zwischen der Großen und der Kleinen Weser zur Beschäftigung mit den dadurch hervorgerufenen Besonderheiten. Drittens gibt die Totalzerstörung des alten Teerhofs vor jetzt 50 Jahren Veranlassung auch zu einem literarischen Gedenken. Mit der völligen Zerstörung des Teerhofs hängt auch der vierte Grund insofern zusammen, als über die Vorkriegs- und Kriegszeit gerade die Erinnerungen der wenigen noch lebenden und inzwischen betagten früheren Teerhofbewohner als oft einzige Belege festzuhalten sind. Schließlich bietet fünftens die jetzt abgeschlossene Neubebauung des Teerhofs Gelegenheit zu einer Vorstellung und zu Vergleichsmöglichkeiten gegenüber früheren Bebauungen.

Die verschiedenen Gründe und Anlässe erfordern es, die Arbeit auf eine breite Grundlage zu stellen. Baugeschichte ist auch Kulturgeschichte, Baupolitik zugleich Gesellschaftspolitik. Wir haben uns deshalb bemüht, nicht nur die einzelnen Häuser des Teerhofs, die Teerhofstraße und die nähere Umgebung (Herrlichkeit, Weserbrücken usw.) darzustellen, sondern auch das Leben der Bewohner, die Arbeit und die Probleme vor dem Hintergrund der sozialen und wirtschaftlichen Situation Bremens in den verschiedenen Jahrhunderten zu schildern. Dabei wird sich zeigen, daß auf dem Teerhof mehr Vielfalt, aber auch mehr Geschlossenheit und Bürgersinn anzutreffen waren, als man das landläufig bisher wohl angenommen hat. Während der langwierigen Diskussionen über die Gestalt des jetzigen Teerhofs hat der frühere offenbar nur in mehr oder weniger schemenhafter Erinnerung an mächtige Packhäuser, bescheidene kleine Wohnhäuser und verkaufsbereite Eigentümer eine Rolle gespielt. Eine historische Aufarbeitung hat demgegenüber auf Vollständigkeit zu achten. Das schließt nicht nur die Vorstellung der bau-, wirtschafts-, sozial- und kulturgeschichtlichen Fakten ein, sondern — nicht zuletzt wegen der öffentlich hoch angesetzten Ansprüche an die Neubebauung dieses Areals der geographischen Mitte Bremens — auch die Ausleuchtung der Bedingungen zu ihrer Veränderung wie zu Alternativen überhaupt.

Der Gefahr einer fachlich verengten Sichtweise bei der Bearbeitung sollte durch die verschiedenen beruflichen Schwerpunkte der Autoren — Historiker, Jurist, Architektin — entgegengewirkt werden. Aus arbeitspraktischen Gründen war eine Aufgliederung in der Weise erforderlich, daß der Teil A von C. Dette, die Teile B, C, D I und II von R. Großmann und der Teil D III bis V sowie sämtliche Zeichnungen von A. Großmann erstellt wurden.

Eine detailgetreue Wiedergabe der mit dem Teerhof verbundenen Ereignisse wäre ohne die Hilfe der früheren Bewohner nicht möglich gewesen. Für Fotos und Auskünfte ist Frau Inge Stumper und den Herren Rolf Ommen, Wilfried Schierloh und Paul Wenthe zu danken. Auch die bremischen Firmen, die früher auf dem Teerhof ansässig waren und deren Geschäftstätigkeit näher dargestellt wird, haben zum Teil wichtige Informationen geliefert. Besonders erwähnt werden sollen hier Herr Hans-Werner Deetjen (Firma Knappstein & Co.), Frau Liselotte Ehntholt und Frau Marianne Chantelau (Firma Ehntholt & Chantelau), Herr Bernhard Lackmann (Firma Brinkmann), Frau Martha Poser (Firma Poser) und Herr Hans-Jürgen Schweers (Firma Stute). Frau Gabriele Mönch, M. A., Enkelin von Herrn Reinhard Bormann, hat einen eigenen Beitrag über die Firma Bormann & Schulze geschrieben. Herr Jörn Schierloh hat eine Darstellung über archäologische Funde beigesteuert.

Des weiteren haben wir auf Bild- und Schriftmaterialien der bremischen Behörden zurückgreifen können. Zu danken ist hier vor allem dem Staatsarchiv Bremen (insbesondere Herrn Vogel, Frau Breitenfeldt und Herrn Olk), dem Landesmuseum für Kunst und Kulturgeschichte (Focke-Museum), der Stadtbibliothek Bremen und der Landesbildstelle Bremen. Besonderer Dank gebührt sodann dem Leiter der Kataster- und Vermessungsverwaltung, Herrn Prof. Dr.-Ing. Lucht, für die Bereitstellung von Unterlagen über den Teerhof. Aus ihren privaten Archiven haben dankenswerterweise Herr Axel Hübener, Herr Wolfgang Klemet, Frau Hilde Kopplow, Herr Kurt Lappenberg und Herr Hans Vehlber einige Bilder für die Veröffentlichung zur Verfügung gestellt.

Ein vollständiges Verzeichnis aller Bildquellen befindet sich im Anhang. Ebenso ist das benutzte Schrifttum in einem Literaturverzeichnis sowie speziell in den jeweiligen Anmerkungen zum Text am Schluß aufgeführt.

Abschließend ist dem Verlag Hauschild für die fachkundige Begleitung und vor allem für die gelungene Gestaltung und Drucklegung des mit zahlreichen und verschiedenartigen Materialien durchsetzten Textes herzlich zu danken.

Trotz der umfangreichen und sich über Jahre erstreckenden Recherchen der Verfasser muß die Darstellung unvollständig bleiben und wird auch Fehler beinhalten. Kritik, Verbesserungsvorschläge und ergänzende Hinweise sind deshalb willkommen, um auch dadurch die bisherige Lücke in diesem Teil der bremischen Stadtgeschichte zu schließen.

Bremen, im Herbst 1995

Anke Großmann
Christoph Dette
Ruprecht Großmann

Inhalt

A. Der Teerhof bis zum Beginn des 19. Jahrhunderts 15
    1. Die Müller auf dem Teerhof 15
    2. Die Schiffbauer erobern den Teerhof 18
    3. Die Neustadt entsteht 20
    4. Der „Teerhof" 25
    5. Pächter auf dem Teerhof. Der Teer- und Tonnenhof 26
    6. Schiffbauer im 17. Jahrhundert 30
    7. Der Teerhof wird wohnlich 32
    8. Teerhof, Herrlichkeit und Werder 34
    9. Künstler auf dem Teerhof — Steinmetze und Bildhauer 35
  10. Schiffbauer im 18. Jahrhundert 37
  11. Bunte Vielfalt auf dem Teerhof 42
  12. Schatten über dem Teerhof — Die Packhäuser und ihre Folgen 50
  13. Die Brücke zur Gegenwart 53

B. Die Entstehung der Mischbebauung im 19. Jahrhundert 57
    I. Bauordnung und Baustruktur in Bremen 57
      1. Baureglementierung 57
      2. Baufinanzierung 58
      3. Geschäfts- und Wohnhäuser 60
      4. Besonderheiten auf dem Teerhof 64

   II. Wohnhäuser auf dem Teerhof 65
      1. Einteilung und Erfassung der Gebäude 65
      2. Bestandsübersicht über die Wohnhäuser ab 1800 66
        a) Haus Nr. 13 66
        b) Haus Nr. 14 b 69
        c) Häuser Nr. 27–29 70
        d) Häuser Nr. 37–41 73
        e) Häuser Nr. 43 und 44 75
        f) Haus Nr. 45 76
        g) Haus Nr. 46 77
        h) Häuser Nr. 47–54 80
        i) Haus Nr. 55 83
        j) Haus Nr. 56 86
        k) Haus Herrlichkeit Nr. 5 86
      3. Ein typisches Wohnhaus: Teerhof Nr. 40 86
        a) Lage und Maße des Hauses 86
        b) Alter, Beschaffenheit und Wert des Hauses 87

  III. Packhäuser auf dem Teerhof 88
      1. Die bauliche Etablierung des Lagereigewerbes 88
      2. Bestandsübersicht über die Packhäuser ab 1840 93
        a) Gemeinsame Merkmale der Packhäuser 93
        b) Haus Nr. 1 95
        c) Häuser Nr. 6 und 7 95

	d) Häuser Nr. 14 und 14 a	99
	e) Häuser Nr. 15, 16, 17 und 19	99
	f) Häuser Nr. 20, 20 a, 20 b, 20 c, 20 d und 21 (Weserburg-Komplex)	101
	g) Häuser Nr. 22, 23, 24 und 25	105
	h) Häuser Nr. 30, 31 und 32	106
3.	Ein typisches Packhaus: Teerhof Nr. 19	107
	a) Lage und Maße des Hauses	107
	b) Alter, Beschaffenheit und Wert des Hauses	107

IV. Sonstige Gewerbegebäude auf dem Teerhof 107
   1. Städtischer Tonnenhof Nr. 8—13 107
   2. Bestandsübersicht über die sonstigen gewerblichen Gebäude 108
      a) Haus Nr. 42 108
      b) Häuser Nr. 57 und 58 108
      c) Haus Nr. 59 108
      d) Haus Nr. 60 108
      e) Häuser Nr. 2, 2 a und 3 108

V. Die Teerhofstraße und ihre Veränderungen 110
   1. Lage und Breite der Straße 110
   2. Bürgerprotest gegen die Erhöhung der Straße 1844 bis 1854 110
      a) Der Anlaß: Häufige Überschwemmungen der Teerhofstraße und Pläne zur Höherlegung der Straße 110
      b) Der Konflikt: Unterschiedliche Interessen der Wohnbevölkerung und der Gewerbeunternehmen 110
      c) Die Austragung: Boykottierung von Grundstücksverkäufen und Einbringung von Petitionen an den Senat 111
      d) Der Kompromiß: Höherlegung der Straße mit Anlegung eines Niederbordes vor den alten Wohnhäusern 112
      e) Die Kosten: Eine Verpflichtung des Staates 115
   3. Pflasterung der Straße 115

VI. Wasserstraßen zum Teerhof 117
   1. Personenverkehr 117
   2. Güterverkehr 117
   3. Weserversandung und Weserkorrektion 117
   4. Die Weser als Binnenwasserstraße und Ankerplatz 122

VII. Brücken zum Teerhof 125
   1. Die Große Weserbrücke 125
   2. Die Brautbrücke 126
   3. Die St.-Pauli-Brücke 126
   4. Die Kaiserbrücke 135

VIII. Benachbarte Straßen und Gebäude 138
   1. Herrlichkeit 138
   2. Schlachte 141
   3. Am Deich 146

C. Der Teerhof als Arbeits- und Wohnstraße in der ersten Hälfte des 20. Jahrhunderts   147

    I. Zur wirtschaftlichen und sozialen Situation der bremischen Bevölkerung um die Jahrhundertwende   147
        1. Wohnverhältnisse   147
        2. Beschäftigungssituation   147
        3. Soziale Sicherung   148

    II. Eigentum, Miete und Pacht auf dem Teerhof   151
        1. Wohnhäuser   151
        2. Packhäuser   151
        3. Sonstige gewerbliche Gebäude oder Grundstücke   154
        4. Kontinuität und Fluktuation   154

    III. Gewerbebetriebe auf dem Teerhof   154
        1. Baustoffirma J. A. C. Stute, Teerhof Nr. 58   154
        2. Baugeschäft Wilhelm Schierloh, Teerhof Nr. 45   155
        3. Tischlerei Peter Bruns, Teerhof Nr. 13   156
        4. Papierverarbeitungsfirma J. M. Knappstein & Co., Teerhof Nr. 23/24   156
        5. Druckerei Kempe & Co. G.m.b.H., Teerhof Nr. 6/7   157
        6. Werkzeug- und Maschinenhandel Mager & Wedemeyer, Teerhof Nr. 30   157
        7. Haus- und Küchengeräte-Handel Ehntholt & Chantelau, Teerhof Nr. 15   157
        8. Im- und Exportfirma Theodor Poser & Co., Teerhof Nr. 16   158
        9. Spiel- und Gummiwaren-Großhandlung Luigi Gattorna, Teerhof Nr. 22   159
        10. Handelsfirma D. A. Seemann, Teerhof Nr. 1   159
        11. Nordwestdeutsche Futter-Saatbau GmbH, Teerhof Nr. 19   159
        12. Wein- und Spirituosenfirma J. C. H. Stake, Teerhof Nr. 25   159
        13. Tabakfirma Martin Brinkmann AG, Teerhof Nr. 14, 14 a, 31   160
        14. Zigarrenfabrik Gebr. Klingenberg, Teerhof Nr. 16   160
        15. Tabakverarbeitung C. F. Vogelsang, Teerhof Nr. 20   161
        16. Kaffeerösterei und Kaffeehandel Schilling & Co., Teerhof Nr. 20 a, b, c und d   161
        17. Kaffeerösterei und Kaffeehandel Bormann & Schulze, Teerhof Nr. 42   163
        18. Kaffeerösterei und Kaffeehandel Gebr. Westhoff, Teerhof Nr. 6/7   166
        19. Kaffeegroßhandlung Wilhelm Bruno, Teerhof Nr. 2   167
        20. Rohkaffeehandel Haberland & Meyer, Teerhof Nr. 17   167
        21. Kaffeegroßhandlung Wilkens & Jahns, Teerhof Nr. 31   167
        22. Kaffeerösterei Rolf Böhlhoff, Teerhof Nr. 32   167
        23. Milchgeschäft Kurt Scheper, Teerhof Nr. 59   168
        24. Gaststätte Wilhelm Brandt, Teerhof Nr. 29   168
        25. Gaststätte Diedrich Warrelmann, Teerhof Nr. 38   168

    IV. Wohnbevölkerung auf dem Teerhof   168
        1. Zahlenmäßige Entwicklung der Wohnbesiedlung   169
        2. Soziale, wirtschaftliche und berufliche Situation der Bewohner   169
        3. Wohnen und Arbeiten auf dem Teerhof   171
        4. Originale, Kinder und Tiere auf dem Teerhof   172
        5. Eigentümer und Bewohner des Hauses Teerhof Nr. 40   176

    V. Der Teerhof als urbanes Quartier   177
        1. Verkehr auf der Straße   180
        2. Verkehr auf dem Wasser   184

VI. Krieg und Zerstörung auf dem Teerhof 191
    1. Die Bedrohung durch den Nationalsozialismus 191
    2. Beginnende Kriegsereignisse 193
    3. Luftangriff vom 12./13. Oktober 1940 194
    4. Gefangene auf dem Teerhof 200
    5. Luftangriff vom 14. September 1942 205
    6. Zerstörung des Teerhofs am 6. Oktober 1944 205
    7. Zerstörung der Brücken und der benachbarten Straßen 211
    8. Einzelschicksale von Teerhofbewohnern 212

VII. Behelfsnutzungen in der Nachkriegszeit 215
    1. Der Teerhof als Fährplatz und Brückenkopf 215
    2. Notbauten 221
    3. Enttrümmerung 222
    4. Archäologische Funde 225
    5. Entwertung zum Parkplatz 226

D. Planung und Durchführung der Neubebauung des Teerhofs in der zweiten Hälfte des 20. Jahrhunderts 229

  I. Neubau der Weserburg 229

  II. Verkauf der Teerhofgrundstücke an die Stadtgemeinde 231
    1. Wiederaufbauabsichten der Eigentümer 231
    2. Grundstücksankäufe anstatt Baugenehmigungen 231
    3. Außerachtlassung der Belange der Eigentümer 232
    4. Opferbereitschaft und Bürgersinn der Eigentümer 235

  III. Vorbereitungen zur Neubebauung 235
    1. Kein Wiederaufbau des alten Teerhofs 236
    2. Vergebene Chancen einer frühen Neubebauung 236
    3. Entwürfe und sonstige Aktivitäten in den sechziger Jahren 237
    4. Wettbewerbsausschreibung und sonstige Aktivitäten in den siebziger Jahren 240
    5. Weitere Vorschläge und Entwürfe in der ersten Hälfte der achtziger Jahre 243
    6. Die Gründung der Teerhof Bremen Bauprojektgesellschaft mbH (Teerhof-Gesellschaft) 1986 244
    7. Die Verabschiedung des Bebauungsplanes 1987 245

  IV. Realisierung der Neubebauung 246
    1. Realisierungswettbewerb 246
    2. Grundstückskaufvertrag 248
    3. Gestaltungsvorgaben 248
    4. Gründungsarbeiten 250
    5. Architektur der Hauszeilen 1 bis 9 250
    6. Ausstattung und Verkauf der Wohnungen 253
    7. Erweiterungsbauten der Versicherungsbörse 254
    8. Gästehaus der Universität 254
    9. Außenräume 255
    10. Fußgängerbrücken 256
    11. Belebung des Teerhofs? 262

V. Meinungen zur Neubebauung 263

Ausblick
Der Teerhof — Dank und Undank gegenüber der Weser 271

Anmerkungen 273
Literaturverzeichnis 287
Abkürzungsverzeichnis 291
Bildnachweise 293

A. Der Teerhof bis zum Beginn des 19. Jahrhunderts

Die „Veräußerung eines so wertvollen Grundstücks an der Weser ... (erscheint) im gegenwärtigen Augenblick gewiß nicht rathsam". Diese Feststellung traf im Jahre 1849 niemand Geringeres als die bremische Finanz-Deputation[1]. Sie bezog sich hierbei auf den Tonnenhof, dessen Abriß und Verlegung von seinem ursprünglichen Platz auf der „Teerhof" genannten Halbinsel Mitte des vergangenen Jahrhunderts die Bremer, vor allem ihre Politiker und die zuständigen Gremien, beschäftigten. Die Deputierten empfahlen, daß dieses Grundstück wegen seiner vielfältigen Verwendungsmöglichkeiten „zu mancherlei künftigen Staatszwecken ... dem Staate aufbewahrt bleiben solle". Diesen nüchtern kalkulierenden Köpfen wird sicherlich in ihren kühnsten Träumen nicht der „künftige Staatszweck" erschienen sein, dem die Halbinsel ein Jahrhundert später nach dem Zweiten Weltkrieg über Jahre hinweg unterworfen war — der Mißbrauch als Parkplatz. Auf eine derartige Idee kamen die Finanz-Deputierten des Jahres 1849 nicht allein deshalb nicht, weil ihnen das Automobil noch unbekannt war, sondern weil bereits diesen Männern der außergewöhnliche Wert dieses Stückes Land mitten in der Stadt, ja mitten in der Weser, bewußt war. Die Halbinsel, die sich heute zusammensetzt aus der südöstlichen Werdervorstadt, dem mittleren Teil „Auf der Herrlichkeit" sowie dem eigentlichen „Teerhof", verbindet die Alt- und die Neustadt nicht nur geographisch miteinander durch ihre Lage im Strom, sondern sie bildet auch ein historisches Bindeglied, war sie doch bereits lange vor der Anlage der Neustadt im 17. Jahrhundert besiedelt und wurde wirtschaftlich genutzt.

1. *Die Müller auf dem Teerhof*

Erstmals urkundlich erwähnt wird dieser Teil der Stadt im Jahre 1250. Vogt, Rat und Bürger erteilen den Müllern ein Privileg, das sich räumlich bezieht auf die „Insel, die sich beiderseits der Bremer Brücke in der Weser erstreckt"[2]. Die hier genannte Insel war die „Herrlichkeit", die damals noch vom Werder wie von unserem Teerhof durch Weserarme getrennt war. Der Text dieser Urkunde unterscheidet allerdings nicht zwischen den Inseln. Dies hielten weder Aussteller noch Empfänger des Privilegs für nötig, da die Inseln durch Brücken miteinander verbunden waren, von den Nutzungsmöglichkeiten her ein Ganzes darstellten. Zwar erscheinen diese drei Teilbereiche der heutigen Halbinsel auf dem Stadtplan des Kupferstechers Wilhelm Dilich (1571/72—1650) als geschlossene Landzunge, doch widerspricht die zitierte Urkunde dem Plan, der Dilichs Vorstellung von der Stadt in ihrem Zustand um 1300 widerspiegelt, nicht nur in diesem Punkte.

So hat Dilich die Weserbrücke einfach fortgelassen, die jedoch bereits für das Jahr 1244 urkundlich nachgewiesen ist. In diesem Jahr bestätigte Osmandus, der Abt des Klosters Hude, den Verkauf von Land „in Nova terra trans pontem prope Breman", also im Neuenlande jenseits der Brücke bei Bremen[3]. Käufer war das Deutsche Haus in der Stadt, ursprünglich Eigentümer, bevor das Land an Kloster Hude kam, waren der Bremer Ratsherr Ludolf von Nienburg und dessen Mitbürger Alard von Walye[4]. Die Existenz der Weserbrücke kann also für die Mitte des 13. Jahrhunderts als gesichert angesehen werden, obwohl Dilich sie in seinem Plan der Stadt nicht berücksichtigte. Wir dürfen auch bezüglich der geographischen Beschreibung der Urkunde des Jahres 1250 Vorrang vor Dilich einräumen und sowohl die „Herrlichkeit" als auch den Teerhof als Inseln ansehen, auf die sich der zitierte Text bezieht.

Bei genauerer Betrachtung verrät uns das von der Stadt den Müllern erteilte Privileg einiges über Gestalt und Aussehen des Teerhofes, aber auch über die Art seiner wirtschaftlichen Bedeutung und Nutzung vor rund 750 Jahren. „Es wird kund und zu wissen getan, daß wir" — Vogt, Ratsherren und Bürger der Stadt Bremen — „den Müllern dieser Stadt gestatten als Dank dafür, daß sie die Insel pflegen, die sich beiderseits der Bremer Brücke in der Weser erstreckt, und die in Höhe des Hauses des Johannis von Werve jenseits der Weser eingeschlagenen Pfähle warten, die man im

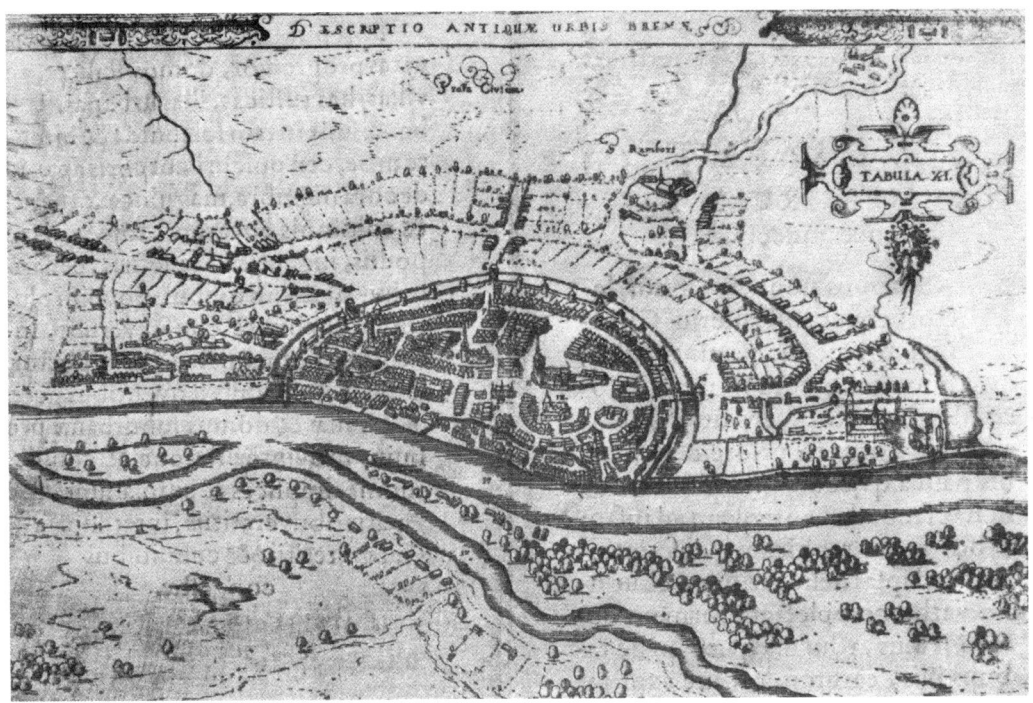

Bild 1: *Descriptio antiquae urbis Bremae, um 1300. Kupferstich aus Wilhelm Dilichs Bremer Chronik von 1604, in: Schwarzwälder, Blick auf Bremen, Nr. 11, S. 9*

Volksmund ‚Schlachte' nennt, und daß sie alles, was daran durch Wasser oder auf andere Art zerstört wird, auf eigene Kosten reparieren, daß von den oberen Mühlen bis zu besagter Schlachte niemand außer diesen Müllern Netze für den Fischfang in der Weser auslegen darf." Für das ihnen zugestandene Recht, auf der Insel Holz zu schneiden und zu sammeln, verpflichten sich die Müller im Gegenzug zur Uferpflege zum Schutze vor Sturmflut und Eisschäden.

Die hier genannten Müller lebten und arbeiteten auf Mühlschiffen, die an der Weserbrücke festgemacht hatten. Jede dieser Mühlen bestand aus zwei miteinander verbundenen kleinen Kähnen, zwischen denen sich das Mühlrad drehte. Auf der wesentlich jüngeren Stadtansicht von Merian — zwischen 1630 und 1638 — kann man diese Mühlschiffe an der Brücke erkennen. Sehr schön führt sie uns auch der Kupferstich von Grönninger aus dem Jahre 1771 vor Augen, der sogar technische Details darstellt[5].

Im 17. und 18. Jahrhundert sind die Müller teilweise namentlich überliefert, sind ihre Versuche aktenkundig, die Betriebe von Korn- in ertragreichere Weizenmühlen umzuwandeln. Hierzu bedurfte es einer städtischen Genehmigung. Eine solche beantragten z. B. 1763 der Windmüller Seemann sowie sein Kollege vom Fluß, der Wassermüller Andreas Nordenholt[6]. Doch — wir werden dies noch häufiger sehen — die Mühlen der Behörden mahlten schon damals langsam, entschieden langsamer jedenfalls als die der Müller. So begegnet uns dreizehn Jahre später in den Akten ein erneuter Antrag mit demselben Ziel, diesmal von Wohlert Nordenholt, dem Sohn und Erben des Andreas.

Ähnlich erging es Gerhard und Jasper Oekermann, deren Vater Johan bereits 1762 gebeten hatte, seine Wassermühle von einer Korn- in eine Weizenmühle umwandeln zu dürfen. 1776 mahlten alle Mühlen nach wie vor, die der Oekermänner ganz so wie die amtlichen der Stadt, alle im alten Zustand, so daß sich die Erben Gerhard und Jasper genötigt sahen, den väterlichen Antrag erneut zu stellen. Ob ihnen mehr Erfolg beschieden war als dem verblichenen Erzeuger, verraten uns die Akten leider nicht.

Bild 2: *Merian 1630–1638, in: Freie Hansestadt Bremen. Werden, Vergehen, Wiederaufbau. Bremer Schlüssel Verlag, Hans Kasten, 1947, Abb. 10*

Bild 3: *Blick auf die Altstadt und den Teerhof. Kupferstich von Johann Heinrich Grönninger von 1773*

Mehr als 500 Jahre zuvor nun war den Vorfahren oder Vorgängern dieser uns soeben namentlich begegneten Müller einerseits das Fischfangprivileg erteilt sowie das Recht auf das Nutzholz der Herrlichkeit und des Teerhofs, andererseits waren sie zum Uferschutz verpflichtet worden. Das Fischfangrecht bezog sich auf den Teil des Flusses zwischen den Mühlen an der Brücke und der Schlachte, Pflege und Wartung der Ufer hingegen wurden für die Schlachte selbst erwartet — bis zum Haus des Johannes de Werve. Diese Regelung war nur logisch, mußte sich doch jemand um die aus in den Boden gerammten Pfählen bestehende Uferbefestigung, genannt „Schlachte", kümmern. Was lag näher, als die direkten und hier privilegierten Nachbarn mit dieser Aufgabe zu betrauen. Die Kosten für die anfallenden Reparatur- und Wartungsarbeiten trugen die Müller. Ein Indiz für deren ökonomische Potenz. Dafür allerdings gewährte ihnen die Stadt Schutz vor einem Handwerk, das sich offenbar vor nicht allzu langer Zeit auf dem Teerhof niedergelassen hatte, sich also noch nicht auf altes Recht und Herkommen berufen konnte.

2. *Die Schiffbauer erobern den Teerhof*

Im weiteren Text verrät uns das Privileg von 1250, wer dieser Störenfried war, wo er saß und daß er den Fischfang der Müller durch sein Handwerk ganz offensichtlich erheblich störte. So verboten denn Vogt, Ratsherren und Bürger, „daß irgend jemand auf besagter Insel unter den Weiden" — am Ufer — „Holz, welcher Art auch immer, lagere oder Schiffe baue bzw. repariere". Auf dem Teerhof hatten sich demnach Schiffszimmerleute niedergelassen, versuchte sich dieses Handwerk an einem Ort zu etablieren, der hierfür kaum günstiger sein konnte, befand man sich doch als Reparaturbetrieb direkt gegenüber der Schlachte, dem Hafen der Stadt. Auch zum Zwecke der Reklame für Neubauten konnte es nicht schaden, von den ein- und ausfahrenden Schiffen, den Kapitänen, Kaufleuten und Reedern gesehen zu werden. Wir haben in diesem Privileg für die Schiffsmüller aus dem Jahre 1250 den ersten sicheren Beleg für Schiffbau auf dem Teerhof.

In dieser frühen Zeit wird die Insel, der man spätestens seit Beginn des 17. Jahrhunderts, wahrscheinlich jedoch schon im ausgehenden 16. Jahrhundert den Namen „Teerhof" gab, der Darstellung Dilichs im großen und ganzen entsprochen habe, sieht man davon ab, daß Dilich fälschlich Teerhof, Herrlichkeit und Werder miteinander zu einer Landzunge verbunden hat. Unsere Insel wies offenbar noch reichlich Grün auf, war mit Gebüsch, Sträuchern und Bäumen bewachsen. Ob dort auch, wie Dilichs Plan es zeigt, vereinzelte Häuser oder Buden standen, wissen wir nicht. Der Text von 1250 sagt hierüber nichts, bezieht er sich doch fast ausschließlich auf die Ufer und deren Schutz. Dennoch spricht nichts gegen die Annahme, daß bereits im 13. Jahrhundert das eine oder andere Gebäude auf dem Teerhof errichtet worden war, vielleicht im Zusammenhang mit dem Schiffbau.

Die Privilegierung der Müller durch Vogt und Rat weist diese als zu jener Zeit alteingesessene Anwohner aus — jedenfalls im Vergleich zu den Schiffbauern. Letztere waren jedoch langfristig einflußreicher, ihr Handwerk wichtiger für die Stadt als das Fischfangrecht der Müller. Deren Versuch, die zugezogenen Schiffszimmerer wieder vom Teerhof zu verdrängen, ihnen die Ausübung ihres Handwerks verbieten zu lassen, muß als gescheitert betrachtet werden. Ende des 14. Jahrhunderts wurden hier nicht nur Schiffe repariert oder kleine Kähne gebaut, sondern es lagen auch seetüchtige Schiffe auf Helgen. So weist alles darauf hin, daß die 1962 gegenüber dem Bremer Europahafen im Weserschlamm entdeckte Kogge im Jahre 1380 auf einer Werft des Teerhofes gebaut worden ist. Sie wurde wohl im Verlaufe einer der verheerenden Sturmfluten vom Helgen gerissen und zu ihrem späteren Fundort abgetrieben[7].

Wenn auch die Quellen mit Ausnahme eines indirekten Hinweises auf den Tonnenhof, einer Einrichtung auf dem Teerhof, auf die wir noch zurückkommen werden, sich für die beiden folgenden Jahrhunderte bezüglich der Insel in Schweigen hüllen, läßt die nachfolgend um so ausführlicher einsetzende Überlieferung Rückschlüsse auf die Entwicklung im 14. und 15. Jahrhundert zu. Die große Bedeutung, die die Schiffahrt in der Zwischenzeit für die Stadt erlangt hatte, führt uns eine „Vereinbarung des Rates und des gemeinen Kaufmanns über die Erhebung des Tonnengeldes" vor Augen, die aus dem Jahre 1426 urkundlich überliefert ist[8]. Diese Gebühr mußte von jedem ein- oder ausfahrenden Schiff an die Vorsteher der Tonnen entrichtet werden dafür, daß man die von der Stadt auf der Weser ausgelegten Tonnen als Wegweiser nutzte. Der Tonnenhof, auf dem diese Markierungszeichen vielleicht gebaut, gewiß repariert und samt notwendigem Zubehör gelagert wurden, wird sich auch zu dieser Zeit bereits auf dem Teerhof befunden haben. Dies können wir zwar lediglich vermuten, gab es doch zu Beginn des 15. Jahrhunderts keinen günstigeren Platz in der Stadt für einen solchen Betrieb als unsere Insel, da der Betriebsstandort sowohl am Fluß als auch in der Stadt liegen mußte. Wo hätten die Tonnenvorsteher besser ihre Gebühren kassieren können als an dieser Stelle, genau gegenüber der Schlachte, dem alten Hafen der Stadt? Mitte des 17. Jahrhunderts jedenfalls ist der Tonnenhof hier belegt, und es gibt keinerlei Hinweis darauf, daß er sich jemals an einem anderen Ort befunden hätte. Es erscheint also nicht zu gewagt, spätestens für das frühe 15. Jahrhundert die Existenz eines solchen Tonnenhofes auf der Insel anzunehmen. Knapp sechzig Jahre später, 1483, schlossen die Elterleute einen Vertrag mit dem Rat wegen des Tonnen- und Bakenwesens, der sich auf den zitierten Kontrakt des Jahres 1426 bezieht und den Tonnenhof erwähnt. Aus dem 18. Jahrhundert wissen wir dann, wie dieser Betrieb ausgesehen hat. Er setzte sich zusammen aus einer Schmiede, der Tonnenmacherei und dem Kettenlager. Ferner gehörten zwei Lagerhäuser dazu sowie die Wohnung des Barsemeisters, dessen primäre Aufgabe es war, die Tonnen in der Weser auszulegen.

Doch wie vorsichtig man bei Rückschlüssen aus jüngerer in ältere Zeit sein muß, zeigt ein Bick in die Renner-Chronik[9]. Dort heißt es zum Jahre 1547 u. a.: „Dissen dach wort de Holtwerder gebloeet, dat teerhus, buwhof und allent so daruppe was, wort afgebraken." Bremen war wieder einmal vom Hochwasser heimgesucht worden, wobei der Teerhof regelmäßig überschwemmt wurde. Allerdings sollte man erst im 19. Jahrhundert die Konsequenz aus dieser feuchten Begleiterscheinung der Siedlung am Fluß ziehen und den Teerhof erhöhen. Die Herausgeberin der Chronik, Lieselotte Klink, identifiziert den Holzwerder überzeugend als unseren Teerhof, dessen Infrastruktur der Chronist knapp beschreibt. Erstmals finden wir das Teerhaus genannt, dem die Insel ihren Namen verdankt, sowie den Bauhof, beides leider ohne nähere Angaben. Diese beiden Betriebe waren augenscheinlich das einzig Erwähnenswerte auf der Insel, obwohl sie nicht die alleinigen Gebäude darstellten. Teerhaus und Bauhof wurden überflutet und „allent so daruppe was", wobei „allent" wohl eher Buden denn Wohnhäuser meint, zumal Renner nicht erwähnt, daß jemand zu Schaden gekommen sei oder eben auch nicht — dies wäre ebenso erwähnenswert gewesen.

Über das Teerhaus erfahren wir Näheres aus einem „Memoriale" der Elterleute der Kaufmannschaft aus dem Jahre 1638. In diesem 90 Jahre jüngeren Text heißt es nun, das auf dem später so genannten „Teerhof" befindliche Teerhaus, das im Eigentum der Elterleute stehe, sei von diesen einstmals erbaut worden, nachdem „unsere lieben Vorfahren am Schütting vor undenklichen Jahren (!) die Gerechtigkeit publico consensu gehabt, und auch noch haben, die Schiffs-Takel und -Taue auf dem Teerhof um die Gebühr teeren zu lassen"[10]. Die Elterleute berufen sich hier auf altes Recht, wobei wir mit Renners Hilfe dieses Alter etwas präzisieren können, müssen doch die Elterleute spätestens 1547 mit diesem Privileg ausgestattet gewesen sein. Wahrscheinlich jedoch werden sie bereits um 1500 besagtes Teerhaus besessen haben, dürfen wir doch voraussetzen, daß der Chronist es nicht verschwiegen hätte, wäre den Fluten der Weser ein im Jahre 1547 neues Gebäude zum Opfer gefallen.

Wie uns der Text von 1638 verrät, bewirtschafteten die Elterleute dieses Teerhaus nicht selbst, sondern sie verpachteten es an einen sogenannten Barsemeister, der dort besagte „Takel und Taue" teerte. Da für diese Arbeit selbstverständlich eine Gebühr an den Barsemeister zu entrichten war, zogen viele Bremer Bürger es vor, ihre Taue weiterhin zu Hause zu teeren. Nicht zuletzt aus diesem Grunde erwähnen die Elterleute ihr altes Recht, dieses Handwerk auf dem Teerhof auszuüben, wobei es sich um ein exklusives Privileg handelte, d. h. in der übrigen Stadt war diese höchst feuergefährliche Arbeit verboten.

3. Die Neustadt entsteht

An dieser Stelle erscheint es angebracht, einen Blick auf die allgemeine Entwicklung der Stadt Bremen zu werfen, insbesondere auf die Entstehung der Neustadt. Fassen wir noch einmal kurz zusammen. Seit ungefähr 1200 wurden auf dem Teerhof Schiffe repariert und gebaut, zunächst gegen den Widerstand der an der Weserbrücke ansässigen Schiffsmüller, die jedoch gegenüber diesem neuen Handwerk den kürzeren zogen. Der Schiffbau etablierte sich und begann zu expandieren.

Im 16. Jahrhundert trägt die Insel dann den Namen „Holzwerder", bereits ein Hinweis auf den Schiffbau, bezog sich der Name doch auf den von den Zimmerleuten benötigten, auf der Insel bereits seit dem frühen 13. Jahrhundert üblicherweise gelagerten Baustoff der Schiffe. Wohl zu Beginn des 17. Jahrhunderts dann taufte man die Insel im Volksmund „Teerhof", wobei das Teerhaus der Elterleute der bremischen Kaufmannschaft aufgrund seiner in den Jahren gewachsenen ökonomischen Bedeutung Pate stand. Die Schiffszimmerei dominierte auf der Insel; Teerhaus und Bauhof bezeugen dies.

Mitte des 16. Jahrhunderts wurde den Bremern deutlich, daß die Befestigung der Stadt gen Südwesten völlig unzureichend war. Die kriegerischen Aktionen, in die Bremen im Zusammenhang mit dem Schmalkaldischen Krieg, dieser Auseinandersetzung zwischen Kaiser und Papst auf der einen sowie den protestantischen Fürsten auf der anderen Seite, involviert war und die 1547 zur Belagerung der Stadt durch die kaiserlichen Truppen unter Jobst von Croning und Christoph von Wrisberg führten, überzeugten Rat und Bürger davon, daß die Weser allein als Schutz nicht mehr ausreichte. Nachdem Herzog Erich von Braunschweig, kaum daß die Kaiserlichen abgezogen waren, die Stadt mit erneuter Belagerung belästigt hatte, entschloß man sich in Bremen zu Gegenmaßnahmen.

Zur Unterstützung des mächtigen Zwingers auf der Herrlichkeit, der erfolgreich den Belagerungen getrotzt und die Weserbrücke geschützt hatte, den die frustrierten Feinde der Stadt auf den Namen „Braut" getauft hatten als Pendant zum Stephanitorszwinger, dem „Bräutigam", baute man nun bei den Kohlhöfen an der Kleinen Weser die sogenannte „Bremer Schanze".

Die Braut selbst war in den Jahren 1522—1531 errichtet worden, genau wie ihre Zwillinge der Stephani- und der Ostertorszwinger nach Plänen von Jakob Bockes von Vollenhorst. Das Kastell erhob sich auf dem mächtigen Brautwall, der das eigentliche Bauwerk, dem er seine Existenz verdankte, um mehr als ein halbes Jahrhundert überdauern sollte. Die berühmte Stadtansicht des Kupferstechers Franz Hogenberg, der sich 1588/89 zum Zwecke der zeichnerischen Aufnahme in Bremen aufgehalten hat, zeigt sehr schön und detailliert den Brautwall mit dem eindrucksvollen Zwinger, an beiden Seiten umflossen von Seitenarmen der Weser, den sogenannten Pipen. Verbunden war die Bastionsinsel mit dem Werder durch eine feste Brücke, die bewehrt war mit drei Toren. Zum Teerhof gelangte man durch das Godentor über eine kleine Zugbrücke. Dieses große Torgebäude war benannt nach Hermann Goden, der bei der Brücke auf dem Teerhof wohnte. Dieser Bewohner der Insel ist jedoch erst für das Jahr 1648 nachgewiesen, mithin 60 Jahre später als der Plan Hogenbergs. Am 6. Januar 1648 werden die Überlegungen der Wittheit zu Protokoll genommen, die Brücke bei Hermann Goden wieder (!) zu benutzen[11]. Mit großer Wahrscheinlichkeit handelte es sich um eine Zugbrücke.

Die 60 Jahre Differenz zwischen der Schrift- und der Bildquelle, dem Ratsprotokoll und der Stadtansicht Hogenbergs, erklären, weshalb der Plan auf dem Teerhof kein Wohnhaus oder sonstiges Gebäude direkt bei der Brücke enthält, obwohl Hogenberg doch nach exakter zeichnerischer Vorlage gearbeitet hat. Goden muß also nach 1589, doch einige Zeit vor 1648, dem Datierungsjahr unserer Akte — wie des Westfälischen Friedens —, sich auf dem Teerhof niedergelassen und gebaut haben. Noch Mitte des 17. Jahrhunderts scheint er der einzige Bewohner dieses Teils des Teerhofes gewesen zu sein, so daß es dem Schreiber der Akte sinnvoll erschien, die Brücke nach Hermann Goden zu benennen. Recht bald ging der Name auf das Tor über, ging dieser Bewohner der Insel in die Geschichte der Stadt ein.

Ein Vergleich der Stadtansicht Hogenbergs mit Tafel XV der illustrierten Dilichschen

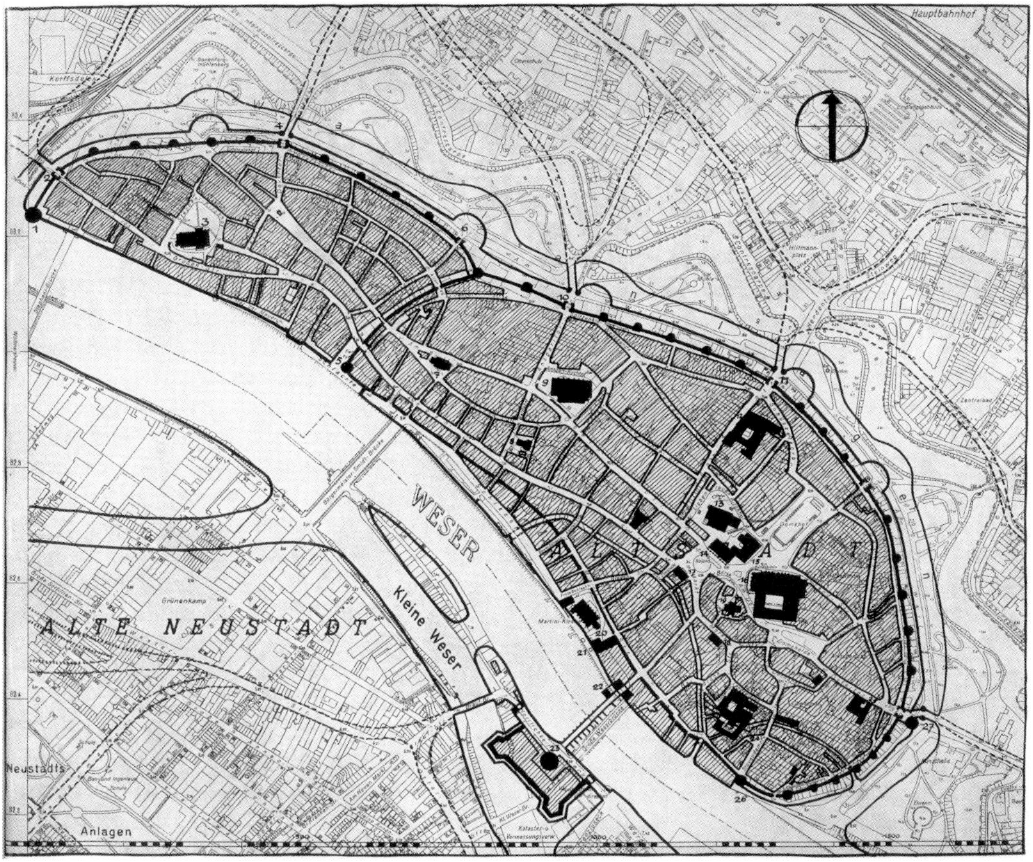

Bild 4: *Rekonstruierter Stadtplan zum Jahr 1550*, in: Rudolf Stein, *Das vergangene Bremen*, S. 15

Bild 5: *Delineatio Bremae. Kupferstich aus Wilhelm Dilichs Bremer Chronik von 1604*, in: Schwarzwälder, Nr. 16, S. 11

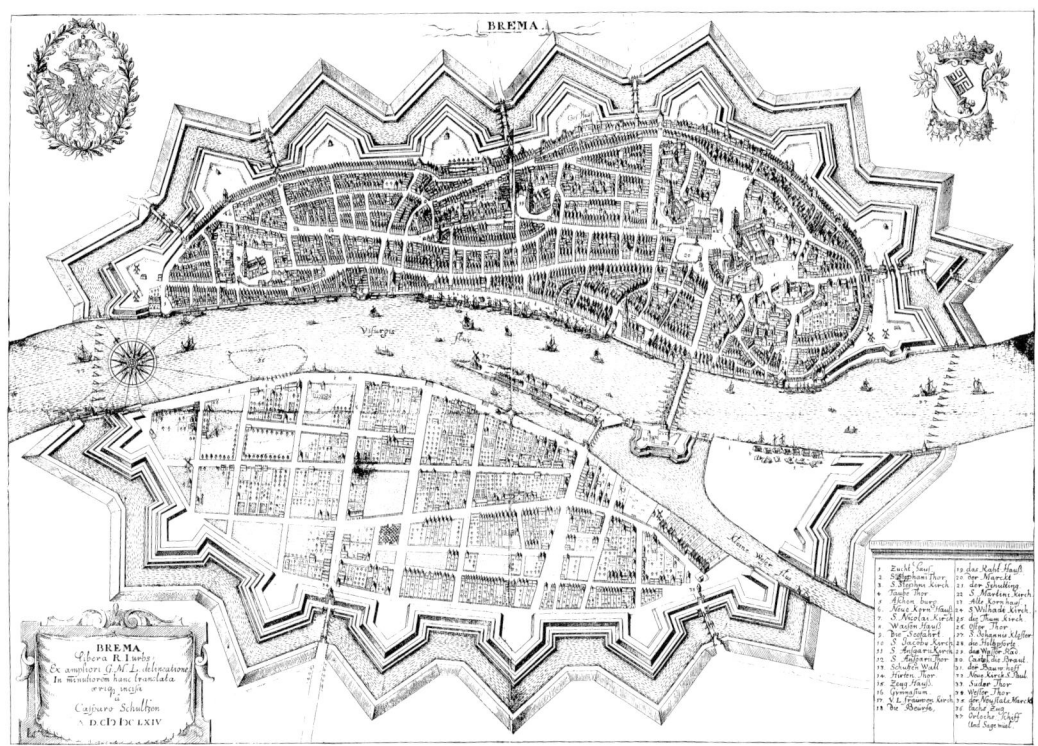

Bild 6: *Stadtplan von 1664 nach dem Entwurf von Gerhard Meier; Kupferstich von Caspar Schultz, in: Schwarzwälder, Nr. 43, S. 19*

Chronik von 1604 bezeugt die große Genauigkeit der Darstellung. Auf beiden Stichen erscheint der Teerhof mit Bäumen bewachsen, in der Mitte befinden sich einige Gebäude, die bei Hogenberg von einem Zaun umgeben sind, also einen Hofkomplex bilden. Auf beiden Ansichten ist der „Papagoyenbaum" zu sehen, der bei Hogenberg den Teerhof zu teilen scheint, auf dem Dilichschen Kupferstich links neben dem Turm von St. Ansgarii wie ein Federstrich in den Himmel ragt. Auf dieser Stange wurde bei den Schützenfesten der Holzadler befestigt, der den Bogen-, später auch Armbrustschützen als Zielscheibe diente. Auch dieses Detail verweist auf den hohen Grad an Zuverlässigkeit dieser Kupferstiche.

Bei beiden stechen Brautwall mit Braut sofort ins Auge, bei Dilich noch weit mehr als bei Hogenberg. Letzterer hat die Bastion beschriftet als „Propugnaculum Pontis", sah in ihr also den „kleinen Verteidiger der Brücke". Mit dem lateinischen Diminutiv bringt Hogenberg seine Einschätzung dieser Verteidigungsanlage zum Ausdruck. Er hielt sie eben für unzulänglich, ein Standpunkt, den die Bremer zunehmend teilten, hatten sie doch schon vierzig Jahre zuvor angesichts deren praktischer Erprobung das Fürchten gelernt.

Erscheint auf Dilichs „Delineatio Bremae" von 1604, wir würden heute von der „Skyline" Bremens sprechen, das linke Weserufer noch als Idylle mit vereinzelten Gehöften, einigen Windmühlen, einer Fernstraße, auf der Reisende und Spaziergänger unterwegs sind, so macht der Plan des Festungsbaumeisters Johann van Valckenburgh aus dem Jahre 1623 unmißverständlich klar, daß es mit dieser malerischen Verträumtheit, als welche sie natürlich nur dem Betrachter weit späterer Zeit erscheint, ein für alle Mal ein Ende hat. Der Rat hatte den niederländischen Ingenieur beauftragt, links der Weser ein großes Befestigungsbollwerk unter Einschluß einer Neustadt zu errichten. 1615 legte Valckenburgh ein erstes Gutachten vor, doch erst drei Jahre später begann man mit den Vorarbeiten, wurde die Festungsanlage abgesteckt.

Wie die bereits angesprochene Verkaufsur-

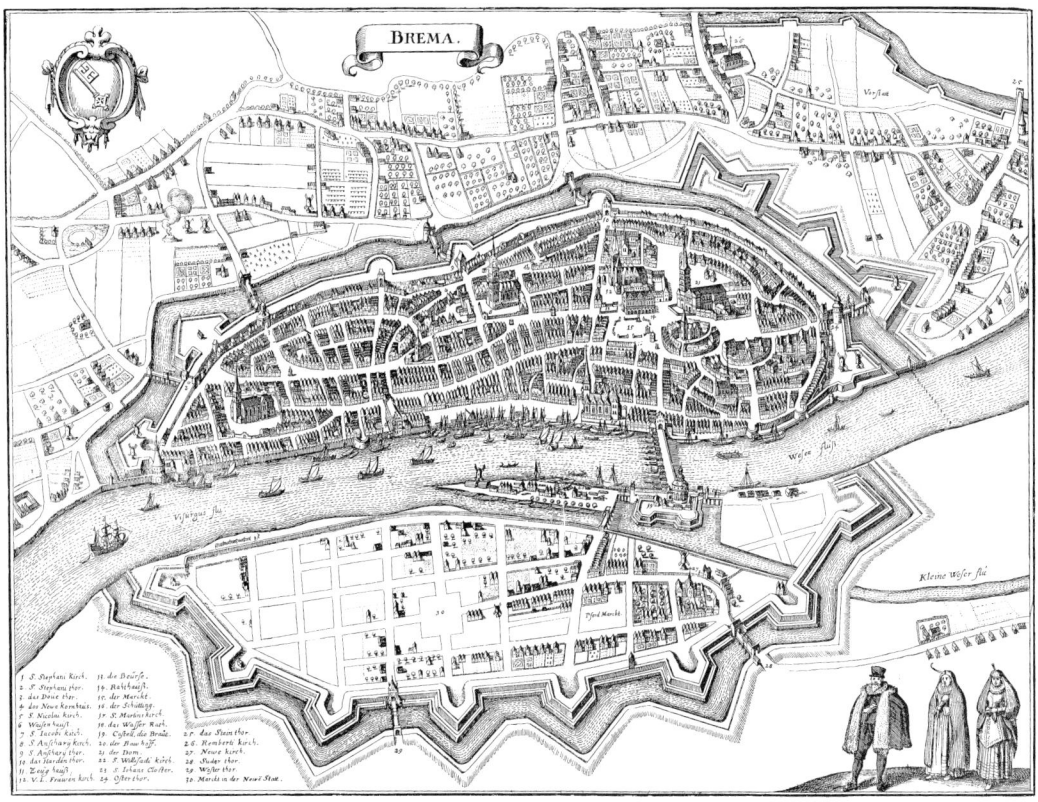

Bild 7: *Stadtplan von Bremen. Kupferstich von Matthäus Merian; erschien 1653 in Merians Topographie Saxoniae Inferioris*

kunde des Klosters Hude von 1244 zeigt[12], befand sich das Land jenseits der Weser in Privateigentum verschiedener Grundbesitzer, wobei neben dem in der Urkunde genannten Deutschen Haus in erster Linie das Domkapitel genannt werden muß. Der Dompropst Herzog Friedrich von Braunschweig-Lüneburg, verantwortlich für den irdischen Besitz des Domes, forderte erhebliche Entschädigungsbeträge. Die übrigen dort begüterten Herren und Institutionen standen dem nicht nach, so daß sich der Baubeginn aus Kostengründen noch um einige Jahre verzögerte.

1622 dann endlich beschloß der Rat, die Pläne Valckenburghs in die Tat umzusetzen. Beschleunigend auf die Arbeiten wirkte sich seit 1623 das langsame Vorrücken der Truppen der Katholischen Liga aus, die zunächst unter Tilly in Westfalen eingefallen waren und nun zunehmend den protestantischen Norden bedrohten. Im August des Jahres 1623 begann man mit dem Bau der Festungsanlage. Der Stadtplan von Matthäus Merian, den der berühmte Kupferstecher und Topograph wohl 1638–1641 angefertigt hat, zeigt verglichen mit dem Hogenbergs oder auch der jüngeren Ansicht Dilichs ein völlig verändertes Bild des linken Weserufers[13]. Das Terrain der Neustadt ist von einer mächtigen Befestigungsmauer umgeben, die von zwei Toren, dem Süder- und dem Westertor, unterbrochen wird. Zusätzlich gesichert ist die neue Stadtmauer durch einen Wallgraben.

Die Besiedlung der „Newen Statt", wie Merian sie darstellt, ist noch recht spärlich, konzentriert sich hauptsächlich auf den südlichen Teil zwischen Pferde-Markt und Kleiner Weser. Dieser distanzierten Haltung der Bremer ihrer Neustadt gegenüber, die sich eben in zögerlichem Zuzug äußerte, versuchte der Rat dadurch Abhilfe zu schaffen, daß seit 1642 Zuziehenden unentgeltlich das Bürgerrecht gewährt wurde, was nicht nur für Fremde galt, sondern auch für Bremer, die das

23

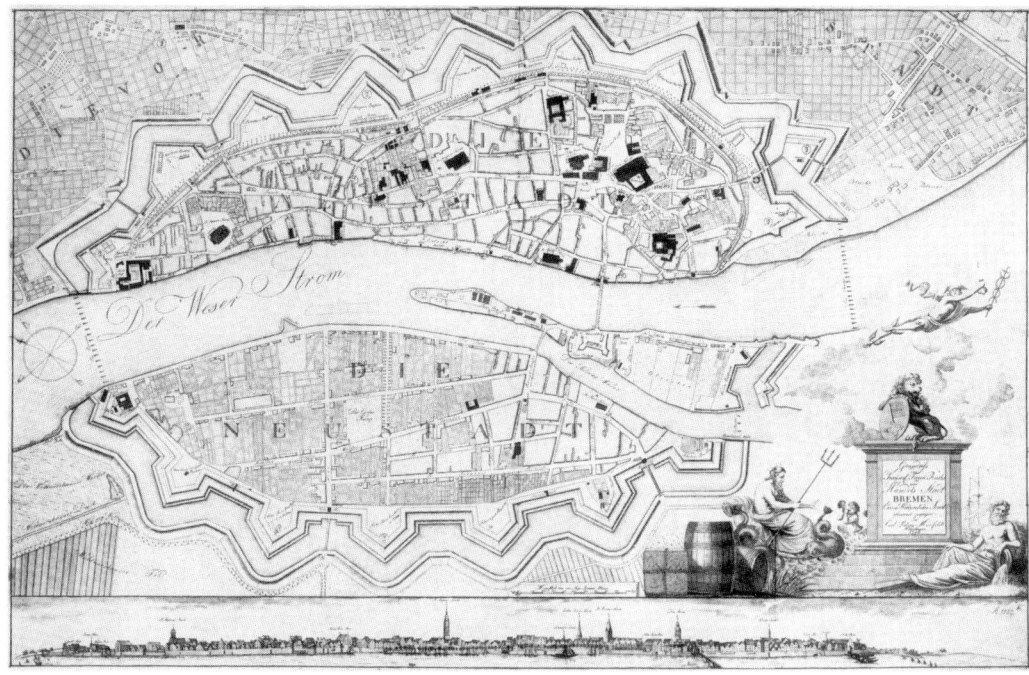

Bild 8: *Karl Ludwig Murtfeldt, 1796*

Bürgerrecht noch nicht besaßen. Darüber hinaus sollten diese Neubürger von Abgaben wie Wachdiensten auf zehn Jahre freigestellt bleiben. Dennoch kam die Besiedlung der Neustadt nur stockend in Gang, weiterhin mit Schwerpunkt gen Südertor, das schon bald mit Bezug auf seine bemerkenswerte bunte Brücke vom Volke „Buntentor" getauft wurde.

In der Mitte des 18. Jahrhunderts dann umfaßte die Neustadt 1254 bewohnte Häuser, doch sowohl der von Tischbein gestochene Plan des Ingenieurs Karl Ludwig Murtfeldt aus dem Jahre 1796 als auch ein „Grundriß der freien Hansestadt Bremen" von 1837 zeigen, daß der Norden der Neustadt nur äußerst dünn bebaut war. Der Teerhof war Mitte des 17. Jahrhunderts durch die Gründung der Neustadt zur Mitte Bremens geworden, die Braut hatte ihre Bollwerkfunktion an der Weserbrücke eingebüßt, sollte jedoch noch einige Jahrzehnte durch ihre Existenz eine anderweitige Nutzung der „Herrlichkeit" verhindern.

Das Erscheinungsbild unseres Teerhofes nun hatte sich grundlegend gewandelt, seit es von Hogenberg 1588/89 als Stich festgehalten worden war. An der Spitze der Insel steht um 1640 eine große Sägemühle, eindeutig das beeindruckendste Bauwerk, jedenfalls hat es Merian so dargestellt. 17 oder 18 unterschiedlich große Häuser, Wohn- wie Nutzbauten, haben den Hofkomplex, wie ihn Hogenberg 50 Jahre zuvor noch zu Gesicht bekam, verdrängt. Bäume finden wir nur noch am Ufer der Kleinen Weser, das gänzlich gesäumt wird von Flößen und kleinen Kähnen, die dort festgemacht haben. Auf der anderen Seite der Insel, am Weserufer, hat ein Segelschiff angelegt, neben dem noch zwei Lastkähne zu erkennen sind. Auf einer Helling neben dem als solchen ausdrücklich gekennzeichneten „Bauhoff" sieht man das Gerüst eines im Bau befindlichen Schiffes. Zwischen Bauhof und Godentor sind einzelne Holz- bzw. Steinlager zu unterscheiden.

Hatte Renner in seiner Chronik als Bauten des Teerhofes, 1547 noch „Holzwerder" genannt, einzig Teerhaus und eben den Bauhof für erwähnenswert gehalten, so bot sich auch Hogenberg 40 Jahre später ein noch weitgehend ähnliches Bild. Seine Stadtansicht zeigt den Bauhof, der in engem Zusammenhang mit dem Schiffbau gestanden hat[14]. Die

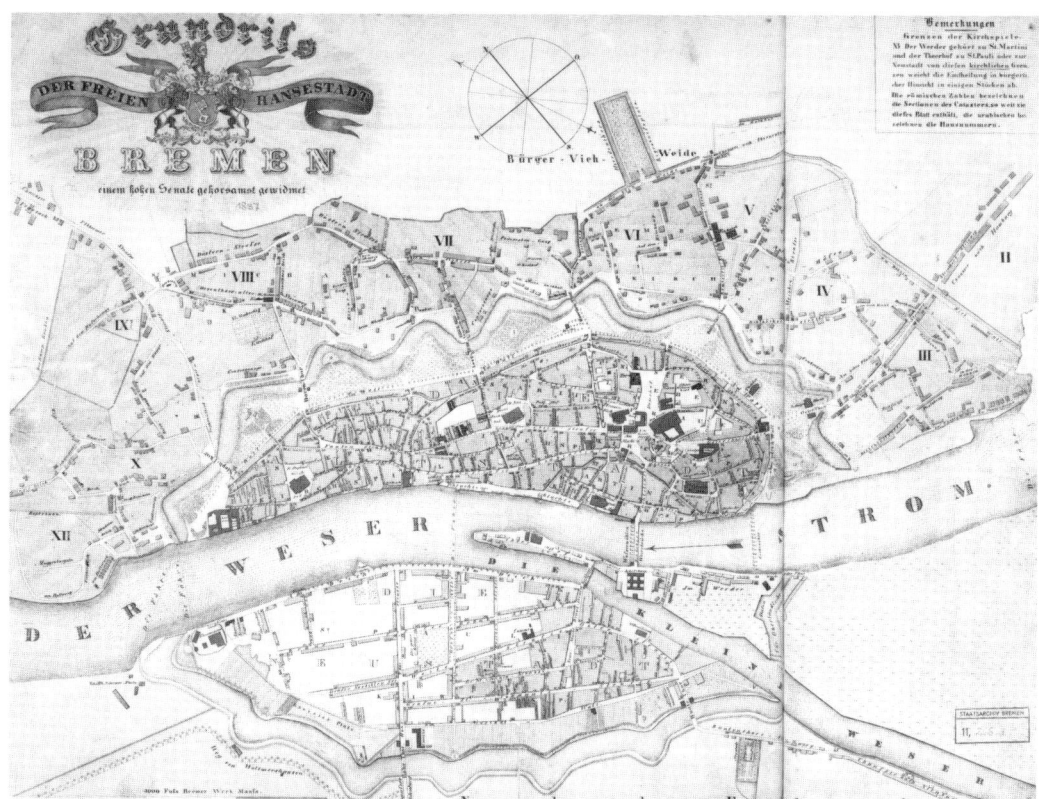

Bild 9: *Grundriß der Freien Hansestadt Bremen. Lithographie von Georg Justus Hunckel von 1837, in: Schwarzwälder, Nr. 145, S. 48 f.*

Schiffbauer hatten den Teerhof erobert, und es verwundert daher keineswegs, daß Merian in der Legende zu seiner Stadtansicht hundert Jahre nach Renner diesem Handwerk dadurch Respekt zollt, daß er ausschließlich dem Bauhof eine numerierte Kennzeichnung zuweist.

Folgen wir Buchenau, so gab zwar die Sägemühle an der Spitze des Teerhofes diesem oder vielleicht auch nur einem Teil für einige Jahrzehnte — bis zur Gründung der Neustadt — den Namen „Sägemühlenberg", doch zeigen die von uns herangezogenen Bildquellen eindeutig, daß diese Benennung nur von kurzer Dauer gewesen sein kann, da die Mühle als Namenspatron erst um 1600 gebaut, jedoch 1669 bereits wieder abgerissen worden ist [15].

4. Der „Teerhof"

Im Jahre 1624 finden wir unsere Insel erstmals in einer Schriftquelle unter dem Namen „Theerhof" [16]. Laut Protokoll beschäftigte sich die Wittheit am 15. Juli des Jahres 1624 mit dem Problem der „Theer- und Bauhoffanlegung". Der Teerhof, im Text auch alternativ ganz allgemein als „Werder" (Insel) bezeichnet, sollte bebaut werden, was eine genaue Planung erforderte. Das enge, nicht beliebig ausdehnbare Areal der mittelalterlichen Städte, begrenzt durch Mauer und Graben, ließ wildes, unkontrolliertes Wachstum nicht zu. Bauvorschriften und -genehmigungen waren notwendige Begleiterscheinungen jeder baulichen Veränderung in der Stadt. Bezüglich des Teerhofes nun beriet die Wittheit besonders zwei Fragen. Man überlegte, „ob auf den Theerhofe 2- oder 1-reihig Häuser solten gesetzet werden". Die Herren entschlossen sich zu zweireihiger Bebauung, wie sie der Merian-Plan rund 25 Jahre darauf zeigt. Die Häuser stehen versetzt zueinander.

Dieser Beschluß, die Häuser in Form einer beidseitig bebauten Gasse zu setzen, zog eine zweite Frage zwangsläufig nach sich, der sich die Wittheit denn auch sofort zuwandte. Wie breit sollte die nun entstehende Gasse werden? Die Antwort zeigt deutlich, daß man im Rat die Altstadt als Vorbild vor Augen hatte. „30—35 Fuß" sollten es sein „oder wie die Wachtstraße breit zwischen den Giebeln".

Nachdem die Bebauung der Insel „Teerhof" geklärt war, galt es, sich der beiden herausragenden Wirtschaftsbetriebe anzunehmen. Im Rat einigte man sich, den Bauhof „gegenüber der Holtzpforte in dem Weerder" neu anzulegen, den Teerhof selbst „bei den Ziegelhäusern". Diese räumliche Verlegung scheint jedoch zunächst nicht realisiert worden zu sein, finden wir doch auf dem Kupferstich von Merian von 1638—1641 den Bauhof noch an seinem angestammten Platz. Dennoch datiert unser Text den Wandel der Infrastruktur des Teerhofes, wobei die Tatsache interessant ist, daß der Rat den Neubau des Teer- wie Bauhofes beschließt, beide als wirtschaftlich gleichrangige Betriebe ansieht.

1547 hieß es bei Renner noch, „teerhus" und „buwhof" seien abgebrochen, das Wittheitsprotokoll dagegen bezeichnet rund 60 Jahre später beide Einrichtungen als „Höfe", ein Begriff, der nicht willkürlich gewählt wurde, sondern mit dem eine konkrete Vorstellung der Größe des benannten Betriebes verbunden war. Wenn das „Memoriale" der Elterleute im Jahre 1638 noch das „Teerhaus" nennt, es nicht wie der Rat 14 Jahre zuvor als „Hof" charakterisiert, so löst sich dieser scheinbare Widerspruch schnell auf, wenn man die Gesamtintention des Textes berücksichtigt, der ja schon in dem Titel „Memoriale", Gedenkbuch, zum Ausdruck kommt. Die Kaufmannschaft betonte hier altes Recht, berief sich auf „unsere lieben Vorfahren am Schütting", denen das Privileg zu teeren vor „undenklichen Jahren" erteilt worden war[17]. In diesem Zusammenhang ist es nur logisch, die alte, aber noch keineswegs ungebräuchliche oder gar falsche Bezeichnung „Teerhaus" zu verwenden.

Die wirtschaftliche Bedeutung des Betriebes war in der Zwischenzeit, seit der Mitte des 16. Jahrhunderts, derart gestiegen, daß nun die gesamte Insel nach ihm benannt wurde als der „Theer-Hoff"[18]. Aus dem „Holtwerder" der Renner-Chronik zum Jahre 1547 war über die zwischenzeitliche Bezeichnung „Sägemühlenberg", sofern Buchenau Recht hat[19], nun zu Beginn der zwanziger Jahre des 17. Jahrhunderts der „Teerhof" geworden, zu einer Zeit also, da begonnen wurde, den Plan Valckenburghs zur Anlage der Neustadt zu verwirklichen. Mitten in der Stadt, in der Mitte der Weser, errichtete man auf Geheiß des Rates das stadtbremische Zentrum des Schiffbaues, der allerdings, wie wir sahen, auf dem Teerhof auf eine bereits Jahrhunderte während Tradition zurückblicken konnte.

5. *Pächter auf dem Teerhof. Der Teer- und Tonnenhof*

Eine etwas genauere Vorstellung des Teerhofes — des Betriebes, nicht der Insel — vermittelt uns der älteste überlieferte Pachtvertrag, den die Elterleute der Kaufmannschaft als Verpächter mit Herman Meyer als neuem Pächter im Jahre 1628 zu Papier bringen ließen[20]. Es wurde „beschlossen, den Teerhoff des Kauffmans alhie am Holtzwerder (!) belegen, für ein gewiss Pacht und järliche Haur, nach dem Wilcken Wippermann Todes verblichen, wiederumb auszuthun und zu vermieten".

Als Vorpächter des verstorbenen Wippermann nennt der Vertrag Herman Vogelsang. Gehen wir davon aus, daß die Pacht regelmäßig auf Lebenszeit abgeschlossen wurde, wofür der Text von 1628 unter Bezug auf Wilcken Wippermanns Tod Hinweis gibt, zumal die Neuverpachtung an Herman Meyer nicht zeitlich begrenzt war, nehmen wir weiter an, daß Wippermann wie sein Vorpächter jeweils rund zwanzig Jahre den Betrieb bewirtschaftet hat, so ergibt sich, daß im Jahre 1588, als Franz Hogenberg mit Zeichenstift und -mappe durch Bremen zog, um die Vorarbeiten für seine Stadtansicht zu verfertigen, er auf dem Teerhof, in doppelter Bedeutung des Wortes, besagten Herman Vogelsang als Pächter angetroffen haben dürfte.

Die Insel wird von den Elterleuten mit ihrem alten Namen als „Holtzwerder" bezeichnet. Der Sinnzusammenhang des konkreten Satzes ließ dies angebracht erscheinen, sollte doch der Betrieb „Teerhof" von der zu dieser Zeit bereits nach ihm benannten Insel unterschieden werden. Was lag näher, als den alten

Namen wieder aufzugreifen, ganz wie man es im Text von 1624 mit der Bezeichnung „Teer*haus*" im Gegensatz zu „Teer*hof*" getan hatte? Außerdem war es ganz gewiß in der ersten Hälfte des 17. Jahrhunderts noch nicht ungewöhnlich, die Insel „Holzwerder" zu nennen, hatte sich der neue Name wohl noch nicht allgemein eingebürgert.

Der Pächter Herman Meyer nun erhält den „Teerhoff mit dem Wohnhause, Dröge und grünen Hove". Die Elterleute „oder ihre Diener" verpflichten sich, „Seetonnen, Steine, Ketten, Baken und andere ihre darzu gehörige Gereitschafft darauff und abbringen, leggen, teeren und handtieren lassen". Meyer wird darüber hinaus die Benutzung des „kleinen Tonnenhauses" gestattet. Ihm wurde das Recht zuerkannt, Teer zu verkaufen und zu verarbeiten mittels „Feuerung von Kolen, Holtz und Türff", so daß das Teeren innerhalb der Stadt „bey den Segelmachern, wie es für diesem gebreuchlich gewesen", ein Ende habe. Dem sollte noch lange Zeit nicht so sein.

Der hier dargestellte Betrieb „Teerhof" bestand aus dem Wohnhaus des Pächters sowie der Dröge, wo die Taue getrocknet wurden, bevor es ans eigentliche Teeren ging. Interessant ist die Tatsache, daß die Kaufmannschaft offenbar über eigene Seetonnen verfügte, die sie mitsamt den zugehörigen Ketten und Baken bei Herman Meyer zu lagern sich verpflichtete.

Teer- wie Tonnenhof lagen im 15. Jahrhundert in den Händen der Kaufmannschaft. 1426 bestimmte eine Übereinkunft zwischen dem Rat der Stadt und den Kaufleuten, daß letzteren das von den Schiffern zu entrichtende Tonnengeld in Höhe von 4 Grote pro 100 Bremer Mark des taxierten Wertes der Ladung eines jeden Schiffes zustehe[21]. Da beide Höfe im Eigentum der Kaufmannschaft standen, ist es nur logisch, daß die Bezeichnung für die Vorsteher bzw. Pächter gleich lautet: „Barsemeister". Wahrscheinlich wurden die Ämter auch gar nicht getrennt vergeben, sondern es gab jeweils nur einen Barsemeister für beide Höfe.

Herman Meyer durfte das „kleine Tonnenhaus" nutzen, wohl für Wartungs- und Reparaturarbeiten. Die Tatsache, daß dies Recht besonders betont wird, könnte darauf hinweisen, daß wir in Herman Meyer den personifizierten Übergang zur Vereinigung beider Vorsteherämter vor uns haben. Der Teerhofpächter darf Teile des Tonnenhofes mitnutzen, übernimmt im Laufe der Zeit auch diese „Barsemeisterei". Sicher nachweisen allerdings läßt sich dies nicht. Fest steht hingegen, daß der Pächter des Teerhofes mit dem „Teeren von Takeln und Tauen" allein nicht ausgelastet war. Er lagerte und wartete zusätzlich die Seetonnen der Kaufleute und deren Zubehör.

Auf den ersten Blick mutet es merkwürdig an, daß Herman Vogelsang, Wilcken Wippermann und Herman Meyer oder ihre Nachfolger als Pächter dieses Betriebes nicht genug Arbeit gehabt haben sollen, doch der Grund dafür ist leicht zu finden. Die zu entrichtende Gebühr wie alte Gewohnheit hinderten Segelmacher wie Privatleute daran, dem Privileg der Elterleute der Kaufmannschaft Folge zu leisten und deren Monopol zu respektieren. Man teerte weiter in der Stadt, die Segelmacher in ihren Werkstätten, die Bürger zu Hause, „wie es für diesem gebreuchlich gewesen", also ganz wie in der Zeit vor Gründung des Teerhauses, vor dessen wirtschaftlicher Blüte und Entwicklung hin zu einem Teerhof.

Dennoch übte der Teerhof der Elterleute eine Art Sogwirkung auf die in der Stadt mit Teer handelnden Bürger aus, konzentrierte sich doch das diesen Rohstoff bearbeitende Handwerk zunehmend auf der Insel. Im Jahre 1660 beantragen die Bremer Teerhändler beim Rat, ihnen den Platz der alten Säge- und Walkmühle als Teerlager zu verpachten. Drei Jahre zieht sich die Angelegenheit hin, dann endlich gibt man dem Gesuch statt, doch sollten noch sechs weitere Jahre ins Land gehen, bevor 1669 die Mühle abgerissen wurde. Diesen Platz nun nutzten auch die Steinmetze als Lager, doch bestand seine Bedeutung in erster Linie darin, die Fässer der Teerhändler sicher zu lagern. Dafür mußte eine Gebühr von einem Reichstaler pro Last Teer gezahlt werden. Teerhof wie Teerplatz lagen nachbarschaftlich vereint an der Spitze des Teerhofs, dessen Name nun unwandelbar schien. Direkt nebenan wurden Schiffe gebaut, wurde mithin Teer als Arbeitsmaterial benötigt. Ein Stück weiter Richtung Weserbrücke lag der

Tonnenhof, alle Betriebe reihten sich am Weserufer.

Der Teerhof lockte als Insel Mitte des 17. Jahrhunderts Schiffbauer wie Händler an, seine Lage im Strom, nach Gründung der Neustadt im Stadtzentrum förderte die wirtschaftliche Entwicklung ungemein. Wenn auch die mit Teer handelnden Bürger versuchten, ebenfalls auf der Insel Fuß zu fassen, so hieß dies nicht, daß man allgemein in der Stadt jede mit Teer zusammenhängende Arbeit auf den Teerhof verlegt hätte. Herman Meyer und seine Nachfolger hatten ausweislich der Akten erhebliche Schwierigkeiten, ihr Monopol zu teeren durchzusetzen, obwohl ihnen der Rat der Stadt weitgehende Unterstützung zuteil werden ließ. 1648 bestimmt der Rat, „daß nur auf dem Teerhofe geteert werden solle"[22]. Es soll sich „hinführ (niemand) gelüsten lassen, weder in der alten noch in der neuen Stadt" zu teeren oder Teer zu lagern. Dieses Ge- bzw. Verbot wurde „nochmals" ausgesprochen, es scheint also nie so recht ernst genommen worden zu sein.

Ein Ratserlaß vom 2. Oktober 1659 bestätigt den Verdacht, daß sich weder Segelmacher noch Teerhändler sonderlich um besagte Verbote scherten[23]. Es lohnt sich, den Text ausführlich zu zitieren, vermittelt er doch einen kleinen Einblick in Bereiche des alltäglichen Lebens im Bremen des 17. Jahrhunderts. Der Rat der Stadt „lässet hiermit verkündigen allen ihren Burgern und Einwohnern: Demnach leider die tägliche Erfahrung sampt denen noch frisch für Augen schwebenden Exempeln, bezeuget, wie eine so große Gefahr in Fewersnöthen, zumahlen dem starckem Winde u. Ungewitter es sey, umb die mit Strohdocken u. nicht mit Pfannen oder anderen Steinen gedeckte Häuser; wie auch im gleichen umb die mit Lehmen unnd nicht mit Kalck und Steinen verwahrete Oeffen und Dahren; Sodan, daß die Schornsteine jährlich nicht gefeget oder auch woll gar an theils Orthen der Gebühr mit Steinen nicht verwahret und aus dem Dache außgeführet sein."
Unter Bezug auf die „Kundigen Rullen", mittelalterliche Gesetzessammlungen, die auch Ratserlasse mit umfaßten, wurden „zehen Bremer Marck straffe, heilsamlich und wohl verordnet" für den Fall, daß folgende Anordnungen nicht befolgt werden sollten. Die alten hölzernen, im höchsten Grade feuergefährlichen Rauchabzüge mußten durch Kupfer- und Bleirohre ersetzt, die Schornsteine gemauert, die Abzüge aus Kellern und aus „etlichen Orten" abgerissen und zum Dach geleitet werden. Sämtliche Schornsteine waren innerhalb von sechs Wochen zu fegen. Um die Höhe der angedrohten Geldstrafe wenigstens ungefähr ermessen zu können, seien hier zwei Angaben zum Vergleich angeführt.

Ein Kürschnergeselle verdiente Anfang des 16. Jahrhunderts wöchentlich 13 g Silber, die Bremer Mark sollte aus 150 g dieses Edelmetalls bestehen. Beides dürfte sich bis Mitte des 17. Jahrhunderts nicht entscheidend geändert haben, so daß wir annehmen können, daß die den Bürgern angedrohte Strafe ungefähr das Zehnfache des Jahresgehalts eines Kürschnergesellen betrug. Setzen wir die Summe von 10 Mark in Relation zum Vermögen der Bürger, denn diese waren die Hausbesitzer, mithin die vom Erlaß Angesprochenen, so gibt uns der zum Erwerb des Bürgerrechts zu zahlende Betrag — allerdings eine Angabe des 15. Jahrhunderts — einen Hinweis. Wer das Recht erwerben wollte, Bürger der Stadt Bremen zu sein, mußte dafür eine Bremer Mark berappen. Auch wenn wir eine hohe Inflationsrate annehmen, bleibt festzuhalten, daß die zu entrichtende Buße auch das Geldsäckel eines Bürgers arg strapaziert hätte.

Der Rat verlangte jedoch nicht nur die Erneuerung der Schornsteine und Rauchabzüge, wobei der Text den desolaten Bauzustand der Häuser erahnen läßt, sondern er ging einen Schritt weiter, einen Schritt, der das äußere Erscheinungsbild der Stadt verändern sollte. Mit diesem Erlaß wurden sämtliche Strohdächer innerhalb der Stadtmauern verboten. Sie stellten ein zu großes Gefahrenpotential dar im Falle einer Feuersbrunst, weshalb der Rat den Besitzern derart gedeckter Häuser auch lediglich ein halbes Jahr Zeit gab, ihre Dächer statt mit Stroh nun mit Pfannen oder anderen Steinen zu decken. Bis Mai 1660 sollte dies geschehen sein, so daß die ersten Sommergewitter keine so leichte und ergiebige Beute mehr vorfinden konnten. Ansonsten galt auch für diese Hausbesitzer die oben genannte Geldbuße.

Anschließend fährt der Rat fort: „Nachdemmahln auch in nechst abgelegten Jahren verschiedentlich verordnet, daß wegen besorgender Entzündung, wie leyder die newlich entstandene Fewersbrunst klärlich erwiesen, kein Pech oder Theer innerhalb der hiesigen alten Stadt in Häusern, Bohden, Stallen oder Kellern uffgebracht und beygeleget, sondern an einen in der also genandten hiesigen Newstadt benahmeten Platz geführt und gebracht werden soll, dehme aber bishero gebührlich nicht nachgelebet."

Pech und Teer hatten also das Ihrige wenn nicht zur Entstehung, so doch gewiß zum Ausmaß der Brandkatastrophe beigetragen, die die Ratsherren vor Augen hatten, auf die sie sich in ihrem Erlaß bezogen. Wieder einmal verbot man den Bürgern, „privat" Teer oder Pech zu lagern oder mit diesen Materialien zu arbeiten. Mit dem angesprochenen Lagerplatz in der Neustadt wird der Teerhof gemeint sein, der um die Mitte des 17. Jahrhunderts, also zur Zeit der Abfassung dieses Ratserlasses, vom Martini-Kirchspiel an das in der Neustadt gelegene Kirchspiel des hl. Paulus kam. Von der Gemeindestruktur der Stadt her gesehen gehörte der Teerhof also ungefähr seit 1650 zur Neustadt. Diese Zuordnung war nicht zuletzt erfolgt unter dem Eindruck der fast parallelen Entwicklung auf der Insel wie dem linken Weserufer, sowohl in wirtschaftlicher Hinsicht als auch unter dem Aspekt der langsamen Besiedlung, wobei der Teerhof immer eine Nasenlänge Vorsprung hatte.

Die leichte Brennbarkeit des Teers hatte den Rat dazu bewogen, das mit diesem Stoff verbundene Handwerk auf der Weserinsel anzusiedeln, wo eine dermaßen feuergefährliche Arbeit wie auch Lagerung des Rohproduktes relativ risikolos möglich war. Ein Brand auf dem Teerhof blieb im Normalfall auf diesen beschränkt, ein Überspringen der Flammen auf die Altstadt stand kaum zu befürchten. Die Weser diente als Schutz, solange der Wind nicht zu stark blies, ein Problem, das unser Text ja deutlich ansprach. Der Teerhof bot sich für das Handwerk, dem er nun seinen Namen verdankte, also in zweifacher Hinsicht an. Einmal war er stadtbremisches Zentrum des Schiffbaus; hier benötigte man den Rohstoff wie den Handwerker, der mit diesem umzugehen verstand. Zum anderen war der Teerhof als Produktionsstätte mit hoher Brandgefahr umgeben von Wasser, trennten die Weser, Große und Kleine, sowie deren Nebenarme die Insel von den dicht bebauten Stadtteilen. Es ist nur folgerichtig, daß der Rat der Kaufmannschaft das Privileg zu teeren erteilt bei gleichzeitigem Verbot, diese Tätigkeit an irgendeinem anderen Ort in der Stadt auszuüben. Doch unser Text von 1659 bestätigt ein weiteres Mal, daß der Rat mit derartigen Erlassen in Bremen auf taube Ohren stieß. „Dehme (habe man) aber bishero gebührlich nicht nachgelebet."

Also ordnen die Ratsherren „nochmahln" an, „daß außer dehm, so bey denen Hökern zum täglichen Handtkauff nötig, alles uffgebrachte und eingelegte Pech und Theer nach dem in der Neuw-Stadt angeordneten Platze geschaffet u. hinfüro kein Pech oder Theer in hiesiger alten Stadt bey Confiscation desselbigen auch nach Befindung höherer Bestraffung eingelegt oder auffgebracht werden solle". Allein die Kleinhändler, die Höker, dürfen Pech zum täglichen Gebrauch verkaufen, also in erster Linie zum Zwecke der Beleuchtung. Abschließend geht der Rat expressis verbis auf den Teerhof, den Betrieb, ein. „Gleichmässig wirdt wie vorhin (!), also auch nochmahlig verbotten, daß niemand Takel oder Tow in der alten oder Neuw-Stadt, sondern uffn Teerhoff am gewöhnlichen Orte theeren solle."

Es ist dem Pächter des Teerhofes zu wünschen, daß die Bürger dieser Aufforderung wenigstens einige Jahre Folge leisteten. Allzu lang jedoch kann dies Glück Herman Meyers oder wohl seines Nachfolgers in der Pacht nicht gewährt haben, denn am 16. Mai 1684, mithin 25 Jahre später, fühlte sich der Rat bemüßigt, seine Anordnung zu wiederholen[24]. Die Zeitspanne von 25 Jahren relativiert sich, bedenkt man, daß keineswegs alle Ratserlasse überliefert sind und daß man in dieser Zeit noch zurückhaltender war in der Produktion obrigkeitlicher Stellungnahmen. Diese Ermahnung sollte nicht die letzte ihrer Art sein. Noch 1751 mußte den Segelmachern nachdrücklich das Teeren der Taue verboten werden. Zehn Jahre darauf ersuchten die Elterleute den Rat der Stadt, den Barsemeister in seinem Teerprivileg zu bestätigen und zu unterstützen, schließlich sei „dieses auch eine

Art der Nahrung ..., welche ihm allein zusteht"[25]. Ob es genützt hat, darf bezweifelt werden. Insbesondere in der Neustadt wurde eifrig „privat" Teer gekocht, wurden Taue und Takel mit diesem Stoff bearbeitet. Das zuvor notwendige Trocknen der Taue, wozu auf dem Teerhof die Dröge diente, erledigten Bäcker tagsüber in ihren Backstuben. Das war entschieden kostengünstiger und einfacher, der Barsemeister jedoch ging leer aus.

Dennoch florierte zunächst auch dessen Geschäft. So fallen die Ratserlasse gegen das „private" Teeren, die ja nicht allein Feuergefahr reflektierten — der zitierte Text von 1659 steht in seiner diesbezüglichen Ausführlichkeit einzig da —, sondern auch auf Druck der Elterleute zum Zwecke der Unterstützung und Durchsetzung ihres Teerprivilegs zustande kamen, nicht zufällig in Phasen der Flaute im Schiffbau. Die Schiffszimmerleute auf dem Teerhof waren nach wie vor sehr wichtige Kunden des Barsemeisters.

6. *Schiffbauer im 17. Jahrhundert*

Mitte des 16. Jahrhunderts stand dieses Handwerk in relativer Blüte. Ein Beispiel mag hier genügen. In den Jahren 1565/66 baute der Meister Wessel auf seiner Werft auf dem Teerhof ein Schiff, das wegen seiner Größe vier Anker benötigte. Drei dieser eisernen Geräte wurden in Bremen gefertigt, den vierten und schwersten Anker hingegen — er wog stattliche 861 Pfund — ließ Wessel in Emden schmieden[26]. Wir sehen, der Schiffbau war ziemlich arbeitsaufwendig, nahm reichlich Zeit in Anspruch. Meister Wessel und seine Gesellen waren ein bis zwei Jahre beschäftigt und sorgten überdies für Arbeit in den Schmieden nicht nur Bremens.

Ein Jahrhundert später dann hatte sich die wirtschaftliche Situation der Schiffbauer offenbar dramatisch verschlechtert[27]. Das Handwerk wurde monopolartig kontrolliert von Johann und Hinrich Meyerdiercks, deren Ruf in jeder Hinsicht abschreckend war. Die beiden miteinander verschwägerten Schiffszimmerer galten als extrem langsam und waren obendrein berüchtigt wegen Lohn- wie Preisabsprachen. Das Ansehen der Stadt als Heimat qualitativ hochwertiger Schiffbaukunst drohte angesichts des Wirkens der beiden Meyerdierckse drastisch zu sinken. Um den Verfall dieses Handwerks zu stoppen und den Ruf der Kaufmannsstadt Bremen zu retten, kam der Rat auf den Gedanken, fremde Schiffbaumeister nach Bremen zu holen, in der Stadt anzusiedeln. Doch denen mußte man etwas bieten, damit sie sich entschlossen, in Konkurrenz zu den Schwagern Meyerdiercks sich an der Weser eine neue Existenz aufzubauen.

Der im Grunde gute Plan scheiterte dann am sprichwörtlichen Geiz der Ratsherren, die zunächst lediglich einen Platz für die Werft auf dem Teerhof in der Nähe der Buden beim Bauhof zur Verfügung stellen wollten. Auf Drängen der Bremer Reeder erklärte sich der Rat dann im Jahre 1688 bereit, auf dem Teerhof ein Grundstück für eine Werft und das zugehörige Wohnhaus auf acht Jahre kostenlos einem Meister zu überlassen. Normalerweise wurden diese Plätze an die Schiffbauer verpachtet, die dafür das „locarium", ein Stättegeld, zu entrichten hatten. Da diese Maßnahme allein nicht zu genügen schien, wie die Erfahrung der vergangenen Jahre gezeigt hatte, lockte der Rat zusätzlich mit dem unentgeltlichen Bürgerrecht für den Meister und die Gesellen, ein nicht unbeträchtlicher Betrag, den der so sehnlich herbeigewünschte Schiffbaumeister, aber auch seine Gehilfen einsparen konnten. Entsinnen wir uns — ein Kürschnergeselle mußte zu Beginn des 16. Jahrhunderts zwölf Wochenlöhne auf den Tisch der Stadt legen, um das bremische Bürgerrecht zu erwerben. Der Schiffbau befand sich im Jahre 1688 offenbar in einer derartigen Krise, daß sich die wegen ihrer Knauserigkeit berühmten Ratsherren zu solchen Angeboten meinten durchringen zu müssen.

Nicht zufällig steht den Angaben zum Schiffbau in der ersten Hälfte des 17. Jahrhunderts nichts Vergleichbares aus der Zeit nach 1650 gegenüber. Hier seien einige Beispiele solch handwerklicher Tätigkeit auf dem Teerhof aus der besseren Zeit genannt. 1630 lief „De Ploch", ein Schiff für 80 Lasten, bei Meister Dirich vom Stapel, der anschließend sogleich ans nächste Werk gehen konnte, eine Auftragsarbeit des Norwegers Claes Bomeside, ein Schiff für 90 Lasten. In den Jahren 1641—1643 zimmerte Joachim Martens den Rahsegler „Wappen von Bremen" und — im Auftrage einiger Bremer Bürger — den Bojer „Die Gerechtigkeit". Ebenfalls in dieser Zeit — 1642 — baute Dirik Behrendts „Die Liebe", ebenfalls einen Bojer. Dieser Schiffstyp erfreute sich in Bremen besonderer Beliebtheit, waren die Bojer doch einerseits seetüchtig, andererseits wegen ihres geringen Tiefganges hervorragend geeignet für die Nordseeküstenschiffahrt. Darüber hinaus konnte man mit ihnen mühe- und gefahrlos die Weser hinaufsegeln, obwohl diese wegen ihrer starken Versandung kein leicht zu befahrender Wasserweg war. Die letzte zuverlässige Nachricht über ein auf dem Teerhof vor der Krise fertiggestelltes Schiff stammt aus dem Jahre 1645. Der Schiffbaumeister Cornelius Brummer ließ die „Fortuna" vom Stapel laufen, doch bedeutete der Name kein gutes Omen für das Handwerk in Bremen.

Der Rat ging nun in seinem Entgegenkommen sogar noch weiter und versprach, Meister wie Gesellen von Wachdiensten und anderen Bürgerwerkslasten zu befreien. Parallel zu diesen obrigkeitlichen Maßnahmen, die das „Umfeld" für handwerkliches Engagement positiv gestalten sollten, dokumentierte die Kaufmannschaft ihr Interesse am Schiffbau, indem sie sich verpflichtete, auf ihre Kosten Waisenknaben als Nachwuchs in diesem Handwerk ausbilden zu lassen. Man einigte sich, daß alle auf dieser neu anzulegenden Werft gezimmerten Schiffe die ersten sechs Jahre vollkommen abgabenfrei bleiben sollten. Die beschriebene konzertierte Aktion von Politik und Wirtschaft zur Rettung des Schiffbaus auf dem Teerhof sollte schon bald Erfolg zeitigen.

Der Schiffbaumeister Ocke Martens ergriff die günstige Gelegenheit beim Schopfe und nahm das Angebot des Rates an. Bereits acht Jahre später scheint die Situation der Werften sich gebessert zu haben, denn es lebten nun 60 oder mehr Familien in Bremen direkt oder indirekt vom Schiffbau auf dem Teerhof[28].

Ocke Martens selbst sollte für nachweislich mehr als zwei Jahrzehnte auf der Insel Schiffe bauen, darunter wenigstens zwei seetüchtige, einmal die für 1850 Reichstaler verkaufte „Jäger", zum anderen sein wohl letztes vollendetes Werk, die 180 Lasten fassende „Jungfrau Anna". Auf dem Teerhof wurden also um 1700 wieder in größerem Umfang Schiffe gezimmert, Binnen- wie Seeschiffe.

Dennoch können wir nicht generell von blühenden Geschäften sprechen und dies auf alle Schiffbaumeister gleichermaßen beziehen. Einzelne von ihnen wie Martens oder fast zur gleichen Zeit Caspar Strömer, der uns noch ausführlicher begegnen wird, hatten genug zu tun, konnten sich und ihre Familien von ihrem Handwerk ernähren. Die Entwicklung des Bauhofes jedoch legt den Verdacht nahe, daß von der zweiten Hälfte des 17. bis hinein ins 18. Jahrhundert auf dem Teerhof in der Hauptsache Reparaturarbeiten durchgeführt wurden.

Mit dem Bauhof, zuständig für Lagerung und Lieferung des Holzes, in Bremen ging es rapide bergab. 1682, sechs Jahre vor Verkündung des Förderprogramms „Werften auf dem Teerhof", konstatiert der Rat, daß der Holzhandel in der Stadt einzig Recht des Bauhofes sei, man dies den Bürgern nie gestattet habe und es auch fortan nicht zu tun beabsichtige[29]. Man berief sich dabei im Rathaus auf die „Kundigen Rullen" von 1450 und 1489. In diesen Rechtstexten war das Stapelrecht des Stadtbaumeisters festgelegt, in dessen Nachfolge der Bauhof gesehen wurde. Mithin sollte dieses Recht nun auch für ihn gelten, d. h. jeder Holzhändler, der nach Bremen kam, mußte sein Holz zunächst dem Bauhof anbieten. Lehnte dieser ab, durfte der Händler seine Ware frei in der Stadt verkaufen, mußte allerdings für das zur Wiederausfuhr gelangende in Bremen unverkäufliche Holz eine Akzise an den Bauhof zahlen. Dieser profitierte also von derartigen Abgaben sowie eben vom Holzverkauf an seine Nachbarn auf der Insel, die Schiffszimmerleute, und vor allem an die Stadt und ihre Bürger. Das Holzmonopol des Bauhofs betraf nicht allein Schiffsholz, sondern alles in der Stadt benötigte Holz. Jeder, der zur Instandsetzung seines Hauses oder zwecks Neubaues dies Material kaufen wollte, mußte sich an den Bauhof wenden. Der Ratserlaß von 1682 zeigt deutlich, daß man sich in Bremen nicht daran hielt.

Der Niedergang des Schiffszimmererhandwerks in Bremen beschleunigte dann noch den wirtschaftlichen Verfall des Bauhofs. Im Jahre 1696 schien dessen Bewirtschaftung so wenig lukrativ, daß sich kein Pächter mehr fand. Die Kaufleute verlangten nun vom Rat die Aufhebung des Holzmonopols, die Freigabe des Holzhandels in der Stadt. Der Rat hingegen dehnte die Rechte des Bauhofes noch aus, wohl in der Hoffnung, auf diesem Wege einen neuen Pächter anlocken zu können. Zunächst hatte man mit dieser Maßnahme auch Erfolg, mußte jedoch rund ein halbes Jahrhundert später dem Drängen der Bürgerschaft nachgeben und das Holzmonopol des Bauhofs aufheben[30]. Allerdings beanspruchte dieser für seinen Verzicht als Ausgleich eine Gebühr von 5 % des Holzwertes, die 15 Jahre darauf auf 2 % reduziert wurde, sich in dieser Form und Höhe dann jedoch bis zum Jahre 1863 halten konnte.

Das Interesse der Stadt an der Erhaltung des Bauhofes bezog sich auf den Eichenbauhof. Anfang des 17. Jahrhunderts hatte man Eichen- und Tannenbauhof getrennt, wohl auch wegen deren unterschiedlicher Bedeutung für die Stadt. 1757 befand die Wittheit: „Der Eichen-Bauhoff ist ein so nothwendige Beschwerde (!) vor die Stadt, als es vor jedem Hauswirth, der sein eigen Haus bewahret, nothwendig ist, daß er dasselbe nicht verwahrlose, sondern . . . behörig unterhalte."[31] Hierin lag der Grund für die Unterstützung, die die Stadt dem Eichenbauhof bis zum Ende des 19. Jahrhunderts zuteil werden ließ. Der Tannenbauhof dagegen wurde nach Beschluß von 1804 drei Jahre darauf aufgelöst, das Grundstück verkauft.

Der Stadtplan von Carl Ludwig Murtfeldt von 1796 zeigt den „Eichen-Bauhoff" bereits auf der Südseite der „Herrlichkeit", die zu diesem Zeitpunkt keine Insel mehr darstellte, sondern mit dem Werder und unserem Teerhofe zu einer geschlossenen Landzunge verbunden war[32]. Eine Zeitlang lief die Entwicklung von Teer- und Bauhof parallel, da beide eine wichtige Kundengruppe gemein hatten — die Schiffszimmerleute. Das Auf und Ab dieses Handwerks wiederum hing natürlich mit dem Wachstum wie den Krisen der Stadt insgesamt zusammen.

7. Der Teerhof wird wohnlich

Der Beginn des 18. Jahrhunderts erschien wohl nicht nur den Schiffbauern vielversprechend, auch die Bevölkerung begann, die neuen Stadtteile zu akzeptieren. Die Besiedlung der Neustadt wie auch unserer Insel nahm zu, langsam zwar, aber stetig. Ein Erbebuch der Neustadt von 1691 nennt 22 Häuser auf der Südseite des Teerhofs, also am Ufer der Kleinen Weser[33]. Dazu kam ein als Holzlager genutzter Platz, wie man einen zweiten an der Nordseite, zur (Großen) Weser hin gelegen, vorfand, den auch so genannten „Holtzplatz". Hierbei kann es sich um den Lager- und Stapelplatz des Eichenbauhofs gehandelt haben. Ein größeres Grundstück am Weserufer befand sich in Privateigentum. Hier an der Nordseite richtete eben zu dieser Zeit Ocke Martens seine Werft ein, nahm mit Erfolg die Arbeit auf.

Der Teerhof hatte inzwischen sein Äußeres gewaltig gewandelt. Zeigte Dilichs Stadtansicht von 1604 das zur Neustadt gelegene Südufer noch unbebaut, ganz wie in der Mitte des 17. Jahrhunderts Merian einzig Bäume das Ufer säumen sah, läßt dagegen der Kupferstich des Augsburgers Joseph Friedrich Leopold aus dem Jahre 1719 Häuser am Ufer der Kleinen Weser erkennen[34]. Nun wird die Besiedlung und Bebauung des Teerhofes im 17. Jahrhundert nicht gleichmäßig über die Jahre verteilt stattgefunden haben. Es steht zu vermuten, daß besonders im letzten Drittel dieses Jahrhunderts mehr und mehr Menschen sich auf der Insel niederließen.

Ein Vergleich der Angaben des Erbebuches von 1691 mit denen eines Verzeichnisses der Straßen Bremens aus dem Jahr 1737 stützt diese Annahme[35]. Auf dem „Theerhoff" standen inzwischen 59 Häuser, den Durchgang ermöglichten „4 Gänge". Diese vier Gänge kennt auch noch der Katasterplan von 1896[36]. Ein „Situationsplan des Theerhofes" aus der Mitte des 19. Jahrhunderts zeigt die Gänge ebenfalls, deren einer als „öffentlicher Weg" beschriftet ist. Er führte von der den Teerhof der Länge nach durchlaufenden Gasse gegenüber dem Brauerschen Packhaus hinunter zur Kleinen Weser. Wahrscheinlich waren diese Gänge befestigt, vielleicht schon regelrecht gepflastert, weshalb man sie über bald zwei Jahrhunderte bei allen Veränderungen als Geländestrukturen beibehielt. Die genannten kleinen Wohnhäuser waren gegen den Fluß hin durch ein Bollwerk geschützt, das von den Anwohnern gewartet und für das

Bild 10: *Joseph Friedrich Leopold, 1719, in: Schwarzwälder, Nr. 61, S. 30*

eine Gebühr entrichtet werden mußte — eine Art Steuer.

Einige dieser neuen Bewohner des Teerhofes, die sich zusammen mit Ocke Martens oder ihm folgend auf der Insel niedergelassen haben, lassen sich in den Akten wiederfinden, tauchen dort sogar namentlich auf. Knapp zwanzig Jahre vor der konzertierten Aktion zugunsten der Werften, also mitten in der Krise, hatte ein gewisser Henrich Sommer auf dem Teerhof ein Gewerbe eröffnet, das krisenunabhängig jederzeit sein Auskommen hatte und noch hat, von wirtschaftlichem Niedergang sogar oftmals profitiert. Sommer bat den Rat, den von ihm geführten „Krug" weiterbetreiben zu dürfen, da in der Zwischenzeit die Elterleute ihm dies untersagt hatten.

Die Kaufmannschaft witterte unliebsame Konkurrenz, hatte doch das Recht zum Ausschank von Alkohol ursprünglich einzig beim Teerhofpächter und dem Bauhofschreiber gelegen. Sie durften „Biehr, Brandtwein, Toback und dergleichen an alle Gäste verthun"[37]. Dieses Privileg reicht offensichtlich bis in die Anfänge des Teerhofes zurück, denn auch der schon zitierte Pachtvertrag der Elterleute mit Herman Meyer von 1628 nennt unter den Rechten des Pächters den „freyen Krug". Auch in diesem Falle wird Bezug genommen auf den Vorpächter, also können wir die Ausschankerlaubnis zurückverlängern bis ins 16. Jahrhundert.

Das Geschäft mit Speise und Trank jedenfalls schien auf dem Teerhof aussichtsreich, und zwar so sehr, daß besagter Henrich Sommer zur Errichtung seiner Gastwirtschaft Geldgeber gefunden hatte. Dies nun, die Tatsache, „mit andrer Leute Geldt" gebaut zu haben, führte Sommer als ein Argument an, ihm die Krughaltung unbedingt zu konzessionieren. Darüber hinaus sei er zu alt, um in seinem angestammten Beruf als Fuhrmann weiter tätig sein zu können. Eine solche Konzession hatte er zuvor nicht beantragt gehabt, dies offenbar für überflüssig erachtet. Erst das Einschreiten der Elterleute überzeugte ihn von der Notwendigkeit einer obrigkeitlichen Genehmigung zur Ausübung seines Gewerbes. Die Elterleute protestierten. All das spricht sehr dafür, daß Henrich Sommer der erste Wirt auf dem Teerhof war, der seinen Lebensunterhalt allein mit dem Durst und Hunger der Bewohner und Besucher des Teerhofes finanzierte.

Im Jahre 1701, Ocke Martens baute bereits seine Schiffe und trank wahrscheinlich nach getaner Arbeit zusammen mit seinen Gesellen und den zahlreicher werdenden Nachbarn ein oder mehrere Feierabendbiere bei Henrich Sommer, tauchte für den Wirt Konkurrenz auf. Der Teerhof belebte sich. Am 5. August dieses Jahres beantragten und erhielten H. Cassel und M. Kohten die Lizenz, auf dem Teerhofe Bier zu zapfen.

Doch Henrich Sommer mußte nicht um seine Existenz bangen, wuchs doch auch die Zahl der potentiellen Kunden stetig. Am 26. Juni 1719 erteilt der Rat dem Martin Mencken die „Concession zur Erbauung eines Hauses auf dem Theerhof und zur Bekräftigung des Schiffszimmerwerkes"[38]. Fünf Jahre zuvor hatte der Bildhauer Nicolaus Reichwein einen Platz bei der Kleinen Weserbrücke gemietet. 1723 beantragte Anthon Coch eine „Concession der Helling auf ihn und Meierdirks". Drei Jahre darauf bittet Götje Mencken den Rat, „die ihrer Mutter vergönnte Schiffsbaustätte auf dem Theerhofe ihr zu verstatten". Götje war die Witwe des 1719 verstorbenen Martin Mencken, die hier benannte Werft dürfte die ihres Mannes sein. Sie erhielt die erbetene Konzession, deren Verlängerung sie immer wieder erfolgreich beantragte — zuletzt 1744[39]. Die Pachtverträge wurden in der Regel auf sechs oder acht, seltener auf zehn Jahre abgeschlossen und meist anstandslos verlängert.

Die Anträge auf Baugenehmigungen nahmen in den zwanziger Jahren des 18. Jahrhunderts erheblich zu[40]. Johann Corssen möchte 1722 seine „Buden an den Portalen beider Weserbrücken" verändern, Valentin Cragot beantragt ein Jahr später die Genehmigung für den Bau einer „Bude" auf einem von der Stadt gemieteten Platz. Im gleichen Jahr 1723 taucht ein Friedrich Wilhelm Cassel als Hausbesitzer in den Aken auf. Die Namensgleichheit mit dem seit 1701 als Wirt tätigen H. Cassel ist schwerlich Zufall, doch ist der Verwandtschaftsgrad nicht feststellbar. Sein Grundstück lag „bei den Brücken", reichte offenbar nicht an den Fluß. Dies möchte er nun 14 Jahre später ändern und „seinen Garten gegen Grundzins bis an die Weser verlängern". Den „Garten" dürfen wir uns wohl nicht als Erholungsrefugium für Feierabende und Sonntagnachmittage vorstellen, sondern eher als Arbeits- und Lagerplatz. In diesem Sinne wird der „Platz hinter dem Haus" 1738 in den Akten erwähnt, wobei auch Cassels Nachbar namentlich genannt wird. Dieser, Johann Caspar Bayer mit Namen, hatte bereits ein Jahr zuvor darum ersucht, den „kleinen Platz bei seinem Haus bebauen" zu dürfen.

8. Teerhof, Herrlichkeit und Werder

Doch bevor wir uns den Menschen zuwenden, die nun den Teerhof bevölkerten und die uns teils in Ausübung ihres Berufes, teils eher als private Bauherren ihrer Wohnhäuser in den Quellen begegnen, ist es notwendig, die Veränderungen in der Stadttopographie darzustellen, die sich in dieser Zeit vollzogen. Teerhof, Herrlichkeit und Werder wuchsen zusammen, veränderten im Verlaufe des 18. Jahrhunderts ihr Aussehen stark. Ein Vergleich der Stadtansichten Merians von 1638–1641 und Murtfeldts von 1796 bezeugt dies[41]. Die Braut, bei Merian noch hervorragender Blickfang, besteht 1796 nicht mehr. Murtfeldt hatte nur noch den Brautwall vorgefunden. Ebenso waren die Nebenarme der Weser, die sogenannten „Pipen", verschwunden und mit ihnen das Godentor.

Bereits 1686 hatte man überlegt, statt der Brücke über die westliche Pipe — also von der Braut zum Teerhof — einen Steinweg anzulegen, diesen Nebenarm der Weser zuzuschütten. Wohl aus militärstrategischen Gründen verwarfen die Bremer diesen Plan und zogen statt dessen die aufwendige und dementsprechend kostspielige Reparatur der Zugbrücke vor[42]. 1697 hatte man sich dazu durchgerungen, angesichts der bekannten Sparsamkeit der Kaufleute gewiß keine leichte Entscheidung, doch bereits sieben Jahre später entschloß man sich zum Abbruch der Brücke wie des Godentors selbst. Das schöne und eindrucksvolle Gebäude einfach abzureißen, erschien dem Rat als Verschwendung, doch da man so kurzfristig keinen Käufer fand, begann man mit der schrittweisen Beseitigung. 1704 wurde das Fallgitter entfernt, die schweren Eisenketten kamen ins Zeughaus der Stadt. Sechs Jahre lang wartete der Rat auf Interessenten, dann endlich gab man die Hoffnung auf, noch einen Käufer zu finden. Im Jahre 1710 wurde das Godentor vollends abgerissen, die Pipe zwischen Herrlichkeit und Teerhof zugeschüttet[43]. Vier Jahre dauerten die Arbeiten noch, dann war die Verbindung zwischen den beiden nun ehemaligen Inseln hergestellt. Der so entstandene freie Platz wurde seit 1717 als Holzlager benutzt. Von der Planung bis zur Ausführung der Umgestaltungen auf Teerhof und Herrlichkeit gingen also 24 Jahre ins Land. Wir sehen, auch vor bald 300 Jahren brauchte gut Ding — so es von Aktivitäten der „öffentlichen Hand" abhängig war — Weile, erhebliche Weile.

In der Mitte Bremens rüstete man jetzt ab. Nachdem der Rat beschlossen hatte, die Neustadt als Befestigung nach den Plänen Valckenburghs zu bauen, waren die Verteidigungsanlagen an den Weserbrücken überflüssig geworden. Sie wurden wie das Godentor entfernt oder — wenn irgend möglich — verkauft. Im Jahre 1728 — an der Neustadt wurde eifrig gebaut — fragte Johann Wilkens beim Rat an, ob man ihm das Wachthaus an der Kleinen Weserbrücke überlassen wolle. Sein Kaufangebot wurde akzeptiert. Ein Jahr darauf möchten Hermann Ficken und Jürgen Geerken ihren Platz bebauen, der zwischen den beiden Brücken liegt — also auf der Herrlichkeit —, während Gerd Lürsen seine Bude bei der großen Weserbrücke umbauen will.

Dieser Hermann Ficken wandte sich nun acht Jahre später erneut an die Stadt, diesesmal ohne Jürgen Geerken. Es ging um sein Haus, wobei uns hier jedoch nicht das Ansinnen Fickens als solches interessiert, sondern die Lagebeschreibung des Objektes verdient unsere Aufmerksamkeit, heißt es doch in der Akte, das Haus habe sich „an der Tränke beim Eichenbauhof zwischen den beiden Brücken" befunden[44]. Wie oben bereits ausgeführt, war der Eichenbauhof irgendwann zwischen der Mitte des 17. und dem ausgehenden 18. Jahrhundert vom Teerhof auf die Herrlichkeit verlegt worden. Der Kupferstich Merians zeigt ihn noch an seinem angestammten Ort als Nachbar des Teerhofes der Elterleute, Carl Ludwig Murtfeldt hingegen fand ihn 1796 als Teil der Herrlichkeit, am Rande des Brautwalls gelegen[45]. Hier haben wir nun einen Anhaltspunkt, der uns ein wenig hilft beim Versuch, die Verlegung dieses Betriebes an seinen neuen Standort zu datieren. Sie muß vor 1737 durchgeführt worden sein, denn Hermann Ficken wird in diesem Jahr als Nachbar des Eichenbauhofes genannt, der — so steht es im Text — „zwischen den Brücken" lag. Wir dürfen annehmen, daß im Rahmen der Anlage der Neustadt, der damit verbundenen schrittweisen Beseitigung der nun sinnlos gewordenen militärischen Befestigungen auf den Weserinseln und deren Verbindung zu einer Landzunge auch die Verlegung dieses wichtigen Wirtschaftsbetriebes stattgefunden hat.

9. *Künstler auf dem Teerhof — Steinmetze und Bildhauer*

In dieser Zeit, in der Teerhof und Herrlichkeit im wahrsten Sinne des Wortes befriedet werden, immer mehr Menschen auf Dauer den Weg über die Weser finden und sich in der Neustadt ihr Heim einrichten, da die leiblichen Genüsse auf dem Teerhof in wachsender Vielfalt befriedigt werden können, in dieser Zeit findet auch ein künstlerisches Handwerk den Weg auf die — ehemalige — Insel. Es sind dies die Steinmetze und Bildhauer, die hoffen, hier genügend Platz für ihre Steinlager eingeräumt zu erhalten. Im Jahre 1734 erscheint deren Berühmtester erstmals in den Akten des Teerhofes. Der gebürtige Bremer Theophilus Wilhelm Fre(e)se hatte 1728 vom Rat die sogenannte „Freimeisterschaft" zuerkannt bekommen, zwei Jahre später fand er Aufnahme in das Steinmetz- und Bildhaueramt. Viele seiner Skulpturen kann man heute im Focke-Museum bewundern, aber auch die Fassade des Sparkassenhauses am Markt ist sein Werk, das ursprünglich das Haus Schlachte 31 B zierte.

Er beabsichtigte nun 1734, sein „zwischen den Brücken" gelegenes Haus umzubauen, wofür er eine Baugenehmigung benötigte. Freese wohnte offenbar schon länger in diesem Haus, Herrlichkeit Nr. 3, handelt es sich doch hier um einen Um-, keinen Neubau. Vielleicht ist er 1730 auf den Teerhof gezogen, in dem Jahr seiner Aufnahme in das Amt der Steinmetze und Bildhauer, von denen ja einige bereits auf der Insel beheimatet waren.

Freese jedenfalls erhält die Genehmigung, sein Haus zu verändern.

1737 dann erwirbt Freese zusätzlich den Platz neben seinem Haus, der noch bis zu dem bedauerlichen Abriß dieses Baudenkmals im Jahre 1978 unbebaut geblieben war. Allerdings hatte er sich verkleinert, denn Freese baute bereits ein Jahr darauf sein Haus aus, vergrößerte es auf den „nebenliegenden Platz ad 18 Fuß". Wahrscheinlich war ihm der verbliebene Garten oder Lagerplatz auf Dauer zu klein geworden, jedenfalls kaufte er 1749 noch „zusätzlich" ein Grundstück „bei seinem Erbe". Der berühmteste Bildhauermeister des bremischen Rokoko sollte dort in dem Hause Herrlichkeit Nr. 3 bis zu seinem Tode 1763 leben. In ihm dürfen wir den bedeutendsten Bewohner von Teerhof und Herrlichkeit sehen.

Die Bautätigkeit am Rande des Brautwalls und auf dem Teerhof hatte stark zugenommen. Während Theophilus Wilhelm Freese noch an seinem Haus arbeitete, beantragten seine Nachbarn Johann Caspar Bayer und Friedrich Wilhelm Cassel, die Plätze hinter ihren Häusern bebauen zu dürfen. 1739 plant Hermann Ficken auf seinem Grundstück „an der Tränke beim Eichenbauhof" ähnliches, doch wird Ficken, wie Nicolaus Reichwein und Theophilus Freese „Baumeister", durch ein unvorhergesehenes, aber höchst eindrucksvolles Ereignis an der Durchführung seiner Baupläne gehindert.

Am 22. September 1739 flog mit einem gewaltigen Knall die Braut in die Luft. Gegen Abend dieses Tages hatte sich ein furchtbares Gewitter der Stadt genähert, das sich wie so oft an der Weser festsetzte und die ganze Nacht über Bremen tobte. Um zwei Uhr dann erzielte der Wettergott einen seltenen Volltreffer, als einer der unzähligen Blitze die zum Pulverturm umfunktionierte Braut traf. Der Erfolg war durchschlagend, auf der Herrlichkeit wurde Bauland frei. Diese enorme Explosion, die sicherlich auch den verschlafensten Bremer aus den Federn gerissen haben wird, richtete einen Schaden in Höhe von 1,5 Tonnen Goldes an[46].

Nach wenigen Wochen bereits liegt ein Deputationsbericht vor, der Rat und Bürgerschaft über das Ausmaß der Verwüstungen informiert. „Vier bis fünf kleine Gebäude und eine Bude hiedurch über den Hauffen geworffen, so sind dennoch durch Gottes Güte alle übrigen Häuser, sowohl in der Stadt als New-Stadt stehen blieben, obgleich durch die schwere Erschütterung viele Dach-Ziegel heruntergeworffen und eine große Menge Fenster-Scheiben ausgeschlagen worden."

Ein Vierteljahr später melden sich die Geschädigten beim Rat, fordern Hilfe an. Die uns schon bekannten Ficken und Cassel sowie weitere ihrer Nachbarn beantragen, ihnen für ihre Häuser auf dem Teerhof, der Herrlichkeit und dem Werder das „altstädtische Weichbild-Recht ad hanc effectum" zuzugestehen. Das bremische Stadtrecht war zu dieser Zeit differenziert in Altstadtrecht, groß und klein, sowie das Neu- und Vorstadtrecht. Inwieweit das altstädtische Weichbildrecht den Herren Ficken, Cassel und „Consorten" Vorteile zu verschaffen versprach, verrät uns der Text, indem er fortfährt, daß ihnen so Handfeste und Hypotheken bewilligt würden, „weil sie bei Verunglückung des Pulverthurms großen Schaden erlitten und Gelder in ihren Häusern aufnehmen müßten"[47]. Die Wittheit sah die Berechtigung der Bitte der Anwohner ein, sicherte sich jedoch vorsichtshalber ab, indem sie feststellte, daß „im übrigen aber die Häuser und deren Einwohner bei der Neustadt zu lassen wären". Es galt zu verhindern, daß sich hier auf diese Art einst, womöglich unter Berufung auf altes Recht und Herkommen, Bewohner des Teerhofes und der Herrlichkeit als Altstadtbürger bezeichneten.

Hermann Ficken und seine Leidensgenossen hatten offenbar zunächst versucht, ohne Hilfe der Stadt ihre Häuser wieder instandzusetzen, doch konnten sie dies nicht finanzieren, da es ihnen unmöglich war, Hypotheken auf ihre Häuser aufzunehmen. Das Neustadtrecht hinderte sie daran, den Grund und Boden zu kaufen. Eine Erweiterung des obengenannten Antrags aus demselben Jahr erläutert die Probleme der Geschädigten. Sie bitten die Wittheit, die gemieteten und bebauten Plätze „eigenthümlich" kaufen zu dürfen, weil ihnen sonst niemand Kredit auf die Häuser geben wolle. Die Gewährung des Altstadtrechts ermöglichte ihnen den Kauf ihrer Grundstücke und schuf so die Voraussetzung dafür, Hypotheken aufnehmen zu können.

Die gleiche Rechtsproblematik wird deutlich, als der „alte Freese", wie der zu diesem Zeitpunkt 48jährige vom Schreiber der Akte genannt wurde, seine „Bude" verkaufen wollte. Bei dieser „Bude" handelte es sich nicht um sein Haus, sondern um seine Werkstatt, die er auf einem von der Stadt gemieteten Platz errichtet hatte[48]. In diesem Sinne sollte sie auch „öffentlich mit dem darauf haftenden Stättegeld verkauft werden". Der Käufer trat also dem Rat gegenüber als neuer Pächter des Platzes in die Nachfolge des Theophilus Wilhelm Freese. Deshalb der öffentliche Charakter des Kaufgeschäftes. Doch logisch fährt der Text fort, daß dieser neue Käufer sich bezüglich des Preises der Bude mit Freese „abfinden" soll. Der Platz gehörte der Stadt, das dafür zu entrichtende Stättegeld, das sogenannte „locarium", mußte vom Käufer als Pachtzins akzeptiert werden. Die Bude hingegen war Eigentum Freeses, der Verkaufserlös stand ihm zu. Hätte er nun keinen Interessenten gefunden und dennoch den Platz kündigen wollen, so wäre es seine Pflicht gewesen, die Bude zu beseitigen, sofern die Stadt als Eigentümerin des Grundstückes diese nicht hätte übernehmen wollen.

Freese jedenfalls fand einen Käufer, verlegte seine Werkstatt offenbar zu seinem Wohnhaus, wo er, wie wir bereits sahen, fünf Jahre später noch einen zusätzlichen Platz pachtete. Er hatte also nun seine Bude auf dem Teerhof aufgegeben, besaß noch sein Wohnhaus und den anliegenden Platz sowie eine „Steinbude" im Werder, die er 1751 zum Wohnhaus umbauen wollte[49]. Ob er diese Arbeit noch begonnen oder gar vollendet hat, ist nicht überliefert. Im Jahre 1763 starb der berühmteste Bewohner von Teerhof, Herrlichkeit und auch des Werders.

Nicht der ganze Grund und Boden des Teerhofes befand sich Mitte des 18. Jahrhunderts im Eigentum der Stadt. Ein gewisser Ludolph Uhthoff kaufte 1747 von „Neustädter Herren und Bürgern" einen Platz auf dem Teerhof. Wahrscheinlich handelte es sich bei diesen „Herren und Bürgern" um ehemalige Schiffszimmerer oder deren Nachkommen, die sich angesichts der Flaute in diesem Handwerk vom Teerhof zurückgezogen und im Zuge der Gründung der Neustadt dort niedergelassen hatten. Ihre Grundstücke hatten sie nicht aufgegeben, sie verkauften sie nun, wohl fest etabliert in der neuen Umgebung.

10. Schiffbauer im 18. Jahrhundert

Wie war es in der Zwischenzeit nun dem einst auf dem Teerhof dominierenden Handwerk, dem Schiffbau, ergangen, seit Ocke Martens Ende des 17. Jahrhunderts im Rahmen der massiven Unterstützung dieser Branche dort seine Arbeit aufgenommen hatte? Etwa gleichzeitig mit Martens hatte sich Caspar Strömer auf der Insel niedergelassen und auf die Reparatur von Eken, kleine eichene Binnenschiffe, spezialisiert. Ob er wirklich stets ein so langsamer Arbeiter war, wie ein Eichenschiffer in seiner Beschwerde erbost behauptete, mag bezweifelt werden. Immerhin blieb die Familie fast ein Jahrhundert ihrem Metier und dem von der Stadt gepachteten Werftplatz treu. Erst im Jahre 1785 kam dieser in die Hand des Schiffszimmerers und ehemaligen Barsemeisters Johann Mensing[50].

Am 10. Februar 1717 kaufte Caspar Strömer von der Stadt ein Grundstück auf dem Teerhof, das an das gemietete Werftgelände direkt angrenzte. Es war 135 Fuß lang und kostete ihn 112 Reichstaler. An dieser Stelle lag bereits sein Wohnhaus, er nutzte den freien Platz zum Zimmern und Lagern von Holz. Auf diese Art hatte er seinen von der Stadt gepachteten Werftplatz, für den er jährlich sieben Reichstaler „locarium" zahlte, erweitert — und dies sehr günstig, da der zusätzlich erworbene Grund und Boden in seiner ganzen Breite an die Weser grenzte. Das gemietete Land war 70 Fuß lang, also etwa um die Hälfte kürzer als sein Eigenland, und es grenzte an den Tonnenhof.

Auf seinem Privatgrund nun ließ Strömer innerhalb von nur drei Jahren ebensoviele Häuser bauen. Als er jedoch 1727 zwei weitere errichten wollte, protestierten die Schiffer, die um ihren Werftplatz fürchteten. Der Rat stellte sich auf seiten der Kläger und verbot dem Caspar Strömer, sein Zimmereigelände zu bebauen. Die Schiffer hatten auch allen Grund, ungehalten auf die die Schiffszimmerei behindernde Bautätigkeit Strömers zu reagieren, lag doch der Schiffbau in Bremen nach kurzer Besserung zu Beginn des Jahrhunderts 1721 offenkundig ziemlich darnieder[51]. In diesem Jahr stellten die Schiffer mit nicht geringem Entsetzen fest, daß es weder auf dem Teerhof, noch dem Werder oder dem Neustadtufer, d. h. dort, wo in Bremen Schiffe gebaut wurden, auch nur einen einzigen Helgen gab.

Diese Trägerkonstruktionen waren unabdingbare Voraussetzung für die Ausübung des Schiffszimmererhandwerks. Dies betonten die Schiffer unter dem peinlichen Hinweis darauf, daß „bei allen Seestädten zu Erbauung neuer und Reparierung alter und schadhafter Schiffe (ein solcher Helgen) zu finden" sei. Falls die Stadt nicht dafür Sorge trage, diesem katastrophalen Zustand abzuhelfen, werde man fortan die eigenen Schiffe außerhalb Bremens bauen und reparieren lassen. Die Drohung zeigte Wirkung, und zwei Jahre später hatten die Schiffer wieder einen Helgen zur Verfügung. Am 10. März 1723 beantragte und erhielt Anthon Coch die „Concession der Helling auf ihn und Meierdirks"[52]. Ganz in diese Richtung, d. h. die Zweckentfremdung der Schiffbauplätze zu verhindern, zielte auch ein Verbot der Wittheit vom 23. Mai 1727, den „zur Aufbauung von Schiffen destinierten Platz auf dem Theerhofe zu bebauen"[53].

Hatten in dieser Auseinandersetzung mit der Familie Strömer die Schiffer obsiegt, so ging der einige Jahre darauf dem Rat vorgetragene Streit zur Abwechslung zu Strömers Gunsten aus. Die Schiffer hatten, wohl in Erinnerung der erfolgreichen Abwehr zweier Neubauten, in einem darüber hinausgehenden Schritt den Abriß einer Bude auf dem von der Stadt gepachteten Werftgelände gefordert. Strömer hielt dem entgegen, die Bude enthalte das zur Ausübung seines Handwerks benötigte Gerät, sei mithin Teil der Werft und diene auf diese Art auch den Interessen der Schiffer. Dies leuchtete den Ratsherren ein, die entschieden, daß „die Bude, wenn sie nun nicht höher und breiter gemacht, daselbst bleiben und repariert werden möge"[54].

Caspar Strömer konnte sich dieses Erfolges noch erfreuen, doch, der ewigen Streitereien überdrüssig, segnete er bald darauf das Zeitliche. Sein Sohn Marten übernahm die Geschäfte und — das Temperament hatte er offensichtlich vom Vater geerbt — lag schon bald im Streit mit den Nachbarn. Er hatte es, ganz wie der Alte, mit den Vorschriften nicht so genau genommen. So beschwerte sich Harbert Wiesen, Gastwirt auf dem Teerhof, daß sein Nachbar Marten Strömer unberechtigterweise einen „Krug halte" neben seiner, Wiesens, konzessionierten Schänke[55].

Schlitzohrig entgegnete Marten Strömer[56], „er machte kein Handwerk davon, schenkte nur Bier für sein Volk und hielte keine Gäste. Weilen von verschiedenen Schiffern er dazu angenöthiget." Strömer beschwört ausgerechnet die Schiffer als Zeugen, die vor noch gar nicht langer Zeit seines Vaters Kontrahenten im Streit vor den Ratsherren waren. In erfrischender Logik und unter Berufung auf einen Gleichgesinnten als „Bürgen", wie der Text sagt, fährt Strömer fort: „Sonst, hätte Monsieur Meineken zu seiner Frau gesagt, daß er beym jetzigen Herrn Präsidenten ausgewircket und richtig gemachet, daß er Bier zapfen möchte."

Martens Ehefrau beschwerte sich also bei dem Nachbarn Meineken über die verleumderische Anschuldigung des gemeinsamen Nachbarn Wiesen. Es bildeten sich Fraktionen, auf dem Teerhof herrschte Unfrieden. Monsieur Meineken unterstützte Familie Strömer, der Vorwurf Harbert Wiesens sei unsinnig, schließlich hätte Marten Strömer ja jederzeit problemlos beim Präsidenten des Rates eine Lizenz beantragen und diese gewiß auch erhalten können.

Betrachtet man die Anträge auf Erteilung einer Schanklizenz auf dem Teerhof — allerdings aus der zweiten Hälfte des Jahrhunderts —, so ist man geneigt, sich Monsieur Meinekens Version anzuschließen. Es gab offensichtlich eine ganze Reihe Kneipen, doch gerade dieses Faktum wird Harbert Wiesen ungnädig gestimmt haben. Im Jahre 1781 bedeutete ein derartiger Antrag kaum mehr als eine Formalität. Johann Michael Germann wurde seine Bitte um Verlängerung seiner Konzession zur „Krughaltung" auf dem Teerhof denn auch ohne weiteres erfüllt. Ob dies jedoch 40 Jahre zuvor auch schon so einfach gehandhabt wurde, muß dahingestellt bleiben.

Im Streite Wiesen gegen Strömer nun „interrogierte" der Rat, es gab also eine mündliche Anhörung, „ob noch mehr Bürge aufm Teerhofe?". Monsieur Meineken allein genügte den Herren im Rathaus nicht als Hilfe bei der

Wahrheitsfindung. Nun baten nach Marten Strömer auch Harbert Wiesen und Johann Wolpmann um mündliches Gehör. Wie der Zwist endete, ist den Akten nicht zu entnehmen. Interessant ist hier jedoch das Auftreten Johann Wolpmanns, Mitglied einer der drei im 18. Jahrhundert „wichtigsten bremischen Schiffbauerfamilien", wie Ulrich Weidinger feststellt. Die Familien Wolpmann, Strömer und Mencken bestimmten rund hundert Jahre lang dieses Handwerk auf dem Teerhof. Womit wir zurückgekehrt wären zu Marten Strömers eigentlicher Hauptbeschäftigung, dem Schiffbau.

In den Jahren 1749 bis 1752 baute er vier Galioten, kleinere, aber seetüchtige Lastschiffe mit abgerundetem Vor- und Achterschiff, die sich in dieser Zeit großer Beliebtheit erfreuten. Doch schon bald scheinen sich die Geschäfte verschlechtert zu haben, gingen kaum noch Aufträge auf Marten Strömers Werft ein. 1754 warf er endgültig das Handtuch. Er verdiene mit Schiffbau nur noch 50 Reichstaler im Jahr, klagte er dem Rat. Diese kärgliche Summe entsprach vier Monatslöhnen eines Aufsehers im Armenhaus der Stadt, dem man für seine Arbeit 12 $^{1}/_{2}$ Taler pro Monat zahlte. Strömer nannte auch die Ursache für den Niedergang des bremischen Schiffbaus, so stellte er es jedenfalls dar. Wahrscheinlich zeigte er eher die Folgen auf, wenn er behauptete, es würden „fast gar keine Schiffe hieselbst mehr verfertiget, sondern selbige von fremden Örtern her zugeführet, auch in der Fremde ausgebessert werden"[57].

Die Konkurrenz hatte nicht geschlafen und die Bremer Schiffbauer ausgestochen. Die Gründe lassen sich nicht mehr rekonstruieren, doch bat Marten Strömer angesichts seiner trostlosen Lage den Rat, ihm die Weitervermietung seines Werftplatzes an einen Steinmetz zu gestatten. Die Tatsache, daß die Ratsherren dem Antrag stattgaben und kein Schiffer Protest einlegte — jedenfalls ist nichts dergleichen überliefert —, belegt, daß der Rat Strömers Einschätzung seiner Wirtschaftslage teilte. Marten selbst scheint sein Handwerk aufgegeben und sich der christlichen Seefahrt verschrieben zu haben. Gemeinsam mit Marten Strömer gab ein zweiter Schiffbaumeister auf dem Teerhof seine Profession auf und verließ seine Werft.

Es war dies Martin Mencken[58], wie Strömer zweite Generation einer alteingesessenen Schiffbauerfamilie. Sein Vater Marten war 1719 verstorben und hatte seiner Witwe die Werft hinterlassen. Die Wittheit verpachtete ihr den Platz — zuletzt 1744. Wir sahen dies oben bereits. 1750 dann tritt Martin jun. erst- und letztmals als Pächter in Erscheinung[59]. Sein Wirken als Schiffbauer scheint wenig erfolgreich und von sehr kurzer Dauer gewesen zu sein, denn schon 1754 mietete der Steinhauermeister Hinrich Bollmann den bis dahin von Mencken gepachteten Platz.

Die wirtschaftlichen Verhältnisse der dritten bedeutenden Schiffszimmererfamilie auf dem Teerhof, der Familie Wolpmann, waren ganz offensichtlich entschieden günstiger als die der Strömers und Menckens. Johann Wolpmann hatte seit 1733 die Werft des verstorbenen Marten Mencken von dessen Witwe Götje gepachtet. Wie wir sahen, fungierte Götje Mencken als Hauptmieterin der Stadt gegenüber, Wolpmann war Untermieter. Er spezialisierte sich auf die Reparatur von Eken, vielleicht eine unternehmerische Entscheidung, die ihn davor bewahrte, das Schicksal Marten Strömers zu teilen, der eigenen Angaben zufolge zum Schluß nur noch 50 Reichstaler verdiente, verglichen mit den 1800 Talern, die Ocke Martens für die „Jäger" erhalten hatte, ein Hungerlohn.

Der alte Wolpmann nahm früh seinen Sohn Berend mit ins Geschäft, der dann im Jahre 1750 nach dem Tode des Vaters die Werft allein leitete. Nach der Kündigung durch Martin Mencken ging Berend Wolpmann unverzüglich daran, am Neustadtsdeich eine neue Werft anzulegen[60]. Die Geschäfte können also nicht generell schlecht gewesen sein, weit eher spielt hier unternehmerische Fähigkeit oder eben Unfähigkeit, der Konkurrenz Paroli zu bieten, eine Rolle. Gewiß war die Lage der Schiffbauer Mitte des 18. Jahrhunderts nicht einfach. Dies bestätigt die vorbehaltlose Zustimmung des Rates zur Auflösung der Strömerschen Werft. Doch wer als Unternehmer durchhielt, flexibel seinen Betrieb der Zeit anpaßte, konnte offenbar schon recht bald nicht mehr über Mangel an Aufträgen klagen. Vielleicht hatte Martin Mencken dem jungen Wolpmann die Pacht gekündigt, weil dessen Werft gut lief, Profit abwarf.

Mencken mag geglaubt haben, selbst ebenfalls erfolgreich den Schiffbau betreiben zu können. Versucht hat er es, aber er ist kläglich gescheitert.

Die Werftplätze der Familien Strömer und Mencken bzw. Wolpmann lagen durchweg an der Nordseite des Teerhofes, am Weserufer. Die Südseite war in der ersten Hälfte des 18. Jahrhunderts ausschließlich mit Wohnhäusern bebaut, wie es uns das bereits zitierte Erbebuch der Neustadt von 1691 gezeigt hat. 22 Wohnhäuser lagen am Ufer der Kleinen Weser auf dem Teerhof. Doch damit war dieses Ufer nicht unzugänglich geworden. Es gab noch reichlich freien Platz, den besonders die Eichenschiffer zu nutzen wußten. So legten sie denn auch 1738 vehementen Protest ein gegen Pläne, dieses Teerhofufer zu bebauen [61]. Die Begründung der Schiffer ist von Bedeutung, gibt sie doch Hinweis darauf, daß die Krise des Schiffbaus in dieser Zeit nicht einherging mit einer solchen der Schiffahrt, jedenfalls nicht der Flußschiffahrt. Die Eichenschiffer stellten fest, die Südseite des Teerhofes habe ihnen bisher dazu gedient, kleinere Reparaturen an ihren Schiffen selbst vorzunehmen. Derartige Arbeiten fielen nach wie vor an. Vater und Sohn Wolpmann waren darauf spezialisiert, dann zur Tat zu schreiten, wenn die Schäden ein Ausmaß erreicht hatte, das es den Schiffern nicht mehr ermöglichte, selbst Hand anzulegen.

Auch der Antrag Dieter Raetjens aus dem Jahre 1748 spricht dafür, daß der Niedergang der Strömer-Werft und das Scheitern Martin Menckens als Schiffbauer wenigstens teilweise selbst verschuldet waren [62]. Raetjen jedenfalls schätzte die Aussichten, mit diesem Handwerk seinen Lebensunterhalt zu verdienen, günstig ein, und er stand darin nicht allein. Er beantragte „mit Interessenten die Wiedereinräumung des zum Schiffsbau destinierten Platzes aufm Theerhofe". Hier war es bereits einem Werftplatz so ergangen, wie es dem von Mencken 1754 ergehen sollte, der dann für einige Zeit als Steinlager genutzt wurde. Auf dem von Raetjen ins Auge gefaßten Platz lagerte seit zehn Jahren eine Ziegelbrennerei ihre Steine.

Nicht in jedem Falle gelang es fremden Handwerkern oder Gewerben, die Schiffbauer zu verdrängen, ihre Werften umzufunktionieren.

Seit 1752 lebte ein gewisser Hinrich Bollmann in einem der kleinen Häuser an der Südseite des Teerhofs. Er besaß ein Steinlager nebst Bude, das er mit einem Lattenzaun gegen Diebe gesichert hatte. Meister Bollmann lagerte dort wertvolle Marmorsärge. Als Hinrich Bollmann nun 1756 beantragt, auf dem von Martin Mencken gemieteten Platz ein Wohnhaus bauen zu dürfen, läßt der Protest der Schiffszimmerer nicht lange auf sich warten. Berend Wolpmann und „Consorten", „auf dem Theerhof wohnende Bürger", legen Widerspruch ein gegen den Plan Bollmanns, der ja einen endgültigen Verlust des Platzes bedeutet hätte.

Hatten die Schiffbauer wenige Wochen gebraucht, ihren Protest zu formulieren und einzureichen, so benötigte die Wittheit zwei Jahre, um zu einer Stellungnahme zu gelangen. Die fiel dann allerdings harsch aus und verlangte von Hinrich Bollmann — genauer: von dessen Witwe — ungewöhnliche Eile [63]. Die Ratsherren befanden, daß diese den ihrem verstorbenen Mann vier Jahre zuvor „gegen ein jährliches Grundgeld eingeräumten Platz auf dem Theerhof innerhalb 14 Tagen sowohl von dem darauf habenden Steinlager gänzlich zu befreyen, als auch die darauf gelegte Arbeiter-Bude abbauen und wegschaffen müßte".

Witwe Bollmann mußte gehen, die Schiffbauer kehrten verstärkt auf den Teerhof zurück. Der Rat verbot jedoch nicht generell den Steinhauern, sich dort fest zu etablieren. Dies galt nur, sofern sie auf ehemaligem Werftgelände saßen. Denn für die Stadt hatte das Schiffszimmererhandwerk gegenüber den Steinhauern und -händlern eindeutig Priorität. Dennoch lebten und arbeiteten solche auf dem Teerhof, wie z. B. der Steinhauer Rösemeier, dem die Wittheit 1756 gestattete, „daß er auf dem vor einigen Jahren ihm eingegebenen Platz auf hiesigem Theerhoff ein klein Wohnhaus anlegen und erbauen dürfe".

Ein ähnlicher Versuch des Steinhauergesellen Christian Frese — eine Verwandtschaft mit Theophilus Wilhelm Fre(e)se ist nicht nachweisbar —, auf dem ursprünglich von Bollmann genutzten Platz, der zwischenzeitlich den Schiffbauern wieder zur Verfügung gestanden und den er nun gepachtet hatte, ein Wohnhaus zu errichten, konnte von den Anwohnern des Teerhofes verhindert werden. Sie begründeten ihren Einspruch mit der außergewöhnlichen Lage des Platzes genau gegenüber dem Teerhaus auf dem Tonnenhof. Dieses Grundstück bilde somit den einzigen Zugang zum Wasser im Falle eines Feuers auf dem Teerhof. Frese mußte von seinen Bauplänen Abstand nehmen. Der hier genannte ehemalige Werftplatz Menckens an der Weser war also schon wegen seiner Lage sehr begehrt.

Die Beschreibung des Geländes macht eine wichtige Veränderung auf dem Teerhof deutlich. Nicht allein der Eichenbauhof ist verschwunden, verlegt worden auf die Herrlichkeit, sondern auch der Betrieb, dem die Halbinsel ihren Namen verdankt. Der Teerhof scheint bereits aufgelöst, das Teerhaus ist dem Tonnenhof zugeordnet. Falls denn beide Betriebe jemals strikt voneinander getrennt gewesen sein sollten — wir deuteten oben bereits diesbezügliche Zweifel an —, so hätten wir jetzt die rückläufige Entwicklung. Geteert wurde jetzt offenkundig auf dem Gelände des Tonnenhofes.

Zwei Jahre nachdem der Steinhauer Rösemeier sein Wohnhaus auf dem Teerhof errichtet hatte, kehrte 1758 die Familie Wolpmann zurück. Sie pachtete das Gelände, das sie bis 1750 von Menckens untergemietet hatte. Ihre Werft am Neustadtsdeich wurde der vielen Arbeit nicht mehr Herr, Wolpmanns eröffneten hier auf ihrem alten Platz eine zweite Werft. Doch befand sich das inzwischen von der Witwe Bollmann geräumte Steinlager noch in ziemlich heruntergekommenem Zustand. Es war „mit einigen Fuß hoch Steinen und Schutt bedeckt und dieses alles mußte mit Anwendung großer Kosten aufgeräumt und mit Kähnen fortgeschafft werden"[64].

Als zwei Jahre nach dieser bewegten Klage der Söhne Berend Wolpmanns Johann Strömer den väterlichen Platz auf dem Teerhof wieder seiner ursprünglichen Bestimmung zuführen und als Werft nutzen möchte, muß zunächst ein Braunsteinlager entfernt werden[65]. 1774 begann der Enkel Caspar Strömers dort wieder mit dem Bau von Seeschiffen, setzte also die Tradition des Großvaters fort. Auf dem von der Familie gepachteten Gelände neben dem Tonnenhof war die ganzen Jahre über ohne Unterbrechung gearbeitet worden. Man hatte

dort ebenso wie die Wolpmanns Eken repariert. 1785 kam dieser Werftplatz an den Schiffbauer Johann Mensing, der jedoch ganz der Zeit gemäß zuvor auch schon anderen Berufen nachgegangen war. Er hatte jahrelang als Kapitän die Meere und Flüsse besegelt, ähnlich wie vor ihm Marten Strömer. An Land war ihm dann das Amt des Barsemeisters angetragen worden, doch reizte ihn offenbar recht bald der Schiffbau mehr.

Johann Strömer ließ 1795 sein letztes Schiff vom Stapel laufen, die Dreimastbark „Hanseatischer Bund". Der Name des Schiffes dokumentiert neben Lokalpatriotismus vor allem Stolz und Traditionsbewußtsein eines rund hundert Jahre alten Familienbetriebes. Zwar erlischt nun die aktenmäßige Überlieferung, doch können wir dem Bremer Adreßbuch von 1796 entnehmen, daß die Strömers weiterhin Schiffe auf dem Teerhof bauten, ihre Werft behielten. In diesem Jahr 1796, Murtfeldts Plan liefert uns die optische Ergänzung zum Adreßbuch, lebten auf dem Teerhof zwei Familienvorstände, nur diese sind genannt, mit Namen Caspar Strömer. Der eine Caspar baute die Schiffe, auf denen der andere vielleicht fuhr, jedenfalls war einer Schiffer, der andere „Schiffs-Zimmermeister"[66]. Johann Mensing hingegen scheint seinen Pachtvertrag über 1795 hinaus nicht verlängert zu haben. Ihn kennt das Adreßbuch nicht.

Die allgemeine Entwicklung Bremens und mit ihr die der Schiffahrt hatten auch dem Schiffbau, besonders dem von Seeschiffen, wieder auf die Beine geholfen. Einige Zahlen mögen die wahrlich beeindruckende Zunahme der Schiffahrt auf der Weser und damit des Handels verdeutlichen. Im Jahre 1778 fuhren 119 Schiffe mit exakt 29 562 t Ladekapazität unter Bremer Flagge. Nur ein Jahr später waren es bereits zehn Schiffe mehr, was nicht heißt, daß es sich bei allen zehn um Neubauten handelte. Selbst wenn keines von ihnen einst auf einem Bremer Helgen gelegen hatte, so bot der Zuwachs der Handelsflotte für die Schiffbauer doch Grund zur Freude, zur Vorfreude nämlich auf gewiß zu erwartende Order für Neubauten.

Christian Abraham Heineken berichtet in seiner im März 1812 fertiggestellten Geschichte Bremens[67], „daß man im Jahre 1781 30 neue Schiffe, meistens von 100 bis 200 Lasten in Bremen, Burg, St. Magnus, Vegesack und Rönnebeck für Bremer Rechnung zu gleicher Zeit auf dem Stapel liegen sah". Mit den heutigen Stadtteilen in Bremens Norden zählt Heineken die als Werftorte größten Konkurrenten des Teerhofes auf. Heineken darf als sehr zuverlässig gelten, erzählt er doch nicht als beliebiger Zeitgenosse, sondern er war ein bedeutender Politiker der Stadt. 1779 wurde er mit 27 Jahren in den Rat gewählt, 13 Jahre später erklomm er höchste Würden, als ihm das Amt des Bürgermeisters anvertraut wurde. Er bestätigt also unseren u. a. durch den Blick auf die Entwicklung des Teerhofes gewonnenen Eindruck eines Aufschwungs im Schiffbau mit gewichtigen Zahlen. Kehren wir nun auf den Teerhof zurück.

Im Jahre 1778, Johann Strömer baute seit vier Jahren wieder Seeschiffe auf der Halbinsel, befuhren 382 Schiffe die Weser, mithin mehr als das Jahr Tage hat. Die Augen der Bremer, auch die sicherlich strahlenden Johann Strömers, genossen täglich den Anblick eines neu ankommenden Schiffes, das sich an oder vor der Schlachte einen Ankerplatz suchte. Unter diesen waren 98 Segler aus Oldenburg, 85 aus Hamburg und Altona, 106 aus Holland, 29 aus England, 12 aus Frankreich, 14 aus Portugal und Spanien sowie 38 aus der Ostsee. Nur sieben Jahre später, Johann Mensing pachtete gerade den stadteigenen Werftplatz von Strömers, waren es rund hundert Schiffe mehr. Allein aus Frankreich kamen 1788 51 Schiffe mit Ladung im Wert von 15 Millionen Franken.

Der Stich von Grönninger von 1771 vermittelt einen Eindruck vom regen Treiben auf der Weser, besonders aber vom Aussehen des Teerhofes in der 2. Hälfte des 18. Jahrhunderts.

Grönninger blickte vom Neustadtsdeich aus auf die Altstadt. Man erkennt die zum Schutze des Teerhofufers eingerammten Pfähle, die Bollwerke gegen die bei Sturmflut anströmenden Wassermassen bilden sollten. An der Spitze des Teerhofs steht quer zur Halbinsel ein großes zweistöckiges Gebäude, dessen Eigentümer wie Funktion unbekannt sind. Wahrscheinlich diente es u. a. als Packhaus. Am Südrand sehen wir ein weiteres großes Packhaus sowie eine ganze Reihe kleiner Wohnhäuser. Der Teerhof erscheint Ende des 18. Jahrhunderts dicht bebaut, das Nordufer allerdings bot den Schiffszimmerern Platz, dort standen kaum Gebäude. Dies läßt der Stadtplan Murtfeldts gut erkennen[68].

11. *Bunte Vielfalt auf dem Teerhof*

Wer lebte in diesen Häusern am Ufer der Kleinen Weser? Wir haben uns bisher überwiegend den Schiffbauern zugewandt als den Vertretern des wichtigsten Handwerks auf dem Teerhof. Befassen wir uns nun mit den übrigen Bewohnern der Halbinsel. Eine wichtige Gruppe haben wir bereits kennengelernt, die Steinhauer und -händler, die zum Teil die nicht genutzten Werftplätze als Lagerstätten mieteten. Doch sie waren offenbar nicht gern gesehen auf dem Teerhof, denn die Schiffer fürchteten um die Reparaturmöglichkeiten ihrer Kähne, sahen den zum Schiffbau günstigsten Platz in der Stadt zum Steinlager verkommen.

Der Osterholzer Amtmann Meiners erhielt zwar 1739 einen 40 Fuß breiten Platz auf sechs Jahre zur Pacht, doch durfte er diesen nicht bebauen[69]. Die Miete von zehn Reichstalern mußte er an die Neustadt zahlen. Einmal wurde die Pacht verlängert, 1748 dann jedoch mußte Meiners den Platz räumen. Er wurde dafür mit 15 Rtl. entschädigt und erhielt einen kleineren Platz am Südrand des Teerhofes zugewiesen. Dort jedoch lagen die Kosten wesentlich höher, da außer der Pacht noch ein Beitrag zur Wartung und Instandsetzung des Bollwerks zu leisten war. Der alte Platz „auf dem Ther=Hoff in hiesiger Neü=Stadt, an der Großen Weser seiten" war nicht mit einer solchen Gebühr belastet.

Rund 150 Jahre später sollte sich ein Beamter der Baudeputation den Kopf darüber zerbrechen, worin der Ursprung und somit die Berechtigung für diese Bollwerksgebühr lag[70]. Man war in Bremen dabei, das Grundbuch neu zu erstellen, und im Rahmen dieser Arbeit stolperte besagter Beamter über eine Akte der „Wasserbauinspection", die zum Inhalt hatte, daß „auf vielen am Theerhof belegenen Grundstücken" die Bollwerkslast liege, „und zwar sowohl bei Grundstücken, die an die große Weser grenzen, als auch bei solchen, die an der kleinen Weser liegen". Einige Hausbesitzer hatten die Uferböschung sogar mit Steinplatten befestigt. Sie alle mußten eine Art „Recognitionsgebühr" entrichten, so interpretierte jedenfalls unser Baubeamter den Text, der ihm jedoch insgesamt viele Rätsel aufgab.

Er war mit seinem Latein am Ende und tat das, was in vergleichbarer Situation auch heute noch geschieht. Er wandte sich an einen Vorgesetzten. „Der betreffende Richter (verlangte nun) . . ., etwas über die historische Grundlage der Last zu erfahren." Vergebens! Sogar das „Postsche Lehrbuch" — eine Art Gebühren-Duden — versagte seine Dienste, wie der geplagte Beamte resignierend, aber nicht ohne Triumph konstatierte. Er tat etwas für einen Mann seines Ranges Ungewöhnliches und beendete den Aktenvorgang mit einer eigenständigen Überlegung. Es sei wahrscheinlich, „dass es sich hier um ein Analogon der Deichlast" handele.

Die Bollwerksgebühr hatte sich verselbständigt, ganz ähnlich der Sektsteuer heute, die 1902 eingeführt war zu dem Zweck — und ursprünglich an diesen gebunden —, dem Großadmiral Tirpitz seinen Traum einer Weltmachtflotte gen „Albion" verwirklichen zu helfen[71].

Den Amtmann Meiners jedenfalls kam diese Gebühr teuer zu stehen, doch da er den Platz brauchte, um Dachziegel und Mauersteine zu lagern, zahlte er. 1765 erbt der Bruder des verstorbenen Meiners den Platz, nach dessen Tod dann wiederum der Amtmann Scharff versucht, in den Besitz des Objektes zu gelangen[72]. Die Angelegenheit zögerte sich hinaus, die Stadt wollte den Platz eigentlich nicht wieder als Steinlager nutzen lassen, aber nach umfänglicherem Briefwechsel erhält Scharff das Lager dann doch verpachtet. 1804, nach Scharffs Tod, mietet das Amt Osterholz, dem der Verstorbene als Amtmann gedient hatte, in Ermangelung eines Nachfolgers den Platz selber.

Das Einwohnerbuch der Bremer Neustadt von 1744, das Dr. Heinrich von Spreckelsen 1991 ediert hat, vermittelt uns einen exakten Überblick über die Bewohner des Teerhofes wie ihre Berufe[73].

Versuchen wir, uns für kurze Zeit ins 18. Jahrhundert zurückzuversetzen. Wir kommen von der „Stadt", der „Altstadt", überschreiten die Weser in Höhe der heutigen „Wilhelm-Kaisen-Brücke". „Zwischen den zweyen Brücken" wohnten „Monsieur" Arnold Eck mit seiner Ehefrau, „Capitain", der berühmte Theophilus Wilhelm Freese, Friedrich Wilhelm Cassel, „Porcellain-Händler" und Witwer, Dethard Düsing, Pastor bei St. Pauli, mit Frau, der Sattler Johann Caspar Beyer und seine Frau sowie der Bildhauer Gerhard Lürsen, ebenfalls verheiratet.

Theophilus Freese war mit Sicherheit der berühmteste Bewohner der Insel mitten in Bremen. Ökonomisch bedeutend war jedoch auch Thomas Busselien, der als Färber mit Hilfe seiner Ehefrau gleich zwei Färbhäuser betrieb (Nr. 12, 13). Sein Nachbar, der Akzisemeister Christoph Remberg, zählte gewiß ebenso zu den einflußreicheren Bremern. 1744 lebten 15 Menschen zwischen den Brücken, auf der Herrlichkeit.

Unser Einwohnerbuch zählt auf dem Teerhof selbst 119 Bewohner, die namentlich genannt und mit ihren Berufen verzeichnet sind. Kinder sind nur dann erwähnt, wenn sie entweder beide Eltern oder wenigstens ein Elternteil verloren haben. Mit ihren verwitweten Müttern lebten fünf Mädchen und zwei Jungen, meist als Einlieger. Diese wie die übrigen Kinder des Teerhofes pflegten notgedrungen besonders intensiven Kontakt mit einer der zwölf hier beheimateten Witwen. In Haus Nr. 60, gleich neben einem der Gänge gelegen, betrieb die „Schildsche" Witwe ihre Klippschule, wo die jüngsten Bewohner der Halbinsel einen Teil ihrer Zeit verbringen mußten.

Dieser relativ großen Zahl an Witwen, immerhin 10 % der erwachsenen Gesamtbevölkerung, standen lediglich zwei trauernde Männer gegenüber. Als unverheiratet begegnen uns die in Nr. 24 wohnenden Brüder Jürgen und Michael Murcken, beide Schiffszimmerer, sowie der Comptoirschreiber Friederich Plumb, der mit seiner Miete den Haushaltsetat der Witwe von Jürgen Janßen in Nr. 58 aufbessern half. Als weibliches Pendant der Junggesellen tritt uns in Nr. 67 die „Jungfer" Wehmeyer als Einliegerin bei Geerdes entgegen, in Nr. 44 bei Johann Meyerdircks die Schwester der Ehefrau. Allein gebliebene oder wieder gewordene Familienangehörige wurden offenbar als selbstverständlich aufgenommen, so genügend Platz vorhanden war. So wohnte der Kahnführer Eler

Fine nach dem Tode seiner Frau bei seinem Schwiegersohn Johann Engelcken. Wenn es nötig schien, rückte man zusammen, half sich gegenseitig. Die Witwen vermieteten entweder unter oder waren selber Einliegerinnen.

Betrachten wir nun die Berufe, so bestätigt sich unser Eindruck, daß auch um die Mitte des 18. Jahrhunderts auf dem Teerhof der Schiffbau dominierte. Zwölf Ehepaare und zwei Junggesellen lebten von der Schiffszimmerei, denen sich noch vier Schiffer, ein Steuermann, ein (!) Barsemeister, ein Bootsmann und eben Eler Fine als Kahnführer hinzugesellten. Das Handwerk der Steinmetze erscheint dagegen direkt kümmerlich. Als Steinhändler begegnet uns einzig Hector Fobbena, dessen Nachbar Johann Sengstack wohl bei ihm als Steinhauergeselle angestellt war, vielleicht gemeinsam mit Henrich Bollmann aus Nr. 52. Berend Sosakt und Wilcken Hillmann waren Steinschleifer, standen eventuell ebenfalls in Verbindung mit Hector Fobbena.

Mitte des 18. Jahrhunderts hatte auch das Militär sich auf dem Teerhof niedergelassen. So hatten fünf Soldaten, teils zur Untermiete, hier ihr Domizil aufgeschlagen, von denen einer mit Dienstgrad genannt wird: der Sergeant Franz Baumgarten in Nr. 53. Weitere Berufe, die unser Text nennt, sind ein Küper, ein Strumpfweber, Ricus Käntzeler als Bürgerwachtmann, ein Moorfahrer, zwei Schmiede und der Färber Hermann Seekamp, der in Nr. 73 auch ein Färbhaus betrieb. Wahrscheinlich war Johann Wilhelm Kleyer bei ihm als Färber tätig. In Nr. 16 wohnte der Baumeister Hermann Ficke, in Nr. 18 der Bauschreiber Johann Andreas Depenau, beide mit ihren Ehefrauen. Während Johann Segelcken jun. Wolle kratzte, gingen Henrich Balcke und Joh. H. Simon Grasemann einem Handwerk nach, das wegen seiner Feuergefährlichkeit kaum einen günstigeren Standort als den Teerhof hätte finden können. Sie waren Schmiede.

Gehen wir für einen kurzen Augenblick rund fünfzig Jahre zurück, werfen wir einen Blick in das Erbebuch der Neustadt von 1691[74]. „Von den Wachthäusern" — an der Brücke — „bis an Johann Meyerdirks Haus sind gemessen 468 Fuß, cirka occupirt das Wachthaus und der dazugehörige Raum vorne nach der Straßen 28 Fuß." 1688 kauft Caspar Meyer einen Teil dieses Platzes und bebaut ihn. Er muß den Steinweg, „soweit sein Erbe geht", bepflastern. Der übrige Teil, heißt es dort, ist „noch public".

Hier werden zwei Familien genannt, die 1744 immer noch auf dem Teerhof anzutreffen sind. Wird 1691 Johann Meyerdirks als Hausbesitzer erwähnt, so kennt das Einwohnerbuch fünfzig Jahre später nur noch dessen Witwe in Nr. 56. Caspar Meyer, der Ende des 17. Jahrhunderts ein Baugrundstück erwarb mit der Auflage, den „Steinweg" zu bepflastern, scheint sich in der Zwischenzeit Johann Meyerdirks angeschlossen zu haben, jedenfalls taucht er 1744 nicht mehr auf. Dafür lebt nun Johann Meyer, der Strumpfweber, in Nr. 61 jenseits des Ganges. Es scheint nicht zu verwegen, diesen Gang mit dem „Steinweg" des Jahres 1691 gleichzusetzen, Johann Meyer als Nachfahren des Caspar zu betrachten.

Das Gedenken an Johann Holtmann, der 1691 sich noch bester Gesundheit erfreute, pflegte ein halbes Jahrhundert darauf in Haus Nr. 63 seine Witwe. Wind und Wetter, Seuchen und Kriegen trotzte nachweislich unserer beiden Quellen Tibeta Bisewicks, die sowohl 1691 als auch 1744 als Einliegerin das Haus Nr. 62 mitbewohnte. Zu dieser Familie gehörte wohl ebenso der Schiffer Levin Biesewick aus Nr. 42, vielleicht ein Sohn oder Enkel des Johannes, der 1691 in den Quellen auftaucht.

Versuchen wir ein vorsichtiges Fazit, so können wir zunächst feststellen, daß von 20 1691 namentlich genannten Familien 1744 nur noch fünf sicher nachgewiesen werden können, in einem Falle vielleicht eine Identität bestand. Sieht man in dem Namen „Fopma" des Erbebuches eine Variante von „Fobbena" des Einwohnerbuches, so hätten wir auch hier eine „alteingesessene" Familie des Teerhofes. In jedem Falle haben im Verlaufe der ersten Hälfte des 18. Jahrhunderts wenigstens 14 Familien die Halbinsel verlassen. Da wir die Berufe dieser Menschen nicht kennen, bleiben ihre Motive für den Wegzug im dunkeln.

Ein Einwohnerbuch der Neustadt von 1812 liefert uns willkommene Informationen bezüglich der Frage der Einwohnerkonstanz, aber nennt uns auch Berufe wie Alter des jeweiligen Haushaltsvorstandes. Danach lebten auf der Herrlichkeit neun Männer, ob verheiratet oder nicht geht aus dem Text leider nicht hervor. Das Alter variiert zwischen 35 und 73 Jahren, die meisten befinden sich in den sogenannten „besten Jahren" zwischen Mitte Dreißig und Mitte Fünfzig. Das Haus Nr. 12 teilen sich die Glaser Ulrich Bohm, 73 Jahre alt, und der 33 Jahre jüngere Otto Hoyer. In Nr. 16 wohnt der Zimmermeister Johann Georg Poppe, ein Name, der auf dem Teerhof noch Berühmtheit erlangen wird, wobei die Frage nach der Verwandtschaft offenbleiben muß. Im Hause des Kaufmanns August Friedrich Fischer wohnte der 35jährige Johann Brand, der einen nun für diese Gegend typischen Beruf ausübte. Er war Tagelöhner. Von 55 Haushaltsvorständen des Teerhofes gingen 1812 immerhin 15 diesem Broterwerb nach, mithin 27%.

Doch spiegelt die Berufspalette der Teerhofbewohner nach wie vor die Geschichte dieser Halbinsel, ihre enge Verbundenheit mit dem Schiffbau. Die zweitstärkste Gruppe nach den Tagelöhnern sind immer noch die Zimmerleute, wobei nun allerdings die Spezifikation als „Schiffs"-zimmerer entfällt. Diesen acht Zimmerern gesellen sich immerhin noch vier Schiffer zur Seite, unter ihnen wieder ein Meyerdirks. Das Durchschnittsalter dieser beiden Berufsgruppen läßt auch nicht darauf schließen, daß es sich um aussterbende Tätigkeiten handelte.

Anders als die mit Schiffen und Schiffahrt verbundenen Berufe mußten die Steinhändler, -hauer etc. ganz offenbar sich anderen Erwerbsquellen oder Stadtteilen zuwenden. Einzig der 34jährige Johann Peter Reiff hat noch auf dem Teerhof Steine. Ansonsten finden wir so ziemlich alle wichtigen Berufsgruppen wenigstens einmal vertreten. Schuster, Schneider, Gürtler, Schlosser, Tischler und Maler fanden ihr Auskommen auf dem Teerhof ganz wie der „Mechanicus" Johann Justus Kraut oder der „Altflicker" Jacob Schnor. Ratje Wessels übte die Aufsicht über das Tonnenmagazin aus, während nach Feierabend der „Doctor Philosophia" Daniel Braubach beim „Gastwirth" Johann Christian Löscher ein oder mehrere Biere trank und dabei mit dem „Ökonom am Armeninstitut" Georg Friedrich Koch Armut unter humanistischen Aspekten beleuchtete. Vielleicht gesellten sich der „Douanier" (Zöllner) Johann Hellmers und der Schreiber Arnold Oelrichs dazu, versuchten gemeinsam die Frage zu klären, wo der „seit zwei Jahren abwesende" Schiffer Conrad Stucke wohl stecke.

Der 53jährige Oelrichs konnte angesichts solcher Diskussionen einiges an Lebenserfahrung beisteuern, war er doch „ehemahls fallirt", wie uns der Text verrät, hatte also Pleite gemacht. In welcher Branche, erfahren wir leider nicht. Doch möglicherweise vermochte er sich in die Situation des Schiffers Stucke mühelos hineinzuversetzen. Der jedenfalls war auf und davon. Sein Nachfolger in Nr. 55 Georg Siegmund Otto Lasine wohnte ebenfalls nicht mehr auf dem Teerhof, ja, hatte Bremen gänzlich den Rücken gekehrt, allerdings aus ehrenwerten Motiven. Er war als „Capitaine de gendarmerie" nach Oldenburg berufen worden, hatte dort seine „Residenz". Nun bewohnte der „Employé" (Angestellte) C. F. Ludwig Wiedemann das Haus Nr. 55, gleich neben dem „Schenkwirth" Simon Brunsen.

Der nunmehr 68jährige Musiker Gerhard Würffelmann, wir werden ihm gleich noch einmal in jüngeren Jahren begegnen, lebte auch 1812 noch auf der Halbinsel, war wohl nach wie vor Kunde des Instrumentenmachers Lorenz Henrich Müller. Wer sich dem Studium der französischen Sprache widmen wollte, der konnte dies bei dem Sprachlehrer Joseph Jacquerye tun. Wir sehen, auf dem Teerhof hatte sich im Laufe der Zeit wahrlich eine bunte Vielfalt an Berufen niedergelassen. Doch der Fluß und die mit ihm zusammenhängenden Tätigkeiten bestimmten auch jetzt noch das Bild.

Vergleichen wir die Einwohnerbücher von 1744 und 1812, so stellen wir nur in zwei Fällen Namensgleichheit fest. Lediglich die Familien Boschen — Johann und Burchardt 1744 in Nr. 37 und 65 und Johann Friedrich 1812 in Nr. 54 — und Woltmann — Johann 1744 in Nr. 70 und Bernhard 1812 in Nr. 30 — finden wir als über viele Jahrzehnte auf dem Teerhof lebend. Die Meyerdirkse allerdings laufen außer Konkurrenz, da sie in jedem Text mehrfach genannt werden. Wie schwierig hingegen die Interpretation derartiger Quellen ist, mag ein zusätzlicher Vergleich mit einem Adreßbuch zeigen, das zeitlich in etwa in der Mitte zwischen unseren bisherigen Belegen anzusiedeln ist.

Am Ende des 18. Jahrhunderts lebten und arbeiteten Schiffer und Schiffszimmerer auf Teerhof und Herrlichkeit, einige Steinhauer hatten dort ihre Werkstätten und Lager, manche — wie die Osterholzer Amtmänner — auch nur ihre Lager. Das Bremer Adreßbuch von 1796 weist 15 (!) Haushaltsvorstände als auf dem Teerhof wohnend aus und zwölf auf der Herrlichkeit — „zwischen den Brücken", wie es offiziell hieß. Nicht immer wurde deutlich unterschieden zwischen „Teerhof" und „Herrlichkeit" als Adresse, wenn es sich um Aktenangaben handelte. So finden wir in der Mitte des 19. Jahrhunderts z. B. „Herrlichkeit" Nr. 5 an anderer Stelle als „Teerhof" Nr. 5 bezeichnet. In den Akten wird bis Ende des 19. Jahrhunderts als Synonym für „Herrlichkeit" durchweg die Ortsangabe „Zwischen den Brücken" verwendet als klare Abgrenzung zum eigentlichen Teerhof. So gingen auch die Verfasser des Adreßbuches vor. Der Name „Herrlichkeit" erklärt sich, wie Rudolf Stein vermutet[75], aus der Tatsache, daß dieses Territorium einst den Ratsherren gehört habe.

Die Vielfalt auch der im Adreßbuch genannten Berufe läßt ein buntes Bild des alltäglichen Lebens auf der Halbinsel entstehen. Wer aus der Altstadt über die Große Weserbrücke kommend seinen Fuß auf die Herrlichkeit setzte, sah sich der „Tobacksfabrik" des Julius Friedrich Schwartz konfrontiert. Nebenan bot Hermann Alfken „Schaufeln, Gläser und Bouteillen" zum Kaufe an, ein Stückchen weiter waren die Textilläden der Witwen Dunker und Berninghausen, deren letztere zusätzlich zu „Cattun und Zitz", einem bunten Baumwoll-Leinengewebe, noch „Seidenwaaren" im Angebot hatte. Wenige Schritte weiter stand man vor der Weinhandlung von „Kleyer et Fischer", wobei die französische Konjunktion im Firmennamen den Gaumen kitzeln sollte in Vorfreude auf die Weine aus dem Nachbarland. Der Seniorpartner Kleyer wohnte auch bei seinen Weinen. Möglicherweise war der Weinküper Gottliek vom Teerhof hier beschäftigt.

Der Glaser Ulrich Bohm war tagsüber gewiß ebensowenig zu Hause wie der Färber Jeremias Boisselter. Dagegen konnte der müßige Spaziergänger dem Perückenmacher Carl Heinrich Kitzing bei der Arbeit zuschauen oder, wenn ihn dies langweilte, Friedrich Wilhelm Rasche einen Besuch abstatten, der „Kunst- und musicalische Instrumente" drechselte und in August Winkler nur insofern einen Konkurrenten hatte, als dieser auch Kunstdrechsler auf der Herrlichkeit war, jedoch der Musik fern stand. Ob unser Besucher der Halbinsel den „Mobilienhändler" Friedrich Voss in dessen Haus angetroffen hätte, blieb dem Zufall überlassen.

Bevor er oder sie, vielleicht auch eine ganze Familie, den Weg fortsetzte in Richtung Teerhof, empfahl es sich, an der Großen Weserbrücke bei dem Wassermüller Johann Friedrich Wilhelm Poock eine kleine Pause zwecks Stärkung einzulegen. Poock war nämlich nicht nur Müller, sondern auch „Neunaugenbrater", betrieb also einen kleinen Imbiß an der Brücke. Dort traf unsere Familie vielleicht den „Fähndrich der Garnison" Friedrich Alexander Turninger, der sein Heim auf dem Teerhof hatte. Dort waren bei weitem nicht alle Bewohner zu Hause. Sechs von ihnen verdienten ihren Lebensunterhalt als Schiffer und waren gewiß unterwegs. Unter ihnen finden wir uns noch so vertraut klingende Namen wie Gerken, Meyerdierks und nicht zuletzt einen Caspar Strömer. Gregorius Herklotz war ebenfalls nicht anzutreffen, arbeitete er doch als „Oeconom am Armen-Institut" zwischen den Brücken. Die Stadtansicht Carl Ludwig Murtfeldts von 1796 zeigt dieses Armeninstitut neben dem „Tannen-Bauhoff" gegenüber der Kleinen Weserbrücke[76].

„Seit 1778 erhalten arme Kinder und Erwachsene beider Confessionen, Unterricht, Arbeit und Unterhalt", teilt uns das Bremer Adreßbuch mit[77]. „Hülfsbedürftige Arme und Kranke werden mit einer wöchentlichen Beisteuer, mit Arzeneien und seit 1794 auch mit Betten und schicklichen Speisen frei versorgt. In den ersten Jahren belief sich ihre Anzahl jährlich über 4.000, itzt werden etwa nur noch 2.000 verpflegt; dazu wird ein Kostenaufwand von ohngefähr 30.000 Rthl. erfordert. Um diese bestreiten zu können, giebt jeder Bürger, um von allen Haus- und Straßenbetteleien befreit zu seyn, einen wöchentlichen beliebigen

Beitrag, welcher etwa 22.000 Rthlr. beträgt. Dazu kommen noch andere außerordentliche milde Gaben der Bürger und der Fremden in Gasthöfen etc." Soweit das Bremer Adreßbuch von 1796.

Das Armeninstitut lebte also im wesentlichen von freiwilliger Unterstützung durch die Bürger, von Spenden, die damals im Gegensatz zu heute noch nicht von der Steuer absetzbar waren. In Zeiten wirtschaftlicher Not, wenn man dieses Institut ganz besonders dringend bedurfte, kam es verständlicherweise selbst in finanzielle Schwierigkeiten. Doch die Bremer ließen „ihre" Armen nicht im Stich — jedenfalls war dies zu Beginn des 19. Jahrhunderts so —, da „selbst das Armeninstitut so sehr an seinen Einnahmen verlor, daß es gegen Ende des Jahres 1809 nur noch bis Juli des folgenden Jahres verlängert werden konnte, wenn jene sich nicht verbessern würden"[78]. Doch der Chronist Heineken beruhigt seine Leser sofort, der gebürtige Bremer Heineken läßt Lokalpatriotismus erkennen, wenn er fortfährt: „Doch, Dank sei es dem Genius der Wohltätigkeit, eine Aufforderung des Senats vom 24. Dezember (!) verfehlte nicht ihre Wirkung, und Bremens Charakter blieb sich auch jetzt noch hierin so getreu wie in seiner Neigung zu gemeinnützigen Verbesserungen, selbst dann, wenn verjährte Gewohnheiten angegriffen werden mußten, die ihr hohes Alter geheiligt zu haben schien." Wenn Heineken von „verjährten Gewohnheiten hohen Alters" spricht, so übertreibt er, doch Übertreibung macht anschaulich.

Die weihnachtliche Mildtätigkeit der Bremer rettete Gregorius Herklotz, dem „Oeconom am Armen-Institut", den Arbeitsplatz. Er konnte weiterhin sonntags oder nach getaner Arbeit in die „Caffee- und Weinschenke" der Witwe Kirchhoff auf dem Teerhof gehen, wo er vielleicht den Tonnenmacher Carsten Bekers traf, vielleicht auch Carl Johann Wilhelm Köhnen, „der Rechte Doctor", der seine Teerhof-Mitbewohner in juristischen Fragen beraten konnte, ohne Entgelt versteht sich. Nachbarschaftlichen Zusammenhalt und Hilfe hat es ganz gewiß auch auf dem Teerhof gegeben, was sich an zahlreichen gemeinsamen Eingaben gerade im 19. Jahrhundert zeigen wird. Angesehener Gast war gewiß der Schiffszimmermeister Caspar Strömer als Angehöriger einer der ältesten auf der Halbinsel ansässigen Familien, auch wenn die Einwohnerbücher dies nicht zu bestätigen scheinen. Tradition wurde damals in Bremen noch groß geschrieben, dies ganz sicher unter den Handwerkern und mehr noch bei einem so krisengeschüttelten Bereich wie dem Schiffbau. Gern gesehener Gast war wohl Gerhard Würffelmann, er ist uns bereits begegnet, ein Künstler auf der Oboe, möglicherweise das Original des Teerhofes. Er hatte die Musik zu seinem Beruf erkoren, und, wer weiß, vielleicht hat gerade dies die Sympathien seiner Nachbarn gedämpft. „Musik wird oft nicht schön gefunden, weil sie stets mit Geräusch verbunden", dichtete ebenso schön wie zutreffend Wilhelm Busch, und es ist nicht auszuschließen, daß man auf dem Teerhof froh war, Gerhard Würffelmann in der Gaststube der Witwe Kirchhoff zu wissen, wo man ihn schon daran hindern konnte, seinem Instrumente Geräusche zu entlocken. Andererseits gab Würffelmann als „Hautboist", so das Adreßbuch, der kleinen Gesellschaft mitten in der Weser einen leicht exotischen Farbtupfer.

Mit dem Einzug der Bildung und der Künste einher gingen der Aufstieg der Wirtschaft wie der der Wirtschaften. 1789, in Paris wurde die Bastille erstürmt, erhielt auf dem Teerhof Friedrich Rehling die Schanklizenz in seinem Haus. 51 Jahre später sollte seine Witwe diese übernehmen, beide wohnten also im Jahre 1796, dem Datum der Niederschrift des zitierten Adreßbuches, auf der Halbinsel, werden jedoch dort nicht als Bewohner geführt. Wir müssen demnach leider feststellen, daß besagtes Adreßbuch unvollständig ist. Das gleiche gilt für Simon Brunssen, der am 12. Januar 1795 die Übertragung der Schanklizenz seines Schwiegervaters Henrich Corsen auf sich selbst beantragte[79]. Das Adreßbuch kennt weder Brunssen noch Corsen, nennt als Gastwirtin einzig die Witwe Friderica Sophia Kirchhoff, geborene Lüning, die dort „Caffee und Wein" ausschenkte. Aus den Akten erfahren wir, daß man bei Frau Kirchhoff auch kegeln konnte. Sie besaß „Krug und Kegelbahn".

Am Ende des 18. Jahrhunderts haben wir auf dem Teerhof also wenigstens vier Gastwirtschaften, wenn wir annehmen, daß die Familien Sommer und Wiesen ihre Krüge in der

47

Zwischenzeit aufgegeben hatten. Armeninstitut und Klippschule waren als soziale Einrichtungen vorhanden, Läden, Handwerksbetriebe, eine Fabrik und die großen bremischen Höfe, Tonnen- und Bauhöfe, bildeten zwar keinen eigenen Stadtteil, aber doch eine kleine Gesellschaft, die ganz gewiß auch eine Art Zusammengehörigkeitsgefühl entwickelt hatte.

Betrachten wir zwei der Gasthöfe etwas genauer, so können wir unserem Bild vom Teerhof noch ein paar zusätzliche Farbtupfer verpassen. Im Haus Nr. 38 betrieb seit etwa 1799 der Schiffszimmermann Christian Huntemann einen Krug, dessen Konzession nach seinem Tod an seine Witwe überging, der gestattet wurde, neben der Hökerei Branntwein zu verkaufen. Wir haben also noch einen kleinen Laden mehr auf dem Teerhof. 1840 dann verstirbt auch die Witwe und hinterläßt den Krug samt Lizenz ihren allerdings noch unmündigen Enkelinnen. Ihr Sohn war ein Jahr zuvor an „Schwachsinn", so die Diagnose in den Akten[80], gestorben. Dessen Witwe, die Mutter der kleinen Erbinnen, beantragte und erhielt nun die Erlaubnis, „neben der Höckerey Branntwein im Detail zu verkaufen und vor offenen Laden zu verschenken, jedoch ohne sitzende Gäste und ohne eine Trinkstube zu haben". Teerhof Nr. 38 beherbergte also einen Kramladen mit Stehausschank. Diese Angaben geben uns auch eine weitere Information bezüglich der Anzahl der konstant auf Teerhof und Herrlichkeit lebenden Menschen. Wir dürfen auf jede in den Akten oder dem Adreßbuch genannte Person, so diese ein Haushaltsvorstand ist, wenigstens drei weitere Menschen als Mitbewohner hochrechnen. Ein zusätzlicher Beleg dafür, daß unsere Schätzung von hundert Bewohnern der Halbinsel realistisch, wenn nicht sogar etwas niedrig bemessen ist.

Läßt sich die Geschichte der Schänke Teerhof Nr. 38 über vier Jahrzehnte verfolgen, so besitzen wir von einem anderen Krug sogar Informationen aus fast 80 Jahren. Es ist dies die Gastwirtschaft der Familie Woltmann in Haus Nr. 56. Im Jahre 1777 begegnet uns diese erstmals in den Akten, da die Witwe des verblichenen Woltmann erneut in den Stand der Ehe getreten war und ihr Mann Henrich Corsen jetzt die Konzession auf sich übertragen lassen wollte. Diese Lizenzen waren grundsätzlich personengebunden und kosteten im Durchschnitt 5 Rtl. jährlich. Der Rat war zwar berechtigt, eine einmal erteilte Konzession auch wieder einzuziehen, aber er mußte für eine solch drastische Maßnahme eine Begründung liefern. Dies sollte sich Mitte des 19. Jahrhunderts ändern, die Wirte konnten ohne Erklärung ihre Lizenzen verlieren. Diese seit 1840 bestehende Kompetenzerweiterung des Rates resultierte in erster Linie aus ordnungspolizeilichen Überlegungen. Henrich Corsen jedoch war von dieser Regelung noch nicht betroffen.

Im Jahre 1795 beantragte Corsens Schwiegersohn Christian Simon Brunssen die Übertragung der Schanklizenz auf sich. Er sollte bis ungefähr 1820 Alkohol auf dem Teerhof verkaufen. Nach seinem Tod fand sich kein Erbe, der das Haus und das Gewerbe hätte übernehmen wollen. Christian Schütte wurde neuer Hausbesitzer auf der Halbinsel, war dort jedoch wohlbekannt, hatte er doch bereits seit 13 Jahren mit Schiefersteinen gehandelt und Branntwein ausgeschenkt. Ihm folgte in Haus und Gewerbe seine Witwe mit ihren beiden Söhnen. Schon bald heiratete sie Friedrich Köcheln, der zuvor Gehilfe im Steinhandel gewesen war, also auch bereits bekannt auf dem Teerhof. 1838 dann erwarb Johann Andreas Christoph Stute das Erbe der besagten Söhne „öffentlich an der Kerze", d. h. er ersteigerte es. Stute kaufte einige Jahre später noch das Haus Herrlichkeit Nr. 7, in dem sich ebenfalls eine Gastwirtschaft befand. 1853 verstarb er, die Häuser wurden unter seine beiden Söhne geteilt. Christoph Gottlieb Stute übernahm und betrieb den Krug im Hause Teerhof Nr. 56.

Dieser kurze Überblick über die Geschichte einer Schänke auf der Halbinsel liefert uns doch einige Informationen über die Menschen dort. Sie fühlten und erlebten sich als Gemeinschaft, was sich u. a. darin zeigte, daß untereinander geheiratet wurde. Aber man war nicht fremdenfeindlich. Zuzügler, besonders wohl aus der Neustadt, waren willkommen, heirateten ein oder — wie der alte Stute — kauften sich ein Haus auf dem Teerhof. Zwischen diesem und der Herrlichkeit bestanden auch personale Beziehungen, wie wir sie schon bei Theophilus Wilhelm Freese gesehen haben und nun bei Andreas Christoph Stute wiederfinden. Bevor wir uns jedoch von den Schankwirten des Teerhofes ins 19. Jahrhundert entführen lassen, gilt es, eine wichtige Veränderung auf der Herrlichkeit zu erwähnen, die 1798 ihren Anfang nahm und sich über ungefähr ein Jahrzehnt erstreckte. Der Rat hatte nun endlich beschlossen, das Werk zu vollenden, das rund sechzig Jahre zuvor ein Blitz aus nächtlichem Himmel begonnen hatte. Man machte sich daran, den Brautwall abzutragen. Der Eichenbauhof sollte ebenso verlegt werden wie der Amtssitz des Akzisemeisters.

Mit besonderem Eifer widmete man sich im Rat der Beseitigung der Buden der Freischlächter. 1653 waren die in Bremen ansässigen Freischlächter in das Amt der Knochenhauer übernommen, hatten somit eine offizielle Interessenvertretung erhalten. Auf die Herrlichkeit waren sie im Laufe des Siebenjährigen Krieges (1756—1763) gekommen, als die mit den Feldkommissariaten nach Bremen gelangten Freischlächter sich fest niederließen. Ihnen wurde ein Platz zwischen den Brücken an der Innenseite des Brautwalles zugewiesen, wo sie ihre Buden errichten durften. Seit 1761 waren sie in der Freischlächter-Societät organisiert, die neun Jahre später durchsetzen konnte, daß dieser Platz mit Pfählen eingefriedet werden durfte.

Ein Deputationsbericht vom 29. März 1805 bringt deutlich das Mißfallen der Bürger angesichts dieses Platzes zum Ausdruck[81]. „Der großen Brücke gegenüber ist die Vorderseite des Platzes bisher von den Freyschlächtern als Marcktplatz benutzt. . . . Die Fleischbuden sind unverkennbar eine Mißzierde des zwischen den Brücken so sehr besuchten Theils der Stadt. Verbleiben sie . . ., muß auch der übrige Platz in ihrer Nähe vom Werthe verlieren." Man plante zunächst, sie auf den Werder zu verlegen. Der Verkehr zwischen Alt- und Neustadt war rege, die Geschäfte auf Teerhof und Herrlichkeit werden über Mangel an Kundschaft nicht haben klagen können. Zwei Jahre darauf werden die Buden abgerissen und verlegt, zehn in die Hutfilterstraße, fünf in die Neustadt neben die alte Hauptwache. 1819 dann kamen alle Freischlächter endgültig zum Schweinemarkt auf der linken Weserseite.

Im gleichen Jahr, in dem mit dem Abriß der Buden begonnen wurde, beschloß der Rat den Verkauf des Geländes[82]. Strenge Bauvorschriften wurden erlassen, an die der oder die potentiellen Käufer gebunden sein sollten, damit nicht wieder so ein Schweinestall im wahrsten Sinne des Wortes entstehe wie zuvor — und das an einer so zentralen Stelle Bremens. Die neue Bebauung sollte zur „Zierde der Stadt gereichen". „Jedes Gebäude muß im lichten im Erdgeschoß 13 Fuß Höhe, im ersten Stockwerke 14 Fuß Höhe, im zweiten Stockwerke 11 Fuß Höhe, und ohne daß an der Straße Giebel gestattet sind, ein Querdach von 20 Fuß Höhe erhalten." Das Verbot eines Giebels zur Straßenseite hin sollte verhindern, daß sich hier zwischen die Wohnhäuser womöglich das eine oder andere Packhaus einschleiche.

Haben wir hier anfangs des 19. Jahrhunderts noch den üblichen zweistöckigen Hausbau, so begegnet uns am Ende dieses Jahrhunderts dann das später normale Haus mit drei Etagen. Ein Gutachten über das Haus Herrlichkeit Nr. 10 aus dem Jahre 1883 führt uns dies anschaulich vor Augen[83]. Zum „Vorderhaus" gehörte das dreistöckige Wohngebäude „mit gewölbtem Keller". Es handelte sich um ein Fachwerkhaus, das mit Pfannen gedeckt war. Das Alter schätzte der Gutachter auf rund 40 Jahre, es wurde also in der Mitte des Jahrhunderts erbaut. Die bebaute Fläche umfaßte 74 m^2. Dem Vorderhaus schloß sich ein Zwischenbau an, zwei Stockwerke hoch, massiv gemauert. Das Hinterhaus schließlich bestand aus Wohn- und Werkstattgebäude, war ebenfalls ein Fachwerkbau und mit Pfannen gedeckt. Zum Haus gehörte auf der Halbinsel üblicherweise ein Teil der „Ufermauer mit Pfählen", der vom Hausbesitzer instand zu halten war. Als letzten, aber keineswegs vernachlässigenswerten Punkt nennt das Gutachten den Abort. Der östliche Teil des Teerhofes hin zur Großen Weserbrücke sollte bis zum Zweiten Weltkrieg in dieser Art bebaut bleiben, während das Ufer der Weser gegenüber der Schlachte seit 1840 zunehmend von Packhäusern gesäumt wurde.

12. Schatten über dem Teerhof — Die Packhäuser und ihre Folgen

Die zitierten exakten Bauvorschriften des Rates, mit denen man eine „Mißzierde" wie die Freischlachterbuden hatte verhindern wollen, sollten weitgehend Makulatur bleiben. Zwar begann man 1810 mit dem Verkauf des Geländes, doch waren ein Jahr darauf noch elf „Bau-Plätze" zu haben[84]. In den Jahren 1829—1832 errichtete man hier in klassizistischem Stil das Arbeitshaus, das neben Wohn- und Wirtschaftsräumen große Säle beherbergte, in denen vornehmlich Textilarbeiten verrichtet wurden. Den frei gebliebenen Rest des Platzes nutzten die Töpferwarenhändler Ihsen und Müller aus Duringen als Lager. Der Brautwall war abgetragen, das Grundstück teils verkauft und privat bebaut, teils im Eigentum der Stadt verblieben, dort stand nun das Arbeitshaus. Der Eichenbauhof war verlegt, und ebenso war der „Teerhof" oder besser das, was von dem einst großen Betrieb übriggeblieben war, sang- und klanglos verschwunden. Um die Jahrhundertwende war das Inventar verkauft worden, das Gebäude — es war nur noch eines vorhanden, eben das Teerhaus — zur Feldbäckerei umfunktioniert worden.

Die Veränderungen auf dem Teerhof, die das Erscheinungsbild der Halbinsel in der Mitte der Stadt im Verlaufe des 19. Jahrhunderts grundlegend wandeln sollten, dokumentiert am besten ein Antrag einer Bewohnerin an den Rat[85]. Im März des Jahres 1845 wandte sich Hermann Droop mit der Bitte an den Rat, ihm für sein Haus Teerhof Nr. 41 die Konzession für eine Branntweinschänke auszustellen, „da seine Mutter ihre daselbst Nr. 5 betriebene Schenke aufgab". Wir erfahren nichts über die Gründe, die die Mutter dazu bewogen haben, dies doch wohl einträgliche Geschäft aufzugeben. Im Dezember desselben Jahres verrät sie es uns in einem eigenen Begehren, indem sie darum nachsucht, „ihre kleine Schenke am Theerhofe Nr. 5, welche behufs Errichtung eines Packhauses daselbst abgebrochen wird, nach der Werderstraße 63 verlegen zu dürfen". Die Witwe des Johann Friedrich Julius Droop hatte ihr Haus auf dem Teerhof verkauft und gewiß dabei kein schlechtes Geschäft gemacht. Wie manch anderer vor und auch noch nach ihr räumte sie das Feld für die großen Lagerhäuser einiger Bremer Kaufleute.

Diese Veränderung bedeutete jedoch keineswegs, daß nun das Leben auf dem Teerhof, wie es uns am Ende des 18. Jahrhunderts die Quellen bunt geschildert hatten, eintönig geworden oder gar weitgehend erloschen wäre. Eine Lithographie von A. Eltzner aus der Mitte des 19. Jahrhunderts zeigt Teerhof und Herrlichkeit dicht bebaut. Man erkennt deutlich die großen Packhäuser gegenüber der Schlachte, an der Südseite dagegen liegen die kleinen Wohnhäuser, deren Bewohner uns nach wie vor mit ihren Sorgen und Nöten in den Akten begegnen. Vermittelt der optische Eindruck ein lebendiges Bild der Halbinsel, so korrespondiert dies mit der Tatsache, daß wir zu dieser Zeit auf mehrere Neu- bzw. Wiedereröffnungen von Gastwirtschaften stoßen.

Im Jahre 1852 bat Christoph Gottlieb Stutes Bruder um Erteilung einer Lizenz für einen Krug für „oberländische Schiffer und Holzhändler in der Neustadt an der Herrlichkeit Nr. 7"[86]. Christoph Gottlieb selbst, wir sahen es bereits, setzte das Geschäft des Branntweinausschankes seines Vaters im Hause Teerhof Nr. 56 fort. Als neue Wirte kamen 1858 Heinrich Bischoff auf dem Teerhof und zwei Jahre darauf Johann Nuckel im Haus Herrlichkeit Nr. 2 dazu[87].

Nuckel verwaltete seit 1854 diesen Bierausschank, der sich direkt neben dem Freese-Haus befand, für den Eigentümer, den Brauereibesitzer Thomas Duntze. 1848 hatte Duntze selbst die Schänke eröffnet, jedoch schon bald den Zapfhahn aus der Hand gegeben und sich ganz auf die Brauerei konzentriert. Aus dieser Gastwirtschaft wurde — wann genau läßt sich nicht feststellen — ein Gasthaus, das nach dem Ersten Weltkrieg Hotel war. Als solches hat es auch das Dritte Reich und den Zweiten Weltkrieg überstanden. Zwischen Nuckels Bierausschank und dem Freese-Haus befand sich ein privater Brunnen, der jedoch von allen Bewohnern der Halbinsel benutzt wurde, da die Wasserqualität des einzigen öffentlichen Brunnens auf dem ehemaligen Brautwall einfach zu schlecht war. Da es ansonsten auf dem Teerhof keine Wasserstelle gab, entschloß sich die Stadt, besagten priva-

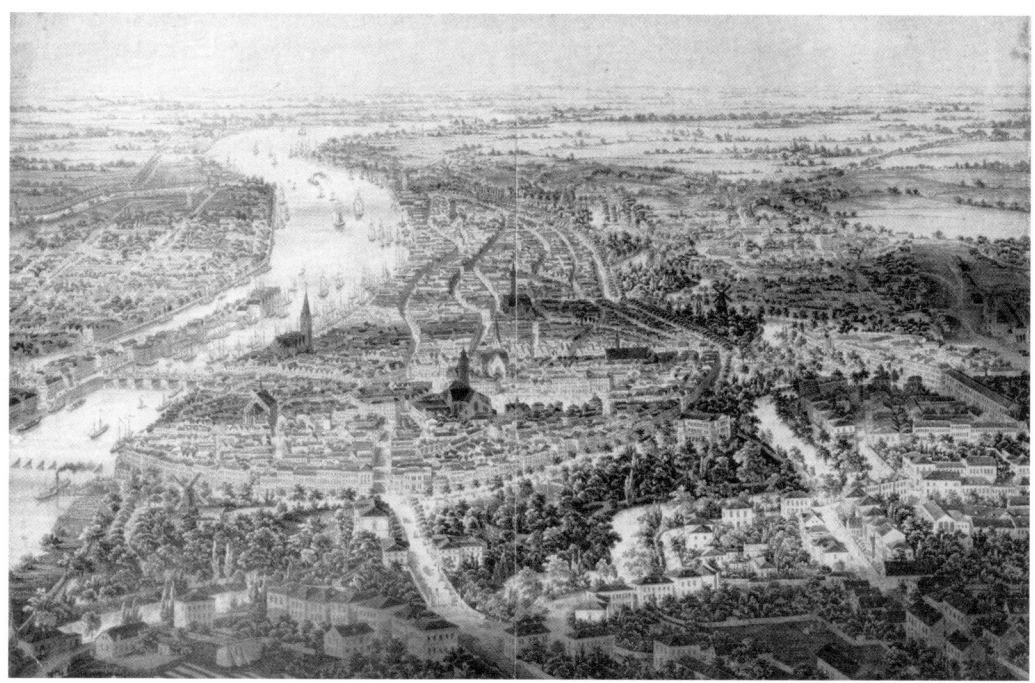

Bild 11: *Bremen aus der Vogelschau. Lithographie von Adolph Eltzner von 1851*

ten Brunnen mit öffentlichen Mitteln zu unterhalten. Solidarische Nachbarschaftshilfe hatten diesen entprivatisiert.

Die Mitte des 19. Jahrhunderts sollte dem Teerhof einschneidende Veränderungen bringen. 1844 erging ein Beschluß der Bürgerschaft, die geplante Erhöhung der den Teerhof längs durchlaufenden Straße zum Schutze vor Überschwemmungen zwar auf fünf Jahre auszusetzen, aber nach Ablauf dieser Frist auch durchzuführen. Die Arbeiten sollten 1850 abgeschlossen sein[88]. Im üblichen atemberaubenden Tempo ging es weiter. Zwei Jahre gingen ins Land, dann berichtete die „Straßenbepflasterungs-Deputation", der Eigentümer des Packhauses Herrlichkeit Nr. 5, identisch mit Teerhof Nr. 5, also der ehemaligen kleinen Schenke der Witwe Droop, habe seinen „Umbau" beendet und die Eingänge des „ziemlich weit in den Theerhof hinein" (!) sich erstreckenden Hauses auf das zu erwartende Niveau der Gasse erhöht. Dies war grenzenlos optimistisch und sollte sich schon bald als fatale Fehleinschätzung der Arbeits- und Entscheidungsgeschwindigkeit städtischer Behörden erweisen. Die Deputation stellte zunächst lakonisch fest, diese Eingänge seien zur Zeit unbenutzbar. Was hatte den Eigentümer dazu bewogen, im Vorgriff auf öffentliche Entscheidungen ein Fait accompli zu schaffen, das für ihn zunächst doch Unannehmlichkeiten nach sich zog?

Die Stadt verhandelte bezüglich der Erhöhung mit zwei Gruppen von Teerhofbewohnern, deren Interessen sich gegenseitig ausschlossen. Auf der einen Seite standen die Packhausbesitzer Carl Poppe, G. Smidt, Seemann, Brauer und Senator I. F. W. Iken. Der „Situationsplan des Theerhofes" aus dieser Zeit zeigt, daß die Nordseite der Halbinsel gegenüber der Schlachte vollständig mit Packhäusern bebaut war. Was er nicht erkennen läßt und worüber auch alle anderen Akten und Pläne schweigen, ist die Tatsache, daß sich die Bautätigkeit auf Teerhof und Herrlichkeit keineswegs auf solche Wirtschaftsbauten beschränkte. Das oben zitierte Gutachten über das Haus Herrlichkeit Nr. 10 beweist, daß in der Mitte des 19. Jahrhunderts dort auch Wohnhäuser neu errichtet wurden.

Das Ufer der Weser jedoch ist von Packhäusern gesäumt, unterbrochen in der Mitte vom großen Tonnenhof. Mit den Eigentümern der „gegenüber liegenden Packhäuser", die Formulierung deutet bereits die Existenz eines anderen Standpunktes mit der Möglichkeit einer anderen Perspektive an, war man übereingekommen, den Antrag auf Erhöhung noch im Jahre 1846 zu bewilligen. Bis die Erhöhung komplett ausgeführt sei, sollte eine Rampe für den Niveauausgleich zwischen der Straße und den Eingängen zu den Packhäusern sorgen. Die Probleme des Eigentümers Teerhof Nr. 5 wurden auf diese Art beseitigt. Ein Jahr darauf beantragt Poppe eine solche Rampe für seine „am Ende des Theerhofes belegenen Packhäuser", nachdem er „auf der Spitze des Theerhofes die Neubauten fünf großer Packhäuser ausgeführt" hatte[89]. Spätestens jetzt war das große querstehende Gebäude, wie es uns der Stich Grönningers von 1771 noch zeigte, verschwunden[90]. Der Kaufmann in Teerhof/Herrlichkeit Nr. 5 hatte also richtig darauf gesetzt, daß seine „Kollegen" mitziehen und ihre Packhäuser ebenfalls erhöht bauen würden. Der Rat würde sich dieser Macht des Faktischen nicht verschließen können — wenn er dies denn je gewollt hätte. Die alteingesessenen Teerhofbewohner auf der „gegenüber liegenden" Gassenseite hatten sofort, nachdem der erste Beschluß des Konvents zur Erhöhung ergangen war, Widerspruch eingelegt[91], den der Packhausbesitzer Poppe wie sein Mitstreiter in Nr. 5 nicht für beachtenswert hielten, dessen Erfolgsaussichten offenbar die Antragsteller selbst nicht allzu hoch einschätzten. Sie baten lediglich um eine Anhörung und einstweiligen Aufschub. Ihre Begründung verdient unsere Aufmerksamkeit.

„Abgesehen von einigen wenigen Packhäusern ist der ganze Theerhof, wie der Augenschein auf den ersten Blick zeigt, von sehr kleinen, nur mit einem Stockwerke versehenen Wohnhäusern besetzt, deren Hausflur fast allgemein mit der jetzigen Straße in einem Niveau liegt, und welche durchgehends so eingerichtet sind, daß das Parterre der Häuser und Höfe ein Gefälle von ungefähr 1½ Fuß nach der Straße hin haben, damit bei etwaigen Überschwemmungen das in die Häuser gedrungene Wasser nach der Straße hin wieder abläuft."
Hier tritt der Interessenunterschied der beiden Anwohnergruppen sachlich begründet, jedoch unversöhnlich zutage. Dringt bei Hochwasser die Weser in das untere Stockwerk eines Wohnhauses ein, so ist der Schaden gering, warten die Bewohner ab, bis das Wasser von allein wieder verschwindet. Bei Packhäusern sieht die Sache prinzipiell anders aus. Jedes Hochwasser bedeutet Schäden an den gelagerten Gütern, Kosten, die vermieden werden können, indem man ganz einfach das Niveau der Straße anhebt. Was dies für die Anwohner bedeutet, erklären diese dem Rat und der Bürgerschaft.

„Durch die beabsichtigte Erhöhung der Straße würden nun aber diese sämtlichen kleinen Wohnhäuser als solche nicht mehr zu gebrauchen sein, weil die Hälfte der Fenster von der Straße bedeckt werden dürften, auch die jetzigen Hauseingänge nicht mehr als solche benutzt werden könnten, weil sie schon jetzt mit der Straße in einem Niveau sich befinden. Beabsichtigt man aber, Treppen von der Straße 4 Fuß herunter nach den Hauseingängen anzulegen, so dürfte die schon jetzt so schmale Fahrstraße für Fuhrwerk, namentlich dann gänzlich unbrauchbar werden, wenn zwei solche Treppen gegen einander über zu liegen kommen." Also gab es auf beiden Seiten des Teerhofes noch Wohnhäuser, die die Lithographie Eltzners — wenn auch undeutlich — erkennen läßt.

„Dazu kommt dann noch, daß bei künftigen Überschwemmungen die Wohnungen selbst keineswegs wasserfrei werden, daß vielmehr das von der großen und kleinen Weser in die Häuser eingedrungene Wasser, wegen des Gefälles der Grundstücke in einer Höhe von 1½ Fuß, ausgeschöpft und in die Weser getragen werden müßte." Die Packhäuser blieben auf diese Art trocken, dafür liefe das Wasser aus den Wohnhäusern nicht mehr ab. Man kann verstehen, daß die Anwohner nicht sehr begeistert von den Plänen der Bürgerschaft waren. Doch sie führen nun auch von ihnen und ihren Häusern unabhängige Probleme an, die eine Erhöhung der Straße mit sich brächte. So werde das unterschiedliche Höhenniveau von Straße und Uferbollwerk dazu führen, daß der Druck ersterer auf letzteres diese stark gefährde.
Und dann geht es ums Geld! „Die Anwohner des Theerhofes, die aber wie bekannt, gewiß nicht zu der wohlhabendsten Klasse der Einwohner Bremens zu zählen sind, befinden

sich außer Stande, nach Erhöhung der Straße durch kostbare Bauten ihre Grundstücke gegen etwaige Gefahr zu sichern, oder zum Gebrauch wieder einzurichten."

Im folgenden gibt der Text eine interessante Information über die Eigentumsverhältnisse auf der Halbinsel, wenn es heißt, „abgesehen von den wenigen Packhäusern (seien) sämtliche am Theerhofe belegene Grundstücke" im Eigentum der Bewohner. Dies war hundert Jahre zuvor noch keineswegs der Fall. Wir entsinnen uns der Eingabe der Bewohner von Teerhof und Herrlichkeit aus dem Jahre 1739, nachdem die Braut sich so schwung- wie klangvoll verabschiedet hatte. Sie baten darum, ihre Grundstücke kaufen zu dürfen. Offenbar hatten viele dies dann auch getan, doch sind uns noch Ende des Jahrhunderts Pachtverträge begegnet.

Die Eingabe der Bewohner schließt mit dem Hinweis, der Teerhof sei eine „Sackstraße, mithin aus polizeilichen Rücksichten eine wasserfreie Lage des Theerhofes eben nicht nothwendig". 23 Bewohner unterzeichneten diese Bitte um Aufschub, die der Rat auch erfüllte.

Als dann die Frist abgelaufen, das Jahr 1850 gekommen war, ersuchten die Anwohner erneut um Aufschub, der ihnen bis 1854 gewährt wurde. Nun baten sie die Stadt, ihnen ihre Grundstücke abzukaufen, da sie die notwendigen Baumaßnahmen auf eigene Kosten unmöglich durchführen lassen könnten. Doch bereits zwei Jahre später hatten die Packhausbesitzer sich endgültig durchgesetzt, wurde die Gasse des Teerhofs erhöht. Die unterlegenen Bewohner baten nur noch darum, ihnen wenigstens den Kostenbeitrag zu erlassen. Dem wurde stattgegeben.

Nach und nach wurden auch einzelne Wohnhäuser dem neuen Niveau angepaßt, doch ein Brief des Baurats Heineken vom 15. Mai 1901 macht deutlich, daß die Klagen der Bewohner durchaus ihre Berechtigung hatten. „Die Wohnräume in den Häusern", schreibt Heineken[92], „wurden, wo es anging, nach und nach erhöht. Auf dem Theerhof haben noch jetzt viele Häuser an der kleinen Weserseite die frühere niedrige Lage, weit unter Straßenhöhe." „Wo es anging", hatte man die notwendigen Arbeiten durchgeführt, d. h. diejenigen Anwohner, die es sich leisten konnten, hatten ihre Häuser umgebaut. Das Gros war dazu finanziell nicht in der Lage.

Der Konflikt zwischen den Bewohnern des Teerhofes und den wirtschaftlichen Benutzern dieses Terrains gibt wichtige Hinweise auf Ursache und Art städtebaulicher Veränderungen in der zweiten Hälfte des 19. Jahrhunderts, der Zeit zunehmender Industrialisierung bei gleichzeitiger Intensivierung des Handels. Symbolhaft ist die Lithographie Eltzners, an derem rechten Rand sich der Bahnhof ins Bild geschlichen hat[93]. In der Mitte der Weser auf unserer kleinen Halbinsel dominieren optisch wie ökonomisch die Packhäuser. Wie einst im 13. Jahrhundert die Schiffbauer die Wassermüller zunächst nur in ihren Rechten bedrohten, dann ganz von der Insel vertrieben, machte sich nun im 19. Jahrhundert ein anderer aufstrebender Wirtschaftszweig am Ufer der Weser gegenüber der Schlachte, dem Hafen der Stadt, auf dem Teerhof breit. Dies geschah ähnlich wie 600 Jahre zuvor auf Kosten der dort lebenden Menschen.

13. *Die Brücke zur Gegenwart*

Man ist nun allzu leicht geneigt, dem Schwächeren Sympathie und Mitleid zu spenden, den Neuling als Aggressor zu diffamieren. Doch verkennt solch emotionale Sicht und Wertung die Normalität dieses Vorganges sowie vor allem, daß wir es hier mit einem kleinen Ausschnitt des historischen Prozesses zu tun haben, der nach gewissen Gesetzmäßigkeiten verläuft, strukturiert ist. Eine dieser Strukturen tritt hier deutlich zutage. Die Nutzung städtischen Siedlungsraumes erfolgte seit jeher nach primär ökonomischen Gesichtspunkten, wobei wir bewußt die Aspekte der Herrschaftsorganisation und deren Verflechtung mit der Wirtschaft außer Acht lassen. Der Schiffbau gewann im 13. Jahrhundert stark an Bedeutung, demgemäß verdrängten die Schiffszimmerer die ökonomisch weit schwächeren Müller vom Teerhof. Das 19. Jahrhundert veränderte den Handel, knüpfte ihn eng an die Industrie und deren Entwicklung; Bremen blühte auf als Handelsstadt. Der Teerhof gewann wegen seiner günstigen Lage direkt an der wichtigen Wasserstraße Weser enorm an Bedeutung für die Kaufleute. Sie verdrängten die wenigen verbliebenen Schiffbauer endgültig von der Halbinsel.

Der wirtschaftliche Wandel und Fortschritt zog diese Veränderung auf dem Teerhof zwingend nach sich, wobei die sozial-ökonomische Entwicklung nur deshalb derart Wirkung zeigte, weil die geographische Besonderheit des Teerhofes als wesentlicher Faktor hinzutrat. Die Lithographie Eltzners trägt dem Rechnung, indem sie unübersehbar die Zeichen kaufmännischer Macht und Erfolge, die Packhäuser, in den Vordergrund rückt. Doch die Ironie des Schicksals wollte es, daß Eltzner auch bereits ein wenig den Mantel der Zukunft lüftet, indem er den Totengräber eben dieser Packhäuser zeigt, dessen damals noch junge Existenz das langsame Ende der ökonomischen Bedeutung des Teerhofes einläutete. Der Bahnhof symbolisiert den neuen, bald wichtigsten Transportweg, die Schiene. Im 20. Jahrhundert wird die Eisenbahn die Flußschiffahrt als Transportmittel weitgehend ablösen. Der Warenumschlag wird zunehmend in Bremerhaven abgewickelt, der Transport erfolgt per Bahn. Die Schlachte verliert ihre Bedeutung als Hafen ebenso wie der Teerhof als günstiger Lagerplatz. Nur so erklärt es sich, daß man dieses einst so wichtige Gelände, mitten in der Stadt und direkt gegenüber deren Hafen gelegen, in der zweiten Hälfte des 20. Jahrhunderts zum Parkplatz degradieren konnte.

Nachdem nun 1856 die Straße entsprechend den Wünschen und Vorstellungen der Packhausbesitzer erhöht worden war, mußte man feststellen, daß unvorhergesehene Unfälle sich ereigneten. Offenbar purzelten Fußgänger wie Waren von der Straße auf das daruntergelegene Trottoir. So trat denn die „Straßenbepflasterungs-Deputation" erneut auf den Plan, um eventuell eine „eiserne Befriedigung der Erhöhungsmauer — der Straße — nach Einholung und Vorlegen von Kostenvoranschlägen ausführen zu lassen". Ein Kostenvoranschlag belief sich auf 580 Rtl.[94].

Dies erschien den Deputierten zwar nicht als überhöht, doch hielten sie das Ganze aus anderen Gründen für eine Fehlinvestition. Der gesunde Menschenverstand setzte sich durch, die Deputation riet ab, „weil eine solche Befriedigung die Gefahr des Herabfallens der Personen von der Mauer nur vergrößern würde, Tabacksfässer u. andere schwere Güter auch schwerlich dadurch abgehalten werden könnten, von der Mauer herabzufallen". Außerdem schätzte die Deputation die Zuverlässigkeit und Sorgfalt der Anwohner nicht sehr hoch ein. Sie fürchtete, diese würden selten nur die für den Zugang zu ihren Häusern notwendigen Türen im Gitter geschlossen halten. Als Folge würden nicht nur wie bisher Menschen von der Mauer fallen, besonders wohl, wenn sie sich auf dem Heimweg von einer der zahlreichen Schänken des Teerhofes befanden, sondern „dieses (werde) um so öfter geschehen, da die Fußgänger sich auf die feste Befriedung verlassen". Der Teerhof besaß noch keine Straßenbeleuchtung, der nächtliche Wanderer mußte sich seinen Weg selbst heimleuchten oder eben im Dunkeln ertasten. Das konnte böse enden! Die Deputierten schlugen nun vor, die Straße statt mit einem Gitter mit „schrägen Granitplatten" zu versehen. So könne man sie nicht mehr als Fußweg benutzen und herunterfallen. Auch Fässer und andere Güter würden so aufgefangen. Dies sei zwar etwas teurer, da es 750 Taler kosten solle, dafür aber weitaus effektiver. Die Bürgerschaft reagierte auf diesen Deputationsbericht, wie sie es auch heute noch gerne tut, wenn sie nicht so recht weiß, wie sie entscheiden soll. Sie verwies die Angelegenheit an die Deputation zurück, mit der Bitte, diese solle sich erneut Gedanken machen. Der Ausgang des Unternehmens ist nicht überliefert.

Der Teerhof war nun erhöht, die Packhäuser waren vor Hochwasser geschützt, und die Bewohner der Südseite der Halbinsel hatten sich in das Unvermeidliche gefügt. Das Leben ging weiter, wobei sich Konstanten zeigen, die den Packhäusern getrotzt haben. So ersuchen im Jahre 1850 Philippi & Brockelmann „um Belassung des bisher von ihnen benutzten Steinlagerplatzes auf dem Theerhofe". Sie konnten diesen Platz behalten, man gestattete ihnen neun Jahre später sogar, dort einen Schuppen zu bauen. Die Steinhauer waren also nach wie vor auf dem Teerhof anzutreffen.

Während um die Mitte des 19. Jahrhunderts die „Straßenbepflasterungs-Deputation" sich den Kopf zerbrach über die Erhöhung der Mittelgasse, beschäftigte sich auch die Finanz-Deputation mit dem Teer-, genauer gesagt dem auf diesem befindlichen Tonnenhof[95]. Ihr Bericht aus dem Jahre 1849 befaßt sich mit dem Bollwerk am Tonnenhof, das man zu beseitigen überlegte. Hier war die schmalste Stelle der Weser, in die dieses Bollwerk 37 Fuß weit hineinragte. Die Deputation wandte sich den „beiden Hauptfragen" zu, ob erstens „von dem Wegschaffen dieses vorspringenden Bollwerkes ein wesentlicher Nutzen zu erwarten sei, daß er der Aufwendung großer Kosten u. Opfer werth sei", und zweitens, „in welcher Weise sich die Wegräumung bewerkstelligen lasse u. welche Kosten dazu erforderlich sein würden".

Da ein Abriß des Bollwerkes, der einen solchen des Tonnenhofes zwingend nach sich ziehen würde, sinnvoll erschien wegen der daraus resultierenden Verbreiterung der Weser, wandte man sich besonders der Frage der Kosten zu — ganz im Sinne einer Finanz-Deputation. Eine Lösung schien sich in der Privatisierung des Tonnenhofes anzubieten, die eine Beteiligung des Unternehmers an den Verlegungskosten des Betriebes ermöglicht hätte. Zu Recht hegten die Deputierten erhebliche Zweifel, einen solchen Unternehmer zu finden, doch bewogen sie noch andere Überlegungen, von einer Privatisierung des Tonnenhofes Abstand zu nehmen.

Zum einen hielten sie diesen Betrieb für zu wichtig, als daß ihn die Stadt hätte aus der Hand geben dürfen, zum anderen erschien die mit einer Privatisierung des Betriebes verbundene „Veräußerung eines so werthvollen Grundstücks an der Weser, wie der jetzige Tonnenhof ist, im gegenwärtigen Augenblick gewiß nicht rathsam". Dieses Gelände sollte wegen seiner vielfältigen Verwendungsmöglichkeiten „zu mancherlei künftigen Staatszwecken ... dem Staate aufbewahrt bleiben".

Von einem Abriß wollte man nun nichts mehr wissen, ein Verkauf wurde wegen des großen Wertes des Grundstückes ausgeschlossen, für eine Verlegung fehlte noch der Alternativplatz. 15 Jahre später hatte man sich wohl vollends von dem Gedanken einer Beseitigung des Tonnenhofes verabschiedet, denn man erneuerte aufwendig dessen schmiedeeisernen Kran[96]. Eine mögliche Verlegung des Betriebes wurde bei dieser Gelegenheit zwar angesprochen, blieb jedoch „ohne Entscheidung". Dies lag nicht zuletzt daran, daß man sich erst wenige Jahre zuvor zu einem Neubau des Tonnenhofes durchgerungen hatte — und dies am alten Platze auf dem Teerhof. 1856 wurde ein Entwurf für einen derartigen Bau mit Schmiede, Werkstatt und Werkzeuglager eingereicht. Ein Jahr darauf berichteten die Senatoren J. F. W. Iken, Packhausbesitzer auf dem Teerhof und direkter Nachbar des Tonnenhofs, und J. P. Hagens ihren Kollegen im Senat[97]: „Das auf dem Theerhofe unter Nr. 42 an der kleinen Weser belegene zur Aufbewahrung u. zur Reparatur der innerhalb der Stadt benutzten Wesertonnen u. Zubehör dienende Lagerhaus[98] befindet sich in einem höchst schadhaften Zustande; die Deputation hat daher den Baudirector Schröder veranlaßt, dasselbe genau zu untersuchen und zu berichten, ob eine Reparatur noch zulässig sei oder ein Neubau erforderlich werde." Man entschloß sich zu einem Neubau, die Kosten wurden auf 2250 Rtl. veranschlagt. Doch dieser neuerrichtete Tonnenhof konnte sich nur wenige Jahrzehnte auf der Halbinsel behaupten, dann verschwand auch er wie bereits zuvor der Bau- und der Teerhof.

Die Stadt wuchs jetzt in für bis dahin übliche Verhältnisse atemberaubendem Tempo, und der Verkehr wuchs mit. Die Zufahrtsmöglichkeiten zu den Packhäusern wurden 1881 entschieden verbessert, als man die „Sackgasse" öffnete und die Durchgangsstraße „Auf dem Teerhof" an die in den Jahren 1871–1875 gebaute „Kaiserbrücke" anschloß. 1897 dann errichtete man auf dem ehemaligen „Drehplatz" an der Spitze des Teerhofes vor Poppes Packhäusern eine martialisch wirkende Toreinfahrt zum Teerhof, die den passenden Namen „Weserburg" erhielt.

Die Anbindung an die Neustadt hingegen wurde als mit nur einer Brücke als unzureichend empfunden. Wie wir sahen, war der Teerhof trotz der Packhäuser am Südufer Wohngebiet geblieben, es gab Gastwirtschaften, Geschäfte und offenbar auch ein ganz reges Nachtleben, wenn wir an die Überlegungen der „Straßenbepflasterungs-Deputation" bezüglich der Absicherung nächtlicher Wanderer auf der Teerhofstraße denken. Damit Fußgänger von der linken Weserseite her bequem die Halbinsel erreichen konnten, sollte eine reine Fußgängerbrücke gebaut werden.

Der Stadt schien dies zu teuer, so übertrug sie die Angelegenheit einer privaten Trägergesellschaft, die 1894 das Werk vollendete. Jeder

Benutzer dieser neuen Verbindung mußte nun 1 Pfennig Maut bezahlen.

Bereits 1903 hatte der Verkehr derart zugenommen, daß noch eine weitere Brücke über die Kleine Weser geschlagen wurde. Die St.-Pauli-Brücke verlief im Zuge der Straße „Am Bauhof" und wurde durchgezogen bis zur Osterstraße.

Der Eichenbauhof, den die Stadt bereits im Jahre 1807 verkauft hatte und der noch fast ein Jahrhundert lang privat bewirtschaftet worden war, wurde nach dem Ersten Weltkrieg noch einmal lebendig als Namenspatron für den Sitz der Baubehörde und des Hochbauamtes. An den Eichenbauhof selbst erinnerte nur noch der Name. Seit 1922/23 nutzten die genannten Behörden das ehemalige Arbeitshaus, 1927 zog dort auch noch die bautechnische Bibliothek ein, verbunden mit der Staatsbibliothek. Im Dritten Reich dann wurde der Bauhof von der Arbeitsfront mit Beschlag belegt, der Teerhof selbst sollte bald als Kriegsgefangenenlager mißbraucht werden.

Bei Kriegsende 1945 boten Teerhof und Herrlichkeit ein trauriges Bild. Der Bauhof war Ruine, einige wenige Privathäuser hatten die Bombenangriffe relativ unbeschadet überstanden. Die im Eigentum von Kaffee Schilling befindliche Weserburg war schwer getroffen und zerstört worden, doch wurde sie schnell ohne bürokratische Hindernisse wieder aufgebaut. Man beseitigte zügig die Trümmer — und ließ Gras über die Sache wachsen. Es fand sich kein Handwerk, kein Handels- und kein Industrieunternehmen, das sich des Teerhofes angenommen hätte. Die Halbinsel hatte ihre Standortvorteile für die Ansiedlung von Handwerk, Handel oder Industrie verloren — und dies endgültig. Die nun folgenden Jahrzehnte sollten zeigen, welche Folgen dies haben sollte.

Hatten im 13. Jahrhundert die Schiffbauer die Besiedlung der Insel begonnen und vorangetrieben, bald unterstützt durch andere Handwerker, Gewerbe und last not least Stätten der Erholung, des sozialen Beisammenseins, war der wirtschaftlichen Nutzung der Mensch gefolgt mit allen zur Befriedigung seiner Bedürfnisse notwendigen Einrichtungen — von der Kneipe bis hin zur Schule —, so setzte jetzt der umgekehrte Prozeß ein.

Eingeleitet durch den kriegsbedingten Kahlschlag, der die ökonomische Nutzung der Halbinsel fast auf Null reduzierte, setzte sich der Niedergang in der Verödung auch des einstigen Wohngebietes fort. Die Menschen verließen nun ebenfalls den Teerhof, folgten wie einst der Arbeit. Die Halbinsel verkam zum Parkplatz. Dies Elend wurde besonders in den sechziger Jahren dann zwar heftig beklagt, doch änderte sich nichts.

Hatte einst im Jahre 1762 in einer Bude auf der Herrlichkeit die Wanderbühne des Joseph Nörbs aus Mannheim die Bewohner des Teerhofs und der Herrlichkeit, aber sicherlich auch viele andere Bremer mit der Darbietung der Komödien von Molière und anderen bedeutenden Dichtern unterhalten, so sollte es wiederum Künstlern vorbehalten sein, den Teerhof in das Gedächtnis der Bremer zurückzurufen. Der Zirkus Roncalli lockte die Bürger auf die Halbinsel, zeigte ihnen, welch Kleinod hier verschandelt und mißbraucht wurde.

B. Die Entstehung der Mischbebauung im 19. Jahrhundert

Als zentraler Standort war der Teerhof in seiner baulichen Struktur schon in den vergangenen Jahrhunderten der Entwicklung der Stadt und den mit ihr verbundenen wirtschaftlichen und sozialen Veränderungen in besonderem Maß unterworfen. Die schon oben beschriebene variationsreiche Bautätigkeit etwa ab Mitte des 17. Jahrhunderts setzte sich im 19. Jahrhundert verstärkt fort, kam aber mit dessen Ende zum Abschluß. Nahezu alle Gebäude des im Zweiten Weltkrieg völlig zerstörten Teerhofs sind in der Zeit zwischen 1780 und 1900 entstanden; in den folgenden gut vier Jahrzehnten wurden lediglich Um- und Anbauten durchgeführt. Die Mischbebauung im 19. Jahrhundert ist durch eine — sonst in Bremen nicht anzutreffende — Dreiteilung gekennzeichnet. Bis 1840 entstanden knapp 20 ein- bis zweistöckige Wohnhäuser entweder neu oder durch Umbau früherer kleinerer Fachwerkhäuser, bewohnt zumeist von den auf dem Teerhof beschäftigten Personen. Zwischen 1840 und 1860 wurden gut 20 Packhäuser im einheitlichen Stil mit fünf bis sieben Stockwerken gebaut, vorwiegend zur Lagerhaltung, aber auch zur Produktion und zur Bearbeitung von Waren. Von 1880 bis 1900 schließlich wurden noch etwa zehn Häuser vorwiegend durch Neubau, vereinzelt durch Umbau, mit unterschiedlichen Stil- und Bauformen errichtet, die meistens sowohl gewerblichen als auch wohnlichen Zwecken dienten.

Entstehung, Nutzung und Wert aller Bauten hingen wesentlich von ihrer Lage und Erreichbarkeit, also vom Ausbau der Teerhofstraße, dem Bau der zu ihr führenden Brücken und den Wasserläufen der Weser und ihrer Regulierung, ab. Neben den Veränderungen im Transportwesen spielten auch die gerade im vergangenen Jahrhundert stattgefundenen Veränderungen der Produktion und Population eine große Rolle. Der Teerhof war, wie oben bereits ausgeführt wurde und im folgenden Kapitel weiter zu zeigen sein wird, nicht nur eine Idylle, sondern auch Schauplatz handfester Interessengegensätze. Dennoch blieben die Menschen Bewohner des Teerhofs, und der schon genannte Gerhard Würffelmann aus dem Haus Nr. 40 — das als exemplarisches Gebäude näher beschrieben werden wird — blies auch noch in den ersten beiden Jahrzehnten des 19. Jahrhunderts auf seiner Oboe.

I. Bauordnung und Baustruktur in Bremen

Die Bautätigkeit in Bremen im vergangenen Jahrhundert war durch zurückhaltende Vorschriften, eine praktikable Grundpfandsicherung und die Entwicklung kleinerer, origineller Bautypen („Bremer Haus") begünstigt. Auf dem Teerhof wirkte sich dies eher individualisierend als typisierend aus.

1. Baureglementierung

Der bremische Staat war von jeher mit eigener Rechtsetzungsbefugnis ausgestattet, seit der Erklärung zur freien Reichsstadt 1646 dazu aber auch innerhalb des Reichsverbandes besonders legitimiert. Regelte die Obrigkeit die Bautätigkeit zunächst nur durch ordnungsrechtliche Vorschriften, z. B. zum Schutz vor Feuer und sonstigen Gefahren, so nahm sie später mittels der im Einzelfall erteilten Baugenehmigungen und der allgemeinen Bausatzungen auch baugestaltenden Einfluß. Letzteres geschah weniger durch vom Parlament — der Bürgerschaft — zu erlassende Gesetze, sondern durch nachrangige Rechtsverordnungen des Senats, nämlich die Bauordnungen.

Die Bauordnung vom 12. Juli 1841 untersagte den Bau von Häusern mit mehreren Mietwohnungen an sogenannten Gängen und in Höfen abseits von Straßen[99]. Die Bestrebungen einiger kapitalkräftiger Bremer, größere Miethäuser mit Hinterhöfen nach Berliner Muster zu bauen, scheiterten damit. Außerdem verlangte die Bauordnung von 1841 die behördliche Genehmigung für jede bauliche Neuanlage oder Veränderung, die Errichtung von Brandmauern und Dachrinnen und bei Neubauten an Straßen die Einhaltung eines mindestens 4 Fuß (ca. 1,20 m) breiten Fußwegs und eines 8 Fuß bzw. bei doppelseitiger Bebauung 16 Fuß breiten Fahrwegs[100]. Außenmauern in

Fachwerk oder Holz waren verboten, desgleichen nach wie vor Dächer mit Stroh oder Reith, ferner Ausbauten, Ausluchten, Luken, Winden und ähnliche in den Straßenraum ragende Vorrichtungen, wenn sie die Passage hinderten[101].

Die spätere Bauordnung vom 25. April 1853 erweiterte das Verbot der Bebauung von Gängen und Höfen auf alle Wohnungen und ließ Ausnahmen nur für Aufseher, Hausmeister und ähnliche Personen zu[102]. In der Bauordnung vom 25. Mai 1863, die die vorgenannten Bestimmungen im wesentlichen übernahm und näher ausgestaltete, wurde ausdrücklich auf die Notwendigkeit jeglicher feuerfester Bedachung hingewiesen[103].

Die Bauordnung vom 15. August 1883 erging erstmals nicht als Rechtsverordnung, sondern als Gesetz, obwohl auch hier die Verordnungsform im Einverständnis mit der Bürgerschaft beibehalten wurde[104]. Unter weitgehender inhaltlicher Wiederholung wurden die bisherigen Vorschriften zum Teil klarer gefaßt und besser geordnet. Aus heutiger Sicht mehr als 110 Jahre später überrascht die Verständlichkeit der Formulierungen im Vergleich zu manchem komplizierterem Gesetzeswerk unserer Tage. Treffsicherheit der Sprache schien damals ein größeres Anliegen zu sein, indem z. B. im Zusammenhang mit Dachrinnen der Begriff „Himmelwasser" anstatt „Regenwasser" gebraucht wurde[105]. Eine wichtige Neuerung brachte das Gesetz mit den auf gesundheitliche Gründe (!) gestützten Vorschriften über die Höhe von Gebäuden, die an Straßen unter 6 m Breite 12 m und an breiteren Straßen 6 m zuzüglich der Entfernung zwischen den Häuserfronten (also z. B. bei 10 m Straßenbreite 16 m) nicht überschreiten durfte[106]. Außerdem enthielt das Gesetz ausführliche Bestimmungen über Straßenanlagen (Mindestbreite 10 m) einschließlich Höherlegung von Straßen, über die noch zu sprechen sein wird[107].

Für die frühere Teerhofbebauung nicht mehr von Bedeutung waren die Bauvorschriften ab 1900[108].

2. *Baufinanzierung*

Zur Finanzierung der im 19. Jahrhundert in beträchtlichem Ausmaß in Bremen durchgeführten Bauvorhaben konnte weitgehend auf Kapital zurückgegriffen werden, das vor allem durch den florierenden Handel in die Hansestadt gelangt war. Die mit der zunehmenden Technisierung in der Produktion und im Verkehrswesen sprunghaft angestiegene Geschäftstätigkeit der bremischen Kaufleute mit dem europäischen und mehr noch mit dem überseeischen Ausland ließ bei niedrigen Lohnkosten und Sozialabgaben die Gewinne immens wachsen. Eine besondere Einnahmequelle war dabei das Auswanderungsgeschäft, das zur Auslastung der Schiffe bei der Ausreise führte und den Importeuren und Reedern bei Rückfracht doppelten Ertrag brachte[109]. Die Anlage des überschüssigen Kapitals in Grundeigentum bot sich an, war aber räumlich begrenzt und trug keine Verzinsung ein. Dies wurde anders, indem der Bau von Wohn- und Geschäftshäusern finanziert wurde, für den ein steigender Bedarf bestand. Manche Kapitalgeber verspekulierten sich allerdings mit größeren Projekten, für die oft keine Käufer oder Mieter gefunden werden konnten. Dies gab Veranlassung, für die mittellosen Schichten der Bevölkerung, die nach wie vor in Elendsquartieren wohnten, nach einem Modell der Eigenfinanzierung mit erschwinglicher Abtragung zu suchen. Mietskasernen auf engem Raum nach der Praxis anderer Großstädte waren nach den geschilderten Bauvorschriften in Bremen verboten. Es entwickelte sich aber ein Markt für die Finanzierung von Ein- und Zweifamilienhäusern auf eigenen Grundstücken. Hier bedurfte es in erster Linie für die Eigentümer einer tragbaren Geldbeschaffung bei ausreichender Absicherung der Geldgeber.

Das gebräuchlichste Grundpfandrecht zur Sicherung der Finanzierung vor allem von kleinen Häusern war die Handfeste. Sie wurde als typisches bremisches Wirtschaftsinstrument schon im Mittelalter entwickelt und später gesetzlich sanktioniert, bis sie mit dem Inkrafttreten des Bürgerlichen Gesetzbuchs 1900 und dem allmählichen Anlegen der Grundbuchblätter in den ersten Jahrzehnten unseres Jahrhunderts durch Hypothek und Grundschuld als die nunmehr allein zulässigen Grundpfandrechte ersetzt wurde. Die bremischen Handfesten, wie sie zuletzt durch die Erbe- und Handfestenordnungen von 1833 und 1860 geregelt waren, unterschieden sich

Gesetzblatt
der
Freien Hansestadt Bremen.

No. XV.

Obrigkeitliche Verordnung, die Bauten und Straßenanlagen in der Stadt Bremen betreffend.

Publicirt am 25. April 1853.

Nachdem eine Revision der Bauordnung vom 17. Mai 1847 stattgefunden hat, und übereinstimmende Beschlüsse des Senats und der Bürgerschaft sowohl in dieser Hinsicht als wegen einer Schornsteinbauordnung, sowie in Betreff gesetzlicher Bestimmungen, nach welchen künftig in denjenigen Gebietstheilen, die im Jahre 1849 zur Stadt gezogen sind, gebauet werden und die Anlage von Straßen geschehen soll, erfolgt sind, so

verordnet der Senat folgende

A. Allgemeine Bauvorschriften:

§. 1.

Bei jedem in der Stadt Bremen vorzunehmenden Baue, er betreffe einen Neubau, die Veränderung oder Reparatur eines Gebäudes, der Bau berühre die öffentlichen Straßen, Plätze u. s. w. oder beschränke sich auf die innere Einrichtung der Gebäude, hat der Mauermeister, Zimmermeister oder sonstige Bauunternehmer, davon vorab der Polizeidirection die Anzeige zu machen, welcher zugleich bei jedem Neubau und jeder neuen Anlage, auch wenn es sonst erforderlich erachtet wird, ein Bauriß vorgelegt werden muß, und darf mit dem Baue nicht eher vorgeschritten werden, bis die Genehmigung jener Behörde erfolgt ist. Diese Genehmigung kann jedoch nicht versagt werden, sobald der vorzunehmende Bau nicht gemeinschädlich befunden wird, oder den bestehenden Gesetzen nicht entgegen ist.

Bei unbedeutenden Reparaturen, wodurch der Zustand eines Gebäudes nicht verändert wird, namentlich bei Erneuerung und Wegräumung von Scheerwänden, Anlegung und Verlegung von Thüren und Fenstern im Innern des Gebäudes, beim Abputzen von Wänden und Decken, Umlegen und Verstreichen von Dächern, ist indessen die Anzeige und somit auch die Genehmigung der Polizeidirection nicht erforderlich.

§. 2.

In Beziehung auf Verhütung von Feuersgefahr sind die nachstehenden Vorschriften zu beobachten:
  a. Die äußeren Mauern der Gebäude mit Einschluß der Giebelmauern sind stets in Brandmauern aufzuführen, und ist das Bauen der äußern Mauern in Fachwerk oder mit hölzernen Wänden und Giebeln nicht gestattet.
  Diese Vorschrift gilt nicht bloß bei Neubauten, sondern findet auch bei

Bild 12: *Auszug aus dem Bremer Gesetzblatt*

von Hypotheken und Grundschulden durch weniger strenge Formvorschriften und eine dadurch bewirkte leichtere Übertragbarkeit (Verpfändung). Umständlich war lediglich die Schaffung der Voraussetzungen der Verpfändung, indem der Eigentümer des Grundstücks (häufig der Käufer, der den Grundstückspreis noch abzutragen hatte) in einem öffentlichen Verfahren, der sogenannten Willigung, die Berechtigung zur Bestellung von Pfandrechten, den Handfesten, nachzuweisen hatte. War dies geschehen und die Handfeste ausgestellt, so konnte sie durch einfache Übergabe an den Gläubiger übertragen werden (sogenannter Versatz). Nach Begleichung der Schuld brauchte die Handfeste im Gegensatz zur Hypothek nicht gelöscht zu werden, sondern konnte vom Eigentümer bei weiterem Kapitalbedarf an andere Gläubiger „versetzt" werden[110]. Diese Flexibilität führte allerdings verschiedentlich dazu, daß sich Handfesten bei wenigen Gläubigern sammelten und diese sie als Spekulationsobjekte benutzten. Bis 1860 ergab sich allerdings eine Selbstregulierung des Baumarktes daraus, daß sich die Bautätigkeit im wesentlichen auf die Errichtung von Geschäfts- und Werkstattgebäuden der Kaufleute und Handwerker und von Eigenheimen auch der Handwerksgesellen und der Arbeiter beschränkte. In der sogenannten Gründerzeit von 1870 bis 1875 setzte indessen infolge des immer stärker fließenden Kapitalstromes ein Bauboom mit großen und teuren Häusern ein, die in der nach wie vor notleidenden Bevölkerung keine Mieter und erst recht keine Käufer fanden. Dies führte wiederum zu finanziellen Zusammenbrüchen, wobei die Verluste der Handfestengläubiger in der Gründerkrise in Bremen auf 15 bis 20 Millionen Mark geschätzt wurden[111].

3. Geschäfts- und Wohnhäuser

Die Bauten des 19. Jahrhunderts in Bremen sind zu einem erheblichen Teil das Ergebnis der geschilderten baurechtlichen und baufinanziellen Entwicklung. Des weiteren haben die topographischen Gegebenheiten, insbesondere die Weser mit ihren Nebenflüssen, die Deiche, Niederungsflächen und die Geest, das Stadtbild beeinflußt. Schließlich haben auch die Berufsstände, vor allem die Handwerker und ihre Zünfte im Mittelalter sowie die Kaufmannschaft (Marktrecht durch Otto den Großen 965) und die Arbeitnehmer im 19. Jahrhundert, die Bauszene geprägt.

Die Klassenunterschiede zeigten sich z. B. daran, daß die sogenannte goldene Periode des Handels mit entsprechenden Bauten (1790—1805) von Wohnungsnot der Tagelöhner, Kleinhandwerker und Höker begleitet war, so daß 1799 eine städtische Kommission eingesetzt wurde. Diese Maßnahme blieb allerdings ohne Folgen, was mit der aufkommenden Restauration, aber auch damit zu erklären ist, daß Bremen 1800 erst ca. 30 000 Einwohner zählte. Dies änderte sich mit der Aufhebung der Torsperre und der Stadtzölle 1848 und der allmählichen Eingemeindung der Vorstädte und der Landgemeinden (s. die Präambel des Gesetzestextes auf Bild 12), was eine Verdoppelung der Einwohnerzahl auf ca. 60 000 innerhalb von 40 Jahren bewirkte[112].

Am Anfang der architektonischen Entwicklung des bremischen Bürgerhauses stand das Einraumhaus, in dem Wohnen und Arbeiten unter einem Dach stattfanden. Das gesamte Erdgeschoß nahm die Diele ein, in der sich Wohn- und Arbeitsplätze und die Küche befanden. Die Obergeschosse waren den Schlafräumen vorbehalten, der Dachboden diente als Speicher. Ab 1800 entwickelte sich aus der Diele der Flur, an dessen Seiten die abgeschlossenen Werk- und Kontorräume, Kammern für Dienstboten und die Küche lagen. Im Erdgeschoß befand sich oft eine Winde als Verbindung zwischen den unteren Arbeitsräumen und den oberen Lagerräumen, da die engen Treppen hierfür nicht ausreichten. Mit wachsender Bedeutung des Kaufmannsstandes wurden die Häuser größer und aufwendiger, sie erhielten im Erdgeschoß mehrere Kontorräume und im ersten Obergeschoß zur Repräsentation Galerien und Säle. Dieser Typus des kombinierten Wohn- und Geschäftshauses war während der ersten Hälfte des 19. Jahrhunderts in der Innenstadt vorherrschend[113].

Die unterschiedlichen Nutzungen des Kaufmannshauses ließen sich auch an der Fassade erkennen. Erdgeschoß und erstes Obergeschoß waren mit Schmuckelementen ausgestattet und mit Ausluchtungen (Erkern) versehen. Nach oben hin nahm die Ausschmückung ab.

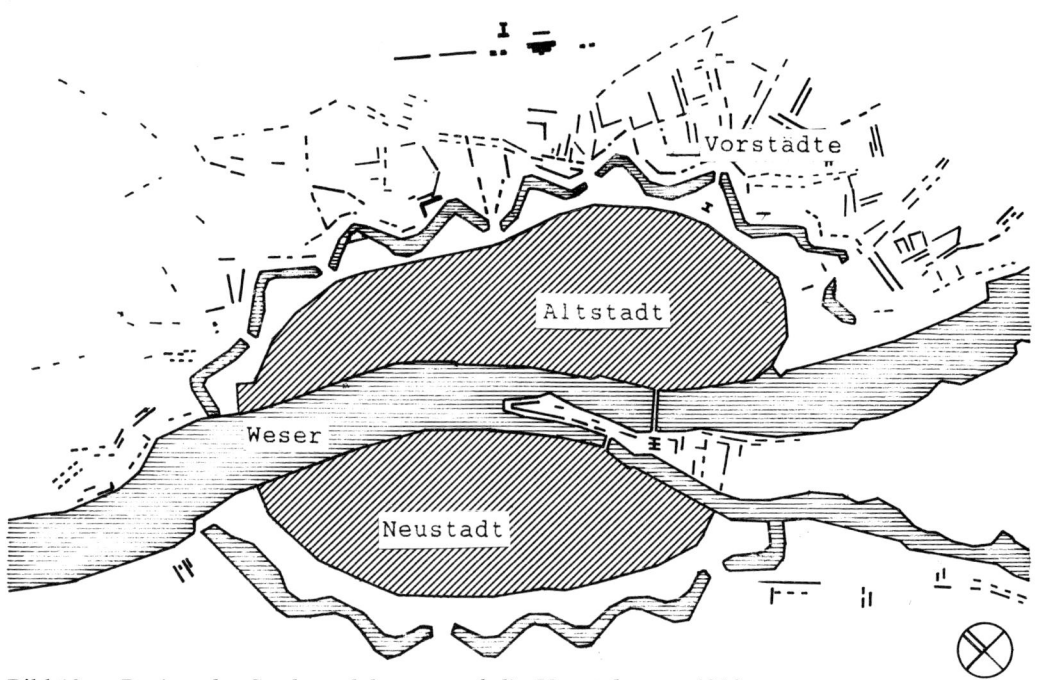

Bild 13: *Beginn der Stadtausdehnung auf die Vorstädte um 1850*

Bis zum Beginn der Barockzeit waren die Fassaden in Backstein gehalten, danach herrschten jedenfalls bei den Wohnhäusern bis zur Gründerzeit Putzbauten vor. Das typische Wohn- und Geschäftshaus von der Gotik bis zum 18. Jahrhundert war meist giebelständig[114].
Später änderte sich das Straßenbild, es entstanden auch Häuser in traufständiger Bauweise, so die frühen Packhäuser, während die späteren meist giebelständig waren. Ein Beispiel eines traufständigen Bürgerhauses mit Elementen des späten Barockstils in der Nähe des Teerhofs war das Haus Herrlichkeit Nr. 3[115].
Je größer und aufwendiger die Kaufmannshäuser wurden und je stärker die lohnabhängige Bevölkerung infolge Industrialisierung, Kommerzialisierung (1888 Eröffnung des Europahafens) und urbaner Konzentration zunahm, desto größer wurde der Bedarf nach billigen Wohnquartieren. Da einerseits ab 1841 ein Bauverbot an nicht befahrbaren Gängen und Hinterhöfen bestand, andererseits ab 1849 weitgehend unbebaute Landflächen zur Stadt geschlagen wurden (Präambel des Gesetzestextes auf Bild 12), war der Weg frei für die Besiedlung mit kleineren Häusern.

Bauherren und oft auch Bauunternehmer waren zunächst vor allem Handwerker, später zunehmend Angestellte und Arbeiter. Durch genossenschaftlichen Zusammenschluß (1887 Gründung des Gemeinnützigen Bremer Bauvereins), übereinstimmende Bautypen und Grundrisse und gleichzeitige Errichtung entstanden so in der zweiten Hälfte des 19. Jahrhunderts einheitliche Straßenzüge als architektonische und soziale Alternative zur Mietskaserne: das Bremer Haus in verschiedenen Varianten[116]. Während in Innenstadtnähe der großbürgerliche Typ mit drei Geschossen vorherrschte (z. B. ab 1889 Bebauung des Parkviertels hinter dem gerade eröffneten Hauptbahnhof), wurden in den Vorstädten (Neustadt, Utbremen, Walle) die kleinbürgerlichen Formen mit zwei Geschossen und kleineren Grundflächen (z. B. 5 x 7 m) gebaut[117]. Allen gemeinsam war aber die Reihenbauweise (meistens traufständig) auf relativ schmaler Parzelle mit Sockelgeschoß (Souterrain) und Hochparterre.
Im Souterrain, dessen Boden in der Regel 1 bis 1,5 m tiefer lag als die Straßenhöhe, aber mit dem rückwärtigen Hof bzw. Garten niveaugleich war, befanden sich Küche, Kellerräume, Waschküche und Toilette, im Hoch-

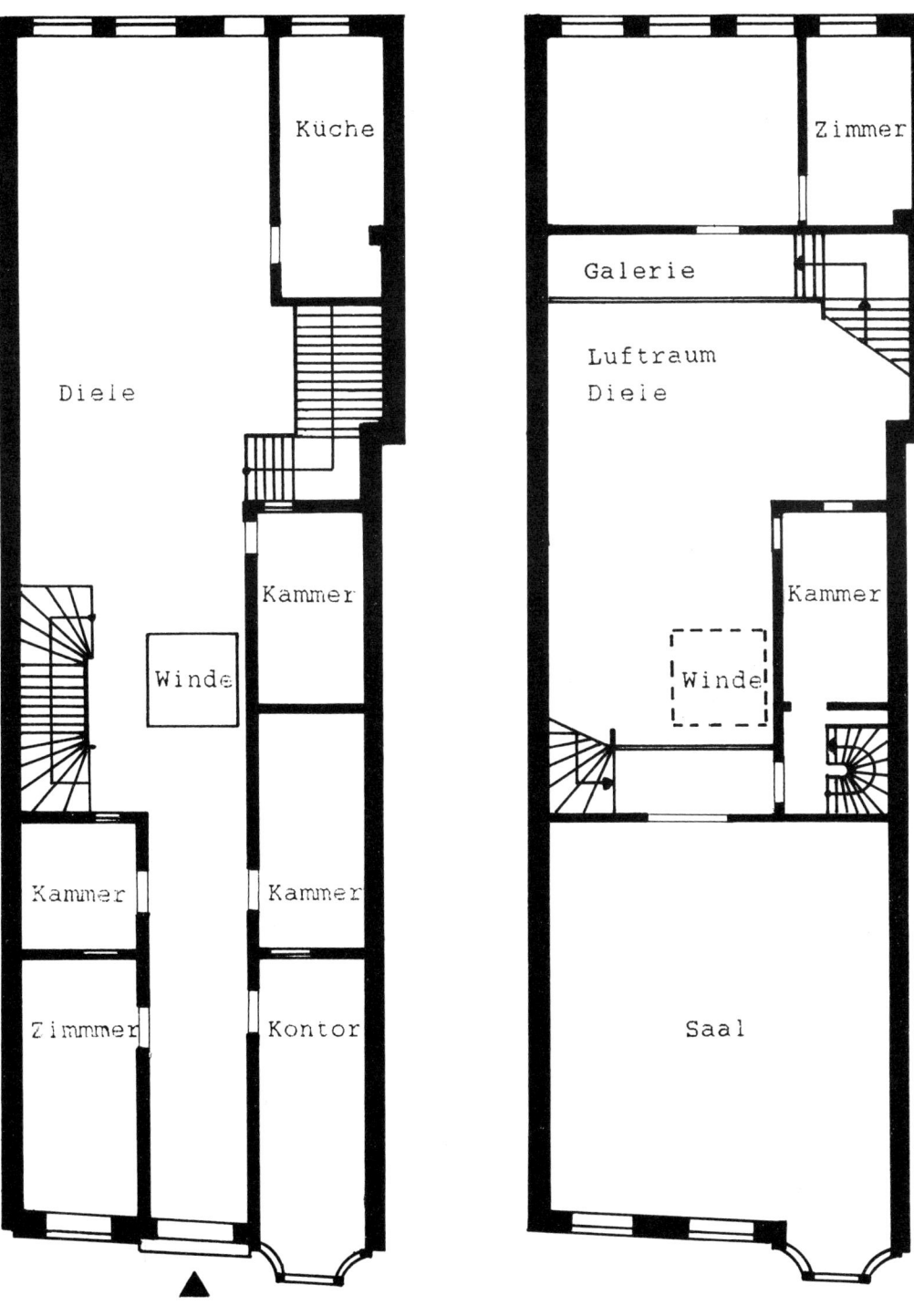

Erdgeschoß   Obergeschoß

Bild 14: *Grundriß Kaufmannshaus Martinistraße 10*

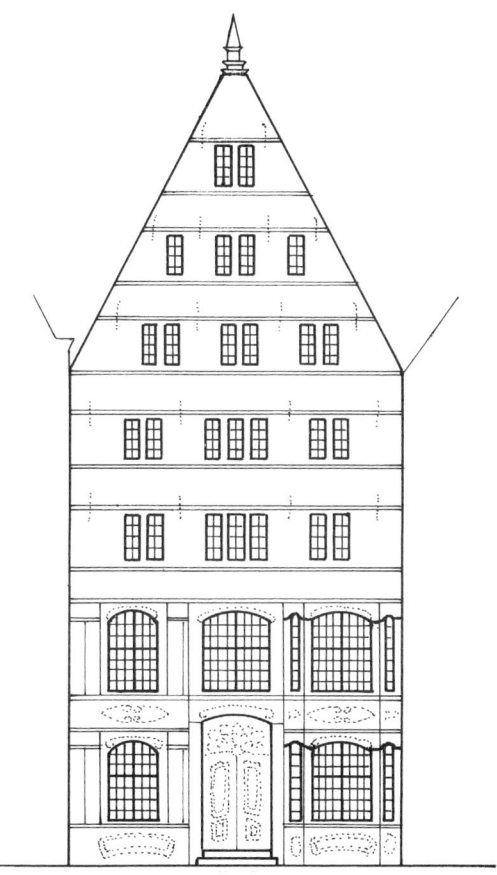

Bild 15: *Ansicht Kaufmannshaus Martinistraße 10*

Bild 16: *Ansicht Wohnhaus Herrlichkeit 3 von Th. Freese um 1740*

Bild 17 + 18: *Ansichten der Bremer Häuser Contrescarpe 69, 1885, und Kaufmannsmühlenkamp 23, 1874*

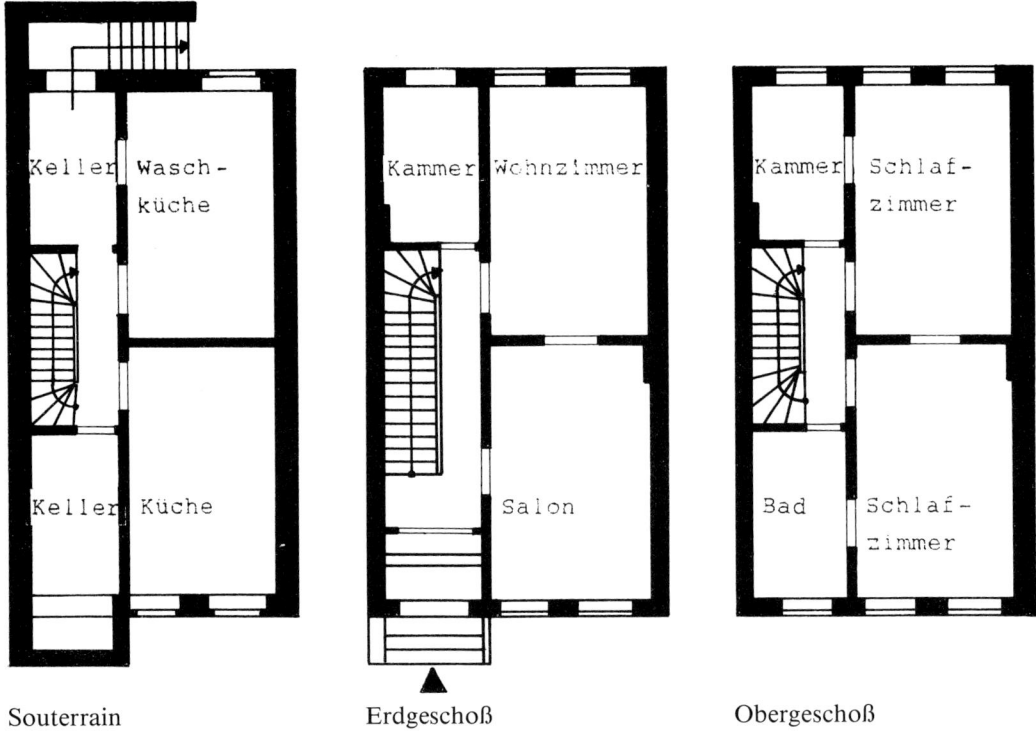

Bild 19: *Grundriß eines typischen Bremer Hauses nach 1850*

parterre das eigentliche Wohngeschoß mit Repräsentations- und Wohnräumen und im Ober- bzw. Dachgeschoß die Schlaf- und etwaigen Personalräume.
In der Frühzeit des Bremer Hauses war dessen Fassade im Stil des Klassizismus gehalten (s. Bilder 17 und 18), ab 1870 wurde das Fassadenbild von den historistischen Architekturelementen der Gründerzeit bestimmt (z. B. die Häuser an der Hermann-Böse-Straße).
Zu Beginn des 20. Jahrhunderts setzte sich der Bau von Kleinsthäusern insbesondere an Wohnstraßen und Gartengängen fort (so etwa in Gröpelingen). Gleichzeitig entstanden die Blockbebauungen mit Mehrfamilienhäusern durch Bauvereine, Wohnungsbaugesellschaften und Gewerkschaften. In den dreißiger Jahren wurden „bodenständige Siedlungen" mit Gärten im Stadtrandbereich (z. B. in Horn-Lehe) favorisiert[118].

4. Besonderheiten auf dem Teerhof
Die vorstehend beschriebene Bauentwicklung in Bremen stand zum Teerhof in einer atypischen Wechselwirkung. Das bremische Baurecht galt zwar für den Teerhof in gleicher Weise wie für die übrigen Teile der Stadt. Die ab 1841 erlassenen Bauordnungen erfaßten jedoch die bis dahin weitgehend abgeschlossene Wohnbebauung auf dem Teerhof nicht mehr. Umgekehrt darf vermutet werden, daß sich die faktische Ansiedlung auf dem Teerhof schon seit Mitte des 17. Jahrhunderts auf die Setzung behördlicher Baunormen ausgewirkt hat. Die ab 1840 beginnende Packhausbebauung hatte sich zwar aufgrund der Bauordnung von 1841 nach den feuerschutzrechtlichen Bestimmungen zu richten und eine Mindeststraßenbreite einschließlich Fußwege von 7,20 m einzuhalten. Die erst mit der Bauordnung von 1883 vorgeschriebene Mindestbreite von 10 m und vor allem die Begrenzung der Höhe von Gebäuden kamen hier jedoch zu spät. Die 1860 abgeschlossene beidseitige Packhausbebauung auf der Westseite mit der „schluchtartigen Teerhofstraße" (Rudolf Stein[119]) wird aber der Bauordnung von 1883 als warnendes Beispiel vorgeschwebt haben. Die später auf dem Teerhof errichteten Wohn- und Gewerbegebäude (z. B. Nr. 45, 55)

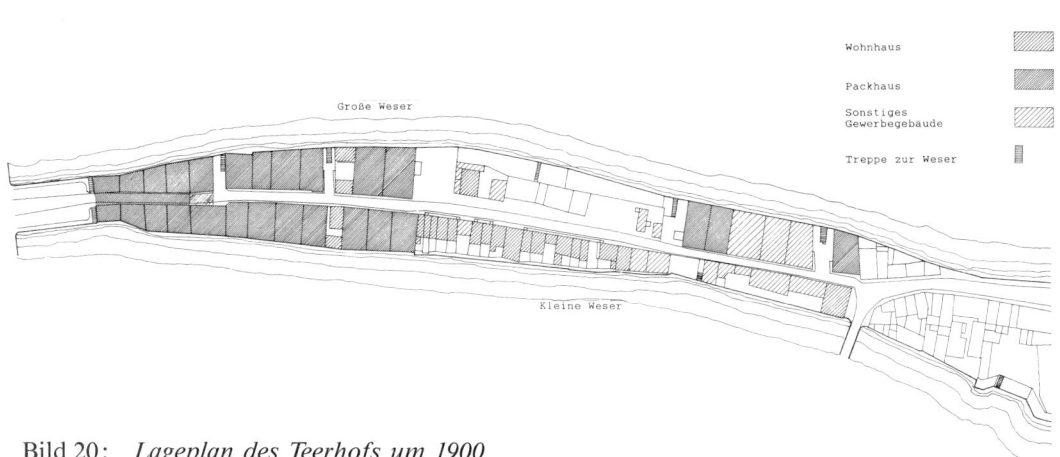

Bild 20: *Lageplan des Teerhofs um 1900*

wurden dagegen unter Beachtung der bis dahin jedenfalls in Grundzügen vorliegenden Baugestaltungsvorschriften errichtet. Da es sich indessen nur um die Schließung von Baulücken bzw. die Ersetzung von verfallenen Bauten handelte, war das Bremer Haus in seiner typischen Reihenanordnung auf dem Teerhof nicht anzutreffen. Der baugeschichtliche Gewinn aus dieser Situation bestand in der heterogenen Baustruktur und der Vielfalt der Stilelemente, reichend vom späten Barock über Zopfstil, Klassizismus bis zur Gründerzeit.

Neben der stilgeschichtlichen Variierung traten die unterschiedlichen Zwecke und Nutzungen der Bauten markant in Erscheinung. Ein Drittel der Gebäude waren Wohnhäuser mit allenfalls kleingewerblicher Nutzung, ein weiteres Drittel mehrstöckige Packhäuser und das letzte Drittel sonstige gewerbliche Häuser. Diese drei Gebäudegruppen waren schwerpunktmäßig über den Teerhof verteilt. Auf dem westlichen Teil standen zu beiden Seiten der Straße fast nur Packhäuser, auf dem östlichen Teil neben drei Packhäusern nur sonstige Gewerbegebäude. Der mittlere Teil war auf der Südseite fast durchgehend mit Wohnhäusern bebaut, auf dem nördlichen Teil befanden sich Lagerplätze, kleinere gewerbliche Gebäude und ein Wohnhaus (s. insbesondere das Luftbild von 1937 auf der inneren Umschlagseite).

Diese nach Stil und Nutzungsart gegliederte Baustruktur war in den Bremer Straßen bis zum 20. Jahrhundert sonst nicht anzutreffen[120].

II. Wohnhäuser auf dem Teerhof

1. *Einteilung und Erfassung der Gebäude*

In früheren Jahrhunderten spielten sich Wohnen und Arbeiten auf dem Teerhof meistens unter einem Dach oder doch auf einem Grundstück ab. Das beruhte einfach darauf, daß beide Betätigungen lange vor dem Acht-Stunden-Tag nicht scharf getrennt waren. Freizeit wurde beim Essen und bei abendlicher Plauderei, vielleicht noch bei einem Glas Bier in der Wirtschaft, erlebt. Für die Bebauung war dabei erheblich, ob die Arbeit in geschlossenen Räumen oder im Freien verrichtet wurde. Im ersteren Fall, also etwa bei den Schneidern, Schustern, Großhändlern, Rechtsanwälten, Ärzten usw., war es sinnvoll, Wohn- und Arbeitsräume in einem Gebäude unterzubringen, wie die Darstellung der Bremer Wohn- und Geschäftshäuser gezeigt hat. Solche Bauten waren deshalb trotz ihrer gewerblichen Teilnutzung nach ihrer Anlage vorwiegend Wohnhäuser und werden deshalb hier zu diesen gerechnet (z. B. Nr. 14 b, 29, 45). Vollzog sich die Arbeit dagegen im Freien, wie bei den Schiffbauern, Zimmerleuten, Maurern, Steinsetzern usw., so mußten daneben gesonderte, meist kleine Wohnhäuser vorhanden sein. Die Übergänge verliefen fließend, so daß es auch Fälle gab, in denen teils im Freien, teils unter Dach (Unterstände, Schuppen, Werkstätten usw.) gearbeitet wurde. Auch hier war das Haus in der Regel überwiegend Wohnhaus (z. B. Nr. 13). Die Packhäuser und die weitere Gruppe der zu Gewerbezwecken errichteten Gebäude waren dagegen

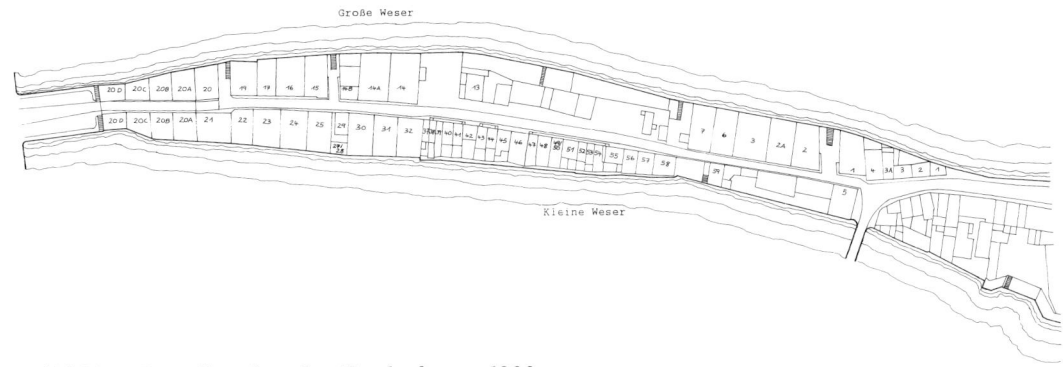

Bild 21: *Parzellenplan des Teerhofs um 1900*

reine Betriebsbauten, auch wenn sie einige Wohnräume, z. B. für Hausmeister, enthielten. Damit entscheiden letztlich für die hier vorzunehmende Zuordnung Bauform und Baugestaltung, nicht wirkliche Nutzung.

Eine kastastermäßige Erfassung der Grundstücke gibt es erst seit dem 19. Jahrhundert, Grundbuchblätter erst seit dem 20. Jahrhundert. Selbst Hausnummern wurden nicht systematisch und einheitlich über die Zeiten hinweg vergeben. Zwar wurde schon dargelegt, daß das Erbebuch der Neustadt von 1691 und das Einwohnerbuch der Bremer Neustadt von 1744 erstaunlich ausführliche Personenverzeichnisse enthalten. Eine Garantie für Vollständigkeit konnte hier jedoch ebensowenig gegeben werden wie bei den Adreßbüchern. So enthält das von Schreiber auf das Jahr 1810 herausgegebene Adreßbuch 28 Personen- bzw. Familieneintragungen betreffend den Teerhof. Dabei werden 23 verschiedene Haus- bzw. Grundstücksnummern genannt[121]. Hierbei wurden offensichtlich zahlreiche Grundstücke nicht erfaßt, denn die Hausnummern im Einwohnerbuch von 1744 reichen immerhin bis Nr. 73. Die nachfolgende Bestandsübersicht über die Teerhofbebauung bis zur Kriegszerstörung legt das Jahr 1900 zugrunde und stützt sich auf einen Auszug aus dem Katasterplan Neustadt Flur 3 nach dem Stand von 1895.

In diesem Plan sind folgende Grundstücks- bzw. Hausnummern nicht mehr vorhanden: 4, 5, 8–12, 18, 26, 33–36 und ab 60. Die kleineren Lücken beruhen auf späteren Grundstückszusammenlegungen und Errichtung größerer Gebäude wie Packhäuser und dergleichen. Das Fehlen der Nrn. von 8–12 ist auf die Vergrößerung des früheren Tonnenhofes zurückzuführen. Die Gruppe von vier zusammenhängenden Häusern am südöstlichen Anfang des Teerhofs ist katastermäßig als Nr. 5 zur Herrlichkeit zu rechnen, wurde aber früher auch als Teerhof Nr. 5 bezeichnet und soll wegen des eindeutigen geographischen Zusammenhangs auch unter dem Teerhof behandelt werden.

Wohnhäuser im vorbezeichneten Sinn waren die unter den folgenden Nummern aufgeführten Gebäude: 13, 14 b, 27/28, 29, 37–41, 43–56 und 5. Hieran wird erkennbar, daß die Wohnhäuser zum Teil in Gruppen, zum Teil einzeln zwischen gewerblichen Bauten standen. Das beruhte natürlich nicht auf einem vorherigen Konzept, sondern ergab sich vor allem daraus, daß Packhäuser und sonstige gewerbliche Gebäude, die später, also vor allem zwischen 1840 und 1860, errichtet wurden, dort entstanden, wo entweder noch freie Plätze vorhanden waren oder Grundstücke mit dann abgerissenen Wohnhäusern erworben wurden, häufig unter wirtschaftlichem Druck. Das Fehlen jeglicher Bebauungs- und Flächennutzungspläne führte trotz jeweils erforderlicher Baugenehmigung zu einer im heutigen Sinne chaotischen, wenngleich außerordentlich kontrastreichen Bebauung.

2. *Bestandsübersicht über die Wohnhäuser ab 1800*

a) *Haus Nr. 13*

Dieses Gebäude auf dem nördlichen Mittelteil war das größte der noch aus älterer Zeit stammenden Wohnhäuser. Es war ein freistehendes Haus auf städtischem Grund (Teil des

Bild 22: *Blick von der Schlachte auf den mittleren Teil des Teerhofs um 1885; vorne links bis zur Bildmitte der Tonnenhof mit dazugehörenden Werkhäusern, rechts davon das Haus Nr. 13; in der Reihe dahinter die Häuser Teerhof Nr. 37 (ganz rechts) bis Nr. 51 (ganz links); ganz hinten die Häuser Am Deich jenseits der Kleinen Weser*

Bild 23: *Blick von der Altstadtseite auf den westlichen Teil des Teerhofs am 1. Juli 1928; links der frühere Tonnenhof und jetzige Steinlagerplatz der Firma Stute mit Ladevorrichtungen und Binnenschiffen davor; dahinter das Haus Nr. 13 mit nunmehr seitlich aufgesetzten kleineren Schornsteinen; dahinter links das Packhaus Nr. 32, rechts Nr. 14, 14 a usw.; in der Mitte hinten die Kaiserbrücke vor dem Kirchturm von St. Stephani*

Bild 24: *Blick auf die Häuser Nr. 32 (links) bis 47 (rechts) um 1925; in der Mitte das Backsteingebäude des Tonnenhofes (Nr. 42) mit dem Bockkran auf dem Bollwerk; links davon in der 2. Reihe die Giebelfront mit den hölzernen Lukentoren des Hauses Nr. 13 auf der anderen Straßenseite*

Bild 25: *Blick von der Schlachte auf den mittleren Teil des Teerhofs wie Bild 22, jedoch um 1925; vorne links bis über die Mitte anstelle des früheren Tonnenhofes die Lagerplätze der Firma Stute mit Schuppen und Ladevorrichtungen, rechts vorn das Haus Nr. 13 mit Bewuchs, daneben ganz rechts das Packhaus Nr. 14; in der 2. Reihe von rechts zunächst das Packhaus Nr. 32, dann die Wohnhäuser Nr. 37 bis 40, hinter dem Haus Nr. 13 die Häuser Nr. 41 und 42,*

Tonnenhofs). Das Haus hatte einen Grundriß von etwa 8 x 10 m, drei Geschosse nebst Spitzboden, ein Satteldach und eine verputzte Fassade. Besondere Merkmale waren die kappenförmigen Aufsätze auf beiden Giebelspitzen und schneckenartige Verzierungen an den vier Dachecken.

Wegen dieser aufgerollt wirkenden Schmuckformen ist das Gebäude dem Zopfstil zwischen Barock und Klassizismus zuzuordnen, den Priester als den ersten modernen, weil bürgerlich volkstümlichen Baustil in Bremen bezeichnet hat[122]. Das Entstehungsjahr ist deshalb — auch im Vergleich zu dem 1806 entstandenen Haus Nr. 29 im gleichen Stil — mit etwa 1800 anzugeben[123]. Die zunächst auf dem First sitzenden, etwas groß geratenen zwei Schornsteine wurden später durch zwei kleinere auf der östlichen Dachseite ersetzt.

Zum Haus gehörten einige Schuppen und Werkstätten, die eine gewerbliche Nutzung ermöglichten. Auf letztere deuten auch die hölzernen Geschoßtüren nach Packhausart hin.

Von 1910 bis zum Ausbruch des Zweiten Weltkrieges betrieb die Familie Bruns hier eine Tischlerei und bewirtschaftete außerdem einen kleinen Garten am Haus mit Kleinvieh. Das Haus war außerdem — selten damals und heute — von kleinen Bäumen und Büschen umgeben.

b) *Haus Nr. 14 b*

Dieses dreigeschossige Haus mit einer schmucklos verputzten Fassade hatte sich zusammen mit dem gegenüberliegenden Haus Nr. 29 als einziges Wohnhaus auf dem westlichen Teerhofteil gegenüber den Packhäusern behaupten können (s. auch Luftbild von 1937, innere Umschlagseite).

Das Haus Nr. 14 b stand zwischen den Packhäusern Nr. 14 a und 15, zu letzterem mit einer Lücke, deren Fortsetzung die Steintreppe zur Weser war, die sogenannte Tränke.

dann die Wohnhäuser Nr. 43 und 44, anschließend das zuletzt gebaute Haus Nr. 45 mit Erkern im ersten und zweiten Obergeschoß, dann weiter nach links die Wohnhäuser Nr. 46 bis 53, nach der Lücke das Wohnhaus Nr. 55 und anschließend das Wohn- und Geschäftshaus Nr. 56 mit den Betriebsgebäuden Nr. 58 und 59; in der 3. Reihe die Häuser Am Deich jenseits der Kleinen Weser

Neben dieser befand sich ein zweigeschossiges Hinterhaus von Nr. 14 b.

Beide Häuser dürften nach den Adreßbucheintragungen etwa 1840 kurz vor der Packhausbebauung entstanden sein. Die Häuser waren geräumig und beherbergten bis zu sechs Familien, deren Mitglieder zum Teil in den angrenzenden Packhäusern und Betrieben beschäftigt waren[124].

c) *Häuser Nr. 27–29*

Das dreigeschossige Haus Nr. 29 war ein von Priester in seiner Baugeschichte besonders

Bild 26: *Blick die Teerhofstraße entlang gegen Westen am 2. September 1929; rechts vorn das Wohnhaus Nr. 14 b, links vorn das Wohnhaus Nr. 29; rechts in der Mitte die Packhäuser Nr. 15, 16, 17 und 19 mit Pferdegespannen und einem kuriosen Motorfahrzeug der Firma Ehntholt & Chanteleau; in der Mitte hinten das Packhaus Nr. 20 und die Durchfahrt zur Kaiserbrücke*

Bild 27: *Blick von der Altstadtseite auf den nordwestlichen Teil des Teerhofs, links das Hinterhaus Nr. 14 b mit der Tränke daneben, anschließend die Packhäuser Nr. 15, 16, 17, 19 und nach der Treppe die Häuser Nr. 20 und 20a bis d; vorne Binnenschiffe der Bremen-Mindener Schiffahrtsgesellschaft; Aufnahmedatum etwa 1936*

hervorgehobenes Beispiel des Zopfstils[125]. Dies machen die doppelten Linien am Giebel und die stilisierte Vase auf dem First deutlich. Das Haus entstand 1806, wie die im oberen Teil eingelassenen eisernen Nummernanker belegen. Auf dem westlichen Teerhofteil war es das mit Abstand älteste Haus, gefolgt vom gegenüberliegenden Haus Nr. 14 b, die beide der Packhausbebauung getrotzt hatten (s. Bild Nr. 26).

Wie bei Nr. 14 b, befand sich auch hier zum Wasser hin ein weiteres Gebäude, das zweigeschossige Haus Nr. 27/28, das etwa 20 Jahre nach dem Vorderhaus entstand, wegen der doppelten Nummer offenbar anstelle von zwei früheren kleineren Häusern.

Das Haus Nr. 29 diente von Anfang an bis zur Zerstörung 1944 als Gaststätte mit Beherbergungsbetrieb, auch wohnten hier wie im Haus Nr. 27/28 Arbeitnehmer des Teerhofs[126].

Bild 28: *Wohnhaus mit Gastwirtschaft Teerhof Nr. 29 um 1904*

Bild 29: *Blick von der Straße Am Deich auf den südwestlichen Teil des Teerhofs, von links die Packhäuser Nr. 22, 23, 24 und 25, dann das niedrige Wohnhaus Nr. 27/28 als Hinterhaus zum Haus Nr. 29, anschließend die Packhäuser Nr. 30, 31 und 32 und ganz rechts das neu errichtete Betriebsgebäude der Kaffeerösterei Bormann & Schulze auf dem Grundstück Nr. 42*

Bild 30: *Blick auf die Wohnhäuser (von links) Nr. 41, 40, 39, 38 und 37 um 1933; im Hintergrund das Packhaus Nr. 32; im Vordergrund entlang den Häusern das eiserne Schutzgitter vor dem Niederbord*

Bild 31: *Blick über die Kleine Weser auf den Teerhof um 1930, von links das Packhaus Nr. 32, anschließend die Wohnhäuser Nr. 37, 38, 39, 40, 41, sodann das Backsteingebäude des Hauses Nr. 42 mit dem Bockkran davor, anschließend die Häuser Nr. 43 und 44, mit unterschiedlichen Bollwerken zum Wasser; im Hintergrund der Kirchturm von St. Ansgarii*

Bild 32: *Blick durch die Teerhofstraße um 1931, von links die Häuser Nr. 42, 41, 40, 39, 38 und 37, dahinter die Packhäuser Nr. 32, 31 und 30, ganz rechts das Ende des Lagerplatzes Nr. 13 und dahinter das Packhaus Nr. 14; in der Mitte die Durchfahrt zur Kaiserbrücke unter dem Packhaus Nr. 20; vor den Wohnhäusern das eiserne Schutzgitter vor dem Niederbord des Ganges Nr. 1*

d) *Häuser Nr. 37–41*

Diese Häusergruppe war das am häufigsten gemalte und fotografierte Ensemble auf dem alten Teerhof und in ihrer trotz unterschiedlicher Hausformen offenbar empfundenen Harmonie auch baugeschichtlich ein Anziehungspunkt.

Das galt nicht nur für die Straßenseite, sondern auch für die Wasserseite (s. Luftbild von 1937). Die angrenzenden Ziegelbauten (westlich das Packhaus Nr. 32, östlich das Gewerbegebäude Nr. 42) bildeten einen auffälligen Kontrast zu den hellen Fassaden der kleineren Häuser Nr. 37–41.

Der hierdurch vermittelte bodenständige Eindruck im Gegensatz zu den angrenzenden Gebäuden wurde dadurch verstärkt, daß die

Bild 33: *Teerhofstraße gegen Westen um 1935 mit Tabakfässern und Tabakballen auf den Fahrzeugen der Firma Brinkmann; ganz links das Wohnhaus mit Gaststätte Nr. 38 und davor der Niederbord-Gang Nr. 1*

Karte von Bremen
Neustadt Blatt 3.

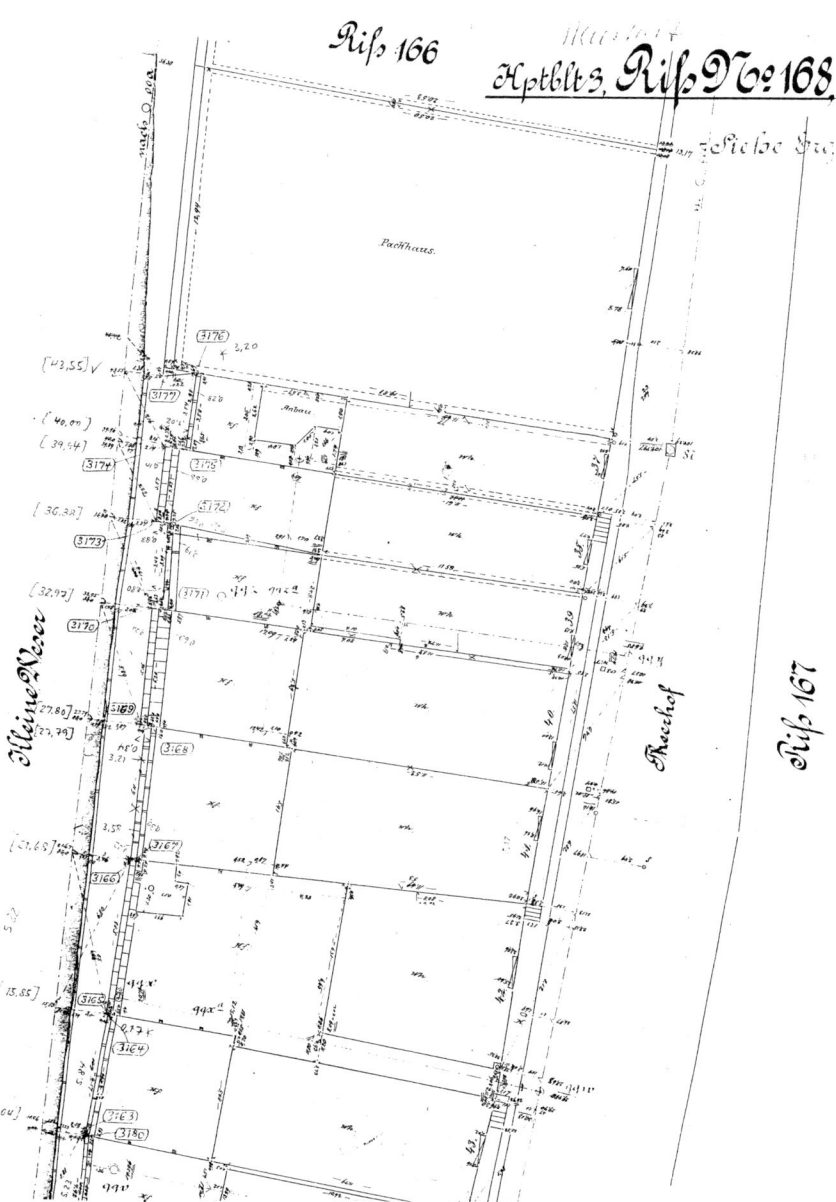

Bild 34: Auszug aus der Katasterkarte von Bremen, Neustadt Blatt 3, Riß Nr. 168, 1895, mit den Plänen für die Häuser Nr. 37 bis 42

Bild 35: *Blick auf den südwestlichen Teil des Teerhofs um 1910; rechts die Bollwerkanlagen vor den Häusern Nr. 37 bis 44, links die Packhäuser Nr. 32, 31, 30, sodann das Wohnhaus Nr. 27/28 und anschließend die weiteren Packhäuser Nr. 25 usw., ganz links der Kirchturm von St. Stephani*

Häuser Nr. 38—41 (ebenso wie die Häuser Nr. 43 und 44 und 47—54) mit der Höherlegung der Straße gegen Mitte des 19. Jahrhunderts einen abgesenkten Fußweg, den Niederbord mit Treppen zu beiden Seiten, erhielten, den die Teerhofbewohner Gang Nr. 1 nannten[127].

Während die beiden Häuser Nr. 37 und 39 traufständig waren und auffallend hohe Dächer trugen, waren die Häuser Nr. 38, 40 und 41 giebelständig, das letztere allerdings zur Straße nur infolge eines aufgesetzten Erkers. Dieser Erker zeigte noch sichtbar Fachwerk, während die Fachwerkteile bei den anderen Häusern inzwischen verputzt waren.

Das älteste war das Haus Nr. 40, entstanden 1798 oder 1799, es folgten Nr. 41 im Jahre 1806[128] und die übrigen drei Häuser einige Jahre später. Auf die unterschiedliche Entstehungszeit ist möglicherweise auch zurückzuführen, daß die Häuser Nr. 40 und 41 gut 5 m, während die Häuser Nr. 37—39 nur etwa 3,50 m breit waren, wie der Parzellenplan (Bild 21) zeigt.

Zur Kleinen Weser hin wurden die Häuser — wie die meisten anderen Wohnhäuser auch — durch ein Bollwerk aus Eichenholz abgestützt, das im Laufe der Jahrzehnte mehrfach ausgebessert werden mußte.

Wegen weiterer Einzelheiten wird auf die ausführliche Beschreibung des Hauses Nr. 40 verwiesen.

e) *Häuser Nr. 43 und 44*

Diese beiden Häuser bildeten den Gang Nr. 2, d. h. auch bei ihnen war nach der Straßenerhöhung der Fußweg als Niederbord mit zwei Treppen zu beiden Seiten belassen worden. Daß hier nur zwei Häuser eine solche Gruppe bildeten, beruhte darauf, daß sich die angrenzenden Häuser Nr. 42 und 45 der neuen Straßenhöhe angepaßt hatten.

Die Häuser Nr. 43 und 44 sind kurz nach 1800 entstanden, denn die Bewohner werden im Adreßbuch von 1810 aufgeführt[129]. Dabei dürfte das giebelständige übermalte Fachwerkhaus Nr. 43 einige Jahre älter als das traufständige verputzte Haus Nr. 44 gewesen

Bild 36: *Blick über die Kleine Weser auf den mittleren Teil des Teerhofs 1935, von links die Packhäuser Nr. 31 und 32, sodann die Wohnhäuser Nr. 37 bis 41, anschließend die Kaffeerösterei der Firma Bormann & Schulze mit dem weiteren neuen Betriebsgebäude auf dem Hof von Nr. 42, anschließend die Wohnhäuser Nr. 43, 44, 45 und 46; ganz links die schwimmende Badeanstalt, im Hintergrund der Kirchturm von St. Ansgarii*

sein. Zur Weser hin waren beide Häuser hell verputzt (Bild Nr. 31).

f) *Haus Nr. 45*

Von den bis zur Kriegszerstörung 1944 erhaltenen Wohnhäusern war das Haus Nr. 45 das jüngste. Bis 1899 stand hier ein sehr niedriges giebelständiges Fachwerkhaus (Bild Nr. 22 Mitte), das der in Nr. 41 wohnende Bauunternehmer Basselmann 1898 erworben hatte[130]. Anstelle dieses offenbar baufälligen Gebäudes baute Basselmann 1900/02 ein dreigeschossiges Haus im Stil der damaligen Gründerzeit, das einzige dieser Art auf dem Teerhof. Das Haus hatte einen großen Erker im zweiten Geschoß sowie kleine Dacherker

Bild 37: *Teerhofstraße gegen Westen 1930; ganz links ein Teil des Hauses Nr. 45, dann am Gang Nr. 2 die Häuser Nr. 44 und 43, anschließend ohne Niederbord das Haus Nr. 42 und folgend der Gang Nr. 1 mit den Häusern Nr. 41 bis 38, dahinter das Wohnhaus Nr. 37 und das Packhaus Nr. 32, gegenüber das Packhaus Nr. 14*

Bild 38: *Fotoreproduktion eines Bildes von P. Schmiegelow vom mittleren Teerhof aus den zwanziger Jahren; in der Mitte die Wohnhäuser Nr. 43 und 44; im Hintergrund die Kirchtürme von Unser Lieben Frauen, des Domes und von St. Martini*

und einen besonderen Giebel im dritten Geschoß (Bild Nr. 25). Durch seine Fassade und Höhe hob sich das Haus deutlich von seinen Nachbarn ab.

An der Wasserseite befanden sich unten eine Loggia, darüber ein Balkon und im dritten Geschoß ebenfalls ein kleiner Balkon.

g) *Haus Nr. 46*

Dieses Haus war ein mit gut 8 m vergleichsweise breites zweistöckiges traufständiges Haus, etwa 1860 unter Berücksichtigung des erhöhten Teerhofs (also ohne Niederbord) erbaut (Bild Nr. 22). Hinter diesem Haus wurde einige Jahre später direkt auf dem Bollwerk zum Wasser ein ebenso breites traufständiges Haus mit drei Geschossen errichtet.

Später wurden dann beide Häuser einschließlich ihrer Dächer zu einem Gebäude verbunden, so daß das Haus einen von der Wasserseite zur Straße lang abfallenden Dachflügel aufwies.

Nach diesem Umbau wurde das Haus, das früher als Packhaus gedient hatte[131], von bis zu sieben Familien bewohnt[132].

Bild 39: *Mittlerer Teil des Teerhofs gegen Westen 1905, von links die Häuser Nr. 53, 52, 51, 49/50, 48, 47, diese mit dem Gang Nr. 3 davor, anschließend das Haus Nr. 46 und danach das Haus Nr. 45 mit den Erkern im ersten und zweiten Obergeschoß*

Bild 40: *Blick auf den mittleren Teil des Teerhofs von Süden um 1920 mit einem Raddampfer-Schlepper; ganz links das Packhaus Nr. 32, dann die Wohnhäuser Nr. 37 bis 41, das Lagerhaus der Convoye Nr. 42, die Wohnhäuser Nr. 43 und 44 und schließlich das Wohnhaus Nr. 45 mit zwei Balkonen im ersten und zweiten Obergeschoß*

Bild 41: *Blick auf den mittleren und östlichen Teil des Teerhofs um 1872 (die Jahreszahl 1890 dürfte falsch sein); von links die Wohnhäuser Nr. 40 und 41, das Lagerhaus der Convoye Nr. 42, die Wohnhäuser Nr. 43, 44, 45 (alt), sodann das dreistöckige Lagerhaus Nr. 46, anschließend die Wohnhäuser bis Nr. 53 und ganz rechts das Haus Herrlichkeit Nr. 5 mit zwei Betriebsgebäuden links davon, im Hintergrund rechts das Packhaus Nr. 1 und links davon die Packhäuser Nr. 6 und 7, ganz links im Hintergrund der Kirchturm von St. Martini; auf dem Wasser geflößtes Holz vom Oberlauf der Weser*

Bild 42: *Blick auf den mittleren Teil des Teerhofes von Süden um 1903 (die Jahreszahl 1900 dürfte nicht stimmen, da das Haus Nr. 45 erst gegen 1902 fertiggestellt worden ist); rechts der Umbau des Hauses Nr. 46, rechts davon die Wohnhäuser Nr. 47 und 48, links die Häuser Nr. 45 bis Nr. 37; im Hintergrund die Häuserfront an der Schlachte*

Bild 43: *Blick auf den mittleren Teil des Teerhofs von Süden 1930; links bis zum Bollwerk das inzwischen umgebaute Haus Nr. 46, rechts anschließend die Häuser Nr. 47 bis 53 nach durchgeführtem Abbruch des Hauses Nr. 54, ganz rechts das Haus Nr. 55*

Bild 44: *Teerhofstraße Richtung Osten mit den am Gang Nr. 3 gelegenen Wohnhäusern, und zwar ab rechts die Häuser Nr. 47, 48, 49/50, 51, 52 und 53; nach der Lücke das Haus Nr. 55 und anschließend die Häuser Nr. 56, 57 und 58, ganz hinten Häuser der Herrlichkeit*

h) *Häuser Nr. 47—54*

Diese sieben Häuser standen am Gang Nr. 3, dem — von Westen her gesehen — letzten und zugleich längsten Teil des als Niederbord belassenen Fußweges nach der Höherlegung der Straße Mitte des 19. Jahrhunderts.

Sie bildeten deswegen sowie aufgrund ihrer nahezu gleichen Firsthöhe (die erheblich niedriger war als die der angrenzenden Häuser) und des zumeist übertünchten Fachwerks architektonisch eine einheitliche Gruppe (s. insbesondere Bild Nr. 25 sowie die Bilder Nr. 21 und 39). Die Entstehungszeit der Häuser dürfte um das Jahr 1810 liegen, denn in dem Adreßbuch dieses Jahres von Schreiber wird nur das Haus Nr. 49 erwähnt, während das

Bild 45: *Blick auf den mittleren Teil des Teerhofs Richtung Westen nachts, um 1915; von links die Häuser Nr. 53, 52, 51, 49/50, 48 und 47*

Bild 46: *Blick auf den mittleren Teil des Teerhofs von Süden über die Kleine Weser, ganz rechts das Haus Nr. 55, links weiter zunächst das später abgerissene Haus Nr. 54 mit der Giebelhälfte, danach die Häuser Nr. 53 bis 47 mit Vorder- und zum Teil Hinterhäusern; anschließend das Haus Nr. 46 vor dem Umbau; Aufnahme etwa 1898*

Bild 47: *Blick von Süden auf den mittleren Teil des Teerhofs um 1900, von links die Häuser Nr. 46, 47 (mit Schuppen), 48 (mit Hinterhaus), 49/50, 51 (mit Hinterhaus), 52, 53 (mit Hinterhaus), 54 (mit Hinterhaus) und schließlich 55 mit der Galerie auf dem Bollwerk*

Bild 48: *Die Häuser (von links) Nr. 51, 49/50, 48 und (zum Teil) 47 um 1910*

Bild 49: *Blick auf die Häuser (von links) Nr. 53, 52, 51 und 49/50 um 1927*

amtliche Adreßbuch von 1825 alle Häuser mit Bewohnern aufführt[133].

Ähnlich wie bei den Häusern Nr. 14 b und 29 existierten auch bei dieser Häusergruppe jeweils gesonderte Hinterhäuser mit eigenen Giebeln, so daß die Wasserfront ein ganz anderes Bild zeigte als die Straßenfront.

Diese kompakte, aber mit kleinen Einheiten auf schmaler Parzelle errichtete und mit Handfesten günstig finanzierte Bebauung ermöglichte bisherigen oder künftigen Eigentümern eine zentrale und doch ruhige Wohnansiedlung mit kleingewerblicher Tätigkeit. Hierbei waren allerdings die Kosten der Bollwerksicherung und das Risiko von jahreszeitlich drohenden Überschwemmungen in Kauf zu nehmen.

Das farblich etwas unansehnliche Haus Nr. 47 war ein giebelständiges dreigeschossiges Gebäude mit regelmäßig angeordneten drei Fenstern in jedem Stock (Bild Nr. 25). An das zweigeschossige Hinterhaus schloß sich noch ein größerer Schuppen mit Garten an (Bild Nr. 47). Ab 1939 waren beide Häuser nicht mehr bewohnt, offenbar wegen Baufälligkeit[134].

Das Haus Nr. 48 war ein zweigeschossiges traufständiges Haus (Bilder Nr. 25 und 44) mit einem noch niedrigeren giebelständigen Hinterhaus (Bild Nr. 47). Auch diese Häuser waren seit 1942 nicht mehr bewohnt[135].

Das Haus Nr. 49 hatte mit dem Haus Nr. 48 ein durchgezogenes gemeinsames Dach (Bild Nr. 25), auf das ein großer Fachwerkerker aufgesetzt war (Bild Nr. 44).

Hinter diesem Haus befand sich an der Wasserseite bis etwa 1825 das Haus Nr. 50[136], das später verschwand und dessen Grundstück mit dem des Hauses Nr. 49 vereinigt wurde.

Das Haus Nr. 51 war ein ca. 8 m breites giebelständiges Fachwerkhaus mit allein fünf Fenstern im ersten Stock (Bild Nr. 25).

Dahinter stand direkt bis zum Bollwerk ein schmales zweigeschossiges Haus mit einem seitlichen Balkon (Bild Nr. 47). In beiden Häusern wohnten zeitweilig bis zu sieben Familien[137].

Das nur etwa 3,50 m breite Haus Nr. 52 war ebenfalls giebelständig; es hatte im ersten Stock keine Fenster zur Straße, sondern nur zur Weser (Bild Nr. 40).

Bild 50: *Das Haus Nr. 52 etwa um 1920, links ein Teil des Hauses Nr. 53, rechts ein Teil des Hauses Nr. 51*

Ein Hinterhaus befand sich auf diesem Grundstück nicht (Bild Nr. 47).

Das zweigeschossige Haus Nr. 53 war traufständig (Bilder Nr. 25, 49 und 50). Dahinter stand zur Wasserseite ein Haus, das nur die linke Seite eines Giebels aufwies, während sich die rechte Seite beim Nachbarhaus fortsetzte (Bild Nr. 46).

Das Haus Nr. 54 schließlich war als traufständiges Haus zur Straßenseite nur bis etwa 1908 vorhanden (Bilder Nr. 46 und 47); es wurde dann, offenbar wegen Baufälligkeit, abgebrochen (Bilder Nr. 25, 44, 45 und vor allem 43), ein Neubau fand nicht mehr statt. Das Hinterhaus mit einem an das Nachbarhaus angelehnten halben Giebel war noch bis etwa 1920 bewohnt[138] und wurde etwa 1930 abgerissen (Bild Nr. 43).

i) *Haus Nr. 55*

Auf dem 121 qm großen Grundstück stand bis 1881 ein giebelständiges Fachwerkhaus in der Art der Nachbarhäuser (s. Bild Nr. 91). Der Eigentümer, der Kaufmann Schimmler,

83

ließ es abreißen und an seiner Stelle ein 8,70 m breites, 8,40 m tiefes und 9 m hohes Wohnhaus errichten, das 1907 verbessert sowie 1912 auf 11 000 Mark und 1924 auf 13 000 Mark geschätzt wurde[139].

Dieses Haus wies die späten klassizistischen Stilelemente des kleinen Typs des Bremer Hauses (s. Bild Nr. 18) auf, z. B abgesetzte Fensterstürze, rechteckige Schmuckreliefs unter den Fenstern, Reliefbänder unter der Traufe (Bild Nr. 25). Es fehlte allerdings das Souterrain, wohl wegen der Überschwemmungsgefahr.

Die Rückansicht von der Weser vermittelte gediegene Bremer Wohnatmosphäre mit acht Fenstern, Bewuchs auf dem Hof und einer über das Bollwerk hinausragenden hölzernen Galerie als Sitzplatz (Bilder Nr. 46 und 47).

Bild 51: *Blick auf das Haus Nr. 55 um 1925; links davon ein Teil des Hauses Nr. 56, rechts die Häuser Nr. 53, 52, 51, 49/50 und 48*

Bild 52: *Blick auf den mittleren Teerhofteil von Süden mit Bootsbetrieb auf der Kleinen Weser um 1900; ganz rechts das Wohnhaus Nr. 55 mit der Galerie auf dem Bollwerk, links davon die Häuser Nr. 54 bis 46 mit unterschiedlichen Bollwerkanlagen*

Bild 53: Zeichnung vom südöstlichen Teil des Teerhofs um 1885 auf einer 1900 geschriebenen Postkarte; in der Mitte das gerade fertiggestellte Wohnhaus Nr. 55, rechts davon das alte Haus Nr. 56 mit dem anschließenden Lagerplatz der Firma Stute; ganz rechts im Hintergrund das Packhaus Nr. 7

Bild 54: Blick auf den mittleren Teil des Teerhofs von Südosten im Jahre 1928; rechts das Wohn- und Geschäftshaus der Firma Stute Nr. 56 mit den angrenzenden Betriebsgebäuden Nr. 57 und 58, links davon die Wohnhäuser von Nr. 55 bis 37 und anschließend die Packhäuser Nr. 32 und 31

j) *Haus Nr. 56*

Bis etwa 1885 befand sich auf dem Grundstück ein zum Teil in Holz gebautes zweistöckiges Wohnhaus, das von der Familie Stute bewohnt wurde[140]. Diese baute dann in den neunziger Jahren auf den Grundstücken Nr. 56—58 Wohn- und Betriebsgebäude, nachdem sie die Grundstücke Nr. 57 und 58 schon vorher als Lagerplatz genutzt hatte.

Die Hausgruppe hatte zur Straßen- wie zur Wasserseite gleiche Fassaden (Bild Nr. 25 und 54) und wirkte durch die Abstufungen (Nr. 56 3 1/2 stöckiges Wohn- und Geschäftshaus, Nr. 57 2stöckiges Betriebsgebäude, Nr. 58 1 1/2 stöckiges Lagerhaus) sehr abwechslungsreich. Auffallend waren die in Rotsteinbogen gemauerten Fensterstürze (Bild Nr. 54), ein Element der frühen Gründerzeit. Das Bollwerk war ebenfalls in Rotstein gemauert und ließ am Wasser einen befestigten Weg frei. Im zweiten Obergeschoß des Hauses Nr. 56 befanden sich die Wohnräume.

k) *Haus Herrlichkeit Nr. 5*

Das Haus Herrlichkeit Nr. 5, das sogenannte Fischerhaus, am östlichen Eingang des Teerhofs gehörte mit den sich anschließenden Betriebsgebäuden geographisch zum Teerhof (s. Luftbild von 1937 sowie das Bild Nr. 58), so daß es in früherer Zeit auch als Teerhof Nr. 5 bezeichnet wurde[141]. Es handelte sich um ein dreigeschossiges imposantes klassizistisches Gebäude mit der Grundfläche 12 x 16 m, das ein halbes Dutzend Firmen und etwa so viele Familien beherbergte[142].

3. *Ein typisches Wohnhaus: Teerhof Nr. 40*

a) *Lage und Maße des Hauses*

Das Haus Nr. 40 lag etwa in der Mitte des Teerhofs auf der Südseite, also zur Kleinen Weser hin (s. Bild Nr. 21). Es bildete mit den Häusern Nr. 38, 39 und 41 ein Ensemble, das einen gemeinsamen Niederbord hatte (Bilder Nr. 32 und 33).

Das Grundstück Nr. 40 war fast genau 100 qm groß mit einer Breite von etwa 5,2 m und einer Tiefe von etwa 19,2 m. Das Haus wies eine Grundfläche von etwa 61,5 qm (5,2 x 11,8 m), der sich daran anschließende Hinterhof von etwa 38,5 qm (5,2 x 7,4 m) auf[143].

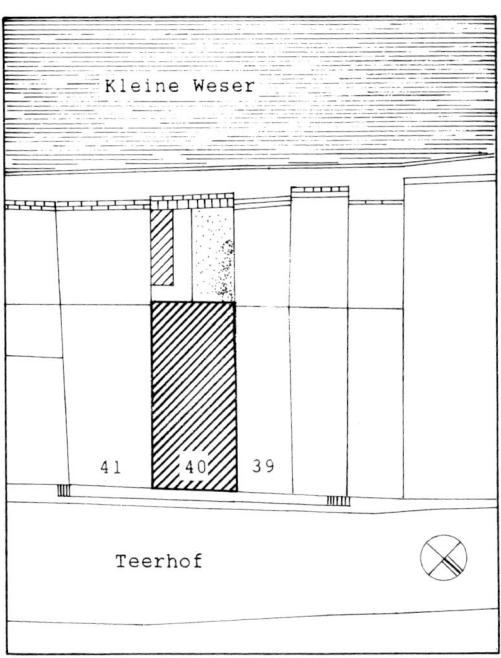

Bild 55: *Lageplan von Teerhof Nr. 40*

Der Hof diente als Platz für einen Kohlenschuppen und einige Pflanzen und wurde zur Kleinen Weser hin, die bei normalem Wasserstand etwa 5 m tiefer lag, durch ein verputztes Bollwerk aus Eichenholz und Steinen abgestützt (Bilder Nr. 31 und 35).

Das Haus hatte ein Satteldach, dessen Schenkel ungleich lang waren, so daß die Giebel ein unsymmetrisches Dreieck bildeten (Bilder Nr. 31 und 36). Dies beruhte offensichtlich auf der Lage des tragenden Mauerwerks einschließlich der Schornsteine. Sichtbar war allerdings nur der hintere Giebel, während das Dach zur Straßenseite fast vollständig durch eine zusätzlich gemauerte und verputzte Giebelfront mit klassizistischen Stilelementen verdeckt war.

Das Erdgeschoß, das im Vergleich zur Straßenhöhe praktisch das Souterrain darstellte, hatte links den Eingangsflur von 2,2 x 5,5 m und daneben ein Zimmer von 3,0 x 3,5 m mit zwei Fenstern zur Straße, wobei der Blick allerdings durch die hochgelegte Straße zum Teil versperrt war. An dieses Zimmer schloß sich nach hinten ein Zimmer ohne Fenster von 3,0 x 3,5 m und sodann ein weiteres Zimmer von 3,0 x 4,0 m mit zwei Fenstern zum Hinterhof an. Daneben lag in Verlängerung

Bild 56: *Ansicht Straße und Ansicht Kleine Weser von Teerhof Nr. 40*

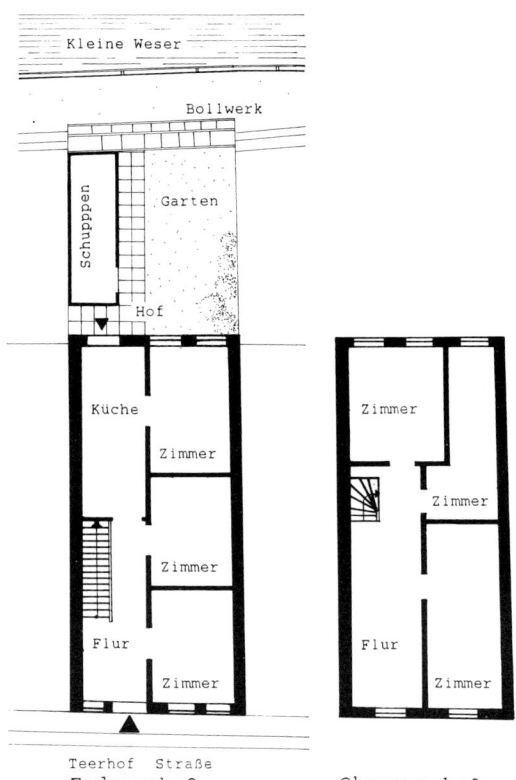

Bild 57: *Grundriß Teerhof Nr. 40*

des Eingangsflurs die Küche mit den Maßen von 2,2 x 5,5 m, durch die der Hinterhof erreicht wurde. Vom Flur führte eine Holztreppe zum Obergeschoß, das vorn ein und hinten zwei Zimmer mit einem bzw. zwei Fenstern aufwies. Darüber befand sich der Spitzboden mit einem an der südlichen Giebelseite befindlichen Fenster.

b) *Alter, Beschaffenheit und Wert des Hauses*

Das Haus dürfte etwa 1798/99 gebaut worden sein. In den Unterlagen über eine am 23. April 1902 durchgeführte Schätzung findet sich der Hinweis, daß das Haus über 100 Jahre alt sei[144]. Dafür spricht auch die Anlage des Giebels. Das Haus wurde zu zwei Drittel in Massivbauweise, zu einem Drittel in Steinfachwerk errichtet, die Bedachung erfolgte mit Pfannen. Der bauliche Zustand wird 1902 mit „gut, z. T. ziemlich gut" bezeichnet. Der Kapitalwert des gesamten Grundstücks wurde damals auf 6000 Mark, des Gebäudes auf 4500 Mark geschätzt. Diese Werte blieben auch bis 1921 unverändert und stiegen dann für das gesamte Grundstück auf RM 6300 (1933) und RM 8000 (1938) und für das Gebäude auf RM 4550 (1933) und RM 6100 (1938) an[145]. Nach der Zerstörung im Krieg sank der Wert des Grundstücks naturgemäß und wurde 1958 auf DM 4000 eingeschätzt[146].

III. Packhäuser auf dem Teerhof

1. *Die bauliche Etablierung des Lagereigewerbes*

Die Errichtung von Packhäusern im 19. Jahrhundert brachte einschneidende Veränderungen nicht nur der gewerblichen Nutzung des Teerhofs, sondern auch seiner Baustruktur. Sie führten vor allem zu einer Verdrängung von vorhandenen Betrieben einschließlich der dort Beschäftigten und der dafür bestehenden Gebäude, wie dies auch schon in früheren Jahrhunderten bei anderen wirtschaftlichen Umbrüchen geschehen war[147].

Dabei waren die Zwänge durchgreifender ökonomischer Maßnahmen auch jetzt weitgehend vorbestimmt. Der Schiffbau mit seinen Nebengewerben hatte infolge der technischen Neuerungen (Entwicklung des Dampfschiffs, Erstellung größerer Schiffstypen, Sinken des Weser-Wasserstromes, Bau von Werften und Häfen an der Weser unterhalb der Stadt) auf dem Teerhof keine Existenzberechtigung mehr.

In die so entstandene wirtschaftliche Lücke stieß ab 1840 die Kaufmannschaft mit der Verwendung des Teerhofareals als Lagerplatz. Schon früher hatten bekanntlich Teile des Geländes als Stapelplätze vor allem für Steine und Hölzer gedient, die vom Oberlauf der Weser antransportiert worden waren. Diese Güter verlangten allerdings viel Platz, der nicht unbegrenzt zur Verfügung stand. Mehrstöckige Packhäuser mit Winden boten dagegen genügend Stauraum und zusätzlich die Sicherung und wettergeschützte Lagerung der Ware. Die Packhäuser dienten nicht nur als Lagerraum, sondern in Verbindung hiermit teilweise auch als Produktionsstätten, z. B.

Bild 58: *Teerhof von Südwesten (vom Gebäude der Brauerei Haake-Beck) etwa 1930, von links die Packhäuser Nr. 20 c, b, a, 21 (traufständig), 22 bis 25, anschließend das Wohnhaus Nr. 27/28; danach die Packhäuser Nr. 30 bis 32 und die Wohnhäuser und gewerblichen Gebäude Nr. 37 bis 59, dahinter die Packhäuser Nr. 6 und 7; ganz rechts vor der Brautbrücke das dreigeschossige Wohn- und Geschäftshaus Herrlichkeit Nr. 5, links davon die beiden Betriebsgebäude dieses Hauses und danach das Haus Nr. 59; dahinter das Packhaus Nr. 1 mit abgetragenem Satteldach*

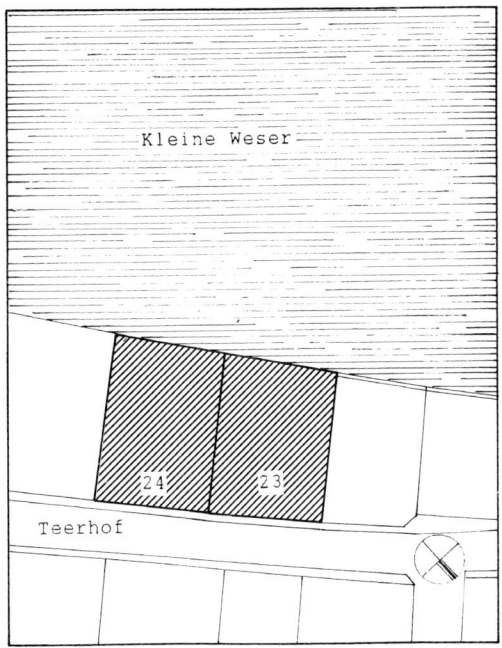

Bild 59: *Lageplan von Teerhof Nr. 23/24*

bei der Kaffeerösterei (s. Teerhof Nr. 6, 7, 20 c, 31, 32) und der Herstellung von gummierten Papieren (Teerhof Nr. 23/24) und Druckereierzeugnissen (Teerhof Nr. 7) sowie meistens im Erdgeschoß als Geschäftslokale der Firmen. Eine gleichzeitige Beherbergung der Familien der Unternehmer und Arbeitnehmer, wie sie bei den alten Bremer Handelshäusern üblich war (s. Bild Nr. 14), kam dagegen wegen der hohen, dunklen Bauten schon aus Lichtmangel und hygienischen Gründen nicht in Betracht. Dagegen hatten fast alle Packhäuser zwecks Wartung, Sicherung und Kontrolle im Keller oder im Erdgeschoß eine Einliegerwohnung für den Hausmeister oder einen sonstigen Bediensteten[148].

Das verhältnismäßig liberale Bremer Bauordnungsrecht enthielt kaum hinderliche Vorschriften für die Packhausbebauung. Es war zwar schon aufgrund der Bauordnung von 1841 selbstverständlich, daß das Mauerwerk in Vollstein ohne Fachwerk und mit Brandmauern zu errichten und die Dächer mit

Bild 60: *Ansicht der Packhäuser Teerhof Nr. 23/24*

Bild 61: *Blick weseraufwärts mit Schlachte (links) und Teerhofspitze (rechts) um 1850; auf der Landzunge ist das erste Packhaus mit dem Überbau der Teerhofstraße zu sehen, links davon Schiffe zum Laden und Löschen*

Bild 62: *Blick von der Kaiserbrücke auf die Weserburg-Gruppe um 1920 bei niedrigem Wasserstand auf der Kleinen Weser*

Bild 63: *Blick von der Schlachte auf die Packhäuser Teerhof Nr. 6 und 7 mit Binnenschiffen zum Laden und Löschen davor, links davon das Lagerhaus Nr. 3 und weiter links das alte Wohnhaus der Familie Stute Nr. 2, dahinter ein Betriebsgebäude zum Grundstück Herrlichkeit Nr. 5; rechts von den Packhäusern ein kleines Gebäude des Tonnenhofes und danach das alte Wohnhaus Nr. 56 sowie anschließend ganz rechts das neuerbaute Haus Nr. 55; im Hintergrund Häuser Am Deich; Aufnahme etwa 1887*

Pfannen zu decken waren[149]. Auch war die Mindeststraßenbreite von 7,20 m gemäß der Bauordnung von 1841[150] knapp eingehalten. Dagegen kam eine Begrenzung der Gebäudehöhe auf etwa 13 m, wie sie nach der Bauordnung von 1883 wegen der Straßenbreite von 7 m vorgeschrieben war[151], zu spät. Bei der Errichtung der Packhäuser (1840 bis 1860) lagen derartige Bestimmungen noch nicht vor, so daß die tatsächliche Höhe der Packhäuser mit 17 bis 18 m legal war. Außerdem bedurfte die Errichtung schon nach der Bauordnung von 1841 in jedem Einzelfall einer Baugenehmigung, die freilich die Baubehörde jeweils anstandslos erteilte. Wegen fehlender Bebauungs- und Flächennutzungspläne zur baulichen Strukturierung wurden allerdings „die planlose Genehmigung von Bauanträgen" und sonstige Versäumnisse bei der Stadtentwicklung an den Ufern der Weser beklagt[152].

Letztlich richtete sich die Bebauung nach den noch vorhandenen oder durch Grundstücksankäufe und Abriß alter Wohnhäuser zu schaffenden Bauplätzen. Auch hierbei wurde indessen nicht zimperlich verfahren; so setzten durch den florierenden Handel zu Kapital gelangte Kaufleute in wirtschaftliche Schwierigkeiten geratene Teerhofbewohner unter Druck, ihre Grundstücke zu verkaufen.

Verschiedentlich glückte den Käufern der Erwerb mehrerer, möglichst nebeneinander liegender Grundstücke, um darauf Packhausgruppen zu errichten[153]. Dadurch verschwanden z. B. rund 18 Wohnhäuser mit den Häusernummern zwischen 15 und 36[154].

Im 19. Jahrhundert waren Löschen und Laden der Waren aus den an der Wasserseite liegenden Binnenschiffen und in diese ein wesentlicher Teil des Packhausbetriebes. Importgüter kamen aus den bremischen Häfen und wurden nach der — oft unter Zollverschluß erfolgenden — Lagerung weseraufwärts weitertransportiert. Exportgüter nahmen den umgekehrten Weg.

Diese Art des Warenumschlags bei den Packhäusern entfiel jedoch ab Beginn des 20. Jahrhunderts wegen des durch die Weserkorrektion und andere Ursachen gesunkenen Wasserstandes.

Auch bei einem festen Bollwerk und späteren Spundwänden konnten die Binnenschiffe nicht mehr so dicht bei den Packhäusern anlegen, daß der Lade- und Löschvorgang per Winde bewerkstelligt werden konnte. Es gibt deshalb nur alte Aufnahmen über den Warenumschlag zu Wasser bei den Packhäusern.

Der geschilderte Nachteil wurde jedoch schon gegen Ende des 19. Jahrhunderts jeweils teilweise dadurch wettgemacht, daß die Packhäuser auf dem Landweg bedient wurden. Das setzte indessen zunächst den Bau von stabilen Brücken auf möglichst beiden Seiten des Teerhofs voraus. Mit dem weiteren Ausbau der Großen Weserbrücke im Osten und dem

Bild 64: *Teerhofstraße Richtung Westen nach der Höherlegung um 1880; links hinter dem Gang Nr. 1 die Wohnhäuser Nr. 40, 39, 38 und 37, danach die Packhäuser Nr. 32, 31 und 30, gegenüber das Packhaus Nr. 14*

Bild 65: *Die alte, 1875 fertiggestellte Kaiserbrücke mit den Arbeiten zum Anschluß der Teerhofstraße im Jahre 1880*

Bild 66: *Luftaufnahme aus dem Jahre 1934 über den Teerhof mit Ausnahme der ersten beiden Häuser im Osten; links die Zufahrt der Teerhofstraße auf die Mitte der neuen Kaiserbrücke*

Neubau der Kaiserbrücke im Westen von 1872 bis 1875[155] war dieser Schritt getan. Außerdem bedurfte es einer Höherlegung und Befestigung der Teerhofstraße, der gravierende Meinungsverschiedenheiten mit der Wohnbevölkerung vorausgingen[156].

Als schließlich die Straße angelegt und 1881 an die Kaiserbrücke angeschlossen war, stiegen Nutzen und Wert der Packhäuser wie auch der übrigen Häuser auf dem Teerhof[157].

2. *Bestandsübersicht über die Packhäuser ab 1840*

Auf dem Teerhof standen ab 1840 bis zur Kriegszerstörung 1944 insgesamt 22 Packhäuser auf folgenden Grundstücken: Nr. 1, 6, 7, 14, 14 a, 15, 16, 17, 19, 20, 20 a, 20 b, 20 c, 20 d, 21, 22, 23, 24, 25, 30, 31 und 32 (s. den Lageplan Bild Nr. 20 und den Parzellenplan Bild Nr. 21). Aus den beiden Plänen wird erkennbar, daß die Packhausbebauung ein gutes Drittel des Teerhofareals ausmachte, tatsächlich wirkte sie jedoch durch die großen Bautypen massenhaft.

a) *Gemeinsame Merkmale der Packhäuser*

Auch unter Berücksichtigung von Besonderheiten einzelner Gebäude zeigten die Packhäuser ein einheitlicheres Bild als die Wohnhäuser. Ihre Grundfläche war zwar unterschiedlich groß und bewegte sich zwischen 175 qm (Teerhof Nr. 22) und 415 qm (Teerhof Nr. 14). Die Höhe dagegen war mit 17 bis 18 m ziemlich gleich und damit auch die Zahl der Geschosse mit 7 bis 8 einschließlich Dachgeschoß. Alle Häuser waren in dunkelrotem Backstein mit roten Dachziegeln gebaut. Mit Ausnahme des traufständigen Hauses Nr. 21 standen alle mit dem Giebel zur Straße und zur Weser (Luftbild von 1937 und Bild Nr. 21). Das ließ schmale Grundstücksparzellen zu (Breite ab 10 m, s. Haus Nr. 17) und war wegen des Ladebetriebs mit Hilfe der Winden erforderlich, die an den beiden Giebelspitzen

Bild 67: *Teerhofstraße mit Blick nach Osten etwa 1927; links von vorn die Packhäuser Nr. 17, 16 und 15, davor ein Dreiradfahrzeug; ganz hinten Teerhof Nr. 7, rechts Teerhof Nr. 23/24*

Bild 68: *Teerhofstraße Richtung Westen um 1925; links die Wohnhäuser Nr. 41, 40, 39, 38 und 37, danach das Packhaus Nr. 32, gegenüber das Packhaus Nr. 14, davor ein Trecker mit Anhänger zur Beladung*

Bild 69: *Betätigung der Winde mit Personal in der geöffneten obersten Luke, um 1930*

der meisten Packhäuser unter einem vorgekragten besonderen kleinen Dach angebracht waren.

Die anfangs mit Hand und später mit Motor betriebenen Winden sorgten dafür, daß die Ballen, Fässer und sonstigen Gegenstände in jede gewünschte Höhe gehievt werden konnten und dann per Hand in eine der in jedem Stockwerk befindlichen und ansonsten mit hölzernen Türen verschlossenen Ladeluken gezogen werden konnten — eine wegen der Höhe für das Ladepersonal nicht ganz ungefährliche Arbeit.

Bei einigen Packhäusern war die Winde abgebaut bzw. nach innen gelegt worden (s. Teerhof Nr. 23/24, Bilder Nr. 60 und 67).

b) *Haus Nr. 1*

Das am östlichen Eingang zum Teerhof befindliche Packhaus war das einzige alleinstehende seiner Art. Bis etwa 1830 stand hier das oben beschriebene Armeninstitut zur Beherbergung und Beköstigung verarmter Bürger[158]. Weitere Räume des Instituts sowie die Wohnungen der Bediensteten lagen auf dem Grundstück Teerhof Nr. 2[159]. Nach der Verlagerung des Armeninstituts zum Bauhof erwarb der Kaufmann Primavesi das Grundstück und ließ auf ihm etwa 1860 ein sechsstöckiges Packhaus mit Dachgeschoß errichten. Kurz vor 1900 wurde der Kaufmann Conrad Loose Eigentümer[160].

Etwa 1920 gelangte das Haus in das Eigentum des Kaufmanns Seemann, der es bis zur Zerstörung 1944 besaß[161]. Während dieser Zeit wurde das Satteldach abgetragen und durch ein Flachdach ersetzt, wobei allerdings die beiden Giebelwände im wesentlichen stehenblieben.

Außer Kontor- und Lagerräumen war in dem Haus ab 1920 zeitweilig die Kaffeerösterei Kalkner als erste auf dem Teerhof untergebracht[162].

c) *Häuser Nr. 6 und 7*

Die beiden Grundstücke Teerhof Nr. 6 und 7 waren bis etwa 1840 unbebaut[163]. Um 1845 herum entstanden dort zwei annähernd glei-

Bild 70: *Teerhofstraße Richtung Westen um 1933 mit Blick auf das Packhaus Nr. 20 über der Teerhofstraße; ganz links das Haus Nr. 29, danach das Packhaus Nr. 25 mit Getränkereklame, ganz rechts das Packhaus Nr. 15 mit Lade- bzw. Löschvorgang*

Bild 71: *Blick von der Großen Weserbrücke auf die Häuser Nr. 1 bis 4 der Herrlichkeit (links) und das Packhaus Teerhof Nr. 1 um 1910; dahinter links das Dach des Hauses Herrlichkeit Nr. 5, rechts vom Packhaus im Hintergrund das Backsteingebäude von Teerhof Nr. 59, rechts davon das Packhaus Teerhof Nr. 6*

Bild 72: Blick von der Schlachte auf den nordöstlichen Teil des Teerhofs und die Herrlichkeit um 1925; in der Mitte das Packhaus Teerhof Nr. 1 mit dem bereits abgetragenen Satteldach; rechts daneben die Lagergebäude Teerhof Nr. 2, 2a und 3, dahinter der obere Teil des Gebäudes Herrlichkeit Nr. 5 mit den angrenzenden Betriebsgebäuden

Bild 73: Blick vom Franziusdenkmal an der Großen Weserbrücke auf den Teerhof um 1925; ganz links die Lagergebäude Teerhof Nr. 2a und 3, anschließend die Packhäuser Nr. 6 und 7, rechts davon das Gelände des ehemaligen Tonnenhofes mit den Lagerplätzen der Firma Stute und einigen Holzschuppen, anschließend das Wohnhaus Nr. 13 und dahinter die Packhausfronten des westlichen Teiles

che Packhäuser (Bild Nr. 41), die bis etwa 1890 der Firma C. L. Brauer & Sohn, anschließend bis gegen 1910 der Firma Carl C. Heye, dann bis 1920/21 der Firma H. Bähre und anschließend der Firma Kempe & Co. gehörten[164]. Das letztgenannte Unternehmen stellte dort Erzeugnisse im Stein- und Offset-Druck sowie Kartonagen her[165]. Durch eine etwa 2 m breite Toreinfahrt konnten Fahrzeuge in das Innere der Gebäude gelangen[166]. An den Längsseiten der Gebäude befanden sich die Firmenaufschriften[167].

Später erwarb die Kaffeerösterei Gebr. Westhoff die Grundstücke und richtete dort ihre Betriebsstätte ein[168]. In den unteren Geschossen der Packhäuser befanden sich Kontor-

Bild 74: *Blick auf die Packhäuser Nr. 14 und 14a (von rechts), anschließend das Wohnhaus Nr. 14b, danach die Packhäuser Nr. 15 bis 19; links das Packhaus Nr. 32; Aufnahme um 1930*

Bild 75: *Blick von der Altstadtseite über die Große Weser auf den westlichen Teil des Teerhofs um 1928; ganz links ein Teil des Hauses Nr. 13, daneben Ladevorrichtungen, dahinter die Wohnhäuser Nr. 37 und 38 und das Packhaus Nr. 32; vorne von links die Packhäuser Nr. 14 und 14a, anschließend das Hinterhaus Nr. 14b und die Packhäuser Nr. 15, 16, 17, 19, 20 und 20a bis 20d*

Bild 76: *Blick von der Schlachte auf die Packhäuser (von links) Nr. 15, 16, 17, 19, 20 und 20 a aus dem Jahre 1935*

und Geschäftsräume sowie die Röstanlagen, die oberen Stockwerke dienten als Lager[169]. Während des Krieges kam der Geschäftsbetrieb teilweise zum Erliegen[170]. Der solide gebaute Keller des Hauses Nr. 6 diente in den Kriegsjahren als Luftschutzraum für die Zivilbevölkerung des Teerhofs, während das Haus Nr. 7 teilweise zu einem Lager für französische und italienische Kriegsgefangene umgebaut wurde[171].

d) *Häuser Nr. 14 und 14 a*

Die Packhäuser Nr. 14 und 14 a waren mit einer Grundfläche von 415 qm (15 x knapp 28 m) bzw. 394 qm (15 x 26 m) die größten auf dem Teerhof. Sie sind mit als erste errichtet worden und unterschieden sich von den anderen z. B. dadurch, daß ihr Erdgeschoß an den Giebelseiten keine Backsteinfassaden, sondern verputzte Flächen aufwies, die gegenüber dem ersten Stock durch einen vorspringenden Sims abgesetzt waren.

Der gleiche Sims befand sich übrigens an dem angrenzenden Wohnhaus Nr. 14 b, was auf eine gleiche Entstehungszeit hindeutet. Die Packhäuser, die von der Firma Fritze erbaut worden waren, gelangten um 1925 in das Eigentum der Tabak-Export-Compagnie Bremen AG[172], die dort ein Tabaklager mit Kontorräumen einrichtete.

Von etwa 1935 bis zur Kriegszerstörung war die Tabakfirma Martin Brinkmann Eigentümerin der Grundstücke[173]. Die Firma lagerte dort unter Zollverschluß vor allem Tabake in Ballen und Fässern, die zur Weiterverarbeitung an die Betriebsstätten nach Woltmershausen transportiert wurden, was einen regen Transportverkehr zu Lande erforderte[174].

e) *Häuser Nr. 15, 16, 17 und 19*

Die vier Packhäuser, die zwischen der sogenannten Tränke (Bild Nr. 27) und der letzten Treppe zur Weser vor der Weserburg standen (s. Lageplan Bild Nr. 20 und Parzellenplan Bild Nr. 21), waren nach Maß und Baugestaltung sehr unterschiedlich. Das größte war Nr. 15 mit 304 qm (gut 13 x 23 m), es folgten Nr. 16 mit 301 qm (15 x 20 m), Nr. 19 mit 249 qm (14 x knapp 18 m) und schließlich Nr. 17 mit 186 qm (knapp 10 x 19 m), das zweitkleinste Packhaus (nach Nr. 22) auf dem Teerhof (das Grundstück Nr. 18 war seit 1830 nicht mehr vorhanden). Die nach Türen und Fenstern unterschiedlichen Fassaden traten

Bild 77: *Teerhofstraße Richtung Westen um 1928 mit Blick auf das Packhaus Nr. 20 über der Teerhofstraße; ganz rechts das Haus Nr. 14b und anschließend die Packhäuser Nr. 15 bis 19; auf dem Pferdefuhrwerk Tabakfässer, ganz links Haus Nr. 29, danach die Packhäuser Nr. 25, 24 und 23*

besonders an der Wasserseite in Erscheinung. An der Straßenseite gab es demgegenüber größere Übereinstimmungen (Bild Nr. 26). Allerdings waren auch hier Unterschiede bei der Gestaltung der Fenster und des Mauerwerkes festzustellen.

Die Häuser dienten einer ganzen Reihe von Unternehmen, über die im Firmenteil berichtet wird (s. Kapitel C) und die verschiedenen Branchen angehörten (Haus- und Küchengeräte, Tuche und Stoffe, Kaffee, Futtermittel). Das Haus Packhaus Nr. 15 wurde im Oktober 1944, die übrigen wurden schon 1940 bzw. 1942 zerstört[175].

f) *Häuser Nr. 20, 20 a, 20 b, 20 c, 20 d und 21 (Weserburg-Komplex)*

Die Gruppe von sechs Häusern bildete den Abschluß der Teerhofpackhäuser nach Westen (Bilder Nr. 20 und 21) und wurde begrenzt vom Haus Nr. 20 d, der eigentlichen Weserburg, einem burgtorähnlichen Gebäude mit gotischen Stilelementen. Dieses Haus war kein Packhaus, sondern von vornherein als Kontorhaus angelegt, bildete aber mit den angrenzenden Gebäuden durch den gemeinsamen Überbau der Teerhofstraße (Bilder Nr. 26, 70 und 77) und die Backsteinausführung eine Einheit, wie auch die Luftaufnahme (Bild Nr. 66) zeigt, so daß die gesamte Gruppe an dieser Stelle behandelt werden soll.

Nach dem oben dargestellten Stich von Grönninger aus dem Jahre 1771 befand sich an dieser Stelle ein Wohnhaus mit Walmdach, das offenbar auch als Packhaus diente.

Nach Osten schloß sich an der Südseite das erste eigentliche Packhaus auf dem Teerhof an[176]. Es wurde später zum traufständigen Packhaus Nr. 21, also dem zweitältesten, umgebaut.

Das Walmdachhaus an der Spitze wurde um 1830 durch ein Packhaus (ab 1870 20 d) ersetzt, das bereits die ganze Querfläche der Teerhofinsel ausfüllte und deshalb mit einer Überdachung der Teerhofstraße verbunden war (Bild Nr. 61), was letztlich 1881 die Anbindung der Straße an die 1875 fertiggestellte Kaiserbrücke ermöglichte (Bild Nr. 65).

Die Zigarrenfabrik Ad. Hagens & Co. hatte 1893 die von der Firma C. Poppe 1845 fertiggestellten Packhäuser Nr. 20 a bis d von dieser Firma gekauft[177]. Sie errichtete 1897 die Ha-

Bild 78: *Das Packhaus Nr. 15 an der Ecke zur Tränke um 1935*

gensburg, die später, nachdem die Kaffeefirma Schilling 1923 die Packhausgruppe erworben hatte[178], zur Weserburg umbenannt wurde. Dieser Bau bildete gewissermaßen den spektakulären Abschluß der Teerhofbebauung vor dem Zweiten Weltkrieg (es folgte nur noch das Haus Nr. 45, s. Bild Nr. 39). Das Bauvorhaben, dessen Leitung der Architekt Johann Rippe hatte, fand damals in Fachkreisen Beachtung[179]. Insbesondere die beiden gotischen Tortürme waren nicht jedermanns Geschmack, brachten aber eine Auflockerung in die natürliche Eintönigkeit der Packhauszeilen und stellten einen Blickfang besonders von der Kaiserbrücke aus dar (s. auch Bild Nr. 66).

Das Gebäude war sorgfältig auf die Erfordernisse einer Kaffeefirma durchkonstruiert; es enthielt Kontor- und Probenräume, einen Raum für die Zollabfertigung und im zweiten

Bild 79: *Bild über die Weser bei Frost um 1852; links die Schlachte, in der Mitte die Spitze des Teerhofs mit dem Walmdachhaus vorne und einem Packhaus dahinter*

Bild 80: *Blick von der Kaiserbrücke auf die Weserburg um 1930*

Ansicht von der kleinen Weser.

Grundrifs des Erdgeschosses.

Grundrifs der beiden Obergeschosse.

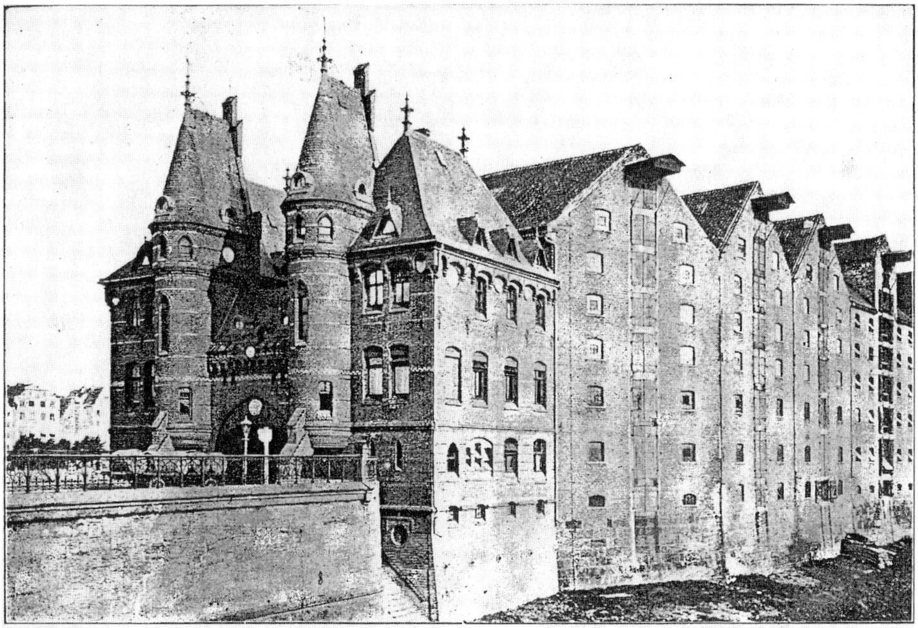

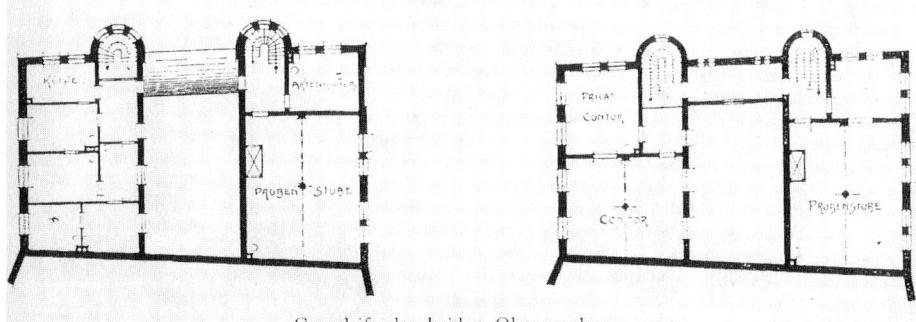

Bild 81: *Ansicht und Grundrisse von der Hagensburg (später Weserburg) nach der Erbauung 1897, F. W. Mehlhorn, in: Bremen und seine Bauten, S. 390, 405*

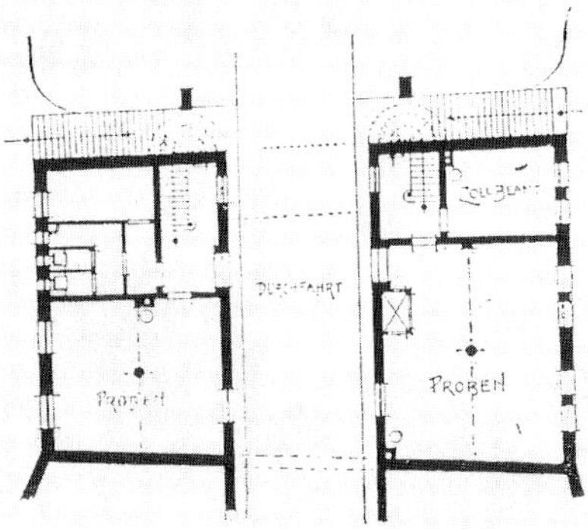

Bild 82: *Blick über die Große Weser auf die Packhäuser Nr. 20 und 20a bis d um 1930*

Bild 83: *Aufnahme der Weserburg-Gruppe (von links Nr. 20 d, 20 c, 20 b, 20 a und 21) vom 22. Oktober 1928*

Bild 84: *Blick von der Straße Am Deich über die Kleine Weser auf die Packhäuser (von links) Nr. 22, 23, 24 und 25 mit einem Teil des Hinterhauses Nr. 27/28 und des Vorderhauses Nr. 29; Aufnahme etwa 1937*

Obergeschoß außerdem Wohnräume für den Hausmeister.

Im Zuge der weiteren Modernisierung wurden auch die Packhäuser Nr. 20, 20 a bis c und 21 von Lagerhäusern zu Produktions- und Geschäftsgebäuden umgestaltet. Äußerlich war dies an der Beseitigung der Windenanlagen und der hölzernen Lukentore (s. auch Bild Nr. 81) und an dem Einbau moderner Fenster erkennbar.

Das Haus Nr. 21 verlor dabei den zwischenzeitlich aufgesetzten Dacherker auf der Südseite (Bild Nr. 81 einerseits und 58 andererseits), nicht dagegen den fast versteckten auf der Nordseite (Bild Nr. 66).

Insgesamt blieb das Gebäude mit den übrigen Häusern, auch dem gegenüberliegenden Nr. 20, räumlich verbunden, diente aber der Tabakfirma C. F. Vogelsang als Produktionsstätte (Bild Nr. 83).

g) *Häuser Nr. 22, 23, 24 und 25*

Diese vier Häuser standen zwischen der Weserburg-Gruppe und dem Wohnhaus Nr. 27/28 (Bilder Nr. 20, 21, 29 und 58); auch hier waren Gemeinsamkeiten und Unterschiede verteilt.

Bild 85: *Packhäuser Nr. 22, 23 und 24 (von rechts) im Jahre 1934*

Bild 86: *Südwestliche Packhausfront mit den Häusern (von links) Nr. 20 d, 20 c, 20 b, 20 a, 21 (traufständig), 22, 23, 24 und 25, anschließend das Wohnhaus Nr. 27/28, weiter vorn die Packhäuser Nr. 30, 31 und 32 sowie das Wohnhaus Nr. 37; Aufnahme etwa 1937*

Das Haus Nr. 22 war mit ca. 175 qm (10 x gut 17 m) das kleinste Packhaus auf dem Teerhof. Die Maße der übrigen Häuser: Nr. 23 ca. 238 qm (14 x 17 m), Nr. 24 252 qm (14 x 18 m) und Nr. 25 240 qm (12 x 20 m). Die von C. Poppe etwa 1855 erbauten Packhäuser befanden sich 1900 im Eigentum der Firmen H. H. Wrissenberg (Nr. 22), Conrad Loose (Nr. 23 und 24) und Lankau & Drechsler (Nr. 25)[180]. Das Haus Nr. 22 nutzten seit den zwanziger Jahren die Spiel- und Gummiwarenfirma Gattorna und die Sackfabrik Scheuren[181]. Eigentümerin der Häuser Nr. 23 und 24 war ab 1920 die Firma J. M. Knappstein & Co., die auf den einzelnen Etagen die Herstellung gummierter Papiere betrieb[182]. Im Gegensatz zu dem wenig veränderten Haus Nr. 22 wurden an den Häusern Nr. 23 und 24 die Windenanlagen und Lukentüren abgebaut und durch moderne, mit leicht geschwungenen Stürzen versehene Fenster ersetzt (Bilder Nr. 29, 60, 84). An der Straßenseite wurden Feuerleitern mit Ausstiegsbalkonen vor den Fenstern angebracht, wodurch die Häuser eine eigene Note erhielten. Das Packhaus Nr. 25 wurde 1920 von den Wein- und Spirituosenfirmen I. C. H. Stake und J. H. Müller erworben[183]. Auch dieses Haus wurde gegenüber früher (Bild Nr. 58) verändert (Bild Nr. 84). An der Straßenfront befanden sich Reklameaufschriften für Getränke (Bild Nr. 70).

h) *Häuser Nr. 30, 31 und 32*

Diese Häuser waren die letzten auf der Südseite und wurden vermutlich auch zuletzt, d. h. gegen 1860, von der Firma C. Poppe erbaut, die sie kurz vor der Jahrhundertwende an die Firma Conrad Loose veräußerte[184]. In den zwanziger Jahren erwarben das Haus Nr. 30 die Werkzeug- und Maschinen-Handelsfirma Mager & Wedemeyer und die Häuser Nr. 31 und 32 die Kaffeefirmen Wilkens & Jahns und Radloff & Reese sowie nachfolgend Böhlhoff[185]. Die Grundflächen der drei Häuser waren annähernd gleich (13 x gut 20 m = 270 qm), und sie unterschieden sich auch nach ihren Fassaden kaum (Bild Nr. 64).

3. *Ein typisches Packhaus: Teerhof Nr. 19*

a) *Lage und Maße des Hauses*

Das Packhaus Teerhof Nr. 19 auf der Nordseite, also der zur Großen Weser gelegenen Seite des Teerhofs, folgte auf die Gebäude der Firmen Hagens & Co. und Schilling & Co. (sogenannte Weserburg) (Bilder Nr. 21, 66 und 76). Es stimmte mit den nachfolgenden sowie den gegenüberliegenden Packhäusern nach Größe und Aussehen im wesentlichen überein, so daß es hier näher beschrieben werden soll.
Das Grundstück Nr. 19 war bei einer Breite von 13,95 m und einer Tiefe von 17,90 m etwa 249 qm groß[186]. Das auf dem gesamten Grundstück errichtete Packhaus war 17 m hoch, in Rotsteinbauweise errichtet und mit einem Satteldach versehen, in dessen Spitze sich eine Luke mit den Transportwinden befand. Das Gebäude hatte sechs nutzbare Stockwerke, die sowohl zur Straßenseite als auch zur Wasserseite mit Luken und Fenstern versehen waren (Bild Nr. 76). Im Erdgeschoß befanden sich die Kontor- und Geschäftsräume, im Kellergeschoß die Wasch- und Pausenräume für die Belegschaft, ein Fahrradraum und die Heizung. Da zum Nachbargrundstück eine Lücke bestand, erhielt das Gebäude auch von einer Längsseite etwas Tageslicht und hatte einen kleinen Pkw-Parkplatz.

b) *Alter, Beschaffenheit und Wert des Hauses*

Das Alter des Gebäudes wurde bei einer Schätzung im Jahre 1938 mit fast 100 Jahren angegeben[187]. Die Entstehungszeit ist deshalb auf etwa 1845 anzusetzen.
Der Zustand des Packhauses ist noch bei der Schätzung im Jahre 1938 als durchaus gut bezeichnet worden. Sowohl das Mauerwerk als auch die im Innern befindliche Balkenlage wiesen damals nahezu keine Schäden auf (Holzwurm wurde z. B. nur in sehr geringem Umfang beim Dachverbandholz nachgewiesen). Auch hier bestätigt sich deshalb die allgemeine Feststellung, daß die Gebäude auf dem Teerhof trotz ihres hohen Alters in einem durchweg guten Zustand waren. Dabei muß noch bedacht werden, daß durch gelegentliche Überschwemmungen der Großen und Kleinen Weser die unteren Stockwerke zeitweilig unter Wasser standen. Bei den Packhäusern war allerdings eine zusätzliche Sicherung dergestalt vorgenommen worden, daß zwischen Grundstück und Weser eiserne Spundwände geschlagen worden waren, die an beiden Seiten zusätzlich durch Steinpackungen gesichert waren.
Der Wert des bebauten Grundstücks war gemäß dem Schätzungsgutachten von 1938 im Jahre 1927 mit RM 45 000 angenommen worden, wovon RM 3000 auf das Grundstück und RM 42 000 auf das Gebäude entfielen. Die Grundsteuer und die damals erhobene Mietsteuer wurden auf RM 565 pro Jahr veranschlagt. An Pacht wurden in den dreißiger Jahren RM 5000 im Jahr gezahlt.

IV. **Sonstige Gewerbegebäude auf dem Teerhof**

Außer den Wohn- und Packhäusern befanden sich auf dem Teerhof auch andere, gewerblich genutzte Gebäude, wie die Lage- und Parzellenpläne (Bilder Nr. 20 und 21) und das Luftbild von 1937 ergeben. Soweit diese Gebäude jedenfalls auch den Wohnhäusern (wie bei den Häusern Nr. 13, 29, 45 und 56) oder den Packhäusern (wie bei Nr. 20 d) zuzuordnen waren, sind sie dort behandelt worden. Es bleiben aber acht Grundstücke übrig (Nr. 2, 2 a, 3, 42, 57, 58, 59 und 60 = Herrlichkeit Nr. 5), auf die jetzt eingegangen werden soll. Außerdem ist der Tonnenhof zu erwähnen.

1. *Städtischer Tonnenhof Nr. 8—13*

Zwischen den Grundstücken Nr. 7 und Nr. 14 (s. Bilder Nr. 21 und 73) erstreckte sich der städtische Tonnenhof, dessen Gelände schon früher in das Eigentum der Stadt übergegangen war[188]. Dabei war ab 1875 eine Ausweisung der früher durchlaufend numerierten Grundstücke nur noch für die Grundstücke Nr. 8 (Steinlager Stute) und Nr. 13 (Tischlerei Bruns) erfolgt[189]. Der Tonnenhof diente zur Herstellung, Reparatur und Lagerung der zur Kennzeichnung der Schiffahrtswege erforderlichen Tonnen, Bojen und Baken. Zu diesem Zweck befanden sich auf dem Gelände um zirka 1885 neben dem Haus Nr. 13 etwa vier steinerne kleinere Gebäude und drei Holzschuppen. Zur Aufnahme der Tonnen konnten die Schiffe an einer stabilen Kaimauer anlegen (s. dazu Bild Nr. 22). 1895 wurde der größte Teil des Tonnenhofs zum Holz- und Fabrikenhafen verlegt. Das ehemalige Be-

Bild 87: *Blick auf das Haus Teerhof Nr. 42 aus dem Jahre 1935, rechts davon die Wohnhäuser Nr. 41 und 40*

triebsgelände diente von dieser Zeit an vor allem der Firma Stute als Lagerplatz (Bild Nr. 52). Ein Teil des Tonnendienstes verblieb auf dem städtischen Grundstück Nr. 42, auf dem sich von etwa 1875 bis 1935 das Lagerhaus der sogenannten Convoye (Ausstattungs- und Begleitmaterial der Schiffe) befand [190]. Auf dem zur Kleinen Weser hin gelegenen Hof des Grundstücks stand ein Bockkran, mit dem Boote und andere Gegenstände aus den Schiffen und in diese gehievt wurden (s. Bilder Nr. 24, 31 und 35).

2. *Bestandsübersicht über die sonstigen gewerblichen Gebäude*

a) *Haus Nr. 42*

1935 erwarb die Firma Bormann und Schulze das Grundstück Nr. 42 mit dem bisherigen Lagerhaus der Convoye und betrieb dort eine Kaffeerösterei mit Kaffeehandel [191]. Das traufständige Backsteingebäude wirkte trotz seines Alters von etwa 60 Jahren neuwertig und fiel durch Verzierungen an den Simsen auf.

Auf dem Hof zur Kleinen Weser hatte die Firma anstelle des nicht mehr benötigten Krans ein weiteres Betriebsgebäude mit verputzter Fassade errichtet (Bild Nr. 36).

b) *Häuser Nr. 57 und 58*

Im Anschluß an ihr Wohn- und Geschäftshaus auf dem Grundstück Nr. 56 hatte die Firma Stute auf den Grundstücken Nr. 57 und 58 in gleichem Stil zwei angrenzende Betriebsgebäude mit zwei bzw. eineinhalb Geschossen errichtet (Bilder Nr. 25 und 54).

Die Gebäude dienten auch zur Unterbringung der Fuhrwerke und sonstiger Gerätschaften der Firma.

c) *Haus Nr. 59*

Auf diesem Grundstück stand ein freistehendes Haus in dunkelrotem Backstein (Bilder Nr. 41, 58 und 71), das seit seiner Entstehung gegen 1870 zunächst offenbar als Stallung gedient hatte. Etwa seit 1910 unterhielt dort der Kutscher Scheper einen Fuhrbetrieb und später zusätzlich ein Milchgeschäft mit Viehbestand [192]. Es war dies nach 1900 das einzige Lebensmitteleinzelhandelsgeschäft auf dem Teerhof, nachdem die anderen zur Herrlichkeit und zum Neuen Markt verlagert worden waren.

d) *Haus Nr. 60*

Zum Haus Herrlichkeit Nr. 5, dem sogenannten Fischerhaus, gehörten zwei angrenzende Betriebsgebäude, die an der Teerhofstraße lagen (Bilder Nr. 58, 63 und 72). Früher war diese Fläche offensichtlich mit der Teerhof-Nr. 60 versehen worden, doch gab es seit 1825 eine solche Nummer nicht mehr [193], sondern die Flächen wurden dem Grundstück Herrlichkeit Nr. 5 zugeschlagen (Bild Nr. 21).

e) *Häuser Nr. 2, 2 a und 3*

Die Fläche zwischen den Packhäusern Nr. 1 und Nr. 6 war früher offensichtlich mit Wohnhäusern bebaut [194]. Später wurden dort auf den drei Grundstücken Nr. 2, 2 a und 3 jeweils zweigeschossige Betriebs- und Lagergebäude in Backstein errichtet (s. Bilder Nr. 63, 71 und 72), die ab 1925 vorwiegend von Kaffeefirmen genutzt wurden [195].

Bild 88: *Blick aus Südosten über die Kleine Weser auf die Gebäude Nr. 56, 57 und 58; etwa um 1910; vorn ein Obstschiff aus dem Alten Land*

Bild 89: *Blick von der Schlachte auf den südlichen Teil der Großen Weserbrücke, den Bauhof, die Herrlichkeit und den östlichen Teil des Teerhofs; etwa um 1930; das Satteldach des Packhauses Nr. 1 ist bereits abgetragen, rechts davon die Lagerhäuser Teerhof Nr. 2, 2 a und 3, dahinter das Haus Herrlichkeit Nr. 5 mit angrenzenden Gebäuden*

V. Die Teerhofstraße und ihre Veränderungen

1. *Lage und Breite der Straße*

Die Geschichte der Teerhofstraße beginnt schon mit der ersten Bebauung des Teerhofs. Da der ursprünglich lockere Untergrund zwischen den beiden Weserarmen befestigt werden mußte, damit das Teerhofareal überhaupt erreicht und sodann bebaut werden konnte, war die Anlegung einer Straße Vorbedingung für die Besiedlung. Die Befestigung erfolgte zunächst mit Balken und Bohlen aus Holz, sodann mit unbehauenen und später mit bearbeiteten Steinen. Dabei war die Lage der Straße durch die längliche Form der Halbinsel vorbestimmt: Die Straße bildete praktisch die Längsachse des Teerhofs (Bilder Nr. 20 und 21).

Eine in das freie Belieben der Bauherren gestellte Bebauung an der Straße wollte indessen der Rat der Stadt verhindern. Lange vor Erlaß der ersten Bauordnungen wurde deshalb gemäß dem Wittheitsprotokoll vom 15. Juli 1624 beschlossen, daß die Teerhofstraße eine beidseitige Bebauung mit Häusern und eine Breite von 30 bis 35 Fuß oder wie die Breite der Wachtstraße zwischen den Giebeln erhalten sollte[196].

Die demgemäß eingehaltene Straßenbreite von rund 10 m war auch für den Güterverkehr des Schiffsbaugewerbes großzügig bemessen. Mit dem Bau der Packhäuser wurde die Straße auf die nach der Bauordnung von 1841 zugelassene Mindestbreite von 24 Fuß = 7,20 m verengt (s. Bilder Nr. 21, 26 und 67), eine Maßnahme, die später offensichtlich bedauert wurde.

2. *Bürgerprotest gegen die Erhöhung der Straße 1844 bis 1854*

a) *Der Anlaß: Häufige Überschwemmungen der Teerhofstraße und Pläne zur Höherlegung der Straße*

Zu Beginn des 19. Jahrhunderts änderte sich die gewerbliche Nutzung des Teerhofs. An die Stelle der hier nicht mehr rentablen Schiffsbaubetriebe einschließlich der handwerklichen Nebenbetriebe traten Betriebe des Handels und des Güterverkehrs, begünstigt durch die zentrale Lage und die Verbesserung der Transportmöglichkeiten zu Wasser und zu

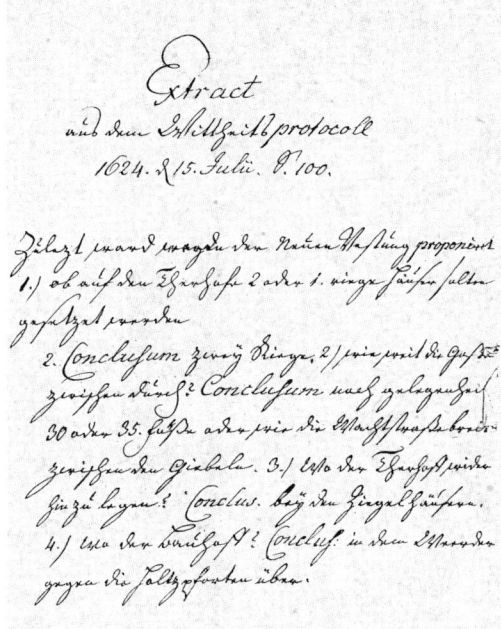

Bild 90: *Ratsbeschluß vom 15. 7. 1624 zur Teerhofstraße*

Land. Es wurden Lagerplätze angelegt und ab 1840 die ersten Packhäuser gebaut.

Die zunehmende kommerzielle Nutzung wurde behindert durch die zumeist im Winter und im Frühjahr auftretenden und zuweilen mit Eisgang begleiteten Überschwemmungen der Teerhofstraße infolge höherer Wasserstände der Kleinen und Großen Weser.

Da eine Weserkorrektion bzw. anderweitige Wasserregulierung damals nicht zur Debatte standen, versprach Abhilfe nur eine Höherlegung der Straße, die damals etwa 2 m tiefer lag als heute. Senat und Bürgerschaft beschlossen deshalb bereits 1844 aufgrund eines Berichts der Bepflasterungs-Deputation, spätestens im Jahre 1850 die Teerhofstraße um wenigstens 4 Fuß (ca. 1,20 m) zu erhöhen[197].

b) *Der Konflikt: Unterschiedliche Interessen der Wohnbevölkerung und der Gewerbeunternehmen*

Während die älteren Wohnhäuser auf der Südseite, die zum größten Teil bis 1800 entstanden waren, auf der damals niedrigen Straßensohle errichtet und gegenüber der Kleinen Weser durch ein Bollwerk aus Steinen

Bild 91: *Bild vom Jahrhunderthochwasser am Teerhof; links noch die alten Häuser Nr. 55 und 56, in der Mitte der Lagerplatz der Firma Stute, rechts davon das Haus Nr. 59, dahinter die beiden Packhäuser Nr. 6 und 7*

und Balken abgesichert worden waren (Bilder Nr. 24 und 47), wurden die rund 50 Jahre später entstandenen Packhäuser auf beiden Seiten bereits auf aufgeschüttetem Boden bzw. mit einem stabilen Kellergewölbe gebaut[198]. Außerdem wurden die Packhäuser bereits mit eisernen Spundwänden zum Wasser hin gesichert[199].

Unter der Perspektive von Kosten und Nutzen trafen die Pläne zur Erhöhung der Teerhofstraße um mehr als 1 m auf unterschiedliche Interessen. Die gewerblichen Unternehmer, insbesondere die Betreiber mehrstöckiger Packhäuser, konnten sich entweder bereits bei der Errichtung ihrer Gebäude auf die damals schon diskutierte erhöhte Straßensohle einrichten oder nachträglich durch Aufstockung des Kellerbereichs ihr Rechnung tragen. Den Eigentümern der früher entstandenen, viel kleineren und ohne Keller gebauten Wohnhäuser drohten dagegen gravierende Nachteile, nämlich praktisch die Zuschüttung fast der Hälfte des Erdgeschosses mit der Folge einer erheblichen Reduzierung der Nutzfläche der Häuser. Eine zum Ausgleich dieser Nachteile denkbare Aufstockung würde einem Neubau gleichgekommen sein und außerdem durch die erforderliche Verstärkung des Bollwerks zur Wasserseite weitere Kosten zur Folge gehabt haben.

Der Vorteil einer Straßenerhöhung lag für alle Benutzer natürlich in der auch bei Hochwasser möglichen Passierbarkeit. Dies galt gerade auch für den Güterverkehr zu den Packhäusern, der bei Hochwasser wegen des Wasserstandes und der Strömung auch kaum auf die Weser ausweichen konnte. Ebenso war für die Bewohner der kleineren Häuser eine Erhöhung der Straße mit einer besseren Erreichbarkeit ihrer Wohnungen verbunden. Schwerer wog für sie jedoch der Nachteil, bei erhöhter Straße das Haus baulich umgestalten und das Bollwerk zum Wasser verstärken zu müssen.

c) *Die Austragung: Boykottierung von Grundstücksverkäufen und Einbringung von Petitionen an den Senat*

Aus den vorgenannten Gründen baten 23 Bewohner der kleineren Häuser bereits in einer als Bittschrift bezeichneten und mit den erforderlichen Höflichkeitsfloskeln versehenen Eingabe vom 3. November 1844 den Senat darum, die Straßenerhöhung nicht stattfinden zu lassen, jedenfalls aber auf fünf Jahre auszusetzen[200]. Sie wiesen darauf hin, daß ihre Hausflure mit einem Gefälle von ungefähr 1 1/2 Fuß (ca. 0,50 m) zur bisherigen Straße lägen, so daß das Wasser nach Überschwemmungen nach dorthin wieder abfließen könne. Durch die beabsichtigte Straßenerhöhung würde es nicht mehr ablaufen, sondern müßte ausgeschöpft werden. Vor allem würden aber die Fenster und Türen etwa zur Hälfte von der Straße bedeckt sein und die Häuser dadurch unbenutzbar werden. Außerdem würde der Druck auf die Häuser und die Bollwerke zunehmen und beide gefährden. Zur Sicherung dieser Bauten seien die Bewohner nicht imstande, denn sie zählten nicht zur wohlhabendsten Klasse, obschon sie Eigentümer ihrer Häuser seien. Die Teerhofstraße sei schließlich eine Sackstraße, habe also keine Verbindung mit anderen Teilen der Stadt, so daß aus polizeilicher Sicht eine wasserfreie Lage der Straße nicht notwendig sei. Die Erhöhung möge wenigstens nicht in den nächsten Jahren erfolgen, damit die Eigentümer in der Zwischenzeit Vorkehrungen treffen könnten, etwa auch durch Verkauf ihrer Grundstücke. Senat und Bürgerschaft setzten daraufhin die Erhöhung bis 1850 vor allem in der Erwartung aus, daß die kleinen Wohngrundstücke an Interessenten zum Bau von Packhäusern verkauft würden[201].

Nachdem keiner der Eigentümer einen solchen Verkauf vorgenommen hatte, wollten Senat und Bürgerschaft 1850 mit der Erhöhung gemäß ihrem Beschluß von 1844 nicht länger warten.

Die Bewohner mußten also erneut aktiv werden und taten dies mit der Petition vom 14. Januar 1851.

Sie ist unterzeichnet von 22 Anwohnern, die gut die Hälfte der damals in den kleinen Häusern wohnenden Familien ausmachten[202]. Der Antrag, von einer Erhöhung der Teerhofstraße jedenfalls zur Zeit abzusehen, konnte sich auf die bereits geschilderte Interessenlage stützen. Die Petenten legten detailliert dar, daß die ihnen bei Hochwasser entstehenden Nachteile durch die Straßenaufschüttung noch erheblich verstärkt würden. Über ihre eigenen Interessen hinaus forderten sie, daß „etwas Reelles geschehen müsse", um Bremen von der „Calamität" des Hochwassers zu befreien, und wiesen hierbei auf verschiedene Maßnahmen (Weserkorrektion, Wasserumleitung, Deichanlagen) hin[203].

Zur politischen Rechtfertigung der Petition wurde ausgeführt, „daß die Wünsche der Anwohner jetzt größere Berücksichtigung als in früheren Zeiten finden" und daß nur „überwiegende Rücksichten des öffentlichen Interesses" neue Straßenanlagen gegen den Wunsch der Anwohnermehrheit begründen könnten. Diese Worte würden auch noch heute in einer Resolution einer Straßenanliegerversammlung ihre Berechtigung haben. Sie sprechen für den Mut, aber auch den Gemeinsinn der Teerhofbewohner, die damit auch anderen bremischen Bürgern ein Beispiel gaben. Zwar war das Petitionsrecht knapp zwei Jahre vorher als Bürgergrundrecht in der Bremischen Verfassung vom 21. März 1849[204] garantiert worden. Inzwischen war jedoch die bürgerliche revolutionäre Bewegung, die ihren ersten Höhepunkt in der Frankfurter Nationalversammlung 1848 erreicht hatte, auch in Bremen durch einen Staatsstreich, an dem Bürgermeister Smidt nicht unbeteiligt war, zurückgeschlagen worden[205]. Die Bittsteller vom Teerhof konnten deshalb nicht auf die Bereitwilligkeit des Senats hoffen, sondern mußten eher noch weitere Nachteile befürchten. Ebenso wie in ganz Deutschland begann auch Bremen die Restauration, die bürgerrechtlich in der Korrektur der Verfassung von 1849 durch die neue Verfassung vom 21. Februar 1854 ihren Ausdruck fand[206].

d) *Der Kompromiß: Höherlegung der Straße mit Anlegung eines Niederbordes vor den alten Wohnhäusern*

Aufgrund der Eingabe der Teerhofbewohner vom 14. Januar 1851 beschlossen Rat und Bürgerschaft, die Höherlegung der Straße erneut um wenigstens ein Jahr auszusetzen, sie aber spätestens 1854 vorzunehmen[207]. Es ist nicht überliefert, ob in den folgenden zwei Jahren Gespräche zwischen den Kontrahenten auf dem Teerhof bzw. mit der Obrigkeit in dieser Angelegenheit stattfanden. Fest steht jedenfalls, daß 1854, spätestens 1855 die Höherlegung der Straße durchgeführt wurde, und zwar in einer Weise, die selbst bei heutiger Betrachtung fast optimal erscheint, weil sie den Interessen aller Beteiligten weitgehend entgegenkam. Einerseits mußte der Boden

Anlage
zur Mittheilung des Senats
vom 28. Januar 1851.

Hoher Senat!

Die Bewohner des Theerhofs, namentlich die Eigenthümer der an der kleinen Weser belegenen Häuser, legten bereits im Jahre 1844 dem Senate in einer ausführlichen Vorstellung die überwiegenden Gründe vor, welche für eine Hinausschiebung der damals auf Antrieb der Besitzer neuerbauter Häuser beabsichtigte Erhöhung des Theerhofs sprachen. Senat und Bürgerschaft erkannten damals die Richtigkeit dieser Gründe an und wurde in der Erwartung, daß sich den Unterzeichneten in einigen Jahren Gelegenheit bieten würde, die zur Anlage von Packhäusern vorzüglich geeigneten Grundstücke an der kleinen Weser zu veräußern, die Erhöhung bis jetzt ausgesetzt.

Abgesehen von der hier nicht in Betracht kommenden Poppe'schen Anlage am unteren Theerhofe ist keines der an der kleinen Weser liegenden Grundstücke zur Erbauung von Packhäusern verkauft. Die Lage der Sache ist also der Ausführung der Erhöhung nicht förderlicher, der Bollwerke und Häuser seit der Zeit nicht besser, sondern eher schlechter geworden, und werden noch weniger als damals im Stande sein, dem Erddrucke zu widerstehen.

Die Zeitumstände haben aber auch darin eine Aenderung herbeigeführt, daß die Wünsche der Anwohner jetzt größere Berücksichtigung als in früheren Zeiten finden und Senat und Bürgerschaft sich nicht leicht entschließen werden, gegen den ausgesprochenen Wunsch der Mehrzahl der Anwohner neue Straßenanlagen zu machen, wenn nicht überwiegende Rücksichten des öffentlichen Interesses es erheischen.

Es kommt hinzu, daß in gegenwärtigen Zeiten kräftiger als je darauf hingearbeitet wird, die Stadt von der allgemein gefühlten Plage des Hochwassers zu befreien, und während die Einen Abhülfe in Correction der Weser und Einziehung der Ufer finden, und Andere Niederlegung der Deiche und Ueberfälle oder Umleitungen im Auge haben, — Alle darin einverstanden sind, daß etwas Reelles geschehen müsse und solle, um Bremen von dieser drückenden Calamität zu befreien.

Freilich läßt sich nicht verkennen, daß es für die Besitzer der wasserfrei gebauten Packhäuser eine große Beschwerde ist, daß sie in den Zeiten des Hochwassers bei Benutzung dieser Packhäuser mit Schwierigkeiten zu kämpfen haben. Allein einestheils ist zu berücksichtigen, daß das Hochwasser nur von kurzer Dauer ist und meistens in Zeiten fällt, wo der Waarenverkehr ohnehin stockt, daß die Communication mit den Packhäusern auch auf der Weser stets frei ist und daß der Theerhof keine vom Publicum benutzte Verbindungs-, sondern eine Sackstraße ist, andrerseits aber stehen die durch das Hochwasser verursachten Beschwerden der Unterzeichneten mit jenen Unbequemlichkeiten in gar keinem Verhältnisse. Denn wer widerspricht der Erhöhung? Die Unterzeichneten sind Bürger, die schon bei mäßigem Hochwasser mit ihrem ganzen Hause im Wasser sitzen. Es wird nicht allein ihr ganzer Gewerbsbetrieb gestört, sondern sie müssen auch ihre unteren Stockwerke dem Wasser Preis geben, und ein nothdürftiges, ungesundes Unterkommen auf den Böden ihrer Häuser suchen, wo es ihnen an allen häuslichen Bequemlichkeiten, ja selbst an Gelegenheit zum Kochen fehlt. Trotz dieser Beschwerden, deren Gewicht keines weiteren Beweises bedarf, müssen sie sich gegen die Erhöhung der Straße erklären, weil dieselbe sie vollends ruiniren würde, denn die Bollwerke an der kleinen Weser können schon dem jetzt vorhandenen Erddrucke nicht widerstehen, wie viel weniger dem erhöheten. Die Häuser selbst aber würden durch eine Erhöhung der Straße, wenn auch durch kostspielige Einrichtungen der Erddruck von den Mauern derselben, die denselben zu ertragen ganz außer Stande sind, abgehalten würde, theilweise unbewohnbar werden und nicht zu vermiethen sein. Mit einem Worte, die Unterzeichneten, welche nicht die Mittel besitzen, durch einen Neubau diesen Uebelständen zu entgehen, würden dauernd ruinirt sein.

Durch diese Umstände finden sich die Unterzeichneten veranlaßt

Einen hohen Senat zu ersuchen, in Berücksichtigung der oben geschilderten offenkundigen Thatsachen etwaige auf Erhöhung des Theerhofes abzweckende Anträge zur Zeit abzuschlagen, auch der Bürgerschaft von dieser Vorstellung gefällige Mittheilung zu machen.

Bremen, den 14. Januar 1851.

Mit ganz besonderer Hochachtung
(folgen die Unterschriften.)

Bild 92: *Petition der Teerhofbewohner vom 14. 1. 1851*

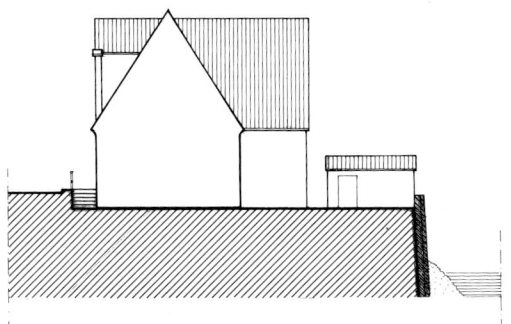

Bild 93: *Niederbord; Schnitt, Straße-Niederbord-Haus*

um mindestens 1,50 m erhöht werden, damit die Straße jedenfalls bei normalem Hochwasser passierbar war. Andererseits durften die auf der niedrigen Sohle errichteten Wohnhäuser in dieser Höhe nicht einfach mit Sand angeschüttet werden, denn dies hätte ihre Nutzung zunichte gemacht und außerdem die Bollwerke zur Wasserseite unter erhöhten Erddruck gesetzt. Die erhöhte Straße wurde deshalb nur bis zu einem Abstand von etwa 1,20 m an die Häuser herangeführt und gegenüber der tieferen Lage durch eine Stützmauer gesichert[208]. In dieser Breite verlief deshalb vor den Wohnhäusern die Straße in ihrer ursprünglichen Höhe, so daß die Häuser auch in ihrer Statik nicht beeinträchtigt wurden. Um den so entstandenen Niederbord zu erreichen, wurden fünf bis sechs Stufen in Sandstein angelegt.

Die Bewohner selbst hatten eine ähnliche Lösung wohl schon früher erwogen, sie aber in ihrer Petition vom 3. November 1844 wegen der verhältnismäßig schmalen Teerhofstraße verworfen. Dabei gingen sie allerdings zu Unrecht davon aus, daß auf beiden Straßenseiten Treppen mit Gängen erforderlich sein könnten, was nicht zutraf, da auf der Nordseite inzwischen alle Häuser mit erhöht liegenden Fenstern und Türen versehen waren. Die Gänge auf der Südseite bewirkten deshalb an den betreffenden Stellen eine Einengung des höhergelegenen Teils des Fußwegs auf etwa 1 m, ließen aber die Breite der Fahrstraße mit gut 5 m unverändert (s. Bilder Nr. 32 und 39).

Da indessen in der Reihe einige Häuser später errichtet bzw. umgebaut worden waren und hierbei Türen und Fenster bereits nach dem

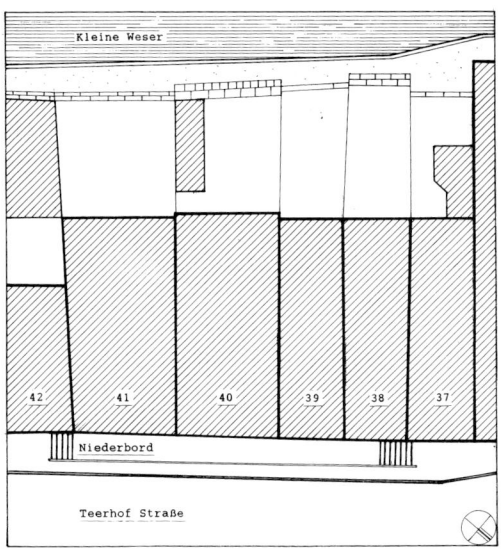

Bild 94: *Niederbord; Grundriß*

erhöhten Straßenniveau ausgerichtet waren, wechselten Hochbord und Niederbord einander dreimal ab. Der erste dieser drei Gänge verband die Häuser Nr. 38, 39, 40 und 41 (s. Bilder Nr. 32, 33 und 68). Es folgte das hochgelegte Haus Nr. 42, das zunächst als Lagerhaus der Convoye und später als Betriebsgebäude der Firma Bormann & Schulze diente. Hieran schloß sich ein weiterer Niedergang an, der die Häuser Nr. 43 und 44 und zunächst auch 45 umfaßte (s. Bild Nr. 37). Das Haus Nr. 45 wurde bei seinem Neubau dem erhöhten Straßenniveau angepaßt (Bild Nr. 39). Ab dem Haus Nr. 47 folgte dann der dritte Gang bis zur Nr. 54, der sieben Gebäude umfaßte (Bilder Nr. 39 und 44). Insgesamt hatten damit zunächst 14, später 13 Häuser einen Niederbord.

Zur Sicherung der Passanten auf dem auf etwa 1 m verschmälerten Fußweg auf dem oberen Teil der Straße waren auf der Stützmauer bis zur Höhe von etwa 1 m schmiedeeiserne Stangen mit zwei Querstangen über die Länge jedes Niederganges angebracht (s. Bilder Nr. 37, 39 und 44). Schwere bzw. große Gegenstände konnten entweder über die Treppen oder zwischen den Streben des Geländers zu den Haustüren gereicht werden. Ein 1857 unterbreiteter Vorschlag der Straßenbepflasterungs-Deputation, zum besseren Schutz die Mauer zu erhöhen bzw. mit schrä-

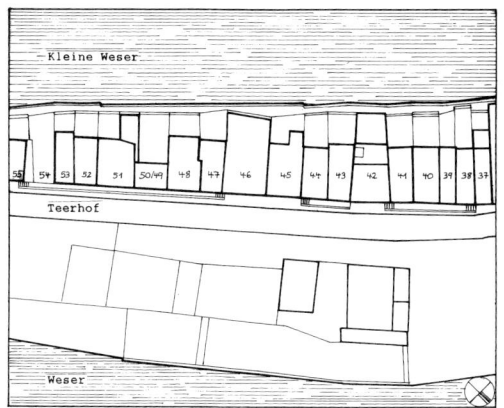

Bild 95: *Niederbord; Lageplan*

gen Granitplatten zu versehen[209], wurde offensichtlich wegen der damit zu erwartenden größeren Behinderung nicht aufgegriffen. Der nicht vollständig aufgeklärte tödliche Sturz des Teerhofbewohners und Küpergesellen Georg Heinemann im Gang Nr. 1 am 7. November 1864 war offensichtlich nicht auf das Schutzgitter, sondern auf einen Sturz von der Treppe, möglicherweise nach Alkoholgenuß, zurückzuführen[210]. An einigen Stellen löste sich im Laufe der Zeit zwar die Verankerung der Eisenpfosten, konnte aber ohne Schwierigkeiten repariert werden[211]. Insgesamt haben sich Gang und Niederbord, Treppe und Geländer auch in der Folgezeit offenbar bewährt. Über Schwierigkeiten bei der Benutzung der Häuser wie auch bei der Durchfahrt auf der Straße wurde jedenfalls nichts bekannt. Teerhofbewohner haben im Gegenteil davon berichtet, daß die Gänge dem nachbarschaftlichen Gespräch zwischen den Anwohnern und dem ungestörten Spiel der Kinder förderlich waren.

e) *Die Kosten: Eine Verpflichtung des Staates*

Die Teerhofbewohner hatten ständig darauf hingewiesen, daß sie die Kosten der durch die Straßenerhöhung notwendigen baulichen Veränderungen nicht tragen könnten. Von Anfang an schien auch klar zu sein, daß die Straßenerhöhung als solche, die in erster Linie den Packhausbesitzern zugute kam, nicht von diesen, sondern von der Allgemeinheit zu tragen war. Die Teerhofbewohner machten nun mit ihren Eingaben plausibel, daß dies auch für die Folgemaßnahmen zu gelten habe. Gemäß dem Bericht der Straßenbepflasterungs-Deputation vom 12. November 1856[212] verfuhr der Senat entsprechend.

Ein weiterer Erfolg der Argumentation der Anwohner zeigte sich bei der Novellierung der Bauordnung. In § 153 der Bauordnung von 1883[213] wurde die Verpflichtung des Staates aufgenommen, bei Höherlegung einer Straße die Eingänge einschließlich erforderlicher neuer Stufen nach Ermessen der Baudeputation — in die die Straßenbepflasterungs-Deputation inzwischen aufgegangen war — angemessen wieder herzustellen. Nach § 157 Satz 1 wurden dem Staat sämtliche Kosten aus der Höherlegung einer Straße auferlegt.

Die aus den Verhältnissen geborene Konstruktion diente in gleicher Weise — modern ausgedrückt — dem Durchgangsverkehr wie dem Anliegerverkehr. Es gab sie in ganz Bremen nur an dieser Stelle. Daß sie realisiert wurde, war sowohl der Beharrlichkeit der Bewohner als auch dem Verständnis des Senats zuzuschreiben. Offensichtlich war die Versuchung groß, die Straße auf ein einheitliches Niveau zu erhöhen, die Bewohner der kleinen Häuser dadurch im wahrsten Sinne des Wortes unter Druck zu setzen und letztlich eine einheitliche Bebauung mit Packhäusern und sonstigen Betriebsgebäuden zu erreichen. Daß ihr nicht nachgegeben und das Ergebnis sogar gesetzlich gesichert wurde, ist dem Mut und der Solidarität der Teerhofbewohner zu verdanken, spricht aber auch für die liberale Haltung der bremischen Obrigkeit und die Achtung des Eigentums aller Bürger. Auf diese Weise wurde die Mischbebauung auf dem Teerhof in ihrer architektonischen, wirtschaftlichen und sozialen Vielfalt bis zur Zerstörung im Zweiten Weltkrieg erhalten.

3. *Pflasterung der Straße*

An die Höherlegung der Straße sollte sich nach den Plänen der Stadt ihre Umpflasterung anschließen[214]. Diese verzögerte sich jedoch, vermutlich wegen der anhaltenden Diskussion über die dabei zu verwendenden Materialien[215]. Auch sollten offenbar der schon projektierte Bau der Kaiserbrücke (1872 bis 1875) und der Anschluß der Teerhofstraße an diese (1881) abgewartet werden. Hierbei mag auch eine Rolle gespielt haben, daß nach

115

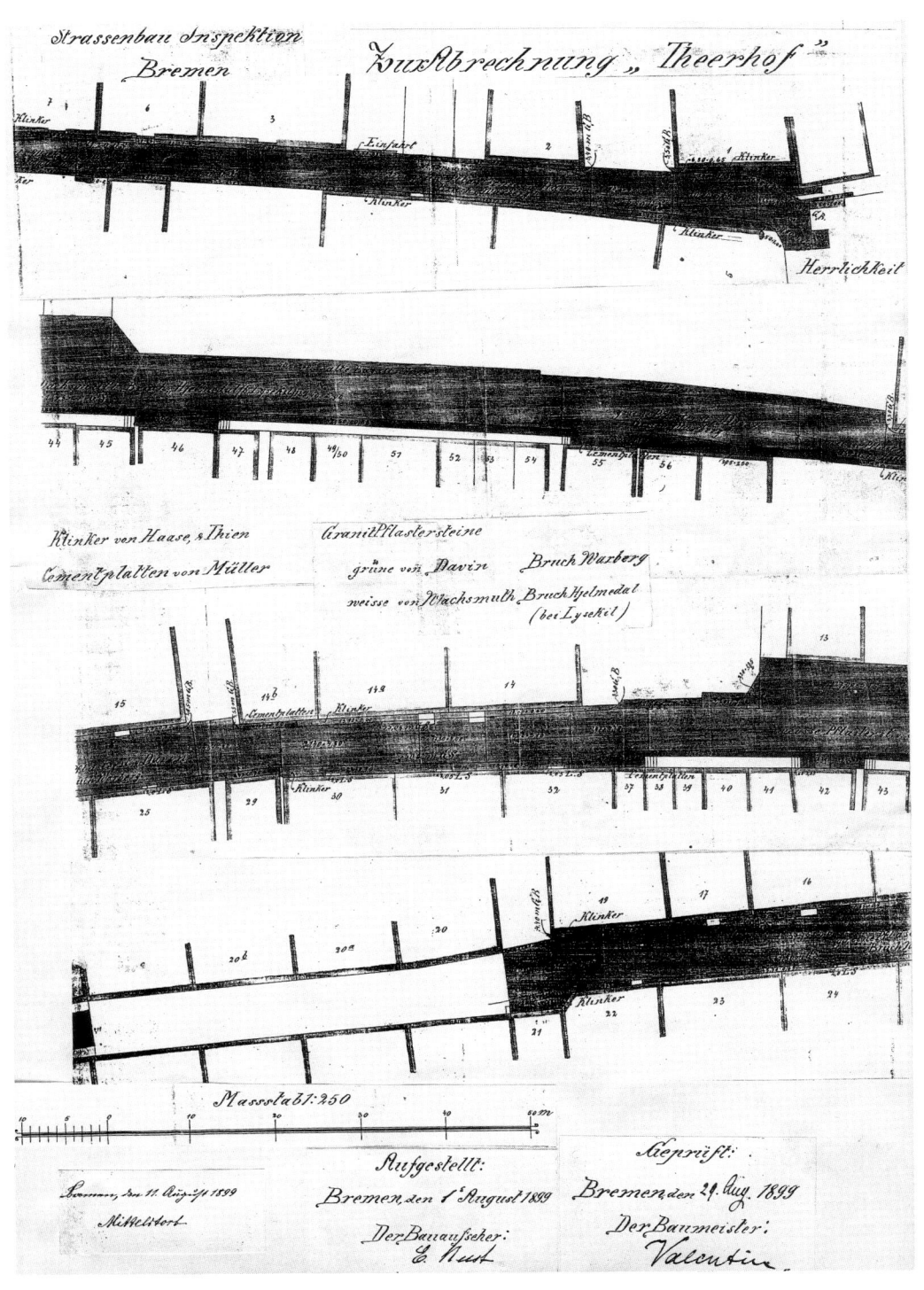

Bild 96: *Bauzeichnung über die Pflasterung der Teerhofstraße, 1899*

§ 119 der dargestellten Bauordnung von 1883 die Anlage einer Sackstraße — eine solche war der Teerhof vor der Errichtung der Kaiserbrücke — nur statthaft war, wenn die zweiseitige Durchführung der Straße in sicherer Aussicht stand.

Die Baudeputation bereitete deshalb die Neupflasterung zum Ende des 19. Jahrhunderts vor. So wurden die Anlieger aufgefordert, die Anschlüsse an die Gas- und Wasserleitungen und an den Straßenkanal zu beantragen[216]. Die Bewohner schalteten sich auch in die Planung der Pflasterung ein. So forderten sie z. B., daß die Kant- bzw. Saumsteine des Fußweges bei den Grundstückseinfahrten — die es nur vereinzelt gab — nicht abzuschrägen seien, da die Passanten auf dem ohnehin schmalen Fußweg sonst leicht zu Fall kommen könnten. Die Baubehörde verfuhr entsprechend, obwohl die betreffenden Betriebsinhaber früher gerade die Abschrägung verlangt hatten[217].

Die Pflasterung der einzelnen Straßenteile fand nach dem aktuellen Stand der Bautechnik statt[218] und blieb auch in der ersten Hälfte des 20. Jahrhunderts unverändert. Die Fahrstraße wurde mit sogenannten weißen und grünen Granit-Pflastersteinen belegt, der Straßenrandstreifen der Lagerplätze mit Basaltsteinen, die Fußwege erhielten Zementplatten, die Toreinfahrten und die Einfassungen der Eisengeländer Klinkersteine.

VI. Wasserstraßen zum Teerhof

Wasserstraßen gab es vor den Landstraßen, und bis heute haben diese jene nicht völlig verdrängen können. Für die vom Wasser nahezu umschlossene Insel bzw. spätere Halbinsel des Teerhofs galt dies erst recht und war dahin zu spezifizieren, daß es sowohl geeigneter Wasserfahrzeuge als auch entsprechender Anlegestellen bedurfte.

1. *Personenverkehr*

Die Geschichte des Personen- und kleinen Warenverkehrs mittels Fähren im Innenstadtbereich war deshalb mit dem Teerhof eng verknüpft, selbst dann, wenn die Passagiere den Teerhof nur als Übergangsstation von der Altstadt in die Neustadt oder umgekehrt benutzten. In dieser Funktion bedeutete der Teerhof freilich eher ein Hindernis, weil wegen der beiden Wasserarme zwei Fähren nötig waren und die Reisenden oft auch Gepäck über das Landstück tragen mußten, es sei denn, die Fähren verkehrten etwa in Höhe der Spitze der Teerhofinsel, worüber es divergierende Recherchen gibt[219].

Mit dem Bau der Brücken über beide Wasserläufe war indes das Problem des Personen- und kleinen Warenverkehrs gelöst, abgesehen von vorübergehenden Zeiten der Brückenzerstörung, auch nach dem Zweiten Weltkrieg, als für kurze Zeit erneut Fähren eingesetzt wurden[220].

2. *Güterverkehr*

Der Transport von sperrigen, schwergewichtigen und massigen Gütern konnte bis zum Ende des 19. Jahrhunderts in der Regel nicht über die bis dahin gebauten Brücken und Straßen, sondern nur auf dem Wasser bewältigt werden. Dies setzte neben stabileren Schiffstypen auch geeignete Befestigungen an den Stellen voraus, bis zu denen und von denen die Lieferungen erfolgten. Auf dem Teerhof waren dies zunächst Duckdalben aus Holz, kleinere Buhnen aus Holz oder Steinzeug, mit zunehmendem Verkehr steinerne Kajen und größere Kaimauern, wie sie etwa längs des Tonnenhofes bestanden (s. Bild Nr. 22). Diese mußten in der Regel mehrere Meter hoch sein wegen des Tidenhubs, der auch schon vor dem Bau des Weserwehrs einige Meter betragen konnte. Häufig dienten als Anlegestellen die an der Wasserseite der Grundstücke zu deren Schutz erbauten Bollwerke, die bei den Wohngebäuden meistens aus Holzbohlen und Holzfachwerk, seltener aus Steinmauern (s. Bilder Nr. 24 und 52), bei den Packhäusern meistens aus Mauerfundamenten mit einer davor gelagerten Packlage aus Steinen, später auch aus eisernen Spundwänden bestanden (s. Bilder Nr. 29, 58, 76 und 82). Da die Bollwerke und Kaimauern zu den Grundstücken gehörten, mußten sie von den Eigentümern selbst errichtet und unterhalten werden[221].

3. *Weserversandung und Weserkorrektion*

Noch zu Beginn des 19. Jahrhunderts lagen die Schiffe dicht an dicht an der Schlachte und am Teerhof.

Bild 97: *Blick weserabwärts, um 1880; im Hintergrund zahlreiche Schiffe an der Schlachte (rechts) und am Teerhof (links)*

So schreibt Storck 1822 in den „Ansichten der Freien Hansestadt Bremen":
„So wenig die Weser mit dem herrlichen Rheine verglichen werden kann, da ihr Wasser trüb, ihr Strom, in dieser Gegend, ohne malerischen Reiz ist, so bietet dahingegen auch keine Stadt am Rhein diesen herrlichen Anblick eines Flusses, der von Schiffen aller Art bedeckt ist, wo oft in thätiger Handelszeit Mast an Mast, Segel an Segel sich drängt, die Schiffe, wie auf einem See, mit Leichtigkeit, bloß mit Hülfe des günstigen Windes den Strom hinauf wie herunter gehen, ..."[222]
Dieser zutreffende Eindruck vom Handelsverkehr täuschte jedoch darüber hinweg, daß die Weser schon zu jener Zeit zunehmend versandete, was mit dazu beitrug, daß die Schiffswerften an der Schlachte und auf dem Teerhof verschwanden und den Betrieben des Güterumschlags, insbesondere für Steine, Platz machen mußten[223]. Werften entstanden nunmehr weserabwärts wie die von Carsten Waltjen 1843 auf der Stephani-Kirchenweide angelegte, die 1871 in die neu gegründete Aktiengesellschaft „Weser" überging[224]. Die Weserversandung schritt indessen auch dort voran, so daß die Fahrwasser-Tiefe nach Bremen-Stadt 1875 nicht mehr als 2 m betrug[225]. Wäre es hierbei geblieben, so wäre Bremens Zukunft als Schiffbau- und Handelsplatz beendet gewesen.

1875 wurde Ludwig Franzius Oberbaudirektor und Leiter des gesamten bremischen Bauwesens. Seinen 1878 vorgelegten Plan eines Weser-Ausbaues auf 5 m Tiefgang lehnte die Regierung des Deutschen Reiches, dem Bremen seit 1871 unter der Bezeichnung „Freie Hansestadt" als Bundesland angehörte, 1882 rundweg ab[226]. Bremen begann deshalb auf eigene Faust mit dem auf 30 Millionen Mark veranschlagten Projekt, indem zunächst die Begradigung einer starken Weserkrümmung bei Oslebshausen vorgenommen wurde. Von 1885 bis 1888 wurde auf dem Gelände der Stephani-Kirchenweide der Freihafen I (heute Europahafen) angelegt.

1895 war die Weserkorrektion bis Vegesack auf eine Tiefe bis 5 m abgeschlossen. Weiter entstanden von 1904 bis 1906 der Freihafen II (heute Überseehafen) und von 1907 bis 1911 die Industriehäfen[227].

Selbst die größten Seeschiffe der damaligen Zeit konnten fortan die bremischen Häfen erreichen, was sich an einer sprunghaft an-

Bild 98: *Der Kopf des Freihafens I, um 1890*

Bild 99: *Blick auf die bremischen Häfen: in der Mitte der Europahafen, rechts oben der Überseehafen, weiter rechts die Industriehäfen; von links unten bis links oben verläuft die Weser im Bogen*

Bild 100: *Blick weseraufwärts, etwa um 1910; links die Zollschuppen der Tiefer mit Bockschiffen und Schleppern*

Bild 101: *Blick vom Mittelteil der Kaiserbrücke weserabwärts, um 1920; links Motorbarkassen, rechts vorn die Flußbadeanstalt von Leymann, dahinter ein Raddampfer mit Bockschiffen; im Hintergrund das Stephaniviertel mit Packhäusern; hinten links die Eisenbahnbrücke*

Bild 102: *Blick auf die Weser unter der Großen Weserbrücke, um 1922; links ein Fahrgastschiff vor den Häusern Nr. 1 bis 4 der Herrlichkeit, rechts weiter das Packhaus Teerhof Nr. 1, die Lagerhäuser Nr. 2 und 3 und die Packhäuser Nr. 6 und 7, anschließend Lagerplätze am ehemaligen Tonnenhof*

Bild 103: *Blick vom Kirchturm der Stephani-Kirche auf Innenstadt und Weser, um 1920; vorn die Kaiserbrücke, im Hintergrund die Große Weserbrücke*

Bild 104: *Bockschiffe und Schuten auf der Kleinen Weser, um 1915; ganz links das Packhaus Nr. 32, anschließend die Wohnhäuser bis Nr. 54*

steigenden Schiffsbewegung bemerkbar machte[228]. Damit war die wirtschaftliche Zukunft Bremens zunächst gesichert.

4. *Die Weser als Binnenwasserstraße und Ankerplatz*

Die Ausbaggerung der Weser auf eine größere Wassertiefe bewirkte zwar eine Vertiefung der Fahrrinne auch in Teerhofnähe, hatte für den Güterumschlag bei den Packhäusern gleichwohl negative Folgen. Es sank nämlich der Wasserspiegel insgesamt, so daß die Frachtschiffe jedenfalls bei Niedrigwasser nicht mehr so dicht an die Packhäuser heranfahren konnten, daß sie mit Hilfe des vorkragenden Windendaches noch ent- und beladen werden konnten (s. Bilder Nr. 35, 54, 62, 66 und 75). Eine weitere Nutzung der Windenanlagen am Wasser hätte die Einbringung von starken Spundwänden nach Entfernung der Steinpacklage und entsprechender Ausbaggerung erfordert, was nicht nur einen erheblichen Kapitalaufwand erfordert, sondern auch eine Gefährdung der Statik der hohen Packhäuser bedeutet hätte. Anders als früher (s. Bild Nr. 63) sah man deshalb an der Wasserseite im 20. Jahrhundert keine Windenbetätigung mehr. Die Packhäuser wurden nunmehr nur noch von der Teerhofstraße aus be- und entladen (s. Bilder Nr. 26, 33, 67, 70)[229].

Anders war dies bei den Lagerplätzen der Fa. Stute und anderer Firmen. Hier gab es bei der Einrichtung stabiler Anlegestellen keine statischen Probleme, außerdem wurden anstelle der Winden ausschwenkbare Ladebäume, Kräne, Wuppen und anderes Geschirr eingesetzt, so daß die Schiffe auch bei einigem Abstand vom Ufer bedient werden konnten (s. Bilder Nr. 22, 23, 73 und 75). Steintransport und Steinlagerung, die bereits früher weitgehend an die Stelle der Werften getreten waren, bildeten hinfort einen Schwerpunkt der Teerhofnutzung[230]. Insbesondere die Anlieferung von Hölzern und Sandsteinen von der Oberweser und der Transport von importierten Massengütern (z. B. Futtermitteln) weseraufwärts waren häufig zu beobachten[231]. Die Schleppzüge mit Raddampfern und bis zu sechs Bockschiffen wurden in der Nähe des Teerhofs, der Schlachte und der Tiefer zusammengestellt und bewirkten zusammen mit den Fahrgastschiffen einen regen Schiffsverkehr am Teerhof über die Jahrhundertwende hinaus.

Bild 105: *Zwei Raddampfer-Schlepper auf der Kleinen Weser vor dem Teerhof, um 1910*

Bild 106: *Raddampfer-Schlepper auf der Kleinen Weser vor dem Teerhof, um 1912; links im Hintergrund die bis 1913 bestandene erste Kaiserbrücke*

Bild 107: *Raddampfer-Schlepper „Werra" auf der Kleinen Weser vor den Gebäuden der Firma Stute Nr. 56 bis 58, etwa im Jahre 1912; links hinten ist die bis 1913 bestandene erste Kaiserbrücke zu sehen*

Bild 108: *Die Kleine Weser vor dem Teerhof mit zwei Flußbadeanstalten am 13. 3. 1930; im Hintergrund die 1916 fertiggestellte zweite Kaiserbrücke; gegenüber früheren Aufnahmen fällt der niedrigere Wasserstand auf*

Gesetzblatt
der
Freien Hansestadt Bremen.
1892. — № 31.

Inhalt: Nr. XXXVII. Gesetz, betreffend die Reinhaltung der großen und kleinen Weser und des Balgekanals. S. 217.

XXXVII. **Gesetz, betreffend die Reinhaltung der großen und kleinen Weser und des Balgekanals.**

Vom 18. September 1892.

Der Senat verordnet im Einverständnisse mit der Bürgerschaft:

§ 1.

Es ist verboten, aus den Grundstücken der Stadt Bremen menschliche Auswurfstoffe in die große oder kleine Weser oder in die große Balge abzuleiten.

§ 2.

Die vorhandenen Ableitungseinrichtungen sind binnen vier Wochen nach Erlaß dieses Gesetzes in einer nach dem Ermessen des Medizinalamts ausreichenden Weise zu beseitigen.

Bild 109: *Auszug aus BremGBl. 1892, S. 217*

Auf der Kleinen Weser entfiel wegen der fehlenden Durchfahrtmöglichkeit ein solcher Verkehr. Hier fand deshalb mehr ein Bootsverkehr aus gewerblichen Gründen (wie z. B. bei den regelmäßig eintreffenden Obstverkaufsschiffen aus dem Alten Land, s. Bild Nr. 88) oder zum Freizeitvergnügen (s. Bilder Nr. 47 und 52) statt. Hauptsächlich diente die Kleine Weser aber als Ankerplatz für Schiffe der verschiedensten Art, die auf Fracht warteten oder dort ihr Winterquartier nahmen.
Auch weserabwärts geflößtes Holz (s. Bild Nr. 41) und die damals üblichen Flußbadeanstalten in Fahrzeugform mit überdachten Schwimmbassins (s. Bild Nr. 36) sah man dort.
Die Benutzung der Weser als allgemeine Kloake, wie sie früher notgedrungen erfolgte, wurde nach dem Bau eines allgemeinen öffentlichen Abwasserkanals 1892 verboten.

VII. Brücken zum Teerhof

Die Entwicklung des Teerhofs war notwendig verbunden mit der Errichtung und Veränderung der Brücken über die Weser. Diese wiederum hingen vor allem vom Lauf des Wassers, der Anlage der Stadt und den technischen Möglichkeiten des Brückenbaues ab. Die Brücken über die Weser haben deshalb stets eine markante Rolle in der Stadtgeschichte gespielt, auf die hier nicht näher eingegangen werden kann[232].

1. *Die Große Weserbrücke*

Die zeitlich erste und auch heute noch wichtigste Brücke im Innenstadtbereich hatte bis zum Neubau in Gestalt der Wilhelm-Kaisen-Brücke 1960 ihren Standort in der Verlängerung der Wachtstraße und stellte damit die kürzeste Verbindung von der Neustadt zum

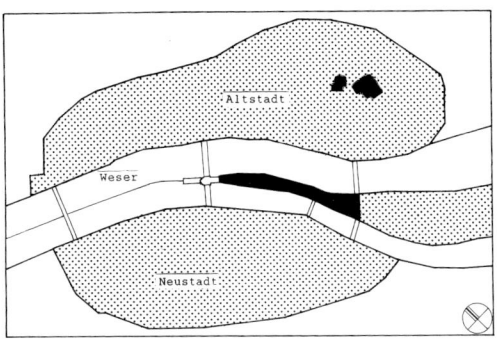

Bild 110: *Bremen, die Lage des Teerhofs*

Bild 111: *Weserbrücke im Jahre 1839 mit dem Brückentor*

Bild 112: *Weserbrücke im Jahre 1854 nach Abbau des Brückentores*

Marktplatz und zum Dom dar. Die Brücke führte zunächst nicht über beide Weserarme, sondern nur über die Große Weser (s. Bild Nr. 2). Der Weg zur Neustadt verlief anschließend 170 m gen Westen die Herrlichkeit entlang, knickte dann nach links ab und erreichte über die Brautbrücke die Neustadt (s. Bilder Nr. 20 und 21). So konnten von der auf der Herrlichkeit gelegenen Bastion der Braut bis zu deren Zerstörung 1739 alle passierenden Personen beobachtet und kontrolliert werden (s. Bilder Nr. 2 und 10). Für den Teerhof, der mit seinem östlichen Eingang an diesem Weg lag (s. Bilder Nr. 20 und 21), bedeutete dies eine nahe Verbindung zur Altstadt wie auch zur Neustadt.

Nachdem in früheren Jahrhunderten die Große Weserbrücke oft durch Eisgang, Überschwemmung, aber auch durch Brand zerstört worden war, wurde zu Anfang des 19. Jahrhunderts unter Verwendung des alten Brückentores eine zunächst auf Holzpfeilern ruhende Brücke errichtet, die Storck als „sehr stark und breit" bezeichnete[233].

1839 erhielt diese Brücke sechs stabile Steinpfeiler im Strom, außerdem wurde das Brückentor abgebaut.

An die Stelle dieser Brücke trat 1895 eine 137 m lange, äußerlich der wilhelminischen Zeit entsprechende, auf zwei Strompfeilern ruhende und mit Türmen und Bogenelementen versehene Brücke.

Diese bestand bis zum Krieg, wurde aber danach in gleicher Form wieder aufgebaut, bis sie 1960 durch die heutige Wilhelm-Kaisen-Brücke ersetzt wurde[234].

2. Die Brautbrücke

In — abgeknickter — Verlängerung der Großen Weserbrücke war die (zunächst als Kleine Weserbrücke bezeichnete) Brautbrücke bis 1866 (Bau der Eisenbahnbrücke unterhalb des Stephaniviertels) die einzige feste Verbindung zwischen Altstadt und Neustadt. 1829 wurde diese Brücke auf vier originell gezimmerten Holzpfeilern mit einer flachen Decke auf Eisenträgern und einem niedrigen feingliedrigen Eisengeländer mit Bogenelementen neu errichtet.

Diese Brücke war nicht nur ein Schmuckstück und erlaubte abwechslungsreiche Blicke in die Brautstraße, am Deich entlang, zur Herrlichkeit und auf den Teerhof, sie bestand auch fast 90 Jahre und war damit eine der dauerhaftesten Brücken Bremens. 1927 wurde sie durch eine pfeilerlose Brücke mit Eisenstreben ersetzt[235].

3. Die St.-Pauli-Brücke

Nach der Explosion der Braut 1739, dem Abbau der Befestigungsanlagen und schließlich der Aufhebung der Torsperre 1848 bestand immer weniger Veranlassung, den Übergang von der Altstadt zur Neustadt nicht in gerader Form durchzuführen.

Bild 113: *Weserbrücke im Jahre 1880*

Bild 114: *Weserbrücke im Jahre 1880; vorn die Flußbadeanstalt von Leymann; links hinten der Eingang zum Teerhof mit dem Haus Herrlichkeit Nr. 1 (rechts) und Herrlichkeit Nr. 5 (links)*

Bild 115: *Weserbrücke von 1895 flußabwärts gesehen im Jahre 1899, ganz links die ersten Häuser der Herrlichkeit, dahinter die Packhäuser Teerhof Nr. 1, 6/7 und 14*

Bild 116: *Weserbrücke von 1895 mit Blick auf die Häuser der Herrlichkeit Nr. 13a bis 16; hinter den Brückenbogen das Arbeitshaus*

Bild 117: *Die Weserbrücke von 1895 von der Herrlichkeit aus gesehen, etwa um 1910; links ein Passagier-Raddampfer; rechts im Hintergrund die neuen Gebäude der Baumwollbörse*

Bild 118: *Blick von der Neustadtseite auf die 1829 errichtete Brautbrücke, etwa im Jahre 1900; ganz rechts das Haus Herrlichkeit Nr. 7 mit dem Bierausschank von Lefers, links davon das klassizistische Gebäude Herrlichkeit Nr. 5, dazwischen im Hintergrund das Packhaus Teerhof Nr. 1, in der Bildmitte das Haus Teerhof Nr. 59, dahinter die Packhäuser Teerhof Nr. 6 und 7; links im Hintergrund die gerade fertiggestellten Gebäude Teerhof Nr. 56 bis 58 der Firma Stute, ganz links weitere Wohnhäuser und Packhäuser am Teerhof*

Bild 119: *Blick von der Straße Am Deich auf die Brautbrücke, um 1910; links hinten die Häuser der Herrlichkeit, rechts vorn ein Obstschiff*

Bild 120: *Blick von der Herrlichkeit auf Brautbrücke und Brautstraße sowie Straße Am Deich, um 1890; auf der Kleinen Weser Obstschiffe*

Bild 121: *Blick vom Dach des Bauhofes auf Brautbrücke, Brautstraße und Straße Am Deich, um 1930*

Bild 122: *Pfennigbrücke über die Kleine Weser, um 1890; rechts die St.-Pauli-Kirche*

Bild 123: *St.-Pauli-Brücke mit Steinportalen, um 1930*

Bild 124: *Kaiserbrücke von 1875 mit Blick auf die Altstadt, um 1900*

Bild 125: *Kaiserbrücke von 1875 von der Altstadtseite aus, um 1905; im Hintergrund rechts die Packhäuser des Teerhofs*

Bild 126: *Blick auf den Kopf des Teerhofs mit dem bis 1896 bestandenen Packhaus und der Kaiserbrücke von 1875, etwa um 1880*

Bild 127: *Kaiserbrücke von 1875 von der Neustadt aus gesehen mit der 1897 errichteten Hagensburg*

Bild 128: *Die neue Kaiserbrücke von der Neustadt aus gesehen, um 1933*

Bild 129: *Blick von der Altstadtseite weseraufwärts unter der Kaiserbrücke, um 1925; rechts im Hintergrund die Packhäuser des Teerhofs mit Bockschiffen davor; ganz hinten die Große Weserbrücke und die Wasserkunst*

Die zunächst für Fußgänger gebaute Pfennigbrücke brachte indessen keine Lösung, so daß 1903 nur etwa 200 m oberhalb der Brautbrücke als weitere Brücke über die Kleine Weser die St.-Pauli-Brücke gebaut wurde, die in Bogenform gestaltet war und 1907 an beiden Enden auffällige Steinportale im Stil der Gründerzeit mit Anklängen an den Jugendstil erhielt [236].

4. *Die Kaiserbrücke*

War damit der Teerhof nun schon über drei Brücken erreichbar, so fehlte immer noch eine Verbindung im Westen, also an der Spitze der Halbinsel. Der Bau wurde 1872 begonnen und erforderte, da gleichzeitig beide Weserarme überquert und erstmals besondere Senkkästen verwendet wurden, erhebliche Vorbereitungen und Umleitungen auch auf dem

Bild 130: *Zugang zum Teerhof von der Kaiserbrücke durch die Unterführung der Weserburg, um 1920*

Bild 131: *Blick von der Kaiserbrücke auf die Teerhofstraße mit der Weserburg am 28. 3. 1936*

Wasser[237]. 1875 war die Brücke in Eisenstrebenform mit drei stabilen Steinpfeilern im Wasser, einem Mittelstück auf der Teerhofspitze und gotischen Steinportalen an den Enden fertig (s. Bild Nr. 65).
Die Verbindung zur Teerhofstraße mit der Durchfahrt unter den ersten Packhäusern (Bild Nr. 61) wurde 1881 eröffnet[238].

Die Brücke gewann erheblich an optischer Wirkung, nachdem 1897 die Hagensburg als Abschluß der Teerhofpackhäuser errichtet worden war (s. Bilder Nr. 80 bis 83).
Da sich die Brücke für den zunehmenden Verkehr schon bald als zu schmal erwies, wurde sie 1913 bis 1916 unter teilweiser Verwendung

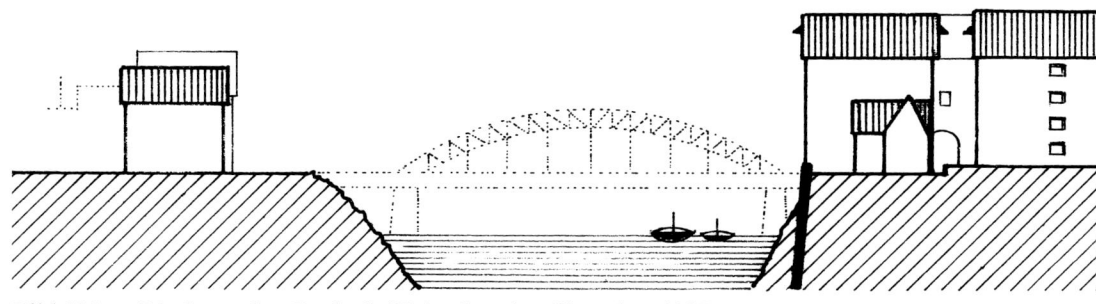

Bild 133: *Die Lage des Teerhofs/Kaiserbrücke, Situation 1937*

Bild 132: *Blick auf Bremen um 1928 mit den beiden Weserarmen und den Brücken zwischen Altstadt und Neustadt über den Teerhof*

der Fundamente und Pfeiler in eine breitere Zweibogen-Brücke von insgesamt 220 m Länge umgebaut.
Die beiden sogenannten Fachwerksichelbogen mit Zugband hatten eine Stützweite von 100 m bei der Großen Weser und 63 m bei der Kleinen Weser[239]. Noch bequemer verlief nunmehr die Zufahrt zum Teerhof, wobei sich auch hier wieder die Erhöhung der Teerhofstraße vor rund 60 Jahren als richtig erwies.
Damit hatte der Teerhof zwei Brückenverbindungen zur Altstadt und drei zur Neustadt erhalten (s. Bild Nr. 110).

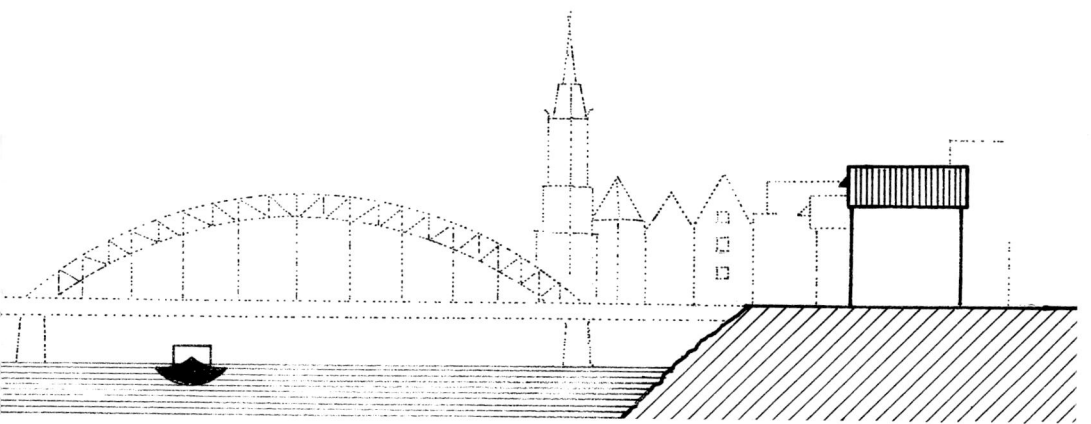

VIII. Benachbarte Straßen und Gebäude

Drei Straßen grenzen an den Teerhof bzw. liegen ihm, nur getrennt durch die Weser, gegenüber: die Herrlichkeit im Osten, die Schlachte im Norden und die Straße Am Deich im Süden. Wenn sie hier kurz behandelt werden, so wegen des Kontrastes und der dadurch unterstrichenen Mischbebauung.

1. *Herrlichkeit*

Die dem Teerhof am nächsten liegende Straße der Herrlichkeit hat mit ihm die Lage auf der Insel bzw. Halbinsel und damit die Umschließung durch den Strom gemeinsam. Dennoch gibt es topographische Unterschiede, die auch zu einer unterschiedlichen Entwicklung der beiden Straßen geführt haben. Die Herrlichkeit lag schon in früheren Zeiten höher und war vor allem breiter als das verhältnismäßig schmale Teerhofgelände, weil die Kleine Weser bei ihr nach Süden ausschwenkte (s. Bilder Nr. 20 und 21). Die Herrlichkeit bot deshalb das ideale Gelände für die Befestigungsanlage der Braut (s. Bilder Nr. 1, 2, 5, 7 und 10). Dies wiederum hatte zur Folge, daß die Kleine Weser nicht in gerader Verlängerung der Großen Weserbrücke überquert werden konnte, sondern die Zufahrtstraße zur Brautbrücke westlich um die Braut herumgeführt wurde, so daß die Herrlichkeit vor dem östlichen Eingang zum Teerhof nach Süden zur Brücke abbog[240]. Damit waren die beiden Straßen getrennt.

Die vorgenannten Umstände führten dazu, daß der Herrlichkeit die Plätze am Wasser fehlten, die für die Anlage von Werften, Packhäusern, Lagerplätzen und anderen Betrieben erforderlich gewesen wären. Es entstanden deshalb hier neben dem Bauhof andere Handwerksbetriebe als auf dem Teerhof, insbesondere auch des Kunsthandwerks wie der Steinmetzen und Bildhauer, außerdem Einzelhandelsläden und Gaststätten[241]. Wie oben dargestellt, gehörten dazu zum Teil auch Leute, die durch die Packhäuser vom Teerhof vertrieben worden waren. Nach dem Adreßbuch des Jahres 1900[242] hatten sich in den damals 18 Gebäuden der Herrlichkeit neben der Wohnbevölkerung von rund 25 Familien insgesamt rund 35 gewerblich tätige Personen mit folgenden Berufen niedergelassen:

2 Maurer
1 Tischler
1 Kistenhersteller
1 Schlosser
1 Uhrmacher
1 Goldschmied
2 Schneider
2 Kappenmacher
1 Gürtler
2 Schuhmacher
2 Zigarrenmacher
1 Zigarrenfabrikant
1 Viehhändler
1 Lederwarenhändler
1 Korbwarenhändler
1 Kurzwarenhändler
1 Kolonialwarenhändler
5 Kaufleute
1 Arzt
1 Barbier
1 Badeanstaltsinhaber
1 Musiker
4 Gastwirte.

In den folgenden Jahrzehnten bis zum Zweiten Weltkrieg veränderte sich diese Struktur kaum[243].

In den Gebäuden der Herrlichkeit haben sich die historischen Ereignisse und die Vielfalt der gewerblichen Betätigungsformen ebenfalls niedergeschlagen, wenn auch nicht so kontrastreich wie auf dem Teerhof. Die Häuser Nr. 1, 2, 3, 3 a und 4 standen auf der der Großen Weser zugewandten Seite (s. Bild Nr. 21) und waren bereits in der zweiten Hälfte des 18. Jahrhunderts gebaut worden. Das Haus Nr. 1 war ein dreigeschossiges verputztes Haus mit Walmdach, das im Erdgeschoß über der Tür und den beiden Fenstern gemauerte Rundbogen aufwies.

Seine Besonderheit bestand darin, daß das Grundstück im Mittel nur etwa 5 m tief war, so daß das Haus an der Ostseite nur etwa 3,50 m breit war (s. auch Bilder Nr. 11 und 71). Das Haus Nr. 2 war etwas jüngeren Datums und geräumiger. Es beherbergte um die Jahrhundertwende den Trompeter Nuckel, der auf seinem Balkon die vorbeifahrenden Schiffe musikalisch zu begrüßen pflegte[244]. In den folgenden Jahrzehnten diente das Haus als Hotel und fiel durch entsprechende Aufschriften an der Straßen- und Wasserseite schon von weitem auf (Bilder Nr. 71 und 72).

Bild 135: *Herrlichkeit Nr. 3 im April 1957*

Bild 134: *Herrlichkeit Nr. 1 im April 1957*

Nr. 3 war das schon mehrfach genannte Haus des berühmten Bildhauers Freese mit Elementen des späten Barockstils (Bild Nr. 16). Es entstand schon um 1740 und wurde 1939 renoviert, so daß auch die Worte: „So geths in der Weldt" mit durcheinanderpurzelnden Buchstaben über dem ersten Stock wieder lesbar waren.

Die Häuser Nr. 1 bis 3 waren die einzigen des Teerhofs und der Herrlichkeit, die den Zweiten Weltkrieg halbwegs unbeschädigt überstanden hatten[245]. Die Häuser Nr. 1 und 2 wurden in einem Akt behördlicher Unüberlegtheit im Frühjahr 1973 abgerissen, um einer Grünfläche Platz zu machen, die nie entstand.

Das Freese-Haus, das weiter verfallen war, wurde Ende der siebziger Jahre architektonisch aufgemessen und abgetragen, seine wichtigen Elemente beim Landesamt für Denkmalpflege gelagert[246].

Die Häuser Nr. 3 a und 4 waren die letzten vor dem Packhaus Teerhof Nr. 1 und hatten im Gegensatz zu den Häusern 1 bis 3 wegen einer leichten Krümmung der Weser nach Norden und der Herrlichkeit nach Süden eine nor-

Bild 136: *Großaufnahme von Herrlichkeit Nr. 3 im April 1957*

Bild 137: *Abriß der Häuser Herrlichkeit Nr. 1 und 2 im März 1973*

Bild 138: *Herrlichkeit Nr. 3 am 15. 2. 1978*

male Grundstücksfläche (s. Bild Nr. 21 und Luftbild Umschlagseite). Das Haus Nr. 3 a war das „Arzthaus" der Gegend, die Ärzte Dr. Timmermann (bis Anfang des 20. Jahrhunderts) und Dr. Helbron (ab 1910 bis etwa 1940) behandelten auch viele Teerhofbewohner[247]. Das Haus Nr. 4 diente offensichtlich der Familie und Firma Stute vor Errichtung der Gebäude Teerhof Nr. 56 und 58 als Wohnhaus[248].

Das Haus Nr. 5 lag als einziges Haus der Herrlichkeit auf dem Teerhofgelände (Bild Nr. 21) und ist dort schon beschrieben worden (s. Bilder Nr. 58, 63 und 72). Das mit einem Walmdach versehene dreigeschossige Haus hatte eine ansprechende spätklassizistische Fassade (s. Bild Nr. 118). Es wurde als Fischerhaus bezeichnet (wohl wegen der früher dort ansässigen Bremer Handelsfirma Fischer & Sohn) und beherbergte zehn Parteien, darunter vier Firmen[249].

Ab Nr. 7 (das Grundstück Nr. 6 war nur ein Lagerplatz) standen die Häuser auf der zur Kleinen Weser zugewandten Seite (s. Bild Nr. 21). Das zweistöckige Haus Nr. 7 am Kopf der Brautbrücke war über Jahrzehnte ein Bierausschank (Bilder Nr. 118 und 119). Die Häuser von Nr. 8 bis Nr. 13 a waren dreigeschossig und nach 1851 entstanden, denn sie berücksichtigten die Krümmung der Herrlichkeit (s. Bild Nr. 44), denn jedenfalls bis 1850 verlief die Straße im rechten Winkel, wie die Ansicht von Eltzner aus dem Jahre 1851 (s. Bild Nr. 11) ergibt. Hinter den Häusern befanden sich zur Wasserseite weitere Gebäude, die zum Teil früher, zum Teil erst während der Gründerzeit gebaut worden waren (s. Bilder Nr. 118 und 119).

Den Abschluß der Herrlichkeit an dieser Seite bildeten drei große Grundstücke, die zum Teil aus kleineren entstanden waren (s. Bild Nr. 21) und zunächst die Nrn. 14, 15 und 16 und später die Nrn. 14, 16 und 18 trugen[250]. Auf ihnen standen zwei große traufständige Häuser in spätklassizistischem Stil mit vorgesetzten Giebeln, Simsen und Rosetten.

Das am nächsten zur Großen Weserbrücke gelegene Haus Nr. 16 bzw. 18 wurde 1830 als Arbeitshaus gebaut, nachdem das bereits seit 1779 für diese Zwecke genutzte alte Kornhaus an der Schlachte hierfür nicht mehr zur Verfügung gestanden hatte[251]. In einer Abteilung des Arbeitshauses wurden arbeitswillige einkommenslose Personen beschäftigt, verpflegt und beherbergt, in einer anderen arbeitsscheue Personen unter Zwang zur Arbeit angehalten und ebenfalls beköstigt und untergebracht[252]. Bis 1895 lag die Mitte des Arbeitshauses genau in der Achse der Großen Weserbrücke; die 1895 errichtete neue Brücke wurde 70 m weiter nach Osten verlegt, so daß die Straße zur Brücke nunmehr an der Ostseite des Arbeitshauses vorbeiführte (s. Bild Nr. 116).

Nach 1920 wurde das Arbeitshaus aufgelöst und in den beiden Gebäuden 14 und 16 bzw. 18 die gesamte bremische Bauverwaltung einschließlich des Deichamtes und der Baudeputation untergebracht[253]. Der Platz hinter den beiden Gebäuden, auf dem sich bis 1796 die

Bild 139: *Blick über die Kleine Weser auf die hinteren Häuser der Herrlichkeit am 26. 9. 1928; in der Mitte mit Schornstein und Nebengebäuden die Badeanstalt von Frickenhelm, Herrlichkeit Nr. 12/13*

Befestigungsanlagen der Braut und anschließend der staatliche Eichenbauhof und der Tannenbauhof befunden hatten, wurde mit weiteren Gebäuden für die Baubehörde bebaut.

Der nach dem Zweiten Weltkrieg entstandene Streit um den Wiederaufbau des Bauhofs und die Erhaltung der Fassaden des Arbeitshauses wurde dadurch beendet, daß die Mauern der im Krieg zerstörten Gebäude im Dezember 1949 einstürzten[254].

2. Schlachte

Die Schlachte, die dem Teerhof in der ganzen Front auf der anderen Seite der Großen Weser gegenüberliegt (s. Luftbild Umschlagseite), hat in ihrer Geschichte ähnliche Veränderungen erlebt wie der Teerhof. Sie war nach dem frühmittelalterlichen Balgehafen der älteste Lösch- und Ladeplatz Bremens, der auch dem Seeverkehr diente. Zunächst gab es auch hier nur einfache Bollwerke, die später durch feste

Bild 140: *Das Arbeitshaus Herrlichkeit Nr. 16 sowie die Häuser Herrlichkeit Nr. 15 und 14, etwa im Jahre 1920*

Bild 141: *Blick über die Kleine Weser auf die Nebengebäude der Bauverwaltung hinter dem Arbeitshaus und dem Gebäude Herrlichkeit Nr. 14, etwa im Jahre 1934*

Bild 142: *Die Kaimauer der Schlachte mit Schiffen, etwa 1890*

Bild 143: *Lade- und Löschvorrichtungen an der Schlachte, um 1880*

Bild 144: *Ehemalige Packhäuser, Kirchengebäude von St. Martini und Packhäuser der Schlachte an der Großen Weser, um 1935*

Bild 145: *Geschäftshäuser an der Schlachte, um 1925*

Bild 146: *Blick über den Teerhof auf die Schlachte, um 1930*

Bild 147: *Straße Am Deich, um 1935*

Bild 148: *Neustadtsmarkt mit Rolandsbrunnen, um 1903*

bauung wie in anderen Straßen der vorderen Neustadt (s. Bild Nr. 115). Soweit Lager- und Packhäuser gebaut wurden, dienten sie ausschließlich dem Landtransport.

Außerdem gab es hier wie an der Brautstraße als Verlängerung der Brautbrücke zahlreiche Läden, die auch für die Teerhofbewohner wichtig waren.

Im Eckhaus Brautstraße Nr. 1/Am Deich befand sich Ende des vergangenen Jahrhunderts die Sattlerei C. A. Lohnau (s. Bild 115), in der der gelernte Sattler Friedrich Ebert, der im Mai 1891 nach Bremen gekommen war, vorübergehend arbeitete. Ebert übernahm anschließend die Redaktion der „Bremer Bürgerzeitung", die ihm jedoch nur einen Wochenlohn von 25,— Mark brachte, so daß er im Mai 1894 an der Ecke Brautstraße/Westerstraße eine Gaststätte pachtete[256]. Friedrich Ebert wurde bekanntlich Bürgerschaftsabgeordneter und später Reichspräsident.

Kaimauern ersetzt wurden. Die Güterbewegungen von Schiff zu Schiff und von Schiff zu Land und umgekehrt wurden zunächst auf Laufstegen durch Menschenkraft und sodann mit einfachem Schiffsgeschirr durchgeführt. Später kamen die Winden der Packhäuser hinzu, soweit diese an der Kaimauer standen, vor allem aber besondere Kräne und Wuppen auf der Kaimauer[255].

Mit der zunehmenden Versandung der Weser kam auch hier der Güterumschlag zum Erliegen, so daß die meisten Lager- und Packhäuser hier zu Geschäftshäusern umgebaut oder aber durch repräsentative Kaufmannshäuser ersetzt wurden.

Der Blick jenseits der Kleinen Weser über den Teerhof hinweg auf die Schlachte machte den Kontrast der Bebauung beider Straßen seit der Jahrhundertwende deutlich.

3. *Am Deich*

Die Entwicklung dieser Straße jenseits der Kleinen Weser verlief anders. Da wegen des Deiches und der Enge der Kleinen Weser ein Lade- und Löschbetrieb zum Wasser nicht in Frage kam, entstand hier eine ähnliche Be-

C. Der Teerhof als Arbeits- und Wohnstraße in der ersten Hälfte des 20. Jahrhunderts

Auch wenn auf dem Teerhof zwischen 1900 und 1950 so gut wie keine Bauten mehr entstanden, wurden die Straße und ihre Bewohner doch mit den verschiedensten Veränderungen konfrontiert.

I. Zur wirtschaftlichen und sozialen Situation der bremischen Bevölkerung um die Jahrhundertwende

Nachdem die bremische Bevölkerung von etwa 25 000 im Jahre 1700 nur auf etwa 37 000 im Jahre 1800 angestiegen war, nahm sie bis zum Jahre 1900 weiter um rund 185 000, also um das Sechsfache, zu und erreichte 220 000[257]. Die Gründe für diesen steilen Anstieg lagen im wesentlichen in der Verbesserung der hygienischen und wirtschaftlichen Verhältnisse, der Vergrößerung der Stadt um die Vorstädte und in einem starken Zustrom aus den Landgebieten infolge von Industrialisierung und Kommerzialisierung[258].

1. *Wohnverhältnisse*

Für die wachsende Bevölkerung Behausungsmöglichkeiten zu schaffen, stellte in Bremen das geringere Problem dar. Die Eingemeindung der Vorstädte, die architektonische Idee von einem „Bremer Haus" und die Bau- und Siedlungsgenossenschaften mit wesentlicher Beteiligung der Arbeitnehmer schufen — wie oben dargestellt — gute Voraussetzungen für die Errichtung und Bereitstellung bescheidener Wohnungen. Damit gehörten die früheren Wohnkeller, Gänge und Höfe, die der Stadtarzt Heineken 1830 als „Höhlen des Jammers, des Elends und der tiefsten Verworfenheit" gekennzeichnet hatte[259], weitgehend der Vergangenheit an. Dennoch konnten sich trotz der geschilderten günstigen Finanzierungsmöglichkeiten längst nicht alle Familien ein eigenes kleines Haus im Wert von etwa 4000 Mark leisten, sondern mußten mit einer kleineren Mietwohnung im Souterrain oder Dachgeschoß eines solchen Hauses vorliebnehmen, für die immerhin bis zu 200 Mark im Jahr und damit annähernd 20 % eines normalen Arbeitseinkommens aufzuwenden waren[260]. Dies führte im übrigen dazu, daß viele Bremer Bürger im Laufe ihres Lebens wohl ein dutzendmal oder noch häufiger ihre Wohnung wechselten[261].

2. *Beschäftigungssituation*

Die größte Sorge der bremischen Bevölkerung um die Jahrhundertwende bestand in der Erhaltung einer halbwegs einkömmlichen Beschäftigung — auch heute noch ein primäres sozialpolitisches Anliegen. Zwar führte die enorme Ausweitung von Handel und Industrie zu einer vermehrten Beschäftigung, doch gab es Zeiten erheblicher Arbeitslosigkeit. Außerdem ging es auch darum, den Arbeitnehmern einen angemessenen Anteil an dem von ihnen wesentlich miterwirtschafteten Ertrag zur Bestreitung ihres Lebensunterhalts zu sichern. Die Konstruktion des streng liberalistisch angelegten Arbeitsvertrags konnte indessen das Diktat der Vertragsbedingungen durch die wirtschaftlich stärkeren Unternehmer nicht beseitigen. Der Staat hatte sich nach Niederschlagung der revolutionär-demokratischen Ansätze 1848 — auf die sich auch die Teerhofbewohner bei ihrer Protestaktion gegen die Höherlegung der Straße mit Erfolg berufen hatten — darauf beschränkt, die Rolle eines Schutzpatrons des Produktionsprozesses in der bürgerlichen Gesellschaft zu übernehmen[262]. Diese Funktion lief auf die Beibehaltung des bereits von dem englischen Nationalökonomen David Ricardo 1817 aufgestellten „ehernen Lohngesetzes" hinaus, wonach der durchschnittliche Arbeitslohn immer auf den notwendigen Lebensunterhalt reduziert bleibt, der in einem Volk gewohnheitsmäßig zur Fristung der Existenz und zur Fortpflanzung erforderlich ist, während der Überschuß der Produktion, d. h. der Mehrwert im Sinne der Lohntheorie von Karl Marx, den Unternehmern zufällt[263]. Weder von ihren Arbeitgebern noch vom Staat konnten sich deshalb die Arbeitnehmer eine Beendigung ihrer Situation, die durch Hungerlöhne am Rande des Existenzminimums bestimmt wurde, erhoffen. Zur Illustration seien hier einige Lohnbeispiele genannt: Der Tageslohn eines Maurers im Reichsdurchschnitt betrug 1885 3,11 Mark, 1895 3,64 Mark, wobei die regionalen Unterschiede allerdings erheblich waren (Maurer-Wochenlohn 1885 in Dresden 20,46 Mark, in Berlin 26,82 Mark, in Hamburg 30,– Mark). Der Wochenlohn eines Arbeiters im Maschinenbau in Berlin stellte sich 1895 auf 27,19 Mark. In der Seeschiffahrt belief sich die durchschnittliche Monatsheuer 1895 auf 51,47 Mark. Ein Hafenarbeiter in Bremen verdiente im Akkord 1881 bis zu 50 Pfennig in der Stunde, ein Maurer im Zeitlohn 1887 42,5 Pfennig[264].

Ein grundlegender Wandel der Lohnsituation trat erst dann ein, als sich die Arbeitnehmer auf ihre solidarischen Kräfte besannen und in Anknüpfung an die Arbeiter-Assoziationen von 1848 die Bildung von Selbsthilfeeinrichtungen in Gestalt der Gewerkschaften betrieben[265]. Als Mittel zu größerer Lohngerechtigkeit wurde der Tarifvertrag entwickelt und im Druckereigewerbe 1873 zum erstenmal praktiziert, indem nunmehr die faktisch und individuell verlorengegangene Vertragsfreiheit auf kollektivvertraglicher Ebene zwischen Gewerkschaften einerseits und Arbeitgebern und ihren Verbänden andererseits wieder hergestellt wurde[266]. Gleichwohl bedurfte es langwieriger, über die Jahrhundertwende hinausgehender und durch zwei Weltkriege unterbrochener Anstrengungen, das Rechtsinstitut des Tarifvertrags mit bindend-normativer Wirkung auszustatten (Tarifvertragsverordnung 1918, Tarifvertragsgesetz 1949) und in entsprechende Vertragsabschlüsse für nahezu alle Berufs- und Gewerbezweige umzusetzen.

Die Arbeitnehmer des Jahres 1900 befanden sich deshalb trotz beachtlicher Teilerfolge noch in einer Aufbruchsituation. Ihre Löhne bewegten sich auch um die Jahrhundertwende in Bremen noch auf einem niedrigen Niveau und betrugen z. B. bei den Maurern und Zimmerern 47,5 Pfennig und den Bau-Hilfsarbeitern 40 Pfennig in der Stunde, bei Matrosen in der Hochseefischerei um 70 Mark im Monat[267]. Die Löhne der Frauen lagen noch um rund ein Drittel unter denen der Männer, obwohl Frauen auch zu fast allen körperlich schweren Arbeiten herangezogen wurden; gleichwohl stieg die Erwerbstätigkeit der Frauen im Reich von 6,5 Millionen im Jahre 1895 auf 9,5 Millionen im Jahre 1907[268]. Auch zahlreiche regionale Streiks[269] vermochten vor dem Hintergrund der restriktiven Gesetzgebung die Lohnmisere nicht entscheidend zu beheben, desgleichen nicht bremische Bestrebungen zur Institutionalisierung von Mitbestimmung der arbeitenden Klassen, z. B. durch Arbeitnehmerkammern[270]. Dies änderte sich erst nach dem Ersten Weltkrieg, als der Arbeiterbewegung der entscheidende Durchbruch gelang[271].

3. *Soziale Sicherung*

Schon im Mittelalter und in der beginnenden Neuzeit gab es im bremischen Staat ein facettenreiches System von sozialen Leistungen bei Krankheit, Invalidität, Pflegebedürftigkeit und sonstiger Not, das allerdings nach heutigen Begriffen unzureichend und unvollständig war. Zu Anfang waren vor allem die kirchlichen und karitativen Einrichtungen um eine Linderung bemüht. Bei den kirchlichen und später auch den städtischen Krankenanstalten waren Krankenkassen eingerichtet, durch die gegen eine verhältnismäßig geringe Gebühr eine Krankenversorgung gewährt werden konnte. Später kamen private Krankenkassen hinzu. Die Zünfte und die Gesellenbruderschaften unterhielten Einrichtungen, zu denen die Mitglieder einen bestimmten Beitrag zu zahlen hatten und dafür bei Krankheit oder Invalidität Unterstützungsleistungen in Anspruch nehmen konnten. Hiervon waren allerdings die Bönhasen (unzünftige Handwerker) ausgeschlossen. Im Rahmen der öffentlichen Armenpflege wurden Hilfsbedürftige in Armenhäusern (ein solches bestand auch auf dem Teerhof) sowie in Witwen- und Waisenhäusern versorgt. Die Aufwendungen der Stadt Bremen betrugen hierfür 1880 immerhin fast 700 000 Mark. Die in der zweiten Hälfte des 19. Jahrhunderts gegründeten Gewerkschaften leisteten ihren Mitgliedern in beispielhafter Solidarität materielle Hilfe bei Arbeitslosigkeit und sonstiger Not. Auch manche Arbeitgeber gewährten ihren Arbeitnehmern vertraglich oder außervertraglich Unterstützungen. Einen ganz entscheidenden Hilfsfaktor bildete schließlich die Familie, die oft den näheren Verwandtenkreis umfaßte und so die Lasten auf mehrere Schultern verteilen konnte[272].

Bild 149: *Auszug aus der Kaiserlichen Botschaft vom 17. November 1881*

Die erste staatliche Regelung war das Gesetz des Norddeutschen Bundes — zu dem der bremische Staat damals gehörte — über den Unterstützungswohnsitz vom 6. Juni 1870, das 1871 auf das Deutsche Reich ausgedehnt wurde. Hiernach erhielt ein Hilfsbedürftiger, der sich aus eigener Kraft nicht unterhalten konnte, die notwendige Unterstützung, wobei sich Art und Ausmaß nach Landesrecht bestimmten. Die Fürsorgepflicht umfaßte dem Grunde nach das sogenannte Existenzminimum in Gestalt von Obdach, unentbehrlichem Lebensunterhalt, Krankenhilfe und Armenbegräbnis. Es galt der Grundsatz der Subsidiarität, d. h. Leistungen waren erst dann zu gewähren, wenn das Einkommen des Bedürftigen oder Leistungsansprüche gegen andere Personen nicht ausreichten. Bei dieser als Armenpflege bezeichneten Fürsorge handelte es sich um den Vorläufer der heutigen Sozialhilfe[273].

Ab 1883 wurden die einzelnen Zweige der Sozialversicherung durch Reichsgesetze geschaffen. Ausgangspunkt war die Kaiserliche Botschaft vom 17. November 1881, wonach auf der Grundlage der sozialen Selbstverwaltung die Arbeiter gegen Krankheit, Unfall, Invalidität und materielle Not im Alter versichert werden und einen Rechtsanspruch auf die Leistungen erhalten sollten. Als erstes wurde das Gesetz über die Krankenversicherung der Arbeiter vom 15. Juni 1883 erlassen, das die Versicherungspflicht gegen Krankheit kraft Gesetzes oder aufgrund der Anordnung einer Gemeinde einführte. Damit waren die meisten gewerblichen Arbeiter und die Angestellten mit einem Jahresarbeitsverdienst bis zu 2000 Mark pflichtversichert. Die freiwillige Versicherung anderer Personen war nach näheren Bestimmungen möglich. Weitere Personenkreise, z. B. die Angehörigen des Transportgewerbes und die Arbeiter der Landwirtschaft, wurden durch spätere Gesetze angeschlossen. Die Leistungen der Krankenversicherung bestanden in freier ärztlicher Behandlung und Gewährung von Arznei bis zu 13 Wochen, in der Zahlung von Krankengeld bis zu 13 Wochen in Höhe von mindestens 50 % des Arbeitsentgelts, in Wochenhilfeunterstützung für mindestens vier Wochen nach der Niederkunft sowie in einem Sterbegeld. Die Beiträge, die zwischen 3 % und 6 % des Arbeitsverdienstes lagen, waren von den Versicherten zu zwei Drittel und den Arbeitgebern zu einem Drittel zu tragen. Die Organisation, die in Bremen durch den Senat und durch die Behörde für Krankenversicherung durchgeführt wurde, war bei rund 47 000 Versicherten um die Jahrhundertwende und immerhin 89 verschiedenen Krankenkassen einschließlich der Betriebs-, Innungs- und Hilfskassen kompliziert[274].

Das Gesetz über die Unfallversicherung wurde am 6. Juli 1884 erlassen. Es beruhte ebenfalls auf dem Grundsatz der Versicherungspflicht, und zwar waren hiernach alle in bestimmten Berufszweigen Beschäftigten mit einem Jahresgehalt bis zu 2000 Mark auf Kosten der Arbeitgeber bei den Berufsgenossenschaften gegen Unfälle versichert. Die Leistungen bestanden im wesentlichen in den Heilverfahrenskosten vom Beginn der 14. Woche nach Eintritt des Unfalls, in etwaigen Beerdigungskosten sowie in einer Rente an den Versicherten oder dessen Hinterbliebene bis zur Höhe von zwei Drittel des Arbeitsverdienstes. Es galt nicht das Prinzip der Verschuldenshaftung, sondern der Gefährdenshaftung. Auch hier wurden weitere Personenkreise der Versicherung angeschlossen[275].

Am 22. Juni 1889 schließlich wurde das Gesetz betreffend Invaliditäts- und Altersversicherung erlassen. Hiernach waren alle Arbeiter ohne Rücksicht auf die Höhe ihres Einkommens und die Angestellten bis zu 2000 Mark Jahresarbeitsverdienst pflichtversichert. Das Gesetz sah außerdem die Möglichkeit eines freiwilligen Beitritts und der freiwilligen Weiterversicherung nach näheren Voraussetzungen vor. Nach diesem Gesetz wurde Altersrente mit Vollendung des 70. Lebensjahres gewährt. Invalidenrente war vorher zu zahlen, wenn der Versicherte dauernd erwerbsunfähig war. Weitere Voraussetzungen für beide Rentenarten waren die Erfüllung der Wartezeit (für die Altersrente 30, für die Invalidenrente fünf Beitragsjahre) und die Aufrechterhaltung der Anwartschaft. Leistungen an Witwen und Waisen des Versicherten sah dieses Gesetz noch nicht vor. Die Mittel für die Ver-

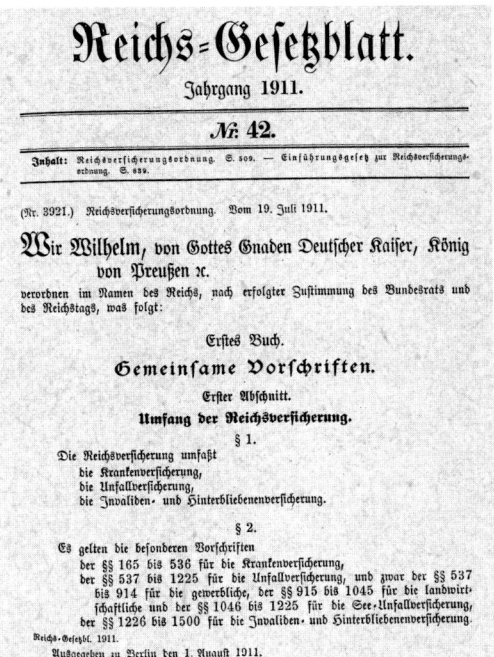

Bild 150: *Eingangssätze der Reichsversicherungsordnung*

sicherung wurden durch Beiträge und Staatszuschüsse aufgebracht, wobei die Arbeitgeber und die Versicherten je zur Hälfte einen Beitrag von 1,7 % des Arbeitsentgelts zu leisten hatten. Die Höhe der Beiträge richtete sich nach Lohnklassen, die Beiträge wurden durch Einkleben von Marken in Versicherungskarten entrichtet. Der Reichszuschuß, der aus allgemeinen Steuermitteln aufgebracht wurde, betrug 50 Mark je Rente. Träger der Versicherung waren die Landesversicherungsanstalten, wobei die drei Hansestädte in Lübeck eine gemeinsame Anstalt unterhielten, bei der fast 200 000 Mitglieder eingetragen waren. Der Senat übernahm die Funktion der höheren Verwaltungsbehörde in Bremen[276].

Mit der Reichsversicherungsordnung vom 19. Juli 1911 wurden die einzelnen Zweige des Sozialversicherungsrechts zusammengefaßt und verbessert, nur die Rentenversicherung der Angestellten wurde in dem Angestelltenversicherungsgesetz vom 20. Dezember 1911 gesondert geregelt und erhielt mit der Reichsversicherungsanstalt für Angestellte eine von der Arbeiterrentenversicherung getrennte Organisation[277].

Über Streitigkeiten in einzelnen Sozialversicherungsfällen (z. B. über das Bestehen einer Erwerbsunfähigkeit) entschieden Schiedsgerichte, gegen deren Entscheidungen das Reichsversicherungsamt in Berlin zwecks tatsächlicher und rechtlicher Überprüfung angerufen werden konnte. Bereits diese Gerichte — die Vorläufer der späteren Sozialgerichtsbarkeit — waren auch mit ehrenamtlichen Beisitzern aus Kreisen der Arbeitgeber und Versicherten besetzt[278].

Insgesamt war die damalige Sozialversicherung noch lückenhaft und unzureichend. Eine Sicherung gegen Arbeitslosigkeit wurde erst mit dem Gesetz über Arbeitsvermittlung und Arbeitslosenversicherung vom 16. Juli 1927 geschaffen, vorher erbrachten allenfalls die Gewerkschaften und Handwerker-Zusammenschlüsse geringe Hilfeleistungen. Zur Arbeitsvermittlung gab es für bestimmte Berufe Arbeitsnachweisstellen. Es fehlte auch bis 1911 eine Versorgung der Witwen und Waisen in der Rentenversicherung, so daß diese Personen oft schon in sehr jungen Jahren oder noch im Alter einer Tätigkeit nachgehen mußten. Schließlich reichten die meisten Sozialleistungen der Höhe nach nicht aus und mußten vor allem durch Eigenhilfe und Familienfürsorge ergänzt werden. Die niedrigste Alters- und Invalidenrente lag knapp unter 10 Mark im Monat bei einem durchschnittlichen Bruttoarbeitseinkommen eines Arbeiters von 60 Mark im Monat. Allerdings betrug der Beitragssatz für Arbeitgeber und Arbeitnehmer insgesamt nur 1,7 % des Arbeitsentgelts, also weniger als ein Zehntel des heutigen Beitragssatzes. Jedenfalls war ein Anfang gemacht, und die Minimalsicherung beseitigte die schlimmste Not. Die schon damals festgelegten Grundsätze der Versicherungs- und Beitragspflicht und des Leistungsrechts sowie die soziale Selbstverwaltung haben sich bis zum heutigen Tag bewährt[279].

II. Eigentum, Miete und Pacht auf dem Teerhof

Voraussetzung für die bis 1944 bestandene Mischbebauung mit möglichst vielen Varianten war die Verfügbarkeit des Grundeigentums zu erschwinglichen Preisen. Diese war sowohl am Anfang der Geschichte des Teerhofs in der ersten Hälfte des 17. Jahrhunderts als auch vor seiner Neubebauung nach dem Zweiten Weltkrieg nicht gegeben. Die Folgen waren während der erstgenannten Zeit eine nur zögerliche Bebauung, während der letztgenannten Zeit eine einheitliche Bebauung. Nach zwei im Original vorliegenden Urkunden vom 23. Juli 1628 und 24. April 1647 waren die Elterleute der Kaufmannschaft Eigentümer des Teerhofgeländes zu jener Zeit, denn sie nahmen die Verpachtung vor[280]. Noch 100 Jahre später war es den Bürgern nach dem hier geltenden Neustadtrecht grundsätzlich verwehrt, auf dem Teerhof Grund und Boden zu kaufen[281]. Nachdem zunächst für die Werftunternehmer Ausnahmen gemacht worden waren, konnten im 19. Jahrhundert auch andere Bürger Grundstücke auf dem Teerhof erwerben. In welchem Ausmaß um 1900 die Grundstücke auf dem Teerhof von Eigentümern oder von Mietern bzw. Pächtern genutzt wurden, kann anhand von Eigentümerverzeichnissen und Adreßbüchern ermittelt werden.

1. *Wohnhäuser*

13 der 23 Wohngebäude auf dem Teerhof (s. unter B II) bewohnten um 1900 nach den vorliegenden Aufstellungen die Eigentümer. Von den Eigentümern der restlichen Häuser wohnten zwei ebenfalls auf dem Teerhof in anderen Häusern. Das Haus Nr. 13 lag auf dem Gelände des Tonnenhofs und stand deshalb stets im Eigentum der Stadt Bremen. Das Haus Nr. 14 b gehörte während der meisten Zeit seines Bestehens den Eigentümern der angrenzenden Packhäuser Nr. 14 und 14 a, die es jedenfalls zum Teil für ihre Arbeitnehmer nutzten.

Die restlichen sechs Wohnhäuser befanden sich im Eigentum anderer Personen, wobei das Motiv der Kapitalanlage eher die Ausnahme bildete, etwa bei dem Haus Nr. 37, das zeitweilig dem stadtbekannten Richter Dr. Smidt, später aber auch jeweils einem Bewohner gehörte[282].

2. *Packhäuser*

Die 22 Packhäuser des Teerhofs (s. unter B III) wurden ganz überwiegend von ihren Eigentümern genutzt. In wenigen Fällen, so bei dem Packhaus Nr. 19, war die Nutzung

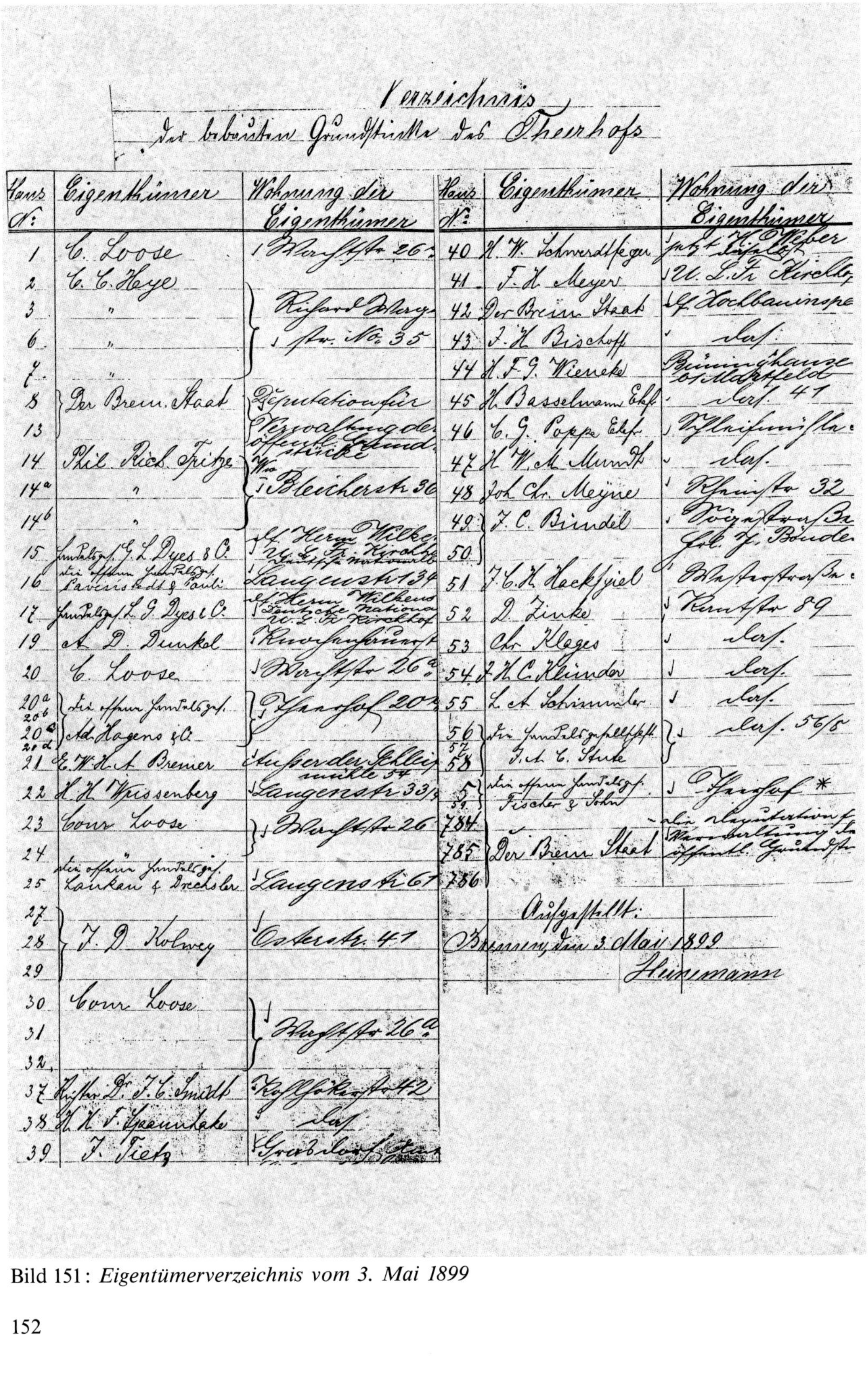

Verzeichnis der bebauten Grundstücke des Thierhofs

Haus N°	Eigenthümer	Wohnung der Eigenthümer
1	C. Loose	Werftstr. 26a
2	C. C. Heye	Richard Wagnerstr. No. 35
3	"	
6	"	
7	"	
8	Der Brem. Staat	Deputation für Verwaltung der öffentl. Grundstücke
13		
14	Phil. Rich. Spitze	Wwe Bleicherstr. 36
14a	"	
14b	"	
15	Handelsges. G. L. Dyes & Co.	d. Herrn Wilkens u. L. Fr. Kirchhof [illegible]
16	die offene Handelsges. Lavenstedt & Pauli	Langenstr. 134
17	Handelsges. L. G. Dyes & Co.	d. Herrn Wilkens Deutsche nationale u. L. Fr. Kirchhof
19	A. D. Dunkel	Knochenhauerstr.
20	C. Loose	Werftstr. 26a
20a, 20b, 20c, 20d	die offene Handelsges. Ad. Hagens & Co.	Thierhof 20a
21	E. W. H. A. Bremer	Außer der Schleifmühle 54
22	H. H. Weissenberg	Langenstr. 33/4
23	Conr. Loose	Werftstr. 26
24		
25	die offene Handelsges. Lanken & Drechsler	Langenstr. 61
27	J. D. Kolwey	Osterstr. 41
28		
29		
30	Conr. Loose	Werftstr. 26a
31		
32		
37	Küster Dr. J. C. Smidt	Kohlhökerstr. 42
38	H. H. F. Spannhake	das.
39	J. Tietz	Grabenstr. [illegible]
40	H. W. Schwerdtfeger	jetzt H. Weber Thierhof
41	J. H. Meyer	U. L. Fr. Kirchhof
42	Der Brem. Staat	d. Hochbauinspe[ktion]
43	J. H. Bischoff	das.
44	H. F. G. Wienecke	[illegible] 41
45	H. Basselmann Ehef.	das. 41
46	C. G. Poppe Ehef.	Schleifmühle
47	H. W. M. Mundt	das.
48	Joh. Chr. Meyne	Rheinstr. 32
49	J. C. Bündel	[illegible] geb. J. Bünde
50		
51	J. C. H. Hackfiel	Wasserstraße
52	D. Zinke	Kurstr. 89
53	Chr. Kleges	das.
54	J. H. C. Kleinder	das.
55	L. A. Schimmler	das.
56, 57, 58	die Handelsgesellschaft J. A. C. Stute	das. 56/8
5, 59	die offene Handelsges. Fischer & Sohn	Thierhof *
784, 785, 786	Der Brem. Staat	die Deputation f. Verwaltung der öffentl. Grundstücke

Aufgestellt:
Bremen, den 3. Mai 1899.
Heinemann

Bild 151: *Eigentümerverzeichnis vom 3. Mai 1899*

S. 647 Theerhof.
Neustadt. – Nahe der kleinen Weserbrücke.
St. Pauli. 7. P. D.

1×Pach. v. C. Loose.
2 Brandmeyer, Gebrüder, Contor und Lager.
6/7×Pach. v. Carl C. Heye.
8 Steinlager v. J. A. C. Stute.
13 Schneider, G., Tischler.
13*Steinlager v. J. A. C. Stute.
14 Pachaus von W. A. Fritze u. Co.
14a Pach. v. Lindhorn & Schroeder.
14b Riple, F. A. W., Arbtsm.
15×Pach. v. L. G. Dyes.
16×Pach. v. Pavenstedt & Pauli.
17×Pach. von L. G. Dyes.
19 Pachaus von Crüsemann & Co.
20×Pachaus v. C. Loose.
20a,×b, c Pachhäuser v. Ad. Hagens & Co.
20d×Hagens, Ad. & Co., Contor.
Behrens, A., Hausmstr.
21×Pachaus v. Heinr. Bremer.
22×Pach. v. H. H. Wrissenberg.
Meyer, A. J. L., Contor.
23×Pachaus v. C. Loose.
24×Pachaus v. Conr. Loose.
25×Pachaus v. Lansau & Drechsler.
27 Kastens, J. H., Brauergeh.
Pfannkuchen, Johanne.
28 de Jong, J. S. E., Maler.
Dierks, E. F., Ehefr.
29 Wöltjen, C. J., Schenkw.
Wöltjen, H. W., Wwe.
Junker, L. H. J. J., Steindrucker.
30,×31, 32 Pachhäuser v. Conr. Loose.
37 Schröder, J. D. A., Fuhrwerksbes.
Schröder, H. L., Wwe.
Klodgether, F. G. O., Arbtr.
38×Spannhake, H. H. F., Schlosser.
39 Vollheide, J. H. C., Händler.
Koch, M., Arbtr.

S. 648

40 Straube, P. R., Küper.
Weber, H. W. D., Arbtr.
41 Basselmann, H., Bauunternehm.
42 Lagerhaus der Convoye.
43 Bischoff, Friederike, Detailgesch.
44 Schildmüller, G., Maurer.
Streithorst, C. H. A., Arbtr.
45 Sanders, H. A. W., Arbtsm.
Gautier, J. F., Arbtr.
Högemann, H., Arbtr.
46 unbewohnt.
47×Mundt, H. W. M., Zimmerm. u. Detailgeschäft.
48 Weber, J. H., Wwe.
Klodgether, F. C. T., Pferdehdlr.
Ascher, H. A. L. F. C., Ehefr.
49 Thiele, J. H., Maurer.
Biebrod, J., Wwe.
51 Harjes, J. H., Wwe.
Rahns, H. F. W., Arbtr., Obst- u. Gemüschdl.
Bommelmann, H. W., Detaillist.
Bahle, C. F. L., Küper.
Osterloh, F. W., Schlosser.
52 Aden, F. F. L. H., Arbtr.
Amelung, C. F. L., Arbtr.
53×Klages, C., Tischler.
Behrens, H., Arbtr.
54×Klünder, J. H. C., Wwe.
Beerboom, F. W., Wwe.
55×Schimmler, L. A., Kfm.
Freise, F. & C., Holzhdlg.
56 Rüßmann, J. W., Aufseher.
58×Stute, J. A. C., Contor.
Glashütte Germania, Contor.
* Fischer & Sohn, Contor.

Bild 152: *Auszug aus dem Adreßbuch 1900*

anderen, möglicherweise geschäftlich verbundenen Firmen überlassen.

3. *Sonstige gewerbliche Gebäude oder Grundstücke*

Bei den übrigen Gebäuden (s. B IV) deckten sich Eigentum und Nutzung ebenfalls weitgehend. So hatten beispielsweise die Familien Stute und Scheper auch Wohnungen in ihren Gewerbegebäuden Nr. 56 bis 59. Bei den im städtischen Eigentum stehenden, aber von der Kommune selbst nicht genutzten Grundstücken erfolgte in der Regel eine Verpachtung, so bei den Lagerplätzen des ehemaligen Tonnenhofes zwischen den Packhäusern Nr. 7 und Nr. 14 an die Firma Stute[283].

4. *Kontinuität und Fluktuation*

In der Regel waren die Eigentümer bemüht, ihre Häuser zu erhalten und sie später auf nachfolgende Generationen zu übertragen. Dies hing bei den Packhäusern und sonstigen gewerblichen Gebäuden natürlich vom Fortbestand der Firmen und der Geschäftstätigkeiten, bei den Wohnhäusern von der Ausübung einer ortsgebundenen Tätigkeit und dem Fortbestand der Familien ab. Trotz der allgemeinen Prosperität von Handel und Gewerbe im Kaiserreich gab es auch kritische Phasen. So bot die Firma Pavenstedt & Pauli ihr Packhausgrundstück Nr. 16 im Jahre 1913 für längere Zeit vergeblich zu einem Preis von 36 000 Mark zum Kauf an, und das Packhausgrundstück Nr. 19 konnte im Jahre 1938 zum amtlichen Schätzungswert von 45 000 Reichsmark ebenfalls längere Zeit keinen Käufer finden[284]. Die älteren Wohnhäuser, deren Wert im Einklang mit den allgemeinen Immobilienpreisen in Bremen zur damaligen Zeit zwischen 4000 und 6000 Reichsmark veranschlagt wurde, gingen verschiedentlich in andere Hände über, wobei ebenfalls in erster Linie wirtschaftliche Gründe maßgebend gewesen sein dürften[285]. Witwen konnten nach dem besonderen bremischen Erbrecht gemeinsam mit anderen Verwandten als sogenannte bremische Beisitzwitwen das Eigentum aufrecht erhalten[286].

Zur Schar der Eigentümer kam die in der Regel noch wesentlich größere Gruppe der Mieter hinzu. Selbst die kleinen Wohnhäuser waren im Schnitt mit zwei bis drei Familien belegt, und auch in den Packhäusern waren zuweilen mehrere Firmen mit Lager- und Hausmeistern sowie deren Familien untergebracht[287]. Die Eigentümer der kleinen Häuser nahmen des öfteren sogenannte Logisleute bei sich auf, um dadurch ihr Einkommen zu verbessern[288]. Bei den Mietern ergab sich naturgemäß eine noch größere Fluktuation als bei den Eigentümern. Dennoch herrschte im Vergleich zu anderen Bremer Straßen auf dem Teerhof eher eine besondere Seßhaftigkeit vor[289].

III. **Gewerbebetriebe auf dem Teerhof**

1. *Baustoffirma J. A. C. Stute, Teerhof Nr. 58*

Die Baustoffirma J. A. C. Stute besaß auf beiden Straßenseiten mehrere Grundstücke, die mit Betriebsgebäuden bebaut waren (Nr. 56, 57 und 58) oder als Lagerplätze genutzt wurden (Nr. 8 und 13). Die jeweiligen Inhaber der Firma und einige Arbeitnehmer wohnten selbst längere Zeit auf dem Teerhof und nahmen deshalb am Leben dieser Straße besonders regen Anteil. Außerdem war die Firma durch ihren Geschäftszweck mit dem Bauwesen eng verbunden. In Gestalt ihrer Rechtsnachfolgerin Stute Verkehrs-GmbH ist sie auch heute noch ein bedeutendes Unternehmen der Hansestadt[290].

Am 12. März 1868 meldete J. A. C. Stute zur Eintragung in das Handelsregister den Betrieb seines Handlungsgeschäfts auf dem Teerhof seit dem Jahre 1853 an. Mitglieder der Familie Stute wohnten schon vorher auf dem Teerhof[291]. Die Firma Stute baute Anfang der neunziger Jahre auf den Grundstücken Nr. 56 bis 58 ein Geschäfts- und Kontorhaus mit Betriebsgebäuden (s. Bild Nr. 54) und richtete auf den auf der gegenüberliegenden Straßenseite erworbenen Grundstücken Nr. 8 und 13 jeweils Steinlagerplätze ein (Bilder Nr. 23 und 25)[292]. Sandsteine wurden mit Schiffen von der Oberweser gebracht und vom Teerhof aus weiter verschifft bzw. befördert. Hinzu kamen später der Import von Granitsteinen aus Schweden und der Kohlenhandel. Nach Eintritt des Teilhabers Grashoff beteiligte sich die Firma u. a. auch an der Lieferung von Baumaterial für die Anlage der bremischen Häfen vor und

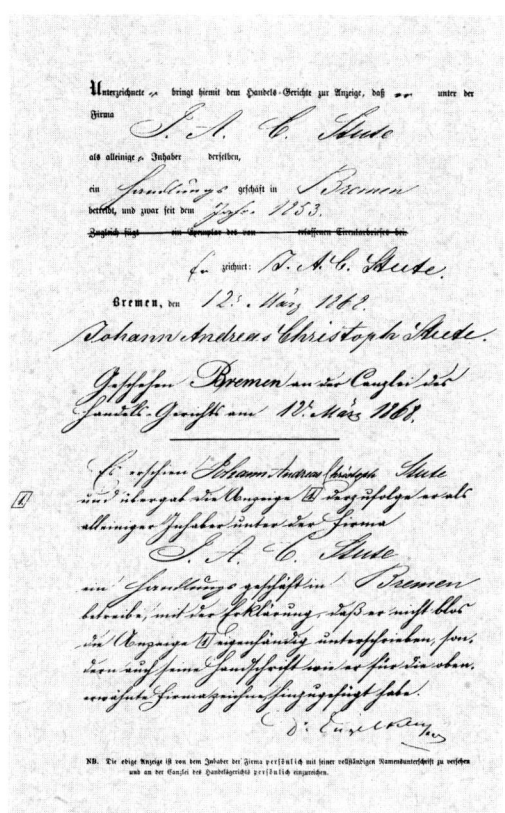

Bild 153: *Anmeldung des Handelsgeschäfts J. A. C. Stute zum Handelsregister vom 12. März 1868*

Bild 154: *Aquarell vom mittleren Teil des Teerhofs, um 1925, links vorn der Tonnenhof mit den Lagerplätzen der Firma Stute, dahinter das Packhaus Nr. 7, rechts vorn der Gang Nr. 3 mit den alten Häusern Nr. 47 bis 54, anschließend Nr. 55 und nachfolgend die drei Gebäude der Firma Stute Nr. 56, 57 und 58*

nach der Jahrhundertwende. Zum Löschen der Steine von den Schiffen wurde bereits seit 1913 ein Elevator benutzt [293]. Nach dem Tode von Grashoff 1927 wurden Wilhelm Mang und später sein Sohn Ewald Mang Alleininhaber der Firma [294]. Die Betriebsgebäude, vor allem das Geschäftshaus, wurden unter Erhaltung der ursprünglichen Fassade mehrfach renoviert und stellten einen der architektonischen Schwerpunkte auf dem Teerhof dar (s. Bilder Nr. 25, 34 und 88).

Während des Krieges wurden sämtliche Gebäude der Firma auf dem Teerhof zerstört. Die Firma überwand jedoch die Verluste und konnte nach verschiedenen Umzügen und Firmenumgründungen in Anknüpfung an das schon auf dem Teerhof in Anfängen betriebene Speditionsgeschäft als internationale Spedition unter der Firma Stute Verkehrs-GmbH weltweite Bedeutung erlangen.

2. Baugeschäft Wilhelm Schierloh, Teerhof Nr. 45

Der Bauunternehmer H. Basselmann, der seit 1875 in dem Haus Nr. 41 gewohnt hatte, erwarb 1898 das Grundstück Nr. 45 [295] und errichtete dort anstelle des offenbar baufälligen alten Fachwerkhauses (s. Bild Nr. 22) ein neues dreigeschossiges Gebäude im Stil der Gründerzeit mit Dachaufbauten und einem auffallenden Erker im ersten Stock (s. Bilder Nr. 25 und 39). Er betrieb in diesem Haus fortan mit seinem Sohn J. H. H. Basselmann, einem Bautechniker, ein Baugeschäft, das letzterer nach dem Tod von H. Basselmann allein weiterführte [296].

Im Betrieb war der Bautechniker Wilhelm Schierloh beschäftigt, der nach dem Tod der Eheleute Basselmann um 1936 das Geschäft übernahm und es mit ca. acht Arbeitnehmern fortführte [297]. Im Erdgeschoß des Gebäudes befanden sich die Lager- und Kontorräume, im ersten Stock und im Dachgeschoß die Wohnung der Familie (Bild Nr. 42). Zum Geschäft gehörte noch ein Lagerplatz, der durch einen Gang zwischen den Häusern erreicht wurde.

Bald nach Beginn des Krieges wurde Wilhelm Schierloh zum Kriegsdienst eingezogen und das Geschäft geschlossen. Bomben zerstörten im Oktober 1944 das Haus bis auf Teile des Kellers und des Mauerwerkes. In der eingefriedeten Ruine führte Wilhelm Schierloh zusammen mit seinem Sohn nach Kriegsende noch einige Jahre das Geschäft fort[298].

3. *Tischlerei Peter Bruns, Teerhof Nr. 13*

Von den zahlreichen Betrieben der Holzverarbeitung blieb zu Anfang des 20. Jahrhunderts nur die Tischlerei auf dem Grundstück Nr. 13 übrig. Auf einem Teil des Geländes des früheren Tonnenhofes befanden sich schon in früheren Jahren entsprechende Handwerksbetriebe (s. Bild Nr. 22). Da das gesamte Gelände des Tonnenhofes im Eigentum der Stadt Bremen stand[299], waren die Inhaber Mieter bzw. Pächter. Als Nachfolger des Tischlers G. Schneider[300] erwarb der Tischler Peter Bruns den Betrieb und führte ihn bis zur Zerstörung im Zweiten Weltkrieg fort[301]. Neben dem imposanten, im sogenannten Zopfstil Anfang des 19. Jahrhunderts errichteten Haus (s. Bild Nr. 25) gehörten zum Betrieb einige Werkstattanlagen und sogar ein Hühnerhof[302].

4. *Papierverarbeitungsfirma J. M. Knappstein & Co., Teerhof Nr. 23/24*

Seit 1920 war die 1912 gegründete Firma J. M. Knappstein & Co., die sich mit der Herstellung gummierter Papiere befaßte, Eigentümerin der Grundstücke Nr. 23 und 24 und unterhielt in beiden Packhäusern (s. Bild Nr. 84) Kontor- und Fabrikationsräume[303]. Über zwei Böden hinweg waren umfangreiche Leimmaschinen installiert, mit denen u. a. gummierte Papierrollen, Etiketten für Schulhefte und Buntpapiere hergestellt wurden[304]. Die Firma Knappstein verbesserte außerdem die Bausubstanz der Häuser, z. B. durch größere, mit leicht geschwungenen Stürzen versehene Fensteröffnungen, durch Feuerleitern und weitere Sicherungsvorkehrungen (s. Bilder Nr. 60, 85 und 86). Jedenfalls nach dem äußeren Erscheinungsbild waren diese beiden Packhäuser die besterhaltenen des Teerhofs (s. Bild Nr. 29).

1940 wurden die Packhäuser durch Bomben leicht beschädigt. Die Lösch- und Aufräumungsarbeiten wurden von der Firma durch Fotos festgehalten. Nachdem die Gebäude einigermaßen wieder hergerichtet waren, fand 1942 dann die Totalzerstörung statt[305]. Nach dem Krieg verlief über das Grundstück die

Bild 155: *Die Packhäuser der Firma Knappstein & Co. (Teerhof Nr. 23/24), aufgenommen von der Straße Am Deich um 1938*

Bild 156: *Die Packhäuser Teerhof Nr. 23 und 24 mit Feuerleitern, von der Straßenseite nach Westen etwa 1938 aufgenommen*

zeitweilig als Notbehelf angelegte Truman-Brücke[306]. Die Firma Knappstein & Co., die nach wie vor in ihrer Branche in Bremen tätig ist, verkaufte den Grundbesitz an die Stadtgemeinde[307].

5. *Druckerei Kempe & Co. G.m.b.H., Teerhof Nr. 6/7*

1922 wurde die Firma Kempe & Co. Eigentümerin der beiden Häuser Nr. 6 und 7 (Bilder Nr. 63 und 73) und blieb dies bis 1941. Das Unternehmen, zu dem zeitweilig auch die Firma Verlag Wilhelm Kempe gehörte, betrieb dort den Stein- und Offset-Druck und stellte außerdem Kartonagen her[308]. An der Längsseite des Hauses Nr. 7 fiel schon von weitem eine große Firmenaufschrift auf (Bild Nr. 67). Während der Kriegszeit diente der unter dem Haus Nr. 6 gelegene Keller den Teerhofbewohnern als Luftschutzbunker[309].

6. *Werkzeug- und Maschinenhandel Mager & Wedemeyer, Teerhof Nr. 30*

Bereits die früheren Eigentümer des Packhauses (s. Bilder Nr. 64 und 86) waren Kaufleute und besaßen gleichzeitig die Packhäuser Nr. 31 und 32[310]. Etwa von 1920 bis 1942 nutzte die Firma Mager & Wedemeyer, die sich mit dem Vertrieb von Werkzeugen und Maschinen befaßt, das Haus[311]. Nach dem Krieg vergrößerte sich die Firma und nahm ihren Sitz in Oyten bei Bremen.

7. *Haus- und Küchengeräte-Handel Ehntholt & Chantelau, Teerhof Nr. 15*

Die Kaufleute Ehntholt und Chantelau gründeten 1932 mit dem Erwerb des Packhauses Teerhof Nr. 15 (Bilder Nr. 26, 27 und 76) die Firma, die sich vor allem mit dem Handel von Haus- und Küchengeräten befaßte[312]. Der 1890 geborene Nikolaus Chantelau entstammte einer Hugenotten-Familie und stand mit seinem 1884 geborenen Bruder Johann Hinrich Chantelau, der in Rekum ein Eisenwaren-Geschäft mit einer Schmiede betrieb, in Geschäftsverbindung[313].

In dem Betrieb auf dem Teerhof waren etwa zehn bis zwölf Personen beschäftigt, darunter der mit einer Einlage am Geschäft beteiligte Lagermeister Bischoff. Die Ehefrau des Mitinhabers Ehntholt, Frau Liselotte Ehntholt, war 1934 als Kontoristin in der Firma ange-

Bild 157: *Blick von der Großen Weser auf das Packhaus Nr. 15, etwa um 1935, links wird die Mitte des Hauses Nr. 29 (Gaststätte Brandt) erkennbar*

fangen und wohnte bis zu ihrer Heirat 1941 im Haus der Gaststätte Brandt (Teerhof Nr. 29) zur Miete. Als weiterer Teerhofbewohner war der Eigentümer des Wohnhauses Nr. 39, Tietz, als Fahrer bei der Firma tätig[314]. Der Fuhrpark bestand zunächst aus einem auffälligen Dreirad-Lieferwagen (s. Bilder Nr. 26 und 67). Das Packhaus besaß als eines der ersten am Teerhof eine elektrische Winde (Bild Nr. 70).

Auch diese wurde allerdings nur an der Straßenseite eingesetzt, weil eine Be- und Entladung von der Wasserseite hier wie auch bei allen anderen Häusern wegen des infolge der Weserkorrektion erheblich gesunkenen Wasserstandes zu dieser Zeit nicht mehr möglich war (Bild Nr. 76).

Bild 158: *Teerhofstraße mit Blick nach Westen, 1938; rechts Teerhof Nr. 15 der Firma Ehntholt & Chantelau mit Arbeitsvorgängen (Windenbetätigung, Gütertransport), links Teerhof Nr. 23/24 der Firma Knappstein & Co.*

Bild 159: *Teerhofstraße nach Osten, etwa 1928; von links die Packhäuser Nr. 19, 17 und 16 (letzteres mit der geöffneten Luke unter der Winde), rechts die Packhäuser Nr. 22, 23/24 (Firma Knappstein & Co.)*

Während des Krieges blieb das Packhaus zunächst verschont, wurde aber bei dem großen Angriff am 6. Oktober 1944 durch einige Bomben getroffen. Es brannte erst gegen Morgen völlig aus, weil Löschpersonal nicht mehr zur Verfügung stand[315]. Über das Grundstück führte nach dem Krieg zeitweilig die Notbrücke[316]. Spätere Anträge der Firma Ehntholt & Chantelau, das Grundstück über dem einigermaßen erhalten gebliebenen Keller wieder bebauen zu können, wurden mit Hinweis auf eine Bausperre abschlägig beschieden[317]. Es gelang der Firma deshalb auch nicht, es über eine Zeitungsanzeige zu veräußern, so daß sie es schließlich 1965/66 für 60,– DM pro qm im Tausch gegen ein Parzellengrundstück an die Stadtgemeinde abgab[318]. Die Firma Ehntholt & Chantelau wurde 1973 gelöscht.

8. *Im- und Exportfirma Theodor Poser & Co., Teerhof Nr. 16*

Nachdem die Firma Pavenstedt & Pauli das Packhaus Teerhof Nr. 16 im Juni 1913 vergeblich der Deputation für Stadterneuerung zum Kauf angeboten hatte[319], erwarb es wenig später die Firma Theodor Poser & Co. (s. Bilder Nr. 75 und 76). Sie war eine der ersten Im- und Exportfirmen auf dem Teerhof und betrieb hier einen regen Handel vor allem mit Stoffen, insbesondere Bezugsstoffen für Möbel.
Die Firma Theodor Poser & Co. beschäftigte etwa fünf Arbeitnehmer[320]. Auf den Fotografien sieht man die Winde des Hauses in Benutzung und Pferdefuhrwerke sowie Kraftfahrzeuge mit dem Geschäftsnamen (s. Bilder Nr. 67 und 77).

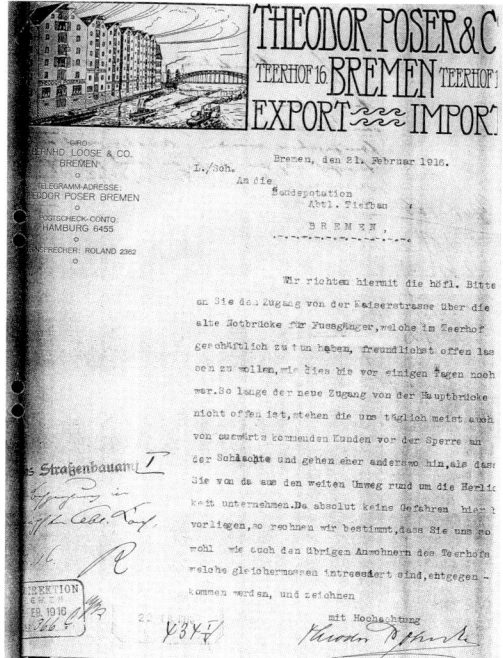

Bild 160: *Brief der Firma Theodor Poser & Co.*

Die Firma besaß einen besonders auffälligen Briefkopf mit einer Zeichnung der Packhäuser Nr. 16 bis 20 und der Kaiserbrücke.
Im Krieg wurde das Packhaus als eines der ersten schon 1940 durch eine Brandbombe teilweise und etwa zwei Jahre später völlig zerstört [321].

9. *Spiel- und Gummiwaren-Großhandlung Luigi Gattorna, Teerhof Nr. 22*

Das Packhaus Teerhof Nr. 22 (Bild Nr. 58), das kleinste Packhaus, wurde ab Ende der zwanziger Jahre von der Firma Gattorna genutzt, die sich mit dem Handel von Spiel- und Gummiwaren befaßte [322]. Ein Teil der Räume war an die Sackfabrik Scheuren vermietet [323].
Das Packhaus wurde bereits bei den ersten Angriffen völlig zerstört [324]. Auch die Firma besteht nicht mehr.

10. *Handelsfirma D. A. Seemann, Teerhof Nr. 1*

Auf dem Grundstück, auf dem im 18. und 19. Jahrhundert das Armenhaus stand [325], wurde um 1860 das einzige alleinstehende Packhaus errichtet, das um die Jahrhundertwende der Firma Konrad Loose gehörte (s. Bild Nr. 71). Von ihr erwarb es die Firma D. A. Seemann und betrieb dort seit Ende des Ersten Weltkrieges (s. Bild Nr. 72) bis zur Zerstörung im Zweiten Weltkrieg ein Handelsgeschäft [326]. Die Firma erlosch nach dem Krieg.

11. *Nordwestdeutsche Futter-Saatbau GmbH, Teerhof Nr. 19*

In der oben beschriebenen [327] Geschichte des Packhauses Teerhof Nr. 19 (s. Bild Nr. 76) war die genannte Saat- und Futtermittelfirma im Anschluß an die Firma Janisch & Co. die letzte Eigentümerin des Hauses [328].
Das Packhaus wurde schon als eines der ersten 1940 zerstört, sein zunächst erhalten gebliebener Keller diente den im Packhaus Nr. 7 untergebrachten Kriegsgefangenen als Luftschutzraum [329]. Die Firma besteht nicht mehr.

12. *Wein- und Spirituosenfirma J. C. H. Stake, Teerhof Nr. 25*

Zu den alteingesessenen Bremer Unternehmen des Weingroßhandels und der Spirituosenherstellung gehörten die Firmen J. H. Müller (gegründet 1816) und J. C. H. Stake (gegründet 1880). 1920 erwarb der Inhaber dieser Firmen, der Kaufmann Hans-Hinrich Junge, von der Firma Lankau & Drechsler das Packhaus Nr. 25, eines der größten auf dem Teerhof (s. Bilder Nr. 58, 70 und 84). Nach einigen Umbauarbeiten richteten beide Firmen in dem Haus Kontor- und Lagerräume vorwiegend für Wein ein [330]. Wegen des durch die Weserkorrektion gesunkenen Wasserstandes konnte das an der Kleinen Weser gelegene Packhaus nicht mehr vom Wasser, sondern nur von der Teerhofstraße bedient werden. Ein auffallendes Kennzeichen des Hauses waren die Firmenaufschrift an der Wasserseite (s. Bild Nr. 84) und die Reklame an der Straßenseite (s. Bild Nr. 70).
Das Gebäude blieb bei den ersten Fliegerangriffen zunächst verschont, erhielt aber später mehrere Bombentreffer und brannte 1942 völlig aus [331].
Die Firma J. C. H. Stake verlagerte ihren Betrieb nach dem Krieg in den Stadtteil Gröpelingen und widmete sich auf dem Grundstück Waltjenstraße 146 (Nähe Straßenbahndepot)

Bild 161: *Blick von der Straße Am Deich auf die Packhäuser Nr. 23/24 (Knappstein & Co.) sowie Nr. 25 (J. C. H. Stake), etwa 1938*

Bild 162: *Blick auf die Teerhofstraße gen Westen, etwa 1928; rechts die Packhäuser Nr. 14 und 14 a der Firma Brinkmann, links die Packhäuser Nr. 32, 31 und 30*

der vor allem in den Nachkriegsjahren florierenden Spirituosenherstellung.

13. Tabakfirma Martin Brinkmann AG, Teerhof Nr. 14, 14 a, 31

Firmen der Tabakverarbeitung und des Tabakhandels gab es auf dem Teerhof etwa seit der Jahrhundertwende. Das beruhte vermutlich in erster Linie auf der günstigen Verkehrslage und weniger darauf, daß am Teerhof auch einige Zigarrenmacher wohnten[332]. Ab 1925 unterhielt die Tabak-Export-Compagnie AG in den Packhäusern Nr. 14 und 14 a ein Tabaklager mit Kontor (Bild Nr. 75). Anfang der dreißiger Jahre übernahm die Firma Martin Brinkmann AG diesen Betrieb mit den beiden Packhäusern (s. Bilder Nr. 32 und 68). Die Firma war zeitweilig auch Eigentümerin des gegenüberliegenden Packhauses Teerhof Nr. 31[333].

Mit der Lagerung der Tabake (unter Zollverschluß) aus dem Orient (in Ballen) und aus Amerika (in Fässern) waren ein Lagermeister, zwei Gesellen und ein Lehrling beschäftigt. Ein Mitarbeiter wohnte auf dem Teerhof.

Wegen der häufigen Anlieferungen und des Abtransports der Tabake zur Weiterverarbeitung in der Betriebsstätte Dötlinger Straße herrschte ein reger Güterverkehr[334]. Typisch für die Firma Brinkmann waren ihre Fahrzeuge, Trecker mit einem oder zwei Anhängern, bespannt mit Persenning über einer Längsstange in der Mitte (s. Bild Nr. 33).

Nach dem Krieg nahm die Firma Martin Brinkmann einen beachtlichen Aufschwung auf dem Betriebsgelände Dötlinger Straße und später in Berlin.

14. Zigarrenfabrik Gebr. Klingenberg, Teerhof Nr. 16

In dem Packhaus, das der Firma Poser gehörte, hatten die Firma Gebr. Klingenberg und die mit ihr verbundenen Firmen Düring & Co. (gegründet 1890) und Johann D. Klingenberg (eine Kaffeerösterei mit Lieferung speziell an Hotels) Räume gepachtet und beschäftigten dort etwa zehn Arbeitnehmer[335].

Das Packhaus wurde schon 1942 zerstört. Die Firma Düring & Co. besteht auch heute noch.

15. Tabakverarbeitung C. F. Vogelsang, Teerhof Nr. 20

Als Nachfolgerin der Firma Schatte & Kannengießer übernahm die Tabakfirma Vogelsang[336] das Packhaus Nr. 20 (Bilder Nr. 76 und 82) und nutzte zeitweilig auch das gegenüberliegende Packhaus Nr. 21, wie an dem Firmennamen an diesem Haus erkennbar wurde, das als einziges Packhaus mit der Längsseite zu Strom und Straße stand (s. Bilder Nr. 58, 62 und 83). Mit den beiden verbundenen Häusern begann die Überdachung der Teerhofstraße, von Osten aus gesehen (s. Bilder Nr. 21, 66 und 76). Mitte der dreißiger Jahre gab die Firma ihren Betrieb am Teerhof auf[337].

16. Kaffeerösterei und Kaffeehandel Schilling & Co., Teerhof Nr. 20 a, b, c und d

Unter den rund 15 Kaffeefirmen, die seit 1900 auf dem Teerhof ihren Sitz hatten, nahm die Schilling-Gruppe insofern eine Sonderstellung ein, als sie nicht nur den Kaffee-Import, sondern auch die Rösterei und den Versand betrieb. Als Nachfolgefirma der 1894 entstandenen OHG Schilling & Loose war die Firma Schilling & Co. 1889 als KG durch den persönlich haftenden Gesellschafter Martin Schilling gegründet worden. Sie befaßte sich jahrzehntelang in beträchtlichem Umfang mit Kaffee-Import und Kaffee-Großhandel. Als Pendant hierzu gründete Elisabeth Schilling, die Ehefrau von Martin Schilling, 1904 eine Kaffeeversandfirma, die bis zum Ersten Weltkrieg als erstes Geschäft in Deutschland die Verbraucher direkt belieferte und 1921 in die Firma Kaffee-Schilling Schilling & Sohn umgewandelt wurde[338]. Da die bisherigen Betriebsräume in der Langenstraße zu klein geworden waren, übernahm die Schilling-Gruppe ab 1923 die Packhäuser Teerhof Nr. 20 a, b, c und d (Bilder Nr. 21, 62, 66 und 81) von der Firma Ad. Hagens & Co. „in Goldmark" und zugleich auch diese Firma, die seit Ende des vergangenen Jahrhunderts in den genannten Packhäusern die Fabrikation, den Handel und den Versand von Zigarren betrieben hatte[339].

Das Eingangsgebäude der Firma zum Teerhof, zunächst Hagensburg, später Weserburg genannt, war wegen der aufwendigen Ausstattung und der verschiedenen Stilelemente das markanteste Gebäude auf dem Teerhof (s. Bilder Nr. 80, 81 und 83).

Bild 163: *Blick auf die Weserburg von der Kaiserbrücke, ca. 1930*

Wegen der Überbauung über die ganze Breite des Teerhofs befand (und befindet) sich unter der Mitte der Häuser die etwa 50 m lange Durchfahrt für alle Fahrzeuge von dieser Seite (s. Bilder Nr. 26, 70 und 77). Schilling baute einen Teil der Packhausräume für Bürozwecke um und richtete eine moderne Großrösterei mit neuzeitlichen Maschinen ein. Import und Großhandel nahmen zwischen den Kriegen einen neuen Aufschwung, das Versandgeschäft belieferte Hunderttausende von Kunden[340].

Durch den Flugzeug-Großangriff am 6. Oktober 1944 wurden die hinteren Packhäuser und am 23. März 1945 der gesamte Gebäudekomplex zerstört. Im Gegensatz zu allen anderen Wohn- und Betriebsbauten auf dem Teerhof, die nicht wieder entstanden, wurde der Wiederaufbau der Weserburg engagiert in die Wege geleitet. Am 1. November 1948 wurde der Röstbetrieb in den Kellerräumen der Ruinen wieder aufgenommen. Im Laufe des folgenden Jahres entstand mit der

Bild 164: *Einmündung des Teerhofs nach Westen auf die Kaiserbrücke mit der Weserburg einschließlich Packhäuser der Firma Schilling, etwa im Jahre 1929; links hinten die Ansgarii-Kirche, rechts dahinter der Turm des Lloyd-Gebäudes*

Bild 165: *Weserburg mit Einmündung auf die neue Bürgermeister-Smidt-Brücke, ca. 1954*

Nr. 20 d die neue Weserburg mit zwei Packhäusern und dem Eingangsgebäude zum Torweg in schlichter Ziegelbauweise mit lediglich einem aufgesetzten viereckigen Turm.

Diese bis jetzt unverändert gebliebenen Häuser haben als einzige Bauten auf dem Teerhof bis 1990 zugleich dessen Neubebauung beeinflußt[341].

Nach einem vorübergehenden Wiederaufleben des Kaffeegeschäfts in den fünfziger und sechziger Jahren wurden die Schillingfirmen einschließlich der Betriebsgebäude auf dem Teerhof nach dem Tod von Eduard Schilling, dem Sohn des Firmengründers, 1973 verkauft. Aus der EDV-Abteilung der Firma Kaffee-Schilling entstand 1969 die Firma EDV-Dienst Schilling & Co. Software GmbH, ein inzwischen mit etwa 50 Mitarbeitern führendes Unternehmen für EDV-Programme der Finanzbuchhaltung, Warenwirtschaft und Kostenrechnung.

17. *Kaffeerösterei und Kaffeehandel Bormann & Schulze, Teerhof Nr. 42*

Die Firma Bormann & Schulze wurde 1910 von den Kaufleuten Friedrich H. D. Bormann und Gustav F. A. Schulze als Kaffee-Import,

Bild 166: *Blick vom Deich über die Kleine Weser auf den mittleren Teil des Teerhofs, um 1928; auf dem Tonnenhof vor dem Backsteinlagerhaus der Convoye (Teerhof Nr. 42) der Bockkran*

Bild 167: *Blick auf den mittleren Teil des Teerhofs, um 1935; auf dem Grundstück Nr. 42 steht jetzt der neue Anbau der Firma Bormann & Schulze*

Bild 168: *Aquarell von Bernhard Mügge, 1937, mit Blick über den mittleren Teil des Teerhofs gen Westen, links vorn das Gebäude der Firma Bormann & Schulze, dahinter am Gang Nr. 1 die kleinen Wohnhäuser Nr. 37 bis 41, anschließend die Packhäuser Nr. 32, 31, 30 usw. (Originalmaße des Bildes 56,5 x 47,5 cm)*

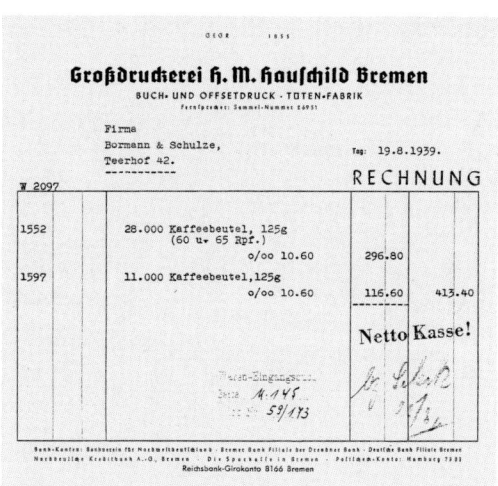

Bild 170: *Rechnung der Druckerei Hauschild an die Firma Bormann & Schulze über bedrucktes Verpackungsmaterial vom 19. August 1939*

Bild 169: *Der Röstmeister Ziegeler an den Röstanlagen der Firma Bormann & Schulze, etwa 1938*

Kaffeerösterei und -versand gegründet. Nach ein paar Umzügen innerhalb von Bremen und nach dem Tod der Gründer kaufte der Sohn, Reinhard Bormann (seit 1933 Alleininhaber der Firma), 1934 das Grundstück und Gebäude auf dem Teerhof Nr. 42 vom Tonnen- und Bakenamt[342]. Auf dem Grundstück mit dem Lagerhaus der Convoye (Material zur Ausstattung und Begleitung der Schiffe; s. zum Tonnenhof[343]) stand zur Kleinen Weser hin auf dem Hof ein Bockkran, mit dem die verschiedenen Tonnen, Baken, Boote und andere Gegenstände aus der Weser und in den Flußarm zurück gehievt wurden (Bild Nr. 31).

Auf diesem Grundstücksteil wurde dann 1935 ein neues Betriebsgebäude als Lager- und Packraum errichtet (Bild Nr. 36 und 58), während das vordere, etwa 1870 entstandene traufständige Backsteingebäude nach dem Umbau das Rohkaffeelager und die Röstanlage im Erdgeschoß und das Kontor der Firma — links über das Treppenhaus erreichbar — im ersten Stock aufnahm (Bild Nr. 87).

Bild 171: *Firmenemblem der Firma Bormann & Schulze, Faltkarton- und Transport(blech)-behälter-Aufdruck*

Bis zu acht Beschäftigte waren bei der Firma tätig: ein Röstmeister, Kontorangestellte, Lehrlinge, Verleserinnen und Packerinnen. Ab 1938 röstete Heinz Ziegeler den Kaffee, er und die Witwe Emilie van Houdt, die bei Bormann & Schulze als Reinmachefrau beschäftigt war, wohnten im Haus Nr. 40 (Bild Nr. 32)[344].

Der kriegsbedingte Geschäftsschluß erfolgte im September 1939, nachdem Firmenwagen

Bild 172: *Blick von der Großen Weserbrücke bei Eisgang im Jahre 1935 in westliche Richtung auf den Teerhof; links die Häuser Nr. 6 und 7 der Firma Gebr. Westhoff*

und Rohkaffee beschlagnahmt worden waren. Im Gegensatz zu den Gebäuden, die im Oktober 1944 vollkommen zerstört wurden, überstand das Unternehmen den Krieg. Da auf dem Teerhofgelände ein Wiederaufbau nicht erlaubt war, mußte der Geschäftsbetrieb 1948 zuerst einmal in einer Garage neu begonnen werden. Die Belieferung der Kunden reichte vor dem Zweiten Weltkrieg bis nach Ostpreußen und Thüringen. Nach dem Verlust dieser Kundschaft wurden neue Regionen erschlossen: u. a. Westfalen, Sauerland und Harz. Während sich der frühere Kundenkreis aus Kolonialwarenhändlern, Bäckereien, Gaststätten, Hotels und Firmenkantinen zusammensetzte, verlagerte sich der Versand zu einem immer größer werdenden Teil auf die Privatabnehmer, von denen viele den „Bormann Kaffee" schon seit Generationen trinken. Auch heute noch wird das Geschäft und die Kaffeerösterei vom Sohn des Gründers, dem 90jährigen Kaufmann Reinhard Bormann, geführt[345].

18. *Kaffeerösterei und Kaffeehandel Gebr. Westhoff, Teerhof Nr. 6/7*

Die 1868 gegründete Firma Gebr. Westhoff befaßte sich von Anfang an mit dem Rösten und dem Verkauf von Kaffee, in erster Linie an Hotels und Gaststätten. Nach dem Tod der Brüder Westhoff übernahm der Kaufmann Max Wilhelm Ueltzen 1911 das Geschäft[346]. Seit Ende der zwanziger Jahre befand sich die Betriebsstätte der Firma auf den etwa 1860 mit zwei Packhäusern bebauten Grundstücken Teerhof Nr. 6 und 7 (s. Bilder 63 und 73), deren Eigentümerin seit 1922 die Firma Kempe & Co. Druckereigesellschaft mbH war[347]. In den unteren Geschossen der Packhäuser befanden sich die Kontor- und Geschäftsräume sowie die Röststätten, die oberen Stockwerke dienten als Lager[348].

Während des Krieges kam der Geschäftsbetrieb teilweise zum Erliegen; der solide gebaute Keller des Hauses Nr. 6 diente in den Kriegsjahren als Luftschutzraum für die Zivilbevölkerung des Teerhofs, wohingegen das Haus Nr. 7 teilweise zum Lager für die französischen und italienischen Kriegsgefangenen umgebaut wurde[349].

Nach dem Krieg nahm die Firma Gebr. Westhoff einen weiteren Aufschwung und verlagerte einen Teil der Produktion nach Berlin, wo 85 der insgesamt 320 Beschäftigten tätig sind. Die Firma finanzierte außerdem in Zusammenarbeit mit Misereor ein Gesundheitszentrum für Kleinbauern auf Kaffeeplantagen in Guatemala[350].

Bild 173: *Blick über die Kleine Weser auf den mittleren Teil des Teerhofes; von links die Packhäuser Nr. 31 (Wilkens & Jahns) und Nr. 32 (Böhlhoff), anschließend die Wohnhäuser Nr. 37 bis 41, in der Mitte der Neubau der Firma Bormann & Schulze mit dem dahinter liegenden Hauptgebäude, rechts weiter die Häuser Nr. 43 bis 46; auffallend auch hier der niedrige Wasserstand*

19. Kaffeegroßhandlung Wilhelm Bruno, Teerhof Nr. 2

Die Grundstücke Teerhof Nr. 2 und 2a mit zweigeschossigen Betriebsgebäuden (s. Bild Nr. 72) befanden sich seit etwa 1920 bis zur Kriegszerstörung im Eigentum der Firma Wilhelm Bruno, die zunächst eine Kaffeerösterei mit Versand und später eine Kaffeegroßhandlung betrieb[351]. Die Firma existiert nicht mehr.

20. Rohkaffeehandel Haberland & Meyer, Teerhof Nr. 17

Das Haus Nr. 17, mit einer Grundfläche von 186 qm das zweitkleinste und zugleich das schmalste aller Packhäuser (s. Bilder Nr. 76 und 77), stand von etwa 1910 bis 1936 im Eigentum der Firma Georgi & Co.[352]. Von ihr erwarb die OHG Haberland & Meyer mit dem Sitz in der Langenstraße Nr. 25 das Grundstück[353] und lagerte dort vor allem Rohkaffee. Das Gebäude wurde schon in den ersten Jahren des Krieges zerstört.

21. Kaffeegroßhandlung Wilkens & Jahns, Teerhof Nr. 31

Von der Firma Radloff & Reese, die in den zwanziger Jahren Eigentümerin des Packhauses war, pachtete die Kaffeefirma Wilkens & Jahns kurz vor 1930 Teile des Gebäudes (s. Bild Nr. 86) und nutzte sie als Lager und als Kontor[354]. Auch diese Firma besteht nicht mehr.

22. Kaffeerösterei Rolf Böhlhoff, Teerhof Nr. 32

In dem Gebäude, das mit den gleichzeitig errichteten Packhäusern Nr. 30 und 31 ein Ensemble bildete (s. Bilder Nr. 29, 35, 64 und 86) und das vorher von der Firma Radloff & Reese genutzt worden war[355], betrieb die Firma Rolf Böhlhoff seit Ende der dreißiger Jahre eine Rösterei[356]. Die Südseite des Hauses trug deutlich sichtbar den Firmennamen (s. Bilder Nr. 86 und 173). Die Firma besteht nicht mehr.

23. *Milchgeschäft Kurt Scheper, Teerhof Nr. 59*

Seit etwa 1905 wohnte die Familie Scheper in dem zweigeschossigen Backsteingebäude Teerhof Nr. 59, das etwa 1870 gebaut worden war (s. Bilder Nr. 41, 58 und 71). G. Scheper, von Beruf Kutscher, unterhielt dort bis gegen Ende der zwanziger Jahre einen Fuhrbetrieb[357], der im wesentlichen für die auf dem benachbarten Grundstück ansässige Firma Stute Aufträge durchführte.

Anfang der dreißiger Jahre war G. Scheper als Hausmeister für die Firma Stute tätig, während sein Sohn Kurt in dem Gebäude fortan bis zur Kriegszerstörung ein Milchgeschäft mit Viehbestand betrieb[358]. Es war dies der einzige Lebensmittelladen auf dem Teerhof nach 1900. Vermutlich infolge des geringen Platzes hatten sich inzwischen andere Ladengeschäfte zur Herrlichkeit und vor allem zur Brautstraße und zum Neuen Markt verlagert.

Nach der Kriegszerstörung führte Frau Scheper auf dem Stadtwerder gegenüber dem Krähenberg noch für einige Jahre ein Einzelhandelsgeschäft[359].

24. *Gaststätte Wilhelm Brandt, Teerhof Nr. 29*

Die zunehmende Bebauung des Teerhofs und seine zentrale Lage hatten bereits in früheren Jahrhunderten einige Gastwirtschaften entstehen lassen, mit denen sich häufig wichtige Details des örtlichen Geschehens verbanden. 1810 gab es auf dem Teerhof drei Wirtschaften, nämlich in den Häusern Nr. 56 von Christian Brunssen, Nr. 32 von Johann Christian Löscher und Nr. 29 von der Witwe Röhling[360]. Die ersten beiden verschwanden mit der Erweiterung der Firma Stute bzw. mit der Packhausbebauung um die Mitte des vergangenen Jahrhunderts. Im Haus Nr. 29 dagegen befand sich seit seiner Entstehung 1806[361] bis zu seiner Kriegszerstörung 1944 durchgehend eine Gastwirtschaft (s. Bild Nr. 28). Zunächst wurde diese von Friedrich Röhling, dann bis etwa 1830 von seiner Witwe und um 1850 von der Witwe Deutsch[362] geführt. Ab Ende des 19. Jahrhunderts war der Schenkwirt C. F. Wöltjen Inhaber[363].

Etwa 1908 übernahm der Gastwirt Johann Wilhelm Brandt das Haus und betrieb darin eine Bierhalle (s. Bilder Nr. 28, 70 und 77), in der einige Teerhofbewohner regelmäßig Skat spielten[364]. Die Familie Brandt, die bis zur Kriegszerstörung Inhaberin der Wirtschaft blieb, vermietete auch Räume, z. B. an Arbeitnehmer auf dem Teerhof[365]. Hinter dem Gasthaus befanden sich noch zwei Hinterhäuser, die ebenfalls bewohnt waren (s. Bild Nr. 29)[366].

25. *Gaststätte Diedrich Warrelmann, Teerhof Nr. 38*

Die zweite, bis zur Kriegszerstörung vorhandene Gastwirtschaft befand sich im Haus Nr. 38, dem ersten Haus des – von Westen aus gesehen – ersten Niederbord-Ganges (s. Bilder Nr. 30, 31, 32 und 33). Dieser fast idyllischen Lage verdankte die Wirtschaft offensichtlich ihren Namen „Zum Unterstand" (s. Bilder Nr. 33 und 68). Der Schlosser H. H. F. Spannhake, der seit Ende des vergangenen Jahrhunderts in dem Haus wohnte, eröffnete dort um 1910 eine Schenkwirtschaft, die Diedrich Warrelmann später übernahm und fortan betrieb[367]. Bei dem Versuch, seine Habe aus dem brennenden Haus nach einem Fliegerangriff zu retten, wurde Warrelmann vom herabstürzenden Dachstuhl erschlagen[368].

IV. Wohnbevölkerung auf dem Teerhof

Die nach Auswertung der Einwohnerbücher der Neustadt von 1744 und 1812 oben gegebene Beschreibung der Bewohner auf dem Teerhof und an der Herrlichkeit bis zur ersten Hälfte des 19. Jahrhunderts hat insbesondere die verhältnismäßig dichte Besiedlung und die Vielfalt der Berufe und Gewerbe deutlich gemacht. Dies änderte sich ziemlich abrupt, nachdem bis 1860 der Teerhof gut zur Hälfte mit den großräumigen und wenig Personal erfordernden Packhäusern bebaut und dadurch die Wohnhäuser sowie die kleingewerblichen Gebäude erheblich dezimiert worden waren. Einen Zeitgenossen, der den Teerhof z. B. 1835 erlebt und dann erst wieder 1865 aufgesucht hatte, muß die Straße ähnlich verändert vorgekommen sein wie einem Besucher unseres Jahrhunderts, der zwischen 1935 und 1950 nicht dort gewesen war. Da indessen der Teerhof nach 1860 – im Gegensatz zur Zeit nach 1945 – noch gut 20 Wohnhäuser aufwies, gab es weiterhin eine Wohnbevölkerung, die sich zudem durch die geschilderten Protestaktionen, z. B. gegen das Anschütten ihrer Häuser, mit Erfolg gegenüber dem Einfluß der Packhausbesitzer behaupten konnte. Außerdem zog das Lagergeschäft neue Arbeitnehmer und Bewohner an, so daß zwar Veränderungen in den Einzelstrukturen, nicht aber im Charakter der Wohn- und Arbeitsstraße an sich eintraten. Dies soll im folgenden unter Zuhilfenahme der Adreßbücher und sonstiger Unterlagen näher dargestellt werden.

1. *Zahlenmäßige Entwicklung der Wohnbesiedlung*

Nach dem Adreßbuch von 1825 (S. 323) gab es auf dem Teerhof damals 46 bewohnte Häuser. Dies war zugleich der höchste Bestand an Wohnhäusern, der je erreicht wurde. Sie enthielten insgesamt 74 Haushaltungen, also Familien oder alleinlebende Personen. Im Durchschnitt wohnten damit in jedem Haus 1,61 Parteien. Geht man nach Abzug der Zahlen der angegebenen Witwen (9) und Jungfrauen (6) und einer etwas geringeren Zahl von Junggesellen davon aus, daß etwa 55 Familien mit durchschnittlich zwei Kindern auf dem Teerhof lebten, so betrug die gesamte Wohnbevölkerung damals etwa 230 Personen. Bis 1850 reduzierte sich, wie das Adreßbuch dieses Jahres ergibt (S. 426), die Zahl der bewohnten Häuser aufgrund der inzwischen errichteten oder entstehenden Packhäuser um 15, also um rund ein Drittel, auf 31. Es fehlten nunmehr, wie bei der Bestandsübersicht (Bilder Nr. 20 und 21) bereits gezeigt worden ist, die Wohnhäuser Nr. 2, 3, 4, 5, 9, 11, 15, 16, 17, 18, 20, 21, 46, 50 und 54. Da ein Teil der obdachlos gewordenen Personen mit ihren Namen wieder bei anderen Hausnummern auftaucht, also offenbar dort eine neue Bleibe gefunden hatte[369], und die Zahl der Haushaltungen immerhin noch 51 betrug, dürfte sich die gesamte Wohnbevölkerung noch auf etwa 165 Personen belaufen haben. Bis 1875 ging die Zahl der Wohnhäuser, wie das Adreßbuch dieses Jahres zeigt (S. 357 f.), wegen der inzwischen weiter fertiggestellten Packhäuser nochmals um zehn (Häuser Nr. 24, 25, 26, 30, 31, 32, 33, 34, 35 und 36) auf nunmehr 21 und damit auf die bis zur Zerstörung 1944 konstante Zahl zurück (s. Bilder Nr. 20 und

Jahr	Wohnhäuser	Parteien/Haushaltungen	Einwohner
1825	46	74	230
1850	31	51	165
1875	21	45	155
1900	21	44	150
1910	21	49	155
1920	22	46	150
1925	22	58	145
1930	21	56	140
1935	21	58	135
1940	20	55	130
1942	16	48	115
1944	12	46	100
1945	0	2	5
1950	1	3	10

Bild 174

21). Wieder rückten die Bewohner zusammen[370], so daß immerhin noch 45 Parteien auf dem Teerhof wohnten, die Einwohnerschaft also noch etwa 150 Personen ausmachte. Dies war zugleich der Stand von 1900.

Bis 1920 blieb die Zahl der Wohnungen im wesentlichen unverändert[371]. Sie stieg aber in den folgenden Jahrzehnten trotz unveränderter Häuserbestände leicht an, weil inzwischen einige Wohnhäuser weiter ausgebaut worden waren und ein Teil der Packhäuser eine Einliegerwohnung für einen Haus- oder Lagermeister mit Familie erhalten hatte (so die Packhäuser Nr. 19, 20 d und 23/24). Zwischen 1925 und 1940 lag daher die Zahl der Wohnungen und damit der Haushalte zwischen 55 und 60[372]. Dennoch ging während dieser ganzen Zeit die Bewohnerzahl nicht über 150 hinaus, sondern sank langsam auf etwa 130 ab, weil infolge Überalterung die Zahl der Familienmitglieder, insbesondere der Kinder, abnahm. Nach 1940 dezimierten der Krieg und seine Folgen diese Zahlen weiter, so daß vor der Totalzerstörung 1944 nur noch etwa 100 Personen auf dem Teerhof lebten[373].

2. *Soziale, wirtschaftliche und berufliche Situation der Bewohner*

Der Status der Teerhofbewohner wurde zum einen wesentlich durch die schon oben behandelte Eigentümer- oder Mieterstellung und durch Lage, Art und Ausstattung der Häuser bzw. Wohnungen bestimmt[374]. So hoben sich

169

Berufliche Gliederung der Teerhofbewohner
Quellen: Bremer Adreßbücher und Privatdokumente

Nr.	Berufsgruppen	Jahr der Feststellung									
		1875	1900	1910	1920	1925	1930	1935	1940	1942	1945
1.	Ungelernte Arbeiter	13	12	17	13	18	18	12	9	6	1
2.	Maurer, Zimmerleute, Tischler	6	5	5	4	4	2	3	2	1	–
3.	Maler, Steindrucker	–	2	–	–	–	–	1	–	–	–
4.	Schmiede, Schweißer, Schlosser, Elektriker	2	2	1	2	3	2	4	2	1	–
5.	Monteure, Mechaniker, Maschinisten, Maschinenmeister	1	1	1	1	2	2	3	2	2	–
6.	Kutscher, Chauffeure, Fuhrleute, Kraftfahrer	–	1	1	3	2	2	1	3	3	–
7.	Transportarbeiter, Boten, Packer, Stauer	–	–	–	–	–	3	2	4	4	–
8.	Schneider	3	–	2	1	–	1	1	1	–	–
9.	Schuhmacher	–	–	1	3	1	1	1	1	1	–
10.	Schlachter, Müller, Brauer, Zigarrenmacher	–	1	2	1	–	–	3	–	–	–
11.	Kaffeeröster	–	–	–	–	–	–	–	2	2	–
12.	Heizer, Wagenaufseher, Schaffner, Feuerwehrleute	–	1	1	–	2	1	1	2	2	–
13.	Hausmeister	–	1	2	3	3	4	3	2	2	–
14.	Lagermeister	–	–	1	1	1	–	1	1	1	–
15.	Kaufmännische Angestellte, Betriebsleiter, Prokuristen	–	–	–	–	4	3	3	1	1	–
16.	Schiffsleute, Schiffsführer, Kapitäne	3	–	1	1	2	2	1	2	2	–
17.	Lehrer, Schriftsteller	–	–	–	–	1	1	1	–	–	–
18.	Bauunternehmer	1	1	1	1	1	1	1	1	1	–
19.	Großhändler	1	2	–	2	2	1	–	–	–	–
20.	Viehhändler	–	1	1	1	1	1	1	1	–	–
21.	Einzelhändler	1	5	4	3	–	2	2	1	2	–
22.	Gastwirte	1	1	2	2	2	2	2	2	1	–
23.	Alleinstehende Frauen, Witwen, Rentner	7	8	6	5	9	8	11	14	16	1
	Summen	39	44	49	47	58	57	58	53	48	2

Bild 175

z. B. die in später errichteten Gebäuden auf dem Teerhof wohnenden Inhaber von Betrieben (z. B. Stute, Teerhof Nr. 56 bis 58, und Schierloh, Teerhof Nr. 45) schon äußerlich von den übrigen Anwohnern ab, während die Betriebsinhaber in den älteren und zumeist kleineren Gebäuden (z. B. Teerhof Nr. 29, 38 und 59) kaum als solche auffielen und zu den Besitzern der mächtigen Packhäuser jedenfalls stärker kontrastierten als zu den auf dem Teerhof in den kleinen Gebäuden wohnenden Arbeitnehmern.

Da die Kaufleute, die die Packhäuser erbaut oder später erworben hatten, auf dem Teerhof selbst nicht wohnten, rekrutierte sich die Bevölkerung in der ersten Hälfte des 20. Jahrhunderts aus den übrigen Gewerbezweigen und aus den alteingesessenen Bewohnern. Die Halbinsel war nunmehr ein Revier eher der „kleinen Leute" — bei allen Vorbehalten gegenüber diesem Begriff.

Zum anderen blieb die berufliche Tätigkeit innerhalb der nach ihrer Wohnungssituation weitgehend homogenen Anwohnerschaft ein Merkmal der Differenzierung, auch wenn ihre Bandbreite abgenommen hatte. Während sich z. B. an der Herrlichkeit die Bebauung allenfalls mit den Baustilen änderte und die soziale Streuung nebst einer Vielfalt von rund zwei Dutzend Berufen einschließlich Künstler und Akademiker bestehen blieben[375], verengte sich der Teerhof mit der Packhausbebauung nicht nur räumlich, sondern auch sozio-kulturell auf die Warenlagerung und die davon profitierenden Gewerbezweige (Verkehrsbetriebe, Beherbergungswesen). Berufe wie etwa die der Barsemeister, Gürtler, Korbmacher, Weißgerber, Steindrucker, Instrumentenmacher und Musiker, die im 18. und 19. Jahrhundert den Teerhof zu ihrem Quartier erwählt hatten, wie noch das Adreßbuch von 1875 (S. 357 f.) ergibt, waren dort nach 1900 nicht mehr anzutreffen (Adreßbuch 1900, S. 617 f.). An ihre Stelle traten insbesondere Schiffer, Fuhrleute und Transportarbeiter. Wegen des noch verbliebenen fachhandwerklichen und kleingewerblichen Areals konnten sich einige Tischler, Schneider, Händler und Gastwirte halten. Zur Bedienung der Packhäuser und Lagergebäude wurden Haus- und Lagermeister, zunehmend aber auch ungelernte Arbeiter benötigt. Die größte Gruppe bildeten schließlich die Rentner, Witwen und alleinstehenden Frauen, die allerdings oft auch als ungelernte Arbeiterinnen tätig waren[376].

3. *Wohnen und Arbeiten auf dem Teerhof*

Die sich ausbreitenden Lagereibetriebe mit den schon optisch dominierenden Packhäusern hatten zwar die Wohnbevölkerung nicht verdrängen können, ihre soziale und berufliche Entwicklung aber sowohl räumlich als auch strukturell eingeengt. Der Teerhof hörte damit auf, ein allgemeines Wohnquartier wie die Herrlichkeit zu sein, behielt jedoch im Gegensatz zu dieser und fast allen anderen Bremer Straßen von 1900 bis zum Zweiten Weltkrieg eine andere Vielfalt, die heute verlorengegangen ist: das Zusammentreffen von Wohnen und Arbeiten, von Pflicht und Muße, von Eintönigkeit und Idylle. Er bewahrte sich damit eine kulturgeschichtliche Originalität, die freilich zeitbedingt war und sich auch durch Gestaltungsformen moderner Architektur (Wohnen im „Packhaus") nicht wieder neu entwickeln ließ[377].

Zwar waren nicht alle Anwohner des Teerhofs auch dort beschäftigt. Mehrere arbeiteten in der Nähe, wie der im Haus Nr. 40 wohnende Bankbeamte Weber (Adreßbuch 1925, S. 387). Arbeiten und Wohnen auf dem Teerhof selbst waren aber die Regel und kamen in folgenden Einzelkombinationen vor:

— Selbständige mit eigenem Wohn- und Geschäftshaus, z. B. Scheper (Teerhof Nr. 59) und die Gastwirte Brandt und Warrelmann (Teerhof Nr. 29 und 38) —
— Ansässige Angehörige der Familienbetriebe, so der Baustoffirma Stute (Teerhof Nr. 56 bis 58) und des Baugeschäfts Schierloh (Teerhof Nr. 45) —
— Hausmeister in den Packhäusern, z. B. der Firmen Hagens & Schilling (Teerhof Nr. 20 b und c) und Knappstein & Co. (Teerhof Nr. 23/24) —
— Teerhofbewohner, die — manchmal über mehrere Generationen — für bestimmte Firmen arbeiteten, wie die Bewohner des Hauses Nr. 40 für die Firma Bormann & Schulze (Teerhof Nr. 42, s. auch Bild Nr. 169) —
— Mieter der vereinzelt zu Packhäusern gehörenden Wohnhäuser, z. B. der Firma

Martin Brinkmann (Teerhof Nr. 14 und 14 a mit Wohnhaus Nr. 14 b) —
— Arbeitnehmer von Teerhoffirmen, die zu diesem Zweck nach dort gezogen waren, z. B. die im Haus Nr. 29 wohnende Sekretärin und spätere Ehefrau des Mitinhabers Ehntholt der Firma Ehntholt & Chantelau (Teerhof Nr. 15) —
— Bei Reedereien der Weser-Binnenschiffahrt tätige Schiffsleute, die während der Liegezeiten in Bremen-Stadt in den Teerhof-Gaststätten (Teerhof Nr. 29 und 38) oder bei Privatleuten (Teerhof Nr. 39 bis 41) wohnten —.

4. *Originale, Kinder und Tiere auf dem Teerhof*

Mutter Cordes, Heini Holtenbeen und Richter Smidt kennt jeder Bremer, doch gab es auch auf dem Teerhof skurrile Leute, die vielleicht wegen der Insellage nicht so bekannt wurden, für den Ortskundigen aber ein Begriff waren. Gerd Mesecke gebührt Dank, einige vor dem Vergessen bewahrt zu haben[378]. Hier sollen nur genannt werden:
der Wirt Nuckel, der die vorbeifahrenden Schiffe mit einem Trompetensolo zu begrüßen pflegte, was nur deshalb keinen ungeteilten Beifall fand, weil er diesen Service manchmal auf die Nachtstunden ausdehnte;
Mudder Rohland, von mächtiger Statur, die gewaltige Steine aus den Schiffen hochschleppen konnte und nur drei Autoritäten auf der Welt anerkannte: „Swatten Krusen" (Kautabak), den Alkohol und ihren Ehemann, was des öfteren zu Konflikten führte;
die ebenfalls sehr beleibte Gemüsehökerin Schmidt, die in der Hand mehrere Äpfel wie andere Leute Spielkarten halten konnte;
Viehhändler Klockgether, der auch seine Tiere in gewählter Sprache mit allen grammatikalischen Formen anredete;
der verhinderte Pastor Beinhorn, der unter Absingen von Chorälen Champignons in den Kellergewölben der Packhäuser Nr. 14 und 14 a anbaute und diese im Sommer für 1,20 Mark, im Winter für 2,40 Mark an die besten Hotels in Bremen verkaufte[379];
der Wirt Brandt, der in seiner Gaststube

Die Teerhof-Originale hatten Gemüt und laute Leidenschaften

Bild 176: *Zeichnerische Erinnerung an die Teerhof-Originale von Fuchs in den Bremer Nachrichten vom 26./27. September 1953*

Goethes Faust rezitierte und damit nur bei ausreichenden Bestellungen aufhörte.

Für Kinder war der Teerhof ein Paradies. Vor allem das Wasser zu beiden Seiten regte schon in früheren Zeiten zu Spielen und Abenteuern an.

Auch nach der baulichen Befestigung konnten beide Weserarme über die zahlreichen Steintreppen (s. Bild Nr. 20) zum Baden, Angeln und dergleichen erreicht werden. Wer „Teerhofpirat" werden wollte, mußte spätestens mit sechs Jahren schwimmen können[380]. Die Bollwerke an der Südseite reizten zu Kletterpartien.

Außerdem gab es zwischen den Gebäuden freie Stellen mit Blick auf das Wasser.

Kleinkinder konnten sich in den drei Gängen gefahrlos bewegen.

Die Größeren bevorzugten die Lagerplätze mit Holz und Steinen (Bild Nr. 154) und die Packhäuser, in denen sie den Küpern und auch den Zollbeamten bei den Kontrollen zusehen konnten[381].

Alle Kinder kannten sich untereinander und spielten in Gruppen. Infolge der Verringerung und Überalterung der Teerhofanwohner war allerdings die Kinderzahl von 50 um die Jahrhundertwende auf knapp 20 im Jahre 1925

Bild 177: Ansicht vom oberen Teil der Kleinen Weser mit Blick auf die Brautbrücke und die dahinter liegenden Packhäuser des Teerhofs aus dem Jahre 1844

Bild 178: Blick von Süden auf das Teerhof-Bollwerk und die Häuser Nr. 38 bis 45, um 1910; einige Häuser waren zu dieser Zeit noch mit Kletterpflanzen bewachsen

Bild 179: *Die Kinder Rolf und Annemarie Wendte aus dem Haus Teerhof Nr. 14 b auf dem freien Platz neben diesem Haus mit Blick auf das Haus der Argo-Reederei an der Schlachte („Grüne Flagge – Goldener Stern, bei der Argo fahr' ich gern"), Aufnahme von Mai 1927*

Bild 181: *Blick auf den Gang Nr. 3 in Richtung Osten (Herrlichkeit), Kreidezeichnung von Otto Fisser aus dem Jahre 1928*

Bild 180: *Rolf, Paul und Annemarie Wendte neben dem Haus Nr. 14 b mit Blick auf die Schlachte am 31. Dezember 1938*

Bild 182: *Die Teerhof-Kinder am 8. August 1934, in der hinteren Reihe von links Annemarie und Rolf Wendte, Gisela Ommen, in der vorderen Reihe von links Paul Wendte, ganz rechts Inge Dreyer*

Bild 183: *Einige der Kinder vom Bild 182 60 Jahre später am 10. August 1994 auf dem inzwischen neu bebauten Teerhof, von links Inge Stumper geb. Dreyer, Marlise Hashagen geb. Schierloh, Gisela Joppig geb. Ommen, Rolf Ommen, Wilfried Schierloh und Paul Wenthe*

und rund ein gutes Dutzend zu Beginn des Krieges 1939 zurückgegangen[382].

Dabei bestand das Leben nicht nur aus Spiel. Die meisten Kinder mußten im Haushalt helfen oder diesen sogar allein führen[383]. Handreichungen und Botengänge, auch für die Nachbarn, waren selbstverständlich. Fehlte z. B. in den Gaststätten der dritte Mann zum Skatspiel, mußten die Kinder ihn aus der Nachbarschaft holen[384].

Da der Teerhof wegen seiner Lage nicht einer bestimmten Schule ständig zugeordnet war, besuchten die Kinder verschiedene Schulen[385].

Es mag etwas Verklärung dabei sein, wenn die heute über 60jährigen von ihrer Kindheit auf dem Teerhof schwärmen. Das Attribut der Einmaligkeit, das sie dem Wohnquartier und ihren Erlebnissen darin beimessen, dürfte aber zutreffen.

Tiere lebten mit den Menschen in Eintracht auf dem Teerhof. Das galt vor allem für Pferde, die bis zur Kriegszerstörung einen erheblichen Teil des Güterverkehrs bewältigten (s. Bilder Nr. 159, 162) und in den Betrieben von Stute und Scheper (Teerhof Nr. 56 bis 59) sogar zu Hause waren. Um die Zeit des Ersten Weltkrieges befand sich in den Packhäusern Nr. 30 und 31 die Futterverteilungsstelle, die das bremische Vieh zu versorgen hatte[386]. Es wird erzählt, daß noch Jahre später Pferde allein dort aufkreuzten, um ihr Futter zu holen. Katzen lebten fast in jedem Haus, man merkte es schon von weitem am Geruch. Fluß, Packhäuser und Lagerplätze boten ihnen reichlich Nahrung. Während Katzen nichts zu befürchten hatten, mußten Hunde auf der Hut sein. Es gab in der Nähe einen Hundefänger, der sein Handwerk verstand. Das Essen von Hunden war jedenfalls in früheren Notzeiten kein anrüchiges Verhalten, man drehte sie halt „in die Wurst"[387]. Das Milchgeschäft Scheper hielt außerdem einige Kühe und Schweine, die Tischlerei Bruns einen Hühnerhof[388].

Für Pflanzen, insbesondere Bäume, war wenig Platz vorhanden, doch bauten viele Anwohner Gemüse und Blumen auf kleinstem Raum an (s. Bilder Nr. 167 und 178).

5. Eigentümer und Bewohner des Hauses Teerhof Nr. 40

Das 1798 erbaute Haus Teerhof Nr. 40 war eines der ältesten auf dem Teerhof und hatte während seines knapp eineinhalb Jahrhunderte dauernden Bestehens eine ganze Reihe von Eigentümern. In den Katasterunterlagen aus dem Jahre 1902 sind die Namen Holtorf, Reiners und Herzog vermerkt. Zum Preis von 6000 Mark erwarb 1921 W. K. H. Krietenstein das Grundstück[389], der bereits seit einigen Jahren als Mieter dort gewohnt hatte, zunächst Steuermann war und später Kapitän wurde[390]. Am 26. Januar 1931 erstand der Kaufmann S. Rennberg das Grundstück für nur 4000 RM[391], möglicherweise im Rahmen einer Zwangsversteigerung. Von ihm kaufte die Witwe Emilie van Houdt am 7. April 1931 das Grundstück für 6500 RM[392]. Sie blieb bis zur Zerstörung im Krieg die letzte Eigentümerin.

Im Haus Nr. 40 haben während seiner Existenz meistens drei, zeitweilig zwei Parteien gewohnt (s. Bild Nr. 184). Infolge der verhältnismäßig günstigen Raumaufteilung und der relativ beträchtlichen Zimmerzahl konnten auf der ziemlich kleinen Wohnfläche[393] auch größere Familien einigermaßen leben. Bei einer nach den Unterlagen angenommenen durchschnittlichen Bewohnerzahl von sieben Personen und einer durchschnittlichen Wohnzeit von zehn Jahren pro Person dürfte deshalb das Haus insgesamt etwa 100 Personen als Obdach gedient haben.

Über das Leben der letzten Bewohner kann anhand der vorliegenden Personaldokumente, Briefe und Schilderungen der Nachkommen eine kurze Beschreibung gegeben werden. Die letzte Eigentümerin Emilie van Houdt war 1869 geboren, stammte aus Pyritz/Pommern und heiratete 1887 ihren ersten Ehemann, einen aus Mohrungen/Ostpreußen gebürtigen Bäcker. 1902 kam die Familie im Zuge der Landflucht von Köslin/Pommern nach Bremen. Nach dem Tod ihres Mannes 1905 stand Emilie van Houdt mit ihren fünf Kindern, geboren zwischen 1889 und 1903, allein da. Wie der Überblick über die soziale Sicherung in der damaligen Zeit deutlich macht, gab es eine Witwenrente aus der Invalidenversicherung 1905 noch nicht, desgleichen keine Hil-

Bewohner des Hauses Teerhof 40

Jahr	Name	Beruf	Adreßbuch-S.
1875	Schwerdtfeger, H,W.	Schiffer	358
	Engelke, J.J.C.	Paketträger	
	Kastens, H., Wwe.	Hausfrau	
1900	Straube, P.R.	Küper	648
	Weber, H.W.D.	Arbeiter	
1910	Hanke, J.	Schneider	889
	Scholz, C.B.	Tischler	
1920	Garbe, G.E.F., Wwe.	Hausfrau	335
	Krietenstein, W.K.H.	Steuermann	
1925	Krietenstein, W.K.H.	Kapitän	387
	Weber, W.A.P.	Bankbeamter	
1930	Düker	Chauffeur	195
	Krietenstein, W.K.H.	Kapitän	
1935	van Houdt, Emilie, Wwe.	Hausfrau	270
	Sanders, Ernst	Schlosser	
1940	van Houdt, Emilie, Wwe.	Hausfrau	281
	Sanders, Emilie	Arbeiterin	
	Ziegeler, Heinz	Kaffeeröster	
1942	van Houdt, Emilie, Wwe.	Hausfrau	331
	Sanders, Emilie	Arbeiterin	
	Ziegeler, Heinz	Kaffeeröster	

Bild 184

fen zur Kindererziehung und keine ausreichende staatliche Fürsorge überhaupt[394]. Auch konnten Männer und Frauen nach dem damaligen Sittenkodex nicht einfach zur gegenseitigen Hilfe zusammenziehen, sondern mußten vorher heiraten. Emilie van Houdt tat dies gleich vier weitere Male (1907, 1913, 1918 und 1920). Keine dieser Ehen hielt lange. Zwei endeten ebenfalls durch Tod des Mannes, die beiden anderen durch Scheidung. Die Versorgung durch den Ehemann mißlang deshalb gründlich, wobei noch hinzukam, daß zwei Ehemänner gewissermaßen als Einstand eigene Kinder mitbrachten und aus der dritten Ehe ein 1914 geborener Sohn hervorging. Es gab deshalb in der Familie den auch sonst in Bremen gebräuchlichen Slogan: „Miene, diene, use Kinner".

Emilie van Houdt mußte deshalb auch während der bestehenden Ehen voll erwerbstätig sein und mit Reinemachen, Küchenarbeiten, Zeitungsaustragen und ähnlichen ungelernten Tätigkeiten ihre noch im Haushalt lebenden kleineren Kinder durchbringen. Letztere waren tagsüber auf sich selbst angewiesen, hielten den Haushalt so gut wie möglich in Ordnung und warteten abends sehnsüchtig auf ihre Mutter, ähnlich wie dies der aus Bremen stammende Historiker Dietrich Schäfer aus seiner Kindheit berichtet hat[395]. Während der auch im übrigen turbulenten Zeit mußten zwei Kinder vorübergehend in das um 1900

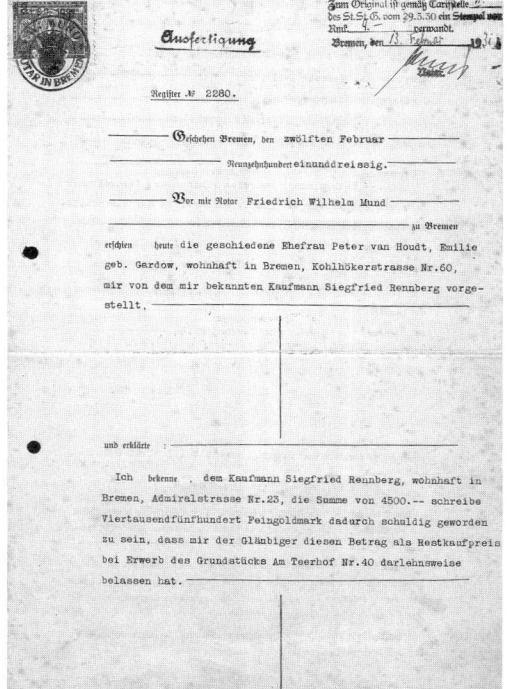

Bild 185: *Hypothekenbrief über Teerhof Nr. 40 (Vorderseite)*

Bild 186: *Die Eigentümerin Emilie van Houdt und ihr Sohn Heinz Ziegeler am Fenster der Oberwohnung Teerhof Nr. 40 im Jahre 1934*

vom Domshof zur Stader Straße umgezogene Waisenhaus gegeben werden. Sie konnten dann jeweils am Wochenende ihre Mutter besuchen.

Erst als die Kinder groß waren und die fünfte Ehe mit Peter van Houdt, einem holländischen Zigarrenmacher mit groben Manieren, 1928 geschieden worden war, konnte Emilie van Houdt etwas aufatmen und mit 60 Jahren an ein ruhigeres Leben denken. Mit geringen Ersparnissen und der Hilfe ihrer Söhne Hermann aus der ersten Ehe und Heinz aus der dritten Ehe gelang ihr der Kauf des Hauses Teerhof Nr. 40.

Auf dem Grundstück verblieb noch eine Hypothek über 4500 Feingoldmark, die zunächst für den Voreigentümer Rennberg und später zugunsten der jüdischen Kaufmannswitwe Elise von Schnitzler eingetragen war. An diese, die in einem typischen Bremer Haus im Doventorsviertel wohnte, zahlte E. v. Houdt die Raten für Zinsen und Tilgung. Die beiden etwa gleichaltrigen Frauen hatten einige gemeinsame Interessen, z. B. für Wagner-Opern, und standen miteinander in ständiger Verbindung bis in die ersten Kriegsjahre, als Frau von Schnitzler plötzlich verschwand (Inhaftierung, Verschleppung?).

Außer der Eigentümerin Emilie van Houdt wohnte im Erdgeschoß des Hauses Teerhof Nr. 40 seit 1931 ihre 1898 geborene Tochter und gelernte Näherin Emilie Sanders mit ihrem Ehemann, dem Schlosser Ernst Sanders. Sie hatten das Mittelzimmer als Schlafstube und das Hinterzimmer als Wohnstube, also etwa 22 qm Wohnraum zur Verfügung und benutzten die kleine Küche mit der Eigentümerin gemeinsam[396]. Im ersten Stock wohnte der 1914 geborene Sohn der Eigentümerin aus ihrer dritten Ehe, der bei der Firma Bormann & Schulze (Teerhof Nr. 42) als Röstmeister beschäftigte Heinz Ziegeler (Bild Nr. 169), mit seiner Ehefrau und zwei kleinen Kindern. Das Vorderzimmer war vermietet an einen Logismann, der in der Schiffahrt beschäftigt war. Auf insgesamt etwa 70 qm lebten also acht Personen. 1938 verstarben Ernst Sanders und eine Tochter der Eheleute Ziegeler[397].

V. Der Teerhof als urbanes Quartier

Die Lage zwischen den Wasserläufen vermittelte trotz der Geschäftigkeit auf dem Teerhof den Eindruck einer lokalen Abgeschiedenheit von der Stadt als solcher. Tatsächlich war die Halbinsel stärker an das angrenzende Stadtzentrum gebunden, als dies auf den ersten Blick wahrgenommen werden konnte. Dafür sorgten vor allem das seit dem Ersten Weltkrieg voll ausgebaute Brückensystem, dann aber auch der Schiffsverkehr mit den Anlegestellen zum Teerhof. Für die Einwohnerschaft vollzog sich diese Verbindung allein schon

Bild 187: *Der Teerhof von Süden, etwa 1920, dahinter von links Domtürme, Martinikirche und Baumwollbörse*

Bild 188: *Kaiserbrücke mit Weserburg, 1933, jenseits der Weser von links Ansgariikirche, Lloyd-Gebäude mit Turm, Häuser an der Schlachte und Kirchturm Unser Lieben Frauen*

Bild 189: *Blick auf den westlichen Teil der Teerhofstraße mit Fahrzeugen, um 1930*

Bild 190: *Teerhofstraße mit Blick nach Osten am 19. August 1926; links vorn das Elektrofahrzeug der Sackfabrik Scheuren (Teerhof Nr. 22), dahinter ein Pferdefuhrwerk der Firma Poser (Teerhof Nr. 16), gegenüber das Dreirad-Fahrzeug der Firma Ehntholt & Chantelau (Teerhof Nr. 15), dazwischen Radfahrer*

Bild 191: *Lastwagen vor Teerhof Nr. 22 (Firmen Scheuren und Gattorna), dahinter Lastwagen vor Teerhof Nr. 24 (Knappstein & Co.), etwa 1935*

Bild 192: *Teerhofstraße gegen Westen, um 1938; links vor Teerhof Nr. 30 ein Mercedes-Sportwagen, anschließend vor Teerhof Nr. 29 ein Mercedes-Lastwagen, hinten rechts vor Teerhof Nr. 15 ein Hansa-Lloyd-Lastwagen*

durch die täglichen Wege in die angrenzenden Viertel, etwa zum Einkaufen. Mit Ausnahme der im Geschäft von Scheper (Teerhof Nr. 59) erhältlichen Milchprodukte mußten alle Lebensmittel von der Herrlichkeit, der Brautstraße oder dem angrenzenden Neustädter Markt besorgt werden. Als weiteres Einkaufsgebiet kamen in den 20er Jahren die Geschäfte und Warenhäuser in der Faulenstraße, Hutfilterstraße, Sögestraße und Obernstraße hinzu (vor allem Kaisers Kaffeegeschäft, Kepa — damals Epa — und Karstadt). Die kurzen Entfernungen ließen den Teerhof auch optisch als ein Quartier mitten in der Stadt in Erscheinung treten, wie zahlreiche Aufnahmen aus jener Zeit belegen.

1. *Verkehr auf der Straße*

Die mit der beschriebenen soliden Pflasterung zur Jahrhundertwende erneuerte Teerhofstraße war von dieser Zeit an — nicht zuletzt wegen des gesunkenen Pegels der Großen und Kleinen Weser — die wichtigste Verbindung zwischen den Teerhofgebäuden und der umliegenden Stadt[398]. Die insgesamt nur

Bild 193: *Fußgänger, Lasten-Fahrrad und Dreirad-Lieferwagen, etwa 1935*

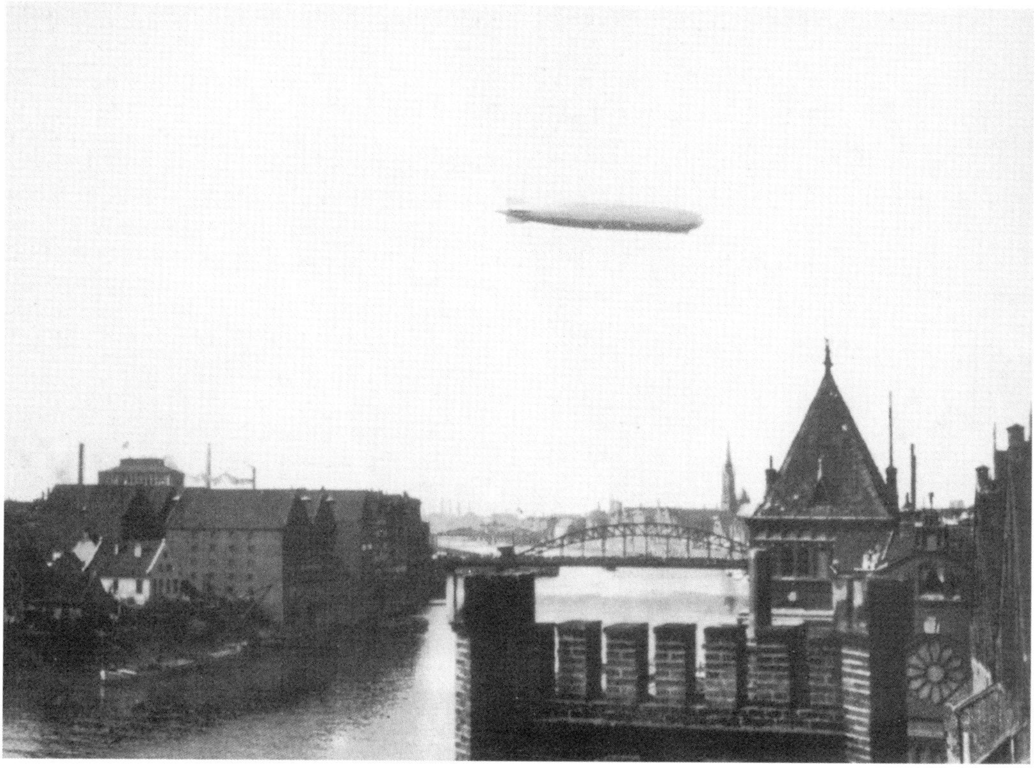

Bild 194: *Luftschiff „Graf Zeppelin" über Teerhof und Weser, etwa 1930*

Bild 195: *Große Weserbrücke mit Einmündung in die Herrlichkeit, etwa 1925*

etwa 10 m breite Straße genügte den Anforderungen an eine Wohn- und Arbeitsstraße für die Dauer eines halben Jahrhunderts. Dabei diente die kaum 8 m breite kopfsteingepflasterte Fahrstraße gleichermaßen zur Durchfahrt und als Parkplatz. Da die Packhäuser mit ihren sechs bis sieben Stockwerken große Lagerflächen aufwiesen, herrschte ein reger Transportverkehr mit Pferdefuhrwerken, Elektrokarren, kleinen Lieferwagen (zum Teil in Dreiradform) und größeren Lastkraftwagen.

Dazwischen bewegten sich auch Personenkraftwagen, Radfahrer und Fußgänger.

Ruhige Straßenflächen für Anwohner und Passanten waren die drei Gänge, die nur zu Fuß betreten werden konnten und u. a. auch dem nachbarschaftlichen Gespräch dienten (s. Bilder Nr. 154 und 181). Auf den Brücken verstärkte sich der Verkehr, wobei hier noch Straßenbahnen hinzukamen (s. auch Bilder 119 und 123).

Bild 196: *Kaiserbrücke und Große Weserbrücke, 1930*

Bild 197: *Kaiserbrücke mit Einmündung des Teerhofs und Weserburg, 1933*

Bild 198: *Blick von der Kaiserbrücke auf Bockschiffe vor den Packhäusern des Teerhofs, im Hintergrund die Schlachte mit den Türmen der Stadt, etwa 1930*

Bild 199: *Blick im Jahre 1938 aus umgekehrter Richtung wie Bild 198: vorn am Martinianleger sieben Schlepper der verschiedenen Bremer Binnenschiffahrts-Reedereien (u. a. Raddampfer und Motorschlepper), im Hintergrund links die Packhäuser des Teerhofs, dazwischen das Betriebsgebäude der Haake-Beck-Brauerei, im Hintergrund rechts die Kaiserbrücke, dahinter die Stephani-Kirche*

Bild 200: *Blick im Jahre 1926 aus etwa derselben Richtung wie Bild 199, jedoch unter Einbeziehung des Franzius-Denkmals rechts vorn*

2. Verkehr auf dem Wasser

Nicht weniger bewegt war das Leben auf den beiden Wasserläufen. Hierfür sorgte vor allem der Verkehr zur Mittel- und Oberweser, insbesondere mit den Frachtschiffen der Bremer und Hanseatischen Schleppschiffahrtsgesellschaft (rotweißer Ring am Schornstein) und der Oberweser-Privatschiffer-Vereinigung (weißer Ring mit aufgemalter Flagge am Schornstein). Die Konvois mit bis zu sechs Bockschiffen wurden anfangs von Raddampfern, später von Motorschleppern gezogen. Diese und andere Binnen-Frachtschiffe fuhren auch zu den bremischen Häfen und umgekehrt. Am Teerhof, an der Schlachte und an der Tiefer wurden Lade- und Löschvorgänge durchgeführt und die Schleppzüge zusammengestellt.

Einige Binnenschiffer hatten ihre Wohnung auf dem Teerhof oder übernachteten dort zumindest während der Liegezeiten. Zu allen Tages- und Jahreszeiten waren deshalb Schiffe auf dem Strom anzutreffen.

Hinzu kam der Ausflugsverkehr, seit der Jahr-

Bild 201: *Aufnahme vom 18. August 1926 mit ankernden Bockschiffen an der linken und rechten Weserseite, dazwischen fahrende Bockschiffe und Schlepper, links die Packhäuser des Teerhofs, in der Mitte die Kaiserbrücke, darunter die Flußbadeanstalt, rechts unter der Brücke die Fahrgastschiffe der Schreiber-Reederei*

Bild 202: *Blick vom Ende des Osterdeichs die Tiefer entlang und über zahlreiche Binnenschiffe hinweg auf die linke Weserseite; von vorn Häuser an der Werderstraße bis zur Brücke, anschließend das Gebäude des Bauhofes mit den nachfolgenden Gebäuden an der Herrlichkeit; rechts Kontorgebäude der Tiefer mit Pferdefuhrwerken, Kraftfahrzeugen, Radfahrern und Fußgängern in der Ausstattung der damaligen Zeit (um 1925)*

hundertwende vor allem mit den Schiffen der Schreiber-Reederei, die ihren Liegeplatz damals nicht am Martini-Anleger, sondern an der Kaiserbrücke hatten.

Die Kleine Weser diente vor allem als Ankerplatz, z. B. für die auf Fracht wartenden Binnenschiffe nebst Schleppern, die schwimmenden Badeanstalten, die Schreiber-Dampfer im Winter und die Obstschiffe im Sommer.

Zahlreiche Bewohner an der Südseite des Teerhofs besaßen ein Ruderboot, um damit vor allem zu den anderen Schiffen und zum gegenüberliegenden Ufer zu gelangen.

Die räumliche Enge des Reviers am Wasser ließ die Natur am Teerhof nur wenig zur Entfaltung kommen. Hierdurch unterschied sich von jeher die Flußszene der Bremer Innenstadt beispielsweise von den Flußauen inmitten anderer Städte am Strom, wie etwa Düsseldorf, Frankfurt/M. und Dresden. Dennoch gab es auch am Teerhof einige grüne Flächen, so auf den Höfen der kleinen Häuser an der Südseite (s. Bilder Nr. 167 und 173), an der Schlachte, an der Straße Am Deich und vor allem an der Kleinen Weser oberhalb der Brautbrücke.

Bild 203: *Blick von der Kaiserbrücke gegen die Morgensonne auf Weser, Teerhof-Packhäuser und Große Weserbrücke mit Wasserkunst, etwa 1928*

Bild 204: *Weser mit Packeis und Binnenschiffsverkehr im Jahre 1922, im Hintergrund die Packhäuser des Teerhofs, rechts die Kaiserbrücke*

Bild 205: *Der Schiffsanleger an der Kaiserbrücke mit Fahrgastschiffen der Schreiber-Reederei und Schleppern, etwa 1928*

Gleichwohl wurde der Eindruck einer geschäftigen und zugleich verträumten Insel inmitten der Innenstadt in erster Linie durch die besondere Art der Bebauung vermittelt. Diese Anschauung war gleichermaßen bei Bewohnern und Besuchern anzutreffen. Der heute (1995) 92jährige Schriftsteller Heinrich Schmidt-Barrien, der als Schüler des Alten Gymnasiums oft über den Teerhof gegangen ist, verbindet nach seinen Worten mit dieser Straße „beglückende Erinnerungen" und hat noch heute über diese Straße „erwärmende Bilder" vor Augen[399].

Bild 206: *Ein Teil der inzwischen modernisierten Schreiber-Flotte an der Kaiserbrücke; flußabwärts Binnenschiffe, die Eisenbahnbrücke sowie Packhäuser des Stephani-Viertels (um 1935)*

Bild 207: *Ankernde Raddampfer auf der Kleinen Weser, um 1915*

Bild 208: *Eis auf der Kleinen Weser, 1935; links die Flußbadeanstalt von Leymann, ganz rechts die Spitze eines ankernden Fahrgastschiffes der Schreiber-Reederei; am anderen Ufer die Häuser des Teerhofs von Nr. 22 bis 46*

Bild 209: *Blick von Südosten über die Kleine Weser auf die Häuser Teerhof Nr. 21 bis 54, etwa aus dem Jahre 1928; auffallend am Nordufer die gerade erfolgte Sandaufschüttung von Nr. 39 bis 55; links und ganz rechts Fahrgastschiffe der Schreiber-Reederei*

Bild 210: *Blick von der Brautbrücke auf den Teerhof mit den Häusern Nr. 31 bis 59 (Firma Stute), um 1915; vorn ein Obstschiff aus dem Alten Land mit Besatzung und Verkaufskörben*

Bild 211: *Blick über die Kleine Weser auf die Häuser Teerhof Nr. 46 bis 56 mit einigen Ruderbooten am Strom aus dem Jahre 1928; im Hintergrund die Kirchtürme von Unser Lieben Frauen, St. Martini und (dahinter) dem Dom*

Bild 212: *Blick durch die Bäume der Schlachte auf die Nordseite des Teerhofs, 1939*

Bild 213: *Aufnahme von der Kleinen Weser mit Binnenschiffen, Lade- und Löschvorrichtungen, Pack- und Wohnhäusern, St.-Pauli-Brücke und (im Hintergrund) den Häusern des Teerhofs vom 29. Mai 1926*

Bild 214: *Blick über die Kleine Weser auf die Häuser des Teerhofs von Nr. 40 bis 54 und (dahinter) das Packhaus Nr. 7, etwa 1918; auf dem Bollwerk die Bewohner des Hauses Nr. 41; im Hintergrund von links die Türme von St. Martini, der Baumwollbörse und (ganz rechts) der Wasserkunst; der Text auf der Rückseite der Karte vom 16. September 1925 berichtet vom „schönen und gemütlichen Bremen"*

VI. Krieg und Zerstörung auf dem Teerhof

Nach der vorher in Jahrhunderten oder zumindest in Jahrzehnten langsam verlaufenden Entwicklung des Teerhofs zu einer dem Fortschritt zwar nicht abgewandten, ihm aber nur langsam folgenden Arbeits- und Wohnstraße hatte ihre Beseitigung in noch nicht einmal fünf Jahren von 1940 bis 1945 alle Anzeichen eines gewaltsamen Todes, wie er Lebewesen bei bester Gesundheit trifft.

1. *Die Bedrohung durch den Nationalsozialismus*

Die stark von Individualinteressen geprägte und schon gar nicht generalstabsmäßig geplante Mischbebauung auf dem Teerhof war den Nationalsozialisten ein Dorn im Auge. Ihre Bau- und Siedlungspolitik war in erster Linie auf uniforme Wohnsiedlungen auf möglichst „eigener Scholle" in grünen Vorstadtregionen gerichtet[400]. Die Innenstädte sollten dagegen eher für monumentale Bauten freigehalten werden. Planerischen Ausdruck fand diese Auffassung in eigenen Konzepten der damaligen bremischen Bauverwaltung. So legte der 1936 zum Baudirektor bestellte Gerd Offenberg einen Entwurf zur „Umgestaltung" auch des Teerhofs vor, der anstelle der vorhandenen Wohnhäuser an der Südseite die Fortsetzung der Packhausbebauung in allerdings traufständiger Form mit nach Süden hin offenen Innenhöfen vorsah[401].

Dahinter stand vermutlich auch die Vorstellung, die angeblich wilde Mischbebauung als Ort möglicher subversiver Elemente zu beseitigen. Diese Befürchtung war nicht ganz unbegründet, denn die Einwohner des Teerhofs waren in ihrer mitunter skurrilen Eigensinnigkeit alles andere als Bannerträger der neuen Zeit. Hinzu kam, daß in der vorderen Neustadt vorwiegend Handwerker und Arbeiter wohnten, die politisch zumeist den Sozialdemokraten (z. B. Friedrich Ebert) und Kommunisten zuneigten. Auch die meisten Einwohner des Teerhofs standen diesen Kreisen nahe. Hakenkreuzfahnen wurden deshalb auf

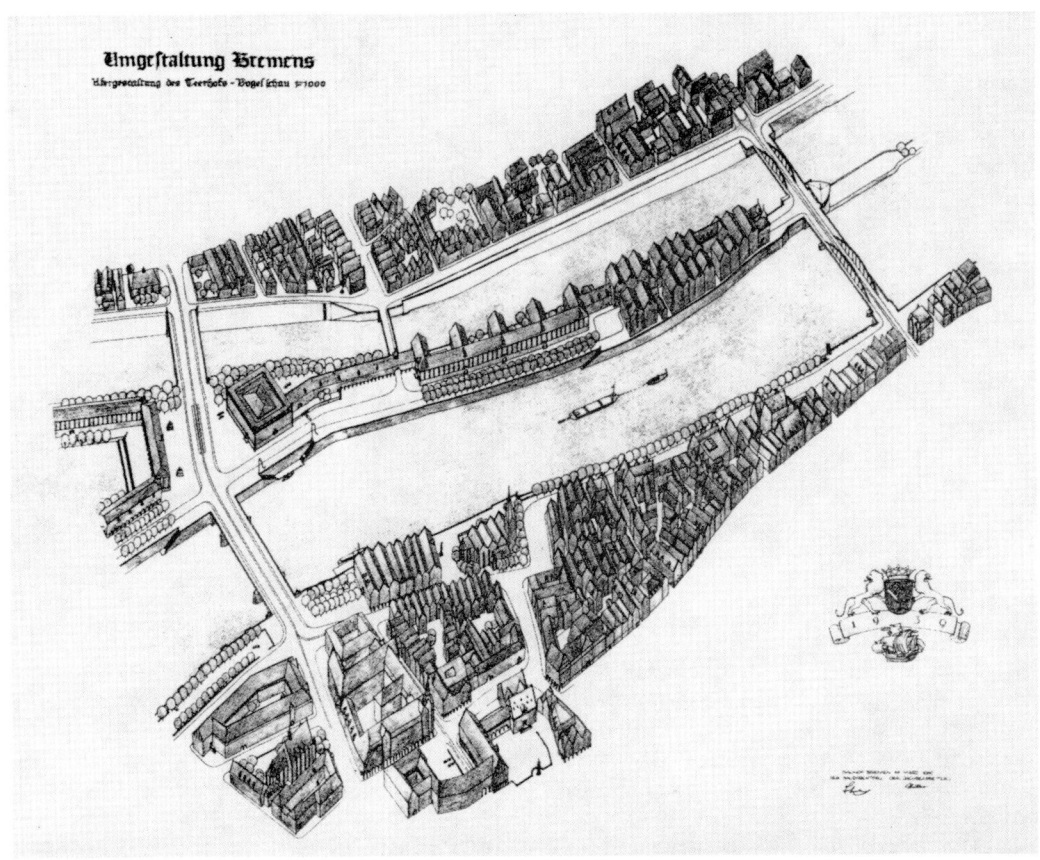

Bild 215: *Planskizze des Baudirektors Offenberg über die Umgestaltung u. a. des Teerhofs aus dem Jahre 1939*

dem Teerhof auch an Tagen der Beflaggung nicht gesehen. Als die Witwe des Schlossers Ernst Sanders, Emilie Sanders, selbst Arbeiterin, bei einem Maiumzug 1935 oder 1936 in der Innenstadt es ablehnte, „die Fahne zu grüßen", wurde sie inhaftiert und einige Tage vernommen, dann aber wieder freigelassen[402].
Schlimmeren Bedrohungen sahen sich die jüdischen Mitbürger gegenüber. Ihr Anteil unter den Eigentümern und Bewohnern der Teerhofgrundstücke entsprach in etwa dem Verhältnis in ganz Bremen (0,41 %) bzw. dem Reichsdurchschnitt (0,76 %)[403]. So gehörte das Packhaus Teerhof Nr. 22 seit den zwanziger Jahren dem Kaufmann Hans Adler, der dort einige Jahre ein Ölimportgeschäft betrieb, bevor die Gummiwarengroßhandlung Gattorna als Mieterin einzog[404]. Das Packhaus Nr. 17, das dem Kaufmann Georgi gehörte, wurde seit Anfang der dreißiger Jahre von den Sackgroßhändlern Isaak (geboren 1898) und Juda (geboren 1871) Lundner, die ihr Hauptgeschäft in der Fliederstraße Nr. 41 a hatten, genutzt[405].
1938 wurden die Vorschriften gegenüber Juden verschärft, so mit der Verordnung vom 26. April 1938 über die Anmeldepflicht, mit dem Änderungsgesetz zur Gewerbeordnung vom 6. Juli 1938 betreffend Beschränkung in der gewerblichen Tätigkeit und — zwei Tage nach der „Kristallnacht" — mit der Verordnung vom 12. November 1938 über die Ausschließung der Juden aus der deutschen Wirtschaft[406]. Schon im Oktober 1938 wurde Juda Lundner abgeschoben, während Isaak Lundner am 10. November 1938 verhaftet und am 9. Februar 1939 ausgewiesen wurde[407]. Die Firma von Hans Adler wurde bis 1941 „entjudet"[408]. Das Schicksal des Viehkaufmanns Siegfried Rennberg (wohn-

haft Admiralstraße Nr. 23), der, wie oben dargelegt, 1931 kurze Zeit Eigentümer des Grundstücks Teerhof Nr. 40 war, blieb ebenso wie das der Hypothekengläubigerin Elise von Schnitzler unbekannt[409]. Ob auch die Bewohner der beiden angrenzenden Häuser Nr. 39 und 41, Tietz und Rosenkranz (Bremer Adreßbuch 1935, Seite 270), Juden waren, ist nicht erwiesen, sie waren jedenfalls „arisiert" und blieben unbehelligt (Bremer Adreßbuch 1942, Seite 331). Übergriffe der Teerhofanwohner gegenüber den jüdischen Mitbürgern sind nicht bekannt geworden, überliefert wurde im Gegenteil eine ständige gute Nachbarschaft[410].

Insgesamt blieb der Teerhof während der Nazizeit eher eine politisch unbeachtete Straße. In den beiden Gastwirtschaften und mehr noch in den Wohnhäusern und in den Gängen davor konnte man vorsichtig geäußerte kritische Töne hören[411]. Ein gewisses Refugium stellten auch die Kleingärten dar, die einige Teerhofanwohner vor allem auf dem Stadtwerder besaßen. Diese sogenannten „Parzellen" mit einheitlicher Grundfläche (12 x 36 m = 432 qm) hatte die frühere Landesregierung durch den damaligen Sozialsenator Wilhelm Kaisen Arbeitslosen als Wiesenland zur Bewirtschaftung in Unterpacht zur Verfügung gestellt[412]. Die Familie Scheper (Teerhof Nr. 59) hatte einen solchen Garten gegenüber dem Krähenberg am Olgaweg, in dem sie in den ersten Nachkriegsjahren den Lebensmitteleinzelhandel fortbetrieb. Der Schlosser Ernst Sanders, nach seinem Tod seine Witwe Emilie und seine Schwiegermutter Emilie van Houdt (Teerhof Nr. 40) nutzten die Parzelle Irmgardweg Nr. 7 und halfen sich damit über Notzeiten hinweg. Da die Kleingärten im Gegensatz zum Teerhof schlecht zu kontrollieren waren, fanden hier auch Zusammenkünfte von Sozialdemokraten und Kommunisten statt. Mancher gesuchte Nazigegner verdankt der Parzelle sein Überleben[413].

Einen gewissen Ausdruck fand die antifaschistische Grundhaltung der meisten Teerhofbewohner während des Krieges in Hilfeleistungen für die dort untergebrachten französischen und italienischen Kriegsgefangenen, worüber noch berichtet werden wird.

Bild 216: *Alfred Brüning, geboren 1919, vor dem Haus Teerhof Nr. 14 b vor seiner Einberufung 1941*

2. Beginnende Kriegsereignisse

Erste Wirkungen des Krieges zeigten sich auch auf dem Teerhof in der Rekrutierung aller wehrfähigen Männer, die zum Teil bereits vorher Arbeitsdienst geleistet hatten. Schon 20jährige wurden eingezogen und zeigten sich fürs erste stolz in ihren Uniformen.

Aber auch wesentlich ältere Männer wurden einberufen und mußten die Führung ihrer Geschäfte und Betriebe den Familienangehörigen überlassen[414].

Die Daheimgebliebenen hatten gleichfalls Schlimmes zu befürchten, denn der Teerhof inmitten der Stadt, zwischen den Weserbrücken und mit Packhäusern voller Rohstoffe und Fertigprodukte, drohte unweigerlich das Ziel von Fliegerangriffen zu werden. Zur Sicherheit der Wohnbevölkerung mußten deshalb günstig gelegene Luftschutzräume bereitgestellt bzw. geschaffen werden, weil die größeren Bunker, etwa in der Hardenbergstraße in der Neustadt oder unter dem Domshof, bei Alarm kaum rechtzeitig erreicht werden konnten. Die Wahl fiel auf den verhältnismäßig stabilen Keller des Packhauses

Bild 217: *Brandstelle auf dem Dachboden Teerhof Nr. 23*

Teerhof Nr. 6 (Bilder Nr. 63 und 73), in dem fortan die Einwohner des Teerhofs und auch der Herrlichkeit bei den häufigen nächtlichen und alsbald auch tagsüber geflogenen Angriffen Zuflucht suchten[415]. Der Keller bot, wie die Zeit ergab, einen ausreichenden Schutz gegen Brandbomben, hätte aber einer Sprengbombe, wie sie schon wenig später auf das Packhaus Teerhof Nr. 31 fiel, schwerlich standgehalten. Bei späteren Angriffen konnten die Bewohner des westlichen Straßenteils, insbesondere der Häuser Nr. 14b und 29, in der Zeit zwischen dem Aufheulen der Alarmsirene bis zum Fallen der ersten Bomben den am östlichen Ende gelegenen Luftschutzkeller oft nicht mehr rechtzeitig erreichen, so daß sie dann im Keller des Packhauses Nr. 14a Zuflucht suchten[416]. Zur Abwehr von Angriffen vor allem gegen die Brücken wurde auf der Weserburg eine Vierlings-Flak installiert[417].

3. *Luftangriff vom 12./13. Oktober 1940*

Der Fliegerangriff in der Nacht vom 12. auf den 13. Oktober 1940 – zugleich der 24. Luftangriff auf Bremen überhaupt – war der erste auf den Teerhof. Wenn auch keine Menschen zu Schaden kamen, so wurden doch vier Packhäuser zerstört und weitere beschädigt[418]. Aufgrund der Akten der Polizei- und Luftschutzbehörden sowie Unterlagen von Teerhofbewohnern läßt sich das Ereignis genau rekonstruieren[419]. Aus einem Verband von vier Flugzeugen, die einen Fliegeralarm um 23.11 Uhr bewirkt hatten, löste sich eine Maschine und nahm Kurs auf die Bremer Innenstadt, um vermutlich die Kaiserbrücke zu bombardieren. Da dichter Bodennebel herrschte, konnte das Ziel nicht genau ausgemacht werden, wie auch umgekehrt das Flugzeug von der auf der Weserburg stationierten Flakstellung nicht genau geortet werden konnte. Um 23.28 Uhr warf das Flugzeug vier Sprengbomben ab, von denen zwei jenseits der Kleinen Weser vor der Brautbrücke und an der Deichböschung niedergingen, während zwei auf den Teerhof fielen. Die eine schlug durch das Dach des Packhauses Nr. 31 (Bilder Nr. 36 und 86) bis auf den Keller durch und detonierte dort, was einen Brand und die völlige Zerstörung des Gebäudes sowie Schäden an den Nachbarhäusern Nr. 30 und 32 auslöste. Die zweite Bombe fiel direkt vor dem Packhaus Nr. 22 (Bild Nr. 84) auf die Teerhof-

Bild 218: *Das zerstörte Packhaus Nr. 22 und die nur leicht beschädigten Packhäuser Nr. 23, 24 und 25*

Bild 219: *Ganz links kleine Schäden am Packhaus Nr. 21, Ruine des Hauses Nr. 22, sodann die Packhäuser Nr. 23 bis 25 und die Hinterhäuser Nr. 27 und 28, danach das schwer beschädigte Packhaus Nr. 30, das zerstörte Packhaus Nr. 31 und das ebenfalls schwer beschädigte Packhaus Nr. 32; die anschließenden Häuser weiter rechts sind noch erhalten, Aufnahme vom 14. Oktober 1940*

straße und beschädigte außer dem Straßenpflaster zunächst nur die Hauptwasserleitung. Durch die Explosion wurden indessen Bombensplitter in das Erdgeschoß des Hauses Nr. 22 geschleudert und entzündeten dort lagernde Feuerwerkskörper und Spielwaren der Firma Gattorna, was eine Kettenreaktion zur Folge hatte. Die Flammen erfaßten bald die einzelnen hölzernen Geschoßdecken einschließlich der offenen Holztreppen, so daß weder eine Bergung von Gütern noch eine Brandbekämpfung in den einzelnen Stockwerken möglich war. Hinzu kam, daß die angeforderten Feuerlöschboote wegen des Nebels nicht rechtzeitig eintrafen. Der in richtiger Voraussicht schon vorher für einzelne Packhausgruppen gebildeten Werkluftschutzbereitschaft gelang es indessen zusammen mit weiteren Feuerschutzeinheiten, die angrenzenden Packhäuser Nr. 21 und 23/24 (Bilder Nr. 83 und 84), die zudem besser gesichert waren, vor einer Zerstörung zu retten.

Bild 220: *Ruine des Hauses Nr. 17 nach dem 12./13. Oktober 1940*

Bild 221: *Blick vom Packhaus Nr. 23 (Knappstein) auf das zerstörte Packhaus Nr. 19 (Nordwestdeutsche Futter- und Saatbau)*

Bild 222: Blick vom Packhaus Nr. 24 auf das schwer beschädigte Packhaus Nr. 16 nach dem 12./13. Oktober 1940

Bild 223: Aufräumungsarbeiten vor dem zerstörten Packhaus Nr. 22 und dem nur leicht beschädigten Packhaus Nr. 23 am 14. Oktober 1940

Bild 224: Blick auf die Fronten des zerstörten Hauses Nr. 22 sowie des Hauses Nr. 23

Bild 225: *Nach dem Angriff vom 12./13. Oktober 1940, rechts das völlig zerstörte Haus Nr. 22 (Gattorna), links die ausgebrannten Häuser Nr. 19 und 17 (Haberland & Meyer) und dahinter das beschädigte Haus Nr. 16 (Poser), auf der Straße verbrannte Stoffe und Löschschläuche*

Dagegen trieb der Südwestwind das Feuer über die schmale Teerhofstraße auf die gegenüberliegenden Packhäuser Nr. 17 (Haberland & Meyer, Bild Nr. 76) und 19 (Nordwestdeutsche Futter-Saatbau GmbH, Bild Nr. 76), die gleichfalls einschließlich der dort lagernden Kaffee- und Getreidevorräte ein Raub der Flammen wurden.

An und in den Packhäusern Nr. 14, 14 a, 15 und 16 (Bild Nr. 76) entstanden Schäden durch Brand und Löschwasser, doch konnten Gebäude und Inhalt im wesentlichen gerettet werden. An nahezu allen Wohnhäusern des Teerhofs gingen Fensterscheiben zu Bruch. Um 1.27 Uhr wurde Entwarnung gegeben, aber erst gegen 3.00 Uhr hatten die Löschmannschaften die Brände unter Kontrolle. Die Bergungs-, Aufräumungs- und Instandsetzungsarbeiten zogen sich vor allem wegen der schwelenden Brände noch Wochen hin [420].

Die Sachschäden waren erheblich, sie wurden z. B. bei Teerhof Nr. 19 auf RM 500 000 geschätzt [421]. 18 Personen wurden obdachlos und mußten umquartiert werden. Den Kindern des Teerhofs bot sich ein bisher unbekanntes und fast grandioses Schauspiel mit

Bild 226: *Blick auf die zunächst erhalten gebliebenen Häuser Nr. 14 b und 15 am 14. Oktober 1940*

Bild 227: *Trümmerbeseitigung und verbrannter Kaffee vor dem Packhaus Nr. 31 am 14. Oktober 1940*

Bild 228: *Bergungs- und Aufräumungsarbeiten vor den Packhäusern Nr. 32 und 31, davor Zuschauer, u. a. Jugendliche in Jungvolk-Uniform, vor den Häusern Nr. 37 bis 40 am 14. Oktober 1940*

einer Mischung aus Silvesterfeuerwerk und Weltuntergang, das sich ihnen nicht nur optisch und akustisch, sondern durch die glühenden Holzbohlen und schwelenden Kaffee- und Tabakmengen auch durch schaurig-schöne Gerüche lebenslang einprägte[422].

4. *Gefangene auf dem Teerhof*

Obgleich keine eigentlichen Gefangenenlager auf dem Teerhof eingerichtet waren, hielten sich dort zeitweilig französische und italienische Kriegsgefangene sowie jüdische Zwangsarbeiterinnen auf. Das ist durch übereinstimmende Berichte von ehemaligen Teerhofbewohnern verbürgt[423].

Über den Einsatz von Zwangsarbeitern in Bremen während der Zeit des Nationalsozialismus hat der Senat der Freien Hansestadt Bremen als Antwort auf eine Anfrage der Fraktion der Grünen in der Bürgerschaft unter dem 16. Dezember 1986 eine Zusammenstellung herausgegeben, die sich im wesentlichen auf eine Dokumentation des Staatsarchivs von September 1986 stützt[424]. Hiernach waren im September 1944, also kurz vor der Zerstörung des Teerhofs, 38 567 ausländische zwangsverpflichtete Zivilpersonen und Kriegsgefangene (darunter 14 486 Arbeiter aus dem Osten) mit Zwangsarbeit beschäftigt und in 260 Lagern und Sammelunterkünften aller Art zusammengefaßt[425]. Die Kriegsgefangenen unterstanden der Wehrmacht und waren in der Regel in sogenannten Kriegsgemeinschaftslagern, aber auch in firmeneigenen Lagern untergebracht. Außerdem wurden von 1942 bis 1944 in Bremen KZ-Häftlinge mit Zwangsarbeit beschäftigt, darunter 800 meist jüdische Frauen[426]. Alle zu Zwangsarbeiten herangezogenen Kriegsgefangenen, KZ-Häftlinge und Deportierten wurden nicht nur in der Produktion der Kriegswirtschaft, sondern seit 1941 nach Weisungen des Bürgermeisters auch zur Beseitigung der Bombenschäden in allen Stadtteilen herangezogen[427].

Die große Zahl der Gefangenen und ihr dezentraler Einsatz erforderten entsprechende Unterbringungsmöglichkeiten in allen Stadtteilen. Die schwerpunktmäßig angelegten größeren Lager, z. B. auf dem Stadtwerder, am Buntentorsteinweg und in Huckelriede[428], waren offensichtlich zur Aufnahme aller Personen nicht ausreichend[429]. Es wurde deshalb auch auf behördlich nicht immer registrierte Behausungen zurückgegriffen, deren Nutzung flexibler gehalten werden konnte, sofern sie wenigstens ausreichend bewacht werden konnten[430]. Geeignet erschienen offensichtlich auch die Packhäuser des Teerhofs, weil sie in primitiver Ausstattung viel Platz boten und der Teerhof insgesamt von den beiden Eingängen im Osten und Westen mit wenig Personal kontrolliert werden konnte. Hinzu kam, daß der Import von überseeischen Rohstoffen wie Kaffee, Tabak und Wolle zurückgegangen war[431]. Dennoch wurde weiterhin Lagerraum zur Versorgung der Bevölkerung benötigt, so daß nur an wenigen Stellen eine Unterbringung von Menschen in Betracht kam. Unter diesen Voraussetzungen konnte offenbar nur das Packhaus Teerhof Nr. 7 genutzt werden, nachdem die Kaffeefirma Westhoff ihren dortigen Betrieb

Bild 229: *Französische Kriegsgefangene bei Aufräumungsarbeiten nach dem Luftangriff vom 30. Juni 1941 in der Obernstraße*

aus kriegsbedingten Gründen eingestellt hatte[432].

Im Erdgeschoß und offenbar auch im ersten und zweiten Obergeschoß des Packhauses Teerhof Nr. 7 waren nach Schätzungen der Einwohner in den Jahren von 1942 bis 1944 zwischen 100 und 200 Personen untergebracht, die in der Regel tagsüber unter Bewachung auf dem Teerhof, meistens aber anderswo arbeiteten. Es handelte sich ausschließlich um Franzosen und Italiener. Die Franzosen galten von Anfang an als Kriegsgefangene, während die Italiener als Angehörige eines befreundeten Staates freiwillig nach Deutschland gekommen waren und nach der Kapitulation Italiens als „Militärinternierte" festgehalten wurden[433]. Sie wurden auf dem Teerhof als „Badoglio-Truppe" bezeichnet, ohne daß dies allerdings abfällig gemeint war[434]. Überhaupt war das Verhältnis zur Bevölkerung nach den Berichten in keinem Fall feindselig, wozu auch hier die relative Abgeschiedenheit der Straße beigetragen haben mag. Beschämend empfanden die Einwohner die Hilfsbereitschaft zahlreicher, besonders französischer Gefangener bei Bergungs- und Aufräu-

Bild 230: *KZ-Häftlinge bei Aufräumungsarbeiten Am Deich Nr. 10 nach dem Luftangriff vom 13. Dezember 1943*

Bild 231: *Ungarische Jüdinnen bei Aufräumungsarbeiten nach dem Luftangriff am 6. Oktober 1944 in der Papenstraße mit Blick in die Knochenhauerstraße*

mungsarbeiten nach Bombenangriffen[435]. Sie revanchierten sich dadurch, daß sie den Gefangenen Lebensmittel zusteckten, wo immer sie konnten. Als Frau van Houdt wieder einmal einen Franzosen in ihrer Küche versorgte und plötzlich ein Wachmann in der Haustür stand, reagierte der Gefangene blitzschnell und fragte laut „Wo ist Kabinett?". Auf die ratlosen Blicke der Bewohnerin verdeutlichte er seine Frage mit den drastischen Worten „Kein Scheißhaus hier?", womit ein plausibler Grund für den Aufenthalt im Haus nachgewiesen und der Wachmann besänftigt war[436].

Jede offensichtliche Annäherung zu den Kriegsgefangenen wurde indessen von der Obrigkeit von vornherein unterbunden, wie folgendes Beispiel zeigt: Da das Packhaus Teerhof Nr. 7 keinen Luftschutzkeller besaß, hätte es nahegelegen, daß die Gefangenen den geräumigen Keller im Haus Teerhof Nr. 6 benutzten. Dieser diente aber — wie oben dargelegt — ausschließlich der deutschen Bevölkerung als Zuflucht. Als „gefährliche Nachbarn" durften die Gefangenen während der Angriffe auch nicht etwa im Haus Nr. 7 bleiben, sondern mußten zu der etwa 300 m entfernt gelegenen Ruine des Packhauses Nr. 19 laufen, wo sie sich den zum Teil noch erhaltenen Keller notdürftig als Schutzraum hergerichtet hatten. Und so hasteten dann bei Alarm die Menschen erster und zweiter Klasse aneinander vorüber, wobei das rasche „Klapp-Klapp" der Gefangenen-Holzschuhe auf dem Pflaster den ehemaligen Anwohnern heute noch in den Ohren klingt[437]. Bemühungen, nach dem Krieg die damals Inhaftierten ausfindig zu machen, scheiterten am Fehlen von Unterlagen. Man kann sich auch vorstellen, daß einige von ihnen bei Besuchen in Bremen nach dem Teerhof und seinen Bewohnern gesucht haben — wegen der Totalzerstörung der Straße sicherlich vergebens.

Etwa 1942/43 war eine Gruppe jüdischer Zwangsarbeiterinnen auf dem Teerhof beschäftigt, wohnte dort allerdings nicht[438]. Diese Frauen hatten dort wie auch an anderen Stellen der Stadt vorwiegend Aufräumungsarbeiten zu leisten.

Sie litten offensichtlich noch stärker Not als andere Gefangene und erhielten deshalb Lebensmittel von den Bewohnern des Teer-

Bild 232: *Blick von der Schlachte auf die (von links) nur leicht beschädigten Häuser Nr. 14 b und 15 und die Ruinen der Häuser Nr. 16, 17 und 19 nach dem Luftangriff vom 14. September 1942*

Bild 233: *Blick von Süden über die Kleine Weser auf die zerstörten Packhäuser Nr. 22, 23, 24 und 25 nach dem Luftangriff vom 14. September 1942; im Hintergrund die Ansgariikirche, ganz rechts die ausgebrannten Hinterhäuser Nr. 27/28*

Bild 234: *Blick von Süden über die Kleine Weser auf die zerstörten und teilweise schon abgetragenen Häuser einige Wochen nach dem Angriff vom 14. September 1942; vorn links die nahezu eingeebneten Hausgrundstücke Nr. 22, 23, 24, 25 und 27/28, dann das leicht beschädigte Haus Nr. 29 und das stark beschädigte Packhaus Nr. 30, hinter den Grundstücken Nr. 24 und 25 das zerstörte Haus Nr. 16 und das beschädigte Haus Nr. 15 auf der anderen Straßenseite*

Bild 235: *Blick von Südosten über die Kleine Weser auf die zerstörten Packhäuser Nr. 22 bis 32 sowie auf die unterschiedlich beschädigten Wohnhäuser Nr. 37 bis 44 (zerstört Nr. 39) nach dem Luftangriff vom 14. September 1942*

Bild 236: *Ruinenlandschaft an der Nordstraße nach dem Luftangriff vom 18./19. August 1944*

hofs, wo immer dies möglich war. Der Inhaber des Milchgeschäfts Teerhof Nr. 59, Kurt Scheper, versorgte die Frauen mit Milch, indem er des öfteren am Ufer der Kleinen Weser „aus Versehen" eine große Milchkanne stehen ließ. Dies war weder für ihn noch für die Frauen, die bei plötzlicher Kontrolle die Kanne nicht verstecken konnten, ungefährlich[439].

5. Luftangriff vom 14. September 1942

Nach dem folgenreichen Luftangriff vom 12./13. Oktober 1940 wurde der Teerhof noch häufig bombardiert, zunächst allerdings ohne Personen- und größeren Gebäudeschaden. Ein weiterer gravierender Angriff fand am 14. September 1942 statt, der 103. auf die Stadt[440]. Die besonders gut erhaltenen Packhäuser Nr. 16, 23, 24 und 25, die im Oktober 1940 noch mit Erfolg vor dem Brand bewahrt worden waren, wurden nun ein Opfer der Flammen.
Ebenso wurden die Packhäuser Nr. 30 und 32 total und eine Reihe von Wohnhäusern wie Nr. 39, 47 und 48 erheblich beschädigt. Weitere Schäden erlitten die Häuser Nr. 1, 2a und 3 sowie die Hinterhäuser Nr. 27 und 28 hinter der Gastwirtschaft Brandt[441].

6. Zerstörung des Teerhofs am 6. Oktober 1944

Die Bombardierungen des Teerhofs hörten auch in den folgenden zwei Jahren nicht auf, zumal die Weserbrücken immer noch nicht getroffen worden waren. Die meisten Gebäude auf dem Teerhof hatten inzwischen einige Male Schäden abbekommen, sofern sie nicht überhaupt schon ganz zerstört waren. Auch z. B. das Packhaus Nr. 6 wurde in Mitleidenschaft gezogen, doch blieb der Luftschutzkeller zunächst unversehrt[442]. Die Teerhofbewohner waren also, anders als z. B. die Dresdener Bevölkerung vor dem dortigen Großangriff am 13./14. Februar 1945, an Bomben gewöhnt. Am 18./19. August 1944 hatte der vernichtende Angriff von 500 Flugzeugen auf den Bremer Westen stattgefunden[443].
Nicht nur die Luftangriffe hatten zugenommen — allein im September 1944 gab es in Bremen 60mal Fliegeralarm —, auch die allgemeine Frontlage war schlechter geworden. Die US-Armeen hatten am 11. September 1944 bereits die deutsche Grenze nördlich von Trier erreicht[444].
Dennoch ahnte wohl niemand am Abend des 6. Oktober 1944, daß die letzten Stunden des

Bild 237: *Blick von der Schlachte auf die zerstörten Häuser (von links) Herrlichkeit Nr. 3 a und 4, Teerhof Nr. 1, 2, 2 a, 3 sowie die beiden Packhäuser Nr. 6 und 7, anschließend im Hintergrund die unzerstörten Gebäude von Stute Nr. 56 bis 58 nach dem Luftangriff vom 6. Oktober 1944*

alten Teerhofs geschlagen hatten. Es war ein milder Herbsttag gewesen, und Emilie van Houdt hatte am Tag vorher den Zwetschgenbaum auf ihrer Parzelle am Irmgardweg abgeerntet. Die in diesem Jahr besonders gut geratenen Früchte standen nun in der Küche am Teerhof und sollten verarbeitet werden[445]. Als um 19.13 Uhr die Alarmsirenen zum 137. Luftangriff ertönten, waren die 250 Flugzeuge schon über der Stadt. Der Angriff galt diesmal nicht dem Bremer Westen, sondern hauptsächlich der Innenstadt und der vorderen Neustadt. In kurzer Zeit wurden 950 Sprengbomben und 376 000 Stabbrandbomben abgeworfen[446]. Als um 21.10 Uhr Entwarnung gegeben wurde, waren insgesamt 3280 Häuser zerstört und 30 670 Personen obdachlos. Wenn „nur" 32 Tote zu beklagen waren, so beruhte das darauf, daß die Menschen schnell und diszipliniert die vorhandenen Luftschutzräume aufgesucht hatten[447].
Auch die Bewohner des Teerhofs hatten den Bombenhagel in den beiden Luftschutzkellern Nr. 6 und 14 a überstanden. Als sie wieder ins Freie kamen, verschlug ihnen das Feuer den Atem. Der ganze Teerhof brannte. An Löschen oder Brandbekämpfung sonstiger Art war bei diesem Inferno nicht zu denken. Die Menschen mußten sich selbst und die wenige Habe, die sie in Taschen und Koffern bei sich trugen, in Sicherheit bringen. Paul Wenthe, Bewohner des Hauses Nr. 14 b, berichtet[448]:

„Unser Luftschutzraum befand sich unter dem nebenliegenden Packhaus. Gemauertes Gewölbe mit Zugang vom Heizungs- und Waschraum des Vorderhauses und Luke zur Weser. Bei Feuersbrunst konnten die Leute bei Ebbe mit langer Leiter zur Weser hinunter. Ich erinnere, wie Hermann Dreyer Oma Brandt auf der Schulter hinunterrug."

In den Erinnerungen von Emilie Sanders (Teerhof Nr. 40) heißt es[449]:

„Schon bald nach dem Alarm hörten wir die englischen Flieger und mußten uns mit

Bild 238: Weserburg mit Gebäudeschäden nach dem Luftangriff vom 6. Oktober 1944

Bild 239: Blick von Südwesten auf die Ruinenlandschaft des Teerhofs, beginnend links mit dem Haus Nr. 20, in der Mitte die Seitenwände des zerstörten Packhauses Nr. 30, ganz rechts die noch erhaltenen Gebäude Nr. 55 bis 58, nach dem Angriff vom 6. Oktober 1944

Bild 240: *Weserburg bei Kriegsende, links der Blick auf den Dom und die zerstörten Gebäude an der Schlachte*

Bild 241: *Blick von Südosten auf die zerstörten Häuser des Teerhofs von Nr. 20 d bis 37, Zeichnung von 1946*

Bild 242: *Die zerstörte Große Weserbrücke an der Einmündung der Herrlichkeit bei Kriegsende; im Hintergrund der weitgehend unbeschädigte engere Stadtkern, davor die zerstörten Gebäude an der Schlachte und an der Wachtstraße*

unseren Koffern beeilen, um in den Keller des Packhauses gegenüber von Scheper zu kommen. Hier merkten wir bald an dem Flackern des Lichts und einem starken Luftsog, daß es draußen brannte. Auch im Keller wurde es warm und stickig, aber er hielt stand. Als Entwarnung kam, gingen wir nach oben und sahen ein Flammenmeer. Ich hatte das Gefühl, daß sogar die Straße brannte. Jemand schrie vergeblich nach Wasser zum Löschen — und das auf einer Straße, die von Flußarmen umgeben war. Da die Weser die Flammen zurückhielt, konnten sich diese um so stärker auf dem Teerhof ausbreiten. Ein Glück waren die freien Grundstücke, über die man an das Wasser gelangen konnte, um sich nasse Tücher überzuhängen. Frau B. schwenkte einen leeren Vogelkäfig und rief mit schriller Stimme einige Namen. Nur mit einem kleinen Koffer notwendigster Kleidung und Wäsche gingen meine Mutter und ich zu unserer Parzelle auf dem Stadtwerder. Der Fußweg, den wir sonst in einer knappen Stunde zurücklegten, dauerte diesmal über zwei Stunden, da wir völlig erschöpft waren. Der Himmel leuchtete vom Feuerschein der brennenden Altstadt und Neustadt."

Wie der Bericht der örtlichen Luftschutzleitung vom 8. Oktober 1944 ausweist[450], wurden bei dem Angriff am 6. Oktober 1944 auf dem Teerhof die folgenden 19 Häuser total zerstört: Nr. 13, 14 b, 21, 27, 28, 29, 37, 38, 40, 41, 43, 44, 45, 46, 49, 51, 52, 53 und 59. Diese Liste dürfte eher zu kurz sein, denn auch die Reihe der Häuser mit den Nummern 1, 2, 2 a, 3, 6 und 7 wurde vollständig in Schutt und Asche gelegt.

Nur wenige Gebäude kamen mit einigen Beschädigungen davon, so die Häuser Nr. 20 bis 20 a (Weserburg), 55 (Ommen) und 56 bis 58 (Stute).

Aber auch diese Häuser überstanden den Krieg nicht, sie wurden ein Opfer der nächsten Angriffe[451]. Die Weserburg wurde nach mehreren Teilbeschädigungen am 23. März 1945 fast völig zerstört[452].

Damit waren alle Häuser des Teerhofs vernichtet. Nur einzelne Mauerreste, z. B. die Giebelwände des Packhauses Nr. 20 und die Seitenwände des Packhauses Nr. 30, ragten gespenstisch in den Himmel (Bild Nr. 239).

Bild 243: *Kaiserbrücke nach der Sprengung am 25. April 1945*

Bild 244: *Blick von der Schlachte auf die zerstörten Gebäude der Herrlichkeit und die erhalten gebliebenen Häuser Nr. 1 bis 3, rechts die zerstörten Häuser Teerhof Nr. 1, 2, 2 a und 3 nach dem Angriff vom 6. Oktober 1944*

Bild 245: *Lageplan von 1946 der Innenstadt; schwarze Flächen: erhalten, graue Flächen: teilweise oder ganz zerstört*

7. Zerstörung der Brücken und der benachbarten Straßen

Als völlig unsinnige Operationen zur Verteidigung Bremens wurden am 25. April 1945, zwei Tage vor der Besetzung der Stadt durch britische und amerikanische Truppen, auf Befehl des Stadtkommandanten Becker die Große Weserbrücke und die Kaiserbrücke, die trotz der vielen Luftangriffe unversehrt geblieben waren, gesprengt[453].

Auch den Straßen der Umgebung erging es nicht viel besser. An der Herrlichkeit waren der Bauhof und die benachbarten Häuser vernichtet[454]. Als einzige Gebäude dieser Straße und insgesamt der Halbinsel zwischen den Weserarmen blieben nur die drei nebeneinanderstehenden Häuser Herrlichkeit Nr. 1 (Mineralölfirma Lutter & Werries), 2 (Gastwirtschaft und Hotel Otto) und 3 (Freese-Haus, letzter Eigentümer Dr. med. Jacob Helbron) erhalten.

Am Deich und an der Schlachte wurde bis auf einzelne Gebäude ebenfalls alles zerstört[455]. Die an der Weser gelegenen Teile der Innenstadt und der vorderen Neustadt waren damit bei Kriegsende total zerstört, wie der Lageplan von Rudolf Stein eindrucksvoll belegt.

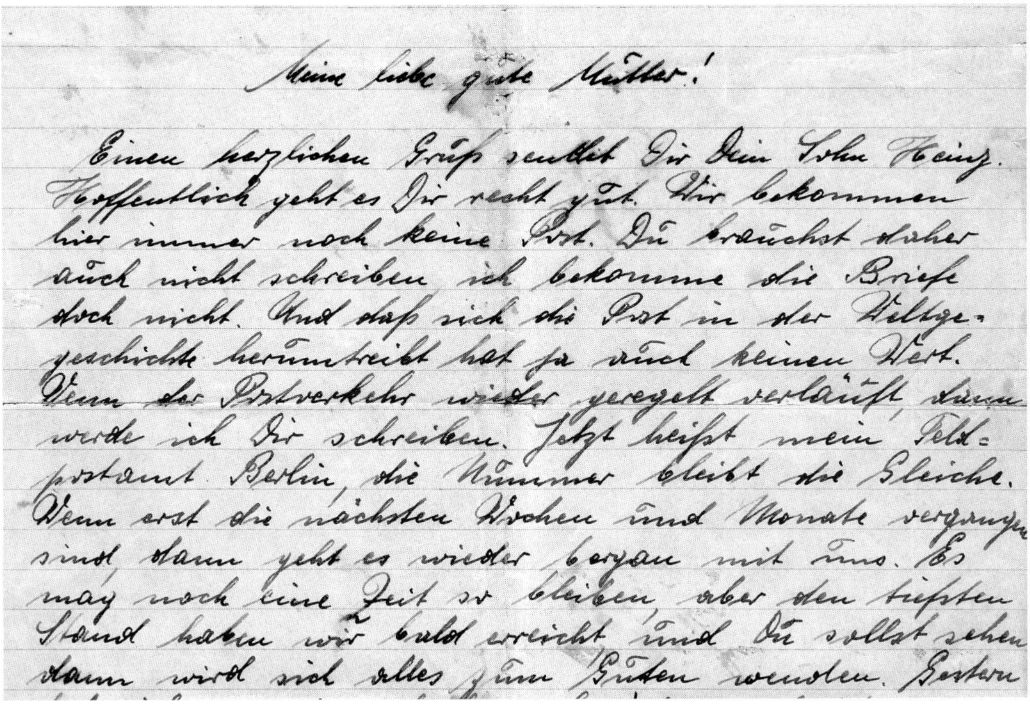
Meine liebe gute Mutter!
Einen herzlichen Gruß sendet Dir Dein Sohn Heinz.
Hoffentlich geht es Dir recht gut. Wir bekommen
hier immer noch keine Post. Du brauchst daher
auch nicht schreiben ich bekomme die Briefe
doch nicht. Und daß sich die Post in der Weltge-
schichte herumtreibt hat ja auch keinen Wert.
Wenn der Postverkehr wieder geregelt verläuft dann
werde ich Dir schreiben. Jetzt heißt mein Feld-
postamt Berlin, die Nummer bleibt die Gleiche.
Wenn erst die nächsten Wochen und Monate vergangen
sind dann geht es wieder bergan mit uns. Es
mag noch eine Zeit so bleiben aber den tiefsten
Stand haben wir bald erreicht und Du sollst sehen
dann wird sich alles zum Guten wenden. Gestern

Bild 246: *Teil des Briefes von Heinz Ziegeler an seine Mutter Emilie van Houdt vom 6. März 1945*

8. *Einzelschicksale von Teerhofbewohnern*

Durch den Krieg verloren die Menschen auf dem Teerhof nicht nur ihre Wohnung und sonstige Habe, sondern erlitten weitere Not und manchmal sogar den Tod.

a) Der Gastwirt Diedrich Warrelmann prägte durch seine Wirtschaft „Zum Unterstand" im Haus Nr. 38 über ein Vierteljahrhundert das gesellige Leben auf dem Teerhof[456]. Noch in den besten Jahren kam er durch den Bombenangriff am 6. Oktober 1944 ums Leben, als er bei dem Versuch, aus seinem brennenden Haus noch einiges zu retten, vom einstürzenden Dachstuhl erschlagen wurde[457].
b) Der bei der Firma Bormann & Schulze (Nr. 42) beschäftigte und mit seiner Familie im Haus Nr. 40 wohnende Röstmeister Heinz Ziegeler[458] wurde 1943 zur Wehrmacht eingezogen und fand dort während der letzten Kriegstage den Tod. Einige Wochen vorher hatte er von der Zerstörung des Hauses Nr. 40 erfahren. In seinem letzten Brief an seine Mutter vom 6. März 1945 tröstete er sie und sprach ihr Mut zu.
c) Der Mechaniker und spätere Maschinenmeister Georg Ommen, der ein eigenes Geschäft mit Kfz-Werkstatt am Buntentorsteinweg betrieb, wohnte seit den zwanziger Jahren mit seiner Familie in dem Haus seines Schwiegervaters Teerhof Nr. 55[459]. Er wurde früh zum Kriegsdienst eingezogen und fiel 1941[460].
d) Über die Eigentümerin des Hauses Nr. 40, Emilie van Houdt[461], schreibt ihre Tochter in ihren Lebenserinnerungen[462]:
„Als unsere Mutter vor den Ruinen ihres Hauses stand, brach eine Welt zusammen. Alle Ersparnisse eines entbehrungsreichen Lebens und die Hoffnung auf einen geruhsamen Lebensabend lagen in Trümmern. Nur mit einem kleinen Koffer letzter Habseligkeiten gingen wir zu unserer Parzelle Irmgardweg Nr. 7 auf dem Stadtwerder. Dorthin hatte meine Mutter vorher nur wenige Sachen gebracht, sie glaubte einfach nicht an ein solches Unglück. Da wir auf dem Werder nur eine Holzlaube hatten, kam meine Mutter bald zu einem Bauern

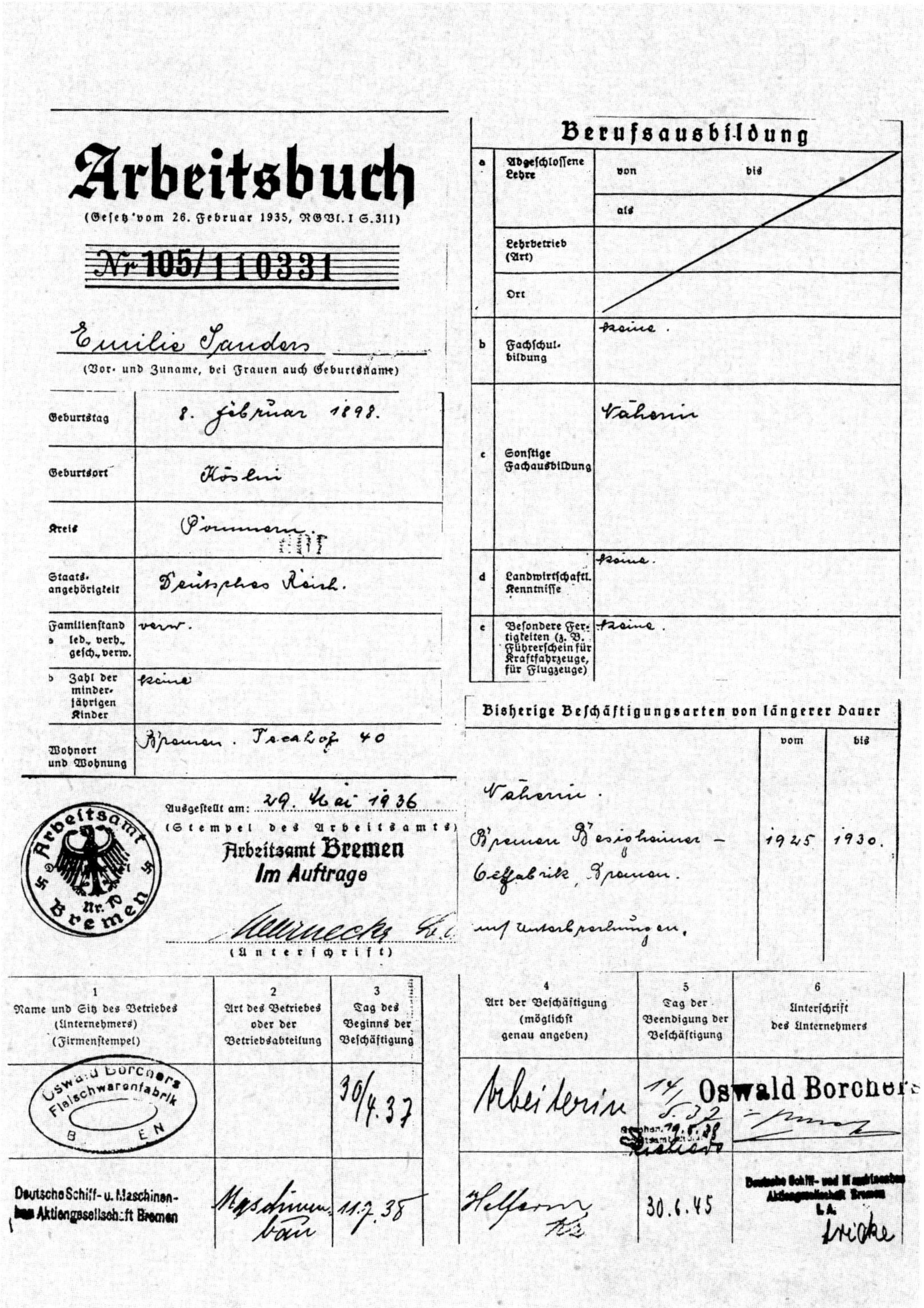

Arbeitsbuch

(Gesetz vom 26. Februar 1935, RGBl. I S. 311)

Nr 105/110331

Emilie Sanders

(Vor- und Zuname, bei Frauen auch Geburtsname)

Geburtstag	8. Februar 1898.
Geburtsort	Köslin
Kreis	Pommern
Staatsangehörigkeit	Deutsches Reich.
Familienstand a led., verh., gesch., verw.	verw.
b Zahl der minderjährigen Kinder	keine
Wohnort und Wohnung	Bremen. Tecklenburger 40

Ausgestellt am: 29. Mai 1936

(Stempel des Arbeitsamts)

Arbeitsamt Bremen
Im Auftrage

(Unterschrift)

Berufsausbildung

a	Abgeschlossene Lehre	von	bis
		als	
	Lehrbetrieb (Art)		
	Ort		
b	Fachschulbildung	keine.	
c	Sonstige Fachausbildung	Nähen	
d	Landwirtschaftl. Kenntnisse	keine.	
e	Besondere Fertigkeiten (z. B. Führerschein für Kraftfahrzeuge, für Flugzeuge)	keine.	

Bisherige Beschäftigungsarten von längerer Dauer

	vom	bis
Nähen. Bremen Besigheimer-Ölfabrik, Bremen. mit Unterbrechungen.	1925	1930.

1 Name und Sitz des Betriebes (Unternehmers) (Firmenstempel)	2 Art des Betriebes oder der Betriebsabteilung	3 Tag des Beginns der Beschäftigung	4 Art der Beschäftigung (möglichst genau angeben)	5 Tag der Beendigung der Beschäftigung	6 Unterschrift des Unternehmers
Oswald Borchers Flaschwarenfabrik Bremen		30/4.37	Arbeiterin	14/5.37	Oswald Borchers
Deutsche Schiff- u. Maschinenbau Aktiengesellschaft Bremen	Maschinenbau	11.7.38	Helferin	30.6.45	Deutsche Schiff- und Maschinenbau Aktiengesellschaft Bremen i.A.

Bild 247: *Teile des Arbeitsbuches von Emilie Sanders*

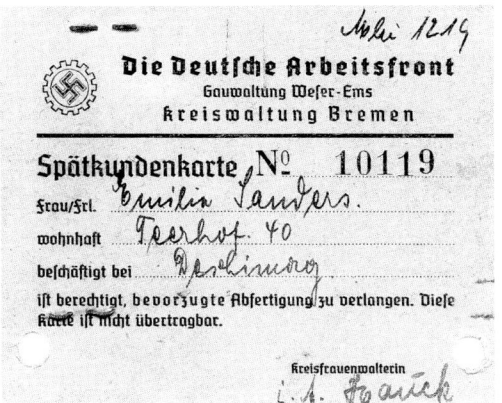

Bild 248: *Spätkundenkarte von Emilie Sanders*

nach Dibbersen bei Bremen und im November zu meinem Bruder nach Sebnitz in Sachsen, der seine Frau durch einen Tieffliegerangriff verloren hatte und Hilfe für seine drei kleinen Kinder benötigte. Sie fühlte sich dort nicht wohl, aus ihren fast täglichen Briefen an mich sprach gebrochener Lebensmut. Als wir uns im März 1945 in Bremen wiedertrafen, war ihr jüngster Sohn gerade gefallen. Ohne Zeichen einer äußeren Krankheit starb unsere Mutter an einem schönen Sommertag 1945. Für sie war der Tod ihres Hauses auch ihr eigener."

e) Paul Wenthe, damals wohnhaft im Haus Nr. 14 b, schreibt[463]:

„Als 15jähriger 1944 Flakhelfer in den Großkampfbatterien (18 Geschütze) Wummensiede, Oyten und Habenhausen. Durch Förderkursus dort dem damaligen Lettow-Vorbeck-Gymnasium eingegliedert (Lehrer kamen morgens in die Stellung). Zwischen Flak und Arbeitsdienst Unterricht in der Dechanatstraße. Abschluß 10. Klasse mit Vorsemesterbescheinigung. Das war dann nichts mehr wert. Unser Haus wurde 1944 (ich meine Oktober) zerstört. Mutter hatte schon vorher eine kleine Wohnung in Aumund genommen und Möbel ausgelagert, wo diese ebenfalls zerstört wurden."

f) Das Haus Teerhof Nr. 59 mit dem Milchgeschäft Scheper[464] wurde ebenfalls am 6. Oktober 1944 ein Opfer der Flammen. Auch Frau Scheper zog zum Stadtwerder und betrieb am Olgaweg gegenüber dem Krähenberg noch einige Jahre ein Lebensmittelgeschäft. Sie und ihr Sohn Kurt sind verstorben[465].

g) Die Witwe Emilie Sanders, Bewohnerin des Hauses Nr. 40[466], schreibt in ihren Erinnerungen:

„Die Vernichtung unseres Hauses ließ mir kaum eine Atempause. Ich war, nachdem ich früher als Näherin gearbeitet hatte, seit einiger Zeit zur Deschimag (AG ‚Weser') dienstverpflichtet worden und erhielt, wie das damals üblich war, nur einen Tag Sonderurlaub.

Nachdem ich bei Bekannten in der Brückenstraße eine notdürftige Bleibe gefunden hatte, stieg ich am nächsten Tag wieder voll in den Rüstungsbetrieb ein. Viele Arbeitskollegen wohnten im Bremer Westen und hatten ebenfalls Hab und Gut verloren, einige sogar ihr Leben. Keiner gab den Engländern und Amerikanern die Schuld, wir alle wußten, wem das zu verdanken war. Ich dachte in diesen Tagen oft zehn Jahre zurück, als ich wegen der Weigerung, beim Mai-Umzug an der Contrescarpe die Fahne zu grüßen, einige Tage eingesperrt worden war, aber auch daran, daß wir trotzdem in diesen schlimmen Jahren ziemlich ungestört auf dem Teerhof leben konnten. Jetzt war das vorbei, wir brauchten nur noch auf den Endsieg hinzuarbeiten. Die meisten taten es resigniert, nur wenige versuchten Sabotage. Einige Male ging ich noch zum Teerhof, um nach unseren Katzen zu suchen. Sie hatten in der Feuersbrunst wohl nur die Chance, sich in die Weser zu retten. Ob sie es taten, bezweifele ich, sie hatten immer eine Abneigung gegen das Wasser. Ich habe sie nie wiedergesehen."

Emilie Sanders wohnte nach dem Krieg bis zu ihrem Tod 1955 in der behelfsmäßig winterfest gemachten Parzellenbude Irmgardweg Nr. 7 auf dem Stadtwerder[467].

Bild 249: *Fährmann der Ruderbootfähre zwischen Altstadt und Teerhof als Ersatz für die Kaiserbrücke, 1947*

VII. Behelfsnutzungen in der Nachkriegszeit

1. *Der Teerhof als Fährplatz und Brückenkopf*

Mit dem Ende des Krieges schien auch der Teerhof am Ende zu sein. Dieser Eindruck täuschte, wenn sich auch zunächst kein Leben zeigte. So wie sich die Geschichte manchmal wiederholt, begann auch der Teerhof wieder mit dem, was er vor Jahrhunderten am Anfang seiner baulichen Entwicklung gewesen war: ein Fährplatz. So wie er damals den Menschen den Übergang über die Weserarme erleichterte, nahm er auch jetzt wieder diese Stellung ein. Die unmittelbare Ursache für die Wiederauflage des Fährverkehrs war die Zerstörung bzw. Sprengung (25. April 1945) der Brücken über die Große Weser und teilweise über die Kleine Weser. An eine Erneuerung oder zumindest eine Reparatur war in jenen Tagen um das Kriegsende nicht zu denken. So wurde dann, wie einem Schriftwechsel zwischen dem Senator für das Bauwesen und dem Senator für die Wirtschaft von Juni und Juli 1945 zu entnehmen ist, eine Personenfähre zwischen Teerhof und Altstadtseite zunächst mit Ruderbooten eingerichtet[468].

Dennoch mußten die Brücken schon wegen des Güterverkehrs so schnell wie möglich repariert werden. Dies geschah bei der Großen Weserbrücke schon Mitte 1945 durch eine Behelfsbrücke neben den beiden erhalten gebliebenen Strompfeilern der zerstörten Brücke. Die unter der Beteiligung der amerikanischen Besatzungsmacht gebaute Brücke erhielt den Namen Memorial-Brücke[469].

Bei der Kaiserbrücke, die in voller Länge im Strom lag (s. Bild Nr. 243), veranlaßte die Besatzungsmacht den Bau der Truman-Brücke, einer Behelfsbrücke etwas oberhalb der Kaiserbrücke in Verlängerung der Kurzen Wallfahrt (Altstadt) und der Häschenstraße (Neustadt)[470].

Sie führte deshalb über die ehemaligen Packhausgrundstücke Nr. 16 (Poser) und 24 (Knappstein) auf dem Teerhof (s. Bilder Nr. 20 und 21), wobei die Bauarbeiten nicht nur durch diesen Brückenkopf, sondern auch da-

215

Bild 250: *Blick von der Wasserkunst auf die zerstörte Stadt an der Weser, 1945; ganz rechts die beiden Pfeiler der gesprengten Großen Weserbrücke, davor die Memorial-Brücke, im Hintergrund der gesprengte Teil der Kaiserbrücke über die Große Weser, links davon der erhaltene Teil über die Kleine Weser, dazwischen die Ruinen des Teerhofs, davor das erhaltene schmale weiße Haus Herrlichkeit Nr. 1*

durch erleichtert wurden, daß beide Grundstücke schon fast eingeebnet waren (Bild Nr. 234).

Unter Ausnutzung der beiden Behelfsbrücken — auch mit Fahrzeugen — konnte nun mit der Wiedererrichtung der Großen Weserbrücke und der Kaiserbrücke in der bisherigen Gestalt und an denselben Orten begonnen werden[471].

Alles schien programmgemäß zu laufen, als erneut alle Brücken zerstört wurden, diesmal durch die Naturgewalten. Der Winter 1946/47 brachte viele Niederschläge und zog sich mit strenger Kälte bis in den März hin. Das hatte zur Folge, daß das Schmelzwasser vom Oberlauf der Weser nicht abfließen konnte, sondern sich hauptsächlich am Weserwehr staute. Als Mitte März 1947 plötzlich Tauwetter einsetzte, trieben am 18. März 1947 gewaltige Eisschollen, kleinere Schiffe und andere Gegenstände mit dem Ebbstrom auf die Innenstadt zu. Als erste Brücke wurde die Memorial-Brücke in die tosende Flut gerissen. Wenig später folgten die Bauanlagen (Senkkästen, Hubgerüste und dergleichen)

Bild 251: *Blick von den Häusern der Schlachte auf die Truman-Brücke, 1946, links der zerstörte Teil des Teerhofs, daneben die stark beschädigten Gebäude der Weserburg, ganz rechts die gesprengte Kaiserbrücke*

der Großen Weserbrücke und der Kaiserbrücke[472].

Viele Schaulustige warteten nun an den Ufern auf den Fall der Truman-Brücke. Unter ihnen befand sich der spätere Wissenschaftler und Schriftsteller Wolfgang Beutin, damals knapp

Bild 252: *Blick von der Wasserkunst auf die Zerstörung an der Weser, 1946; vorn rechts die zerstörte Große Weserbrücke mit der Memorial-Brücke davor, dahinter die Truman-Brücke und wiederum dahinter die gesprengte Kaiserbrücke, links die erhaltenen Brückenteile über die Kleine Weser; in der Mitte die Ruinen des Teerhofs, davor die erhaltenen Gebäude Herrlichkeit Nr. 1 bis 3, vorn links die Werderstraße mit Zerstörungen*

Bild 253: *Reste der Großen Weserbrücke bei Eisgang, 1947*

13 Jahre alt und in der Meyerstraße wohnend. Er hatte noch am Vormittag auf dem täglichen Weg zur Oberschule an der Dechanatstraße und zurück die Memorial-Brücke kurz vor ihrer Zerstörung passiert und wartete nun mit seinem Großvater, einem bekannten Baumeister, auf das nächste Schauspiel. In seinem, eben diesem Großvater gewidmeten Familienroman „Der Wanderer im Wind" hat er es wie folgt beschrieben[473]:

Wer gekommen war, das zweite Zerstörungswerk des Tags mitzuerleben, den Einsturz der Truman-Brücke, wurde enttäuscht, das sah man nun. Schon kehrten welche um, denn es ging auf den Abend zu. Bald sollte die Flut einsetzen, die den Eisgang anhielt.

Da driftete eine letzte Scholle weserabwärts, der Größe nach alle früheren übertreffend. Ihr Gefolge bildeten einige Bockkähne, die offensichtlich führerlos waren. Diese makabre Flottille befuhr den Fluß in geruhiger Souveränität, als vollziehe sie die Gesetzmäßigkeiten, die uns von unserem Großvater dargelegt worden

Bild 254:   Reste der Kaiserbrücke nach dem 18. März 1947

Bild 255:   Reste der Truman-Brücke nach dem 18. März 1947, links der Teerhof mit den Ruinen der Weserburg, rechts im Hintergrund das Stephaniviertel mit der stark beschädigten Kirche

Bild 256: *Einweihung der wieder hergestellten Großen Weserbrücke im November 1947*

waren. Er zeigte in diesem Augenblick mit der Rechten auf den unheilverkündenden Geleitzug, um sodann vermöge einer unscheinbaren Drehung des Daumens nach links das Kommende anzudeuten. Als wäre dies das Signal gewesen, dem es gehorchte, erhob sich mit einem Male die Brückenkonstruktion, wobei eine alles überlärmende Explosion die Luft erschütterte. Eine etwa zehn Meter hohe Stichflamme schoß empor. Über der Mitte des Stroms ein Zerplatzen, und wie zwei erschlaffende Riesenarme fielen von beiden Ufern her die auseinandergerissenen Brückenhälften in die Weser, ein Geriesel von kleineren Materialstücken nach sich ziehend.

Abends meldete der Nachrichtensprecher von Radio Bremen den Verlust der Memorial und Truman Bridge ebenso wie den der anderen bremischen Brücken: der Wehr- und der Eisenbahnbrücke. Das schon gehobene Mittelstück der Lüderitzbrücke wurde, gerade wie Heinrich vorausgesagt hatte, ebenfalls in den Fluß gestürzt. Die Gasleitung von der Neustadt über die Weser war zerstört, dazu die Telefonverbindungen.

Damit war der Teerhof wieder ohne Brückenverbindung zur Altstadt, und die 1945 einge-

Bild 257: *Große Weserbrücke und St.-Pauli-Brücke, 1950*

richtete Fähre kam erneut zu Ehren, u. a. mit Schleppern, wie Beutin berichtet[474].

Aber die Zeiten waren schon besser geworden, und der Wiederaufbau der beiden festen Brücken konnte mit neuen Erfahrungen, Arbeitskräften und Materialien zügig betrieben werden. Im November 1947 wurde die Große Weserbrücke wieder in ihrer alten Gestalt am selben Platz, obschon umgeben von Ruinen, eingeweiht[475].

1959 wurde diese Brücke durch die etwa doppelt so breite, in der Flucht der Balgebrückstraße und deshalb um etwa 50 m weiter oberhalb verlaufende Wilhelm-Kaisen-Brücke ersetzt, die auch heute noch besteht[476].

Anstelle der Kaiserbrücke wurde dagegen gleich eine moderne und ebenfalls sehr viel breitere Flachbrücke gebaut und am 28. Juni 1952 mit einem Volksfest eingeweiht, die Bürgermeister-Smidt-Brücke, ebenfalls bis heute unverändert[477].

Der Teerhof hatte also wieder an beiden Enden feste Brückenverbindungen zur Altstadt und zur Neustadt.

Bild 258: *Die neue Große Weserbrücke (die spätere Wilhelm-Kaisen-Brücke), 1960*

Bild 259: *Einweihung der Bürgermeister-Smidt-Brücke anstelle der Kaiserbrücke am 28. Juni 1952; in der Mitte der erste Teil der neu erbauten Weserburg*

Bild 260: *Bürgermeister-Smidt-Brücke, 1952; rechts im Hintergrund der Wiederaufbau der Schlachte, dahinter der Turm des Lloyd-Gebäudes, auf dem Strom die für Hafenrundfahrten eingesetzte „Friedrich" der Schreiber-Reederei*

2. *Notbauten*

Vom Teerhof waren bei Kriegsende nur noch Ruinen übrig, aber in ihnen lebten damals auch Menschen. Die teilweise noch erhaltenen Packhauskeller, vor allem der Weserburg, dienten als Notquartier für vorbeiziehende Obdachlose. Es gab aber auch „seßhafte Trümmerbewohner". Zu ihnen gehörte die schon erwähnte Frau Rohland, früher Transportarbeiterin bei Stute, die sich auch nach der Zerstörung ihres Hauses Nr. 52 nicht von der Gegend trennen wollte. Es traf sich deshalb gut, daß der Kraftfahrer Heinrich Plagge auf dem ehemaligen Lagerplatz von Stute ein sauber gemauertes und verputztes einstöckiges Flachdachhaus — vermutlich ohne jede Genehmigung — errichtet hatte und dort sogar bis Anfang der sechziger Jahre wohnte[478].

Zu ihm zog „Mudder Rohland" und war — da sie schon bald nach der Jahrhundertwende mit ihrem Ehemann ihren Wohnsitz auf dem Teerhof genommen hatte[479] — unter der Einwohnerschaft sicherlich diejenige, die die längste Zeit hier verbracht hatte. Aber alles nimmt ein Ende, und das ihrige war tragisch, nicht ohne eine Prise Komik, wie es sich für das priemende Original gehörte. Nachdem sie alle Brände des Ersten und Zweiten Weltkrieges überstanden hatte, verbrannte sie eines Nachts am Ofen des kleinen Hauses. Postum gehört ihr das Mitgefühl aller Teerhoffreunde, und man ist geneigt, auch ihren Tod als Ausdruck der besonderen Verbundenheit mit der alten Straße aufzufassen.

Mit den Häusern Herrlichkeit Nr. 1 bis 3, den einzigen im Krieg verschonten Gebäuden der Halbinsel (s. Bilder Nr. 134 und 135), setzte sich die frühere Bewohnung an dieser Stelle bis zum Abriß der Häuser 1973 bzw. 1978 (s. Bilder Nr. 137 und 138) fort[480].

Auch als Gewerbegebiet wurde der Teerhof nicht von allen aufgegeben. So stand die Familie Schierloh vor ihrem fast total zerstörten Haus Nr. 45, betrieb aber ihr Baugeschäft in den Gebäuderesten in bescheidenem Umfang weiter (Bild Nr. 261).

Bild 261: *Der mittlere Teil des Teerhofs im Sommer 1946, vorn von links die Grundstücke von Nr. 32 bis 52, Gebäudereste der Häuser Nr. 42 (Bormann & Schulze) und 45 (Schierloh); links in der zweiten Reihe das fertiggestellte Behelfsheim auf dem Grundstück Teerhof Nr. 13 mit Fahrzeugen der Abbruchbetriebe; im Hintergrund die zerstörte Martinikirche, dahinter die Baumwollbörse; links im Hintergrund zerstörte Gebäude der Schlachte*

Bild 262: *Die Häuser Herrlichkeit Nr. 1 bis 3 (von rechts), 1960*

Dies geschah auch in der Erkenntnis, daß gerade diese Branche in Zukunft sehr gefordert sein würde. Allerdings fehlten zunächst die politischen, wirtschaftlichen und rechtlichen Rahmenbedingungen für einen geordneten und effektiven Wiederaufbau. Die Betroffenen versuchten deshalb zunächst auf eigene Faust einen Start.

3. *Enttrümmerung*

In einem Punkt gab es aber keine Unsicherheit, sondern alle Bürger und der Staat gleichermaßen zogen an einem Strang: Die Trümmer mußten beseitigt werden. Mittlerweile ist allgemein bekannt, daß die Bevölkerung in einer solidarischen Aktion aller Gruppierungen („Trümmerfrauen") die Ruinen des letzten Krieges abgetragen und weggeräumt hat.

In Bremen galt dies als „Ehrenpflicht im Volkseinsatz zum Wiederaufbau Bremens"[481]. Die menschliche Arbeit als Produktivkraft war für den Wiederaufbau der Stadt der entscheidende Faktor, der deshalb auch in der Bremischen Landesverfassung von 1947 einen entsprechenden Stellenwert erhielt[482]. Auch die früheren Bewohner des Teerhofs haben dazu ihren Beitrag geleistet, sofern sie mit halbwegs heilen Knochen den Krieg überstanden und eine andere Bleibe in der Stadt gefunden hatten.

Nicht so eindeutig war dagegen die Frage zu beantworten, was mit den Trümmern geschehen sollte und wem etwaige Vorteile aus der Verwertung zustanden. Schon während des Krieges hatte der Staat, zum Teil unter Einsatz von Zwangsarbeitern und Kriegsgefangenen, Ruinengrundstücke geebnet und den Schutt abgefahren. Angesichts der Trümmermassen bei Kriegsende waren großflächige

Bild 263: *Blick von der Weserburg gen Osten entlang der Teerhofachse, 1952; vorn Einrichtung und Fahrzeuge der Abbruchbetriebe, dahinter links (verdeckt) das Behelfsheim Teerhof Nr. 13, gegenüber die Restbestände des Hauses Nr. 45 (Schierloh), rechts im Hintergrund die Brautbrücke, links die Große Weserbrücke, dahinter die Wasserkunst*

und zentrale Aktionen zur Räumung noch unausweichlicher geworden[483]. Hinzu kam das Bestreben, die gewonnenen Steine möglichst durch einheitliche Maßnahmen dem Wiederaufbau nutzbar zu machen, wie dies später z. B. durch die Herstellung von Splitt- und Preßsteinen in Trümmerverwertungsanlagen in Utbremen auch geschehen ist[484]. Um solche Vorhaben nicht zu gefährden, gab Bürgermeister Kaisen in einer Anordnung vom 23. November 1945 bekannt, daß die Grundstückseigentümer keine Entschädigung für das kostenlose Abräumen ihrer Grundstücke erhalten könnten[485]. Die Rechtmäßigkeit dieser Anordnung war wegen des Fehlens einer gesetzlichen Grundlage zur Beschlagnahme umstritten[486]. Außerdem traf sie gerade die Teerhofbewohner in ungleicher Weise. Während z. B. die Firma Schilling in der Lage war, relativ früh mit dem Wiederaufbau ihres Anwesens zu beginnen und dabei auch Steine, Metallteile und sonstige Baustoffe ihrer früheren Gebäude zu verwenden, waren die übri-

Bild 264: *Bürgermeister Wilhelm Kaisen im Frühjahr 1946 bei der Trümmerräumung*

Bild 265: *Der Teerhof von Südwesten im Sommer 1952; ganz links ein wieder aufgebautes Packhaus der Weserburg, in der Mitte Behelfsbauten und Arbeitsschuppen von Firmen und Privatleuten, links davor die Baustelle des zweiten Teils der neuen Weserburg; im Hintergrund Schiffe der Schreiber-Reederei und die zum Teil wieder aufgebaute Schlachte mit Martinikirche*

Bild 266: *Große Weserbrücke und St.-Pauli-Brücke mit Behelfsbauten und Arbeitsschuppen auf der Herrlichkeit; in der Mitte der vom Krieg verschonte und später abgetragene Turm der Wasserstandsmessung; im Hintergrund die Häuser der Neustadt*

Bild 267: *Der Teerhof zu Beginn der Ausschachtungsarbeiten 1988, im Hintergrund die Weserburg, rechts hinten die Bürgermeister-Smidt-Brücke mit Stephanikirche, im Vordergrund Kellergewölbe der Grundstücke Nr. 15, 16, 17 und 19 (von vorn)*

gen Grundstücke schon während des Krieges weitgehend abgetragen worden. Es kam deshalb nur zu einigen Behelfsbauten auf dem Teerhof (s. Bilder Nr. 265 und 266).

4. *Archäologische Funde*

Der zerstörte Teerhof hatte nicht nur Steine zum Wiederaufbau zu bieten, sondern auch wertvollere Gegenstände aus seiner früheren Zeit. Infolge der Abtragung der Mauern und vereinzelt der Kellergewölbe wurden die älteren Bodenschichten mit ihren Bestandteilen besser zugänglich. An organisierte Grabungen war zwar damals nicht zu denken, doch bargen einige Eigentümer einzelne Teile der Funde[487]. Als dann ab 1988 die Gründungsarbeiten für die Neubebauung stattfanden, wurden auch die früheren Kulturschichten offengelegt. Die einmalige Gelegenheit, nunmehr das Gelände umfassend archäologisch zu bearbeiten, um wichtige Erkenntnisse über die Bau- und Siedlungsgeschichte zu gewin-

Bild 268: *Längsprofil der Teerhofstraße bis zu 3,50 m Tiefe, Aufnahme 1988*

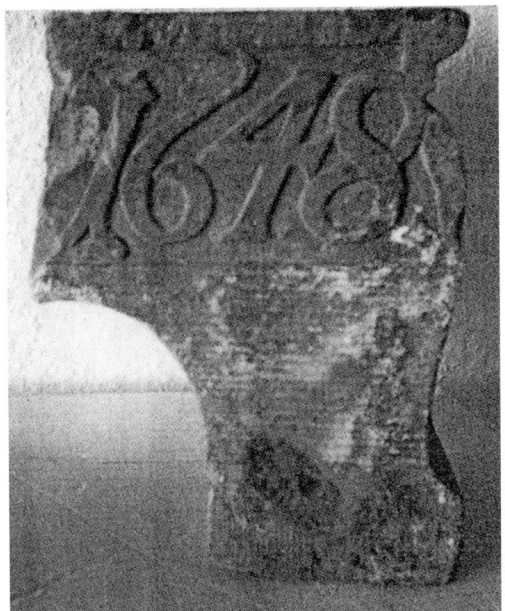

Bild 269: *Bei den Ausschachtungsarbeiten im Jahre 1988 zutage geförderter „Ofenstein" aus dem Jahre 1648*

Dabei ist der Bus-Platz auf dem Teerhof so eine Art Geheimtip für auswärtige Fahrer, die normalerweise die Bürgerweide ansteuern. „Doch da ist doch immer etwas anderes los", weiß Franz Bürmann. Gerade hat er eine Schülergruppe aus Leer rausgelassen, die sich an den nahen Dom-Türmen orientiert. „Wenn wir auf der Bürgerweide stehen, verlaufen sich immer welche und finden erst mit großer Verspätung zurück", ergänzt ein Kollege.

Wolfgang Wieland aus Detmold ist zum ersten Mal in Bremen, hat von seinem Chef die genaue Route zum Teerhof mitbekommen und staunt, daß sich Bremen zunächst als große Pfütze präsentiert. Daß der Teerhof bebaut werden soll und damit für Jahre als Parkplatz ausfällt, haben die meisten auswärtigen Busfahrer schon einmal gehört. „Aber das erzählen die ja schon seit Jahren", sagt einer gelassen. Er hofft, daß das City-nahe Chaos noch eine Weile erhalten bleibt. „Weil es sonst noch schwieriger wird, Touristen in die Stadt zu bringen."

Bild 270: *Auszug aus dem Bericht „Wo das Parken noch ein Erlebnis ist" im Weser-Kurier vom Dezember 1986*

nen, wurde aus Mangel an Mitteln und Personal leider nicht genutzt. Archäologisch bewanderte Bürger ergriffen deshalb die Initiative. So hat Jörn Schierloh zahlreiche Aufnahmen gemacht, Gegenstände (z. B. Keramikgefäße, Tonpfeifen) geborgen und die Arbeitsergebnisse in einer Abhandlung festgehalten[488]. Bereits die fotografischen Ansichten über die Bodenschichten bieten Einblicke in die Verwendung von Bau- und Werkstoffen wie Muschelkalk, Holz, Teer und dergleichen.

Ein bei den Ausgrabungsarbeiten entdeckter „Ofenstein" aus dem Jahre 1648 wurde sichergestellt.

Bei dem 1995 stattfindenden Bau der Tiefgarage der Versicherungsbörse sind in der Nähe der freigelegten Mauer der „Braut" (s. oben A. 3. und 9.) archäologische Grabungen durchgeführt und zahlreiche Gegenstände, z. B. eine silberne Nadel und Gefäße, in amtliche Verwahrung genommen worden[489].

5. *Entwertung zum Parkplatz*

Nach der Abtragung der Trümmer und der damit verbundenen Beendigung der geschilderten Aktivitäten einiger früherer Teerhofbewohner setzte nicht etwa eine neue Ära des Wiederaufbaus, sondern öffentliche Ratlosigkeit ein. Mit dem Teerhof passierte, was ihm in seiner mehr als 300jährigen Kulturgeschichte noch nicht widerfahren war, er wurde zum Abstellplatz mißbraucht. Etwa von der Mitte der fünfziger Jahre bis in die späten achtziger Jahre, also für mehr als 30 Jahre, hörte der Teerhof, der seine Häuser schon verloren hatte, auch auf, eine Straße zu sein. Er diente nicht mehr als Schulweg, nicht mehr als Spazierweg in der Mittagspause oder für auswärtige Besucher und wurde schon gar nicht um seiner selbst willen aufgesucht.

Was blieb, war ein Lagerplatz des modernen Zeitalters, interessant nur durch seine Nähe zur Innenstadt und seine bequeme Erreichbarkeit. Es ist nicht bekannt, daß eine andere Bremer Straße einen derartigen Abstieg hinnehmen mußte.

Die bald einsetzende völlige Auslastung der Fläche mit dicht an dicht geparkten Fahrzeugen ließ auch die Orientierungsmöglichkeit nach gewissen Besonderheiten des Grund und Bodens wie Pflasterung und Uferbefestigung verschwinden, so daß die Eigentümer Schwierigkeiten hatten, ihre früheren Grundstücke

Bild 271: *Blick von der Weserburg auf den Teerhof als Parkplatz im März 1967*

Bild 272: *Blick von der Weserburg auf den Parkplatz am 12. August 1985*

überhaupt wiederzufinden. Der Teerhof war anonym geworden.

Die Innenstadt war damit einerseits ihres sich früher stets eigentümlich präsentierenden Randareals beraubt, profitierte aber andererseits von dem Parkplatz dadurch, daß sie für viele ihrer autofahrenden Besucher leichter zugänglich wurde. Bald hatte sich auch unter den deutschen und sogar ausländischen Busfahrern herumgesprochen, daß man mit einer Reisegruppe die City am einfachsten über den Parkplatz auf dem Teerhof erreichen konnte.

Wie anders gegenüber früher verhielten sich nun die Besucher zum Teerhof. Hatten noch Storck und andere Reiseschriftsteller, von Süden kommend, die Häuser des Teerhofs als einladenden Gruß der Stadt empfunden[490], so war seine Bebauung nunmehr unerwünscht.

D. Planung und Durchführung der Neubebauung des Teerhofs in der zweiten Hälfte des 20. Jahrhunderts

Mit der Zerstörung des Teerhofs im Zweiten Weltkrieg, der Abtragung seiner Mauern und der jahrelangen Nutzung als Parkplatz war das Schicksal des Teerhofs nicht besiegelt. Dies schon deshalb nicht, weil seine frühere Gestalt allen Beteiligten noch vor Augen stand (historischer Aspekt), der Teerhof nach wie vor ein zentraler Platz war (städtebaulicher Aspekt) und zahlreiche private und einige juristische Personen immerhin noch Eigentümer waren (Aspekt der persönlichen Betroffenheit). Die hieraus abzuleitenden Interessen waren nur zum Teil gleichläufig, zumeist gegenläufig. Als Halbinsel zwischen den Weserarmen und zugleich als Verbindung zwischen den Weserbrücken (s. Bild Nr. 132) reizte der Teerhof architektonisch, wirtschaftlich und kommunalpolitisch zu einem neuen Wurf. Die Grundstückseigentümer dagegen warteten auf eine Gelegenheit zur Nutzung ihres Eigentums — oft des einzigen aus dem Krieg geretteten Wertes —, z. B. in Gestalt einer neuen Wohnung oder geeigneter Betriebsräume. Kollektive und individuelle Belange standen sich deshalb gegenüber, des weiteren Planungsfreiheit und Betroffenheit, Zukunftsvisionen und aktuelle Notlage. Das Kriegsende als begrenzte Chance eines Nullpunkts lag immerhin schon einige Jahre zurück. Ein weiteres Zuwarten — bildlich als Zuparken wahrnehmbar — war nicht vertretbar.

I. Neubau der Weserburg

Ein wesentlicher Faktor in der Planungsgeschichte zur Neubebauung war der Wiederaufbau der Weserburg. Der Komplex mit dem 1897 im neugotischen Stil erbauten Torgebäude (s. Bilder Nr. 80 bis 83, 163 f., 188) wurde am 6. Oktober 1944 erheblich beschädigt und am 23. März 1945 fast völlig zerstört, nur einige Kellergewölbe und Außenmauern blieben erhalten (Bilder Nr. 238 und 240).
Letzteres mag die Kaffeefirma Schilling als Eigentümerin bewogen haben, schon in den ersten Nachkriegsjahren den Wiederaufbau zu betreiben. Am 1. November 1948 nahm sie in den Kellerräumen provisorisch den Röstbetrieb wieder auf. Bereits 1947 hatte sie eine Baugenehmigung beantragt, über die die Baubehörde wegen der politischen Verhältnisse und der ungeklärten Teerhofsituation zunächst keine Entscheidung traf. Anfang 1949 erteilte die Bauverwaltung dann überraschend die Baugenehmigung[491]. Mitbestimmend hierfür waren offensichtlich Überlegungen in der Baubehörde, auf dem westlichen Teil des Teerhofs einen „Kaffeehof" entstehen zu lassen, der die früher hier ansässigen sowie neue Firmen vereinen und einen der künftigen Bebauungsschwerpunkte bilden sollte[492].

Die Firma Schilling begann deshalb Anfang 1949 zügig mit dem Neubau. Dabei wurden u. a. Handstrichsteine aus dem alten Gemäuer und dem Stephaniviertel verwendet. Am 9. September 1949 fand das Richtfest statt, und im Dezember 1949 war der Bau von zwei Packhäusern im alten Stil (vgl. die Bilder Nr. 83 und 165) mit dem wiederum davorgesetzten Toreingangsgebäude in nunmehr schlichter Ziegelbauweise mit lediglich einem viereckigen Turmerker fertiggestellt, die die Hausnummern 20 und 20 d erhielten[493]. Da die ehemalige Kaiserbrücke über die Große Weser noch zerstört war, standen die drei Gebäude fast wie eine einsame Insel mitten im Strom.

Dieser Eindruck änderte sich, nachdem die Bürgermeister-Smidt-Brücke fertiggestellt war (s. Bilder Nr. 165 und 258).

Ende der fünfziger/Anfang der sechziger Jahre wurden den beiden Packhäusern nach Osten zwei weitere mit stark gegliederten Fensterfassaden angefügt, die sich wie die früheren Häuser Nr. 20 und 20 a über die gesamte Teerhofbreite erstrecken und deshalb ebenfalls die Straße überbrücken. Als neue Variante entstanden an der südlichen Seite zwei nach Osten giebelständige, nur etwa 5 m tiefe Anbauten, wohl im historischen Anklang an das alte und einzige traufständige Packhaus Nr. 21 an dieser Stelle (s. Bild Nr. 66). Damit war der gesamte Komplex der Weserburg, früher mit den Nummern 20, 20 a bis d, 21 (s. Bilder Nr. 20, 21, 66), auf etwa derselben

229

Bild 273: *Der fertiggestellte erste Teil der neuen Weserburg Anfang 1950; rechts der erhaltene Teil der Kaiserbrücke über die Kleine Weser, links Häuser der Schlachte*

Bild 274: *Luftbild vom Frühjahr 1950 auf den zerstörten Teerhof mit der zum Teil wieder aufgebauten Weserburg am linken Ende; aufgrund der Katastrophe von 1947 ist der Teerhof noch ohne westliche Verbindung zur Altstadt*

Fläche wieder aufgebaut, nunmehr mit den Nummern 20 d und 21[494].

Im Zuge der Unternehmensänderungen bei der Firma Schilling[495] stellte die Firma zum 1. Oktober 1973 das Kaffeegeschäft ein und verkaufte die Grundstücke der Weserburg mit allen Gebäuden für „mehrere Millionen" an das Liegenschaftsamt[496]. Alles wartete nun gespannt, was die Stadtgemeinde damit anfangen würde.

II. Verkauf der Teerhofgrundstücke an die Stadtgemeinde

1. Wiederaufbauabsichten der Eigentümer

Nicht nur die Firma Schilling, auch andere Grundstückseigentümer waren bemüht, ihre Grundstücke wieder zu bebauen. Das galt zunächst für einige Firmen mit Packhausgrundstücken. So beabsichtigte die Firma Ehntholt & Chantelau, von deren Packhaus Teerhof Nr. 15 das Kellergewölbe noch erhalten war, eine Herrichtung des Hauses[497]. Die Firma Knappstein, die bis heute fortbesteht, zeigte ebenfalls Interesse an einer weiteren Nutzung[498]. Das gleiche galt nach Verlautbarungen für die ebenfalls weiterbestehende Firma J. C. H. Stake, Eigentümerin des Grundstücks Nr. 25. Auch aus den Reihen der übrigen Gewerbeunternehmer wurde Bereitschaft zum Wiederaufbau signalisiert. Das traf z. B. auf die Kaffeefirma Bormann & Schulze zu, die nach dem Krieg ihren Betrieb engagiert fortführte[499]. Das Baugeschäft Schierloh unterstrich durch die bescheidene Wiederaufnahme der Arbeiten auf seinem Grundstück den Willen, den Teerhof nicht einfach zu räumen. Mit dem Gedanken der Wiederansiedlung auf dem Teerhof trugen sich auch die Lebensmittelhändlerin Scheper von Teerhof Nr. 59 und die Arbeiterin Sanders, Erbin der früheren Eigentümerin von Teerhof Nr. 40, die beide auf dem Stadtwerder Zuflucht gefunden hatten, dort aber nach den Erklärungen des Gartenbauamtes und des Stadtplanungsamtes nicht dauernd wohnen konnten[500]. Da eine Befragung aller früheren Eigentümer nicht stattgefunden hat — bei einigen Grundstücken waren die Eigentumsverhältnisse durch Tod oder Wegzug von Bremen ungeklärt —, kann nicht exakt ermittelt werden, wie hoch der Anteil der Eigentümer mit Wiederaufbauabsichten insgesamt war, doch dürfte mindestens ein Viertel bis ein Drittel aller Eigentümer dazu bereit gewesen sein.

Bild 275: *Blick auf die Weserburg von Südosten im Sommer 1973*

2. Grundstücksankäufe anstatt Baugenehmigungen

Die Baubehörde erfuhr bald von den Bauabsichten mehrerer Eigentümer. Wie sie reagierte, beschreibt der frühere Oberbaudirektor Dr.-Ing. Rosenberg wie folgt[501]:

„Wir waren Anfang der 50er Jahre froh, daß die Eigentümer der Grundstücke auf dem Teerhof keine Wiederaufbauabsichten entwickelten und sich nicht um Bauerlaubnisse bemühten. Unsererseits entwickelten wir auch keine Aktivität; denn so klar wir uns darüber waren, daß eine Wiederherstellung des alten Zustandes nicht in Frage kommen konnte, so wenig klar waren wir uns darüber, was wir zum Inhalt eines Bebauungsplanes machen sollten und arbeiteten daher keinen aus. Als dann der erste Eigentümer sich meldete und danach erkundigte, wie er wohl wiederaufbauen könne, jagte das uns, d. h. Baudirektor Keller, dem Leiter des Stadtplanungsamtes und seiner Liegenschaftsabteilung, und mir, einen gehörigen Schrecken ein. Die einzige Lösung war, dem Mann den Wiederaufbau an dieser Stelle auszureden und ihm den Ankauf seines Grundstückes anzubieten. Das tat Baudirektor Keller dann mit Erfolg. Was in diesem ersten Fall sozusagen akut gelungen war, haben wir dann später — nachdem ich vom Planungsdirektor zum Oberbaudirektor aufgestiegen war — planmäßig betrieben, d. h.

231

Baudirektor Keller kaufte vorsorglich an, wo sich nur irgendeine Möglichkeit dafür ergab, und ich deckte ihn; denn das alles mußte sozusagen hinter dem Rücken des Senators und des Vergabeausschusses der Baudeputation geschehen, und oft mußten Ursache und Folgerung vertauscht werden oder, mit anderen Worten, es mußte, nachdem ein aufbauwilliger Eigentümer zum Verkauf überredet worden war, die Zustimmung der Gremien mit der Begründung eingeholt werden, es handele sich um eine Okkasion, und das Grundstück werde zu günstigen Bedingungen angeboten. Zwar nicht in kurzer Zeit, aber immerhin im Laufe der 50er Jahre war der Teerhof dann voll im städtischen Eigentum und planerisch disponibel."

Es ist die Annahme berechtigt, daß diese Darstellung in allen Punkten den Tatsachen entspricht. Mehrere Teerhofeigentümer haben darüber berichtet, daß ihre Anfrage nach einer Wiederbebauung mit dem Hinweis auf eine Bausperre und einem Angebot zum Grundstücksankauf beantwortet worden sei[502]. Hiermit im Einklang steht z. B. ein Schreiben vom 8. Dezember 1958, das das Stadtplanungsamt an die inzwischen bestehende Erbengemeinschaft über das Grundstück Teerhof Nr. 40 richtete und das folgenden Wortlaut hat[503]:

„*Betr.:* Grundstück Teerhof Nr. 40
Bezug: Ihr Schreiben vom 7.10.1958
Wir sind vorbehaltlich der Genehmigung der zuständigen Deputationen bereit, den Ankauf des Grundstücks zum Preise von 40,— DM/qm vorzunehmen. Die Kosten des Vertrages und der Eigentumsübertragung gehen zu Lasten der Stadt. Etwaige Entpfändungskosten sind von Ihnen zu tragen. Ein geeignetes bebaubares Ersatzgrundstück steht uns leider nicht zur Verfügung.
Ihrer Rückäußerung sehen wir entgegen."

Die Stadtgemeinde, die schon von Anfang an Eigentümerin des Tonnenhofes war[504] und bis zum Beginn der fünfziger Jahre knapp die Hälfte der Teerhoffläche erworben hatte[505], dürfte in der Tat bis etwa 1960 Eigentümerin des gesamten Teerhofs geworden sein, ausgenommen die Weserburg (Teerhof Nr. 20 bis 21), die sie 1973 erwarb (s. unter D. I.).

Die Bauverwaltung stellte damit ihre fiskalischen Interessen über ihre bauordnungsrechtlichen Aufgaben. Aus bau- und stadtplanerischen Gründen war diese Ankaufspolitik natürlich ein naheliegender Weg. Die Stadtgemeinde war so in der Lage, das künftige Schicksal des Teerhofs weitgehend selbst zu bestimmen — freilich mit der öffentlichen Verpflichtung zu entsprechendem Handeln. Zwar hätte sie eine Individualbebauung durch die einzelnen Eigentümer mit dem Instrument eines Bebauungsplanes bis zu einem gewissen Grade beeinflussen können. Sie hätte dann jedoch alsbald tätig werden müssen, während sie als Eigentümerin noch Zeit hatte, wovon sie allerdings dann übermäßig Gebrauch machte.

Die von Rosenberg geschilderte Vorgehensweise war zudem mit rechtlichen Mängeln behaftet. Es fehlte eine gesetzliche Legitimation auf der Grundlage des die Gesetzmäßigkeit der Verwaltung zum Prinzip erhebenden Rechtsstaats gemäß Art. 20 Abs. 3 des damals immerhin schon einige Jahre bestehenden Grundgesetzes (GG). Auch war es aus der Sicht des Gleichheitssatzes (Art. 3 Abs. 1 GG) kaum zu vertreten, der Firma Schilling eine Baugenehmigung zu erteilen, den übrigen Eigentümern dagegen einen hierauf gerichteten Antrag auszureden. Die Eigentümer fanden sich hiermit ab, wobei allerdings eine differenzierende Betrachtung der Interessenlage geboten erscheint.

3. *Außerachtlassung der Belange der Eigentümer*

In ihrer Eigenschaft als Grundstückseigentümer waren alle Betroffenen durch die Kriegszerstörung zunächst in gleicher Weise geschädigt, abgesehen von zu verwertenden Mauerteilen auf einigen Grundstücken wie bei der Weserburg. Es gab aber Firmen, die den Verlust leichter verschmerzen konnten als andere, indem sie z. B. den Wiederaufbau oder die Fortführung ihres Geschäftes an anderer Stelle betrieben, wie etwa die Firmen Brinkmann, Mager & Wedemeyer, Stake und Stute. Dabei spielte auch eine Rolle, daß die früheren Packhäuser für die Schiffahrt längst uninteressant geworden und auch für den Güterverkehr auf dem Land inzwischen durch zweckmäßigere Lagergebäude ersetzt worden waren. Die betreffenden Eigentümer konnten deshalb einem Verkauf ihrer Ruinengrundstücke, deren Nutzung zudem ungewiß war, ohne weiteres zustimmen. Dagegen gab es Firmen, die stärker an den Teerhof gebunden waren und sich eine dortige Betätigung auch noch in der Zukunft vorstellen konnten, wie etwa das Baugeschäft Schierloh, die Kaffeefirmen mit Röst- und Versandbetrieb, z. B. Bormann & Schulze, Firmen des Groß- und Einzelhandels wie Ehntholt & Chantelau, aber auch Handwerksbetriebe, wie früher die Tischlerei Bruns. Auch über eine stärkere Wiederansiedlung von Ladengeschäften und Gastwirtschaften wurde ernsthaft nachgedacht. Vor allen anderen aber überlegten die früheren Bewohner, wie sie ihre Grundstücke wieder nutzen konnten[506].

Zu einem baldigen Wiederaufbau fehlten zwar in den ersten Nachkriegsjahren durchweg die eigenen Mittel, aber auch Baupläne der Behörden, die vorrangiger waren als Grundstücksankäufe, wie der ehemalige Baudirektor Tippel allgemein zu Recht bemerkt hat[507]. Dabei gab es unter den früheren Einwohnern des Teerhofs und der Herrlichkeit durchaus Vorstellungen über eine künftige Bebauung, nicht mit Mammutgebäuden, wie sie schon im Dritten Reich geplant waren[508], sondern in Fortsetzung des Stadtwerders — wo mehrere Bewohner ihre Parzellen hatten — mit Grünanlagen, Wohnhäusern und öffentlichen Gebäuden nach Art des Bremer Hauses und der alten Wohnhäuser auf dem Teerhof nicht über zwei Stockwerke[509]. Im Angesicht des kahlen Teerhofs nach dem Krieg erinnerte man sich mit Sentimentalität auch der früheren Packhäuser, doch wünschte niemand die „schluchtähnliche Straße" (Rudolf Stein) als Wohnquartier zurück[510].

Die Bauverwaltung nahm von den Wünschen und Vorstellungen der Eigentümer keine Notiz[511], schenkte ihnen aber auch keinen klaren Wein ein über die eigenen Vorstellungen. Namentlich Eigentümer von kleineren Grundstücken galten immer noch eher als Untertanen denn als Bürger, mit denen man ins Gespräch kommen sollte. Als Gruppe von potentiellen Verkäufern waren sie allerdings interessant, und mit dem unzutreffenden Hinweis auf eine Bausperre lockte man sie zu diesem Schritt. Freilich waren die „kleinen Leute auf dem Teerhof" nicht so beschränkt, daß sie der Bauverwaltung alles glaubten. Sie erinnerten sich auch des erfolgreichen Widerstandes ihrer Vorgänger gegen die Höherlegung der Straße rund 100 Jahre vorher (s. oben B. V. 2.). Natürlich wußten sie, daß sie nicht zum Verkauf gezwungen werden konnten und in späteren Jahren vermutlich einen höheren Kaufpreis erzielen würden. Sie sahen aber auch, daß sie eine Wohnbebauung auf dem Teerhof nicht durchsetzen konnten, und brauchten zudem in jenen Zeiten jeden Pfennig. Dies waren dann auch die Gründe, die sie bewogen, nacheinander, aber letztlich geschlossen, ihre Grundstücke an die Stadtgemeinde zu verkaufen.

Die erzielten Kaufpreise waren niedrig und hingen nicht von der spezifischen Lage und Größe des Grundstücks, wohl aber vom Zeitpunkt der Veräußerung ab. So erhielt die Familie Ommen für ihr 121 qm großes Grundstück Teerhof Nr. 55, dessen 1882 erbautes und mit klassizistischen Stilelementen nach Bremer Art versehenes Haus erst in den letzten Kriegstagen zerstört worden war, 1950 2175,— DM, also etwa 18,— DM/qm[512]. Die Kaufpreise stiegen dann langsam an und beliefen sich Ende der fünfziger Jahre auf 40,— DM/qm, so daß die Erbengemeinschaft van Houdt (Teerhof Nr. 40) für ihr 98,6 qm großes Grundstück 1959 3944,— DM bekam, wovon nach Abzug der Kosten vor allem für die Lastenfreiheit, für die jeder Verkäufer üblicherweise selbst zu sorgen hatte, noch 2700,— DM verblieben.

Die Firma Ehntholt & Chantelau erzielte 1965 für ihr Packhaus Teerhof Nr. 15 einen Preis von 60,— DM/qm[513]. Die genannten Beträge dürften unter Berücksichtigung der Vorkriegspreise auf dem Teerhof, der Ungewißheit über seine künftige Nutzung und der allgemeinen Preisentwicklung üblich und angemessen gewesen sein[514]. Geht man überschlägig davon aus, daß die Stadtgemeinde im Zeitpunkt der Währungsreform bereits knapp die Hälfte des Teerhofs besaß[515], so dürfte der Aufwand für die restliche Fläche von rund 6000 qm (400 m Straßenlänge x 15 m Straßentiefe, s. auch Bilder Nr. 20 und 21) bei einem Durchschnittskaufpreis von 40,— DM nur etwa 250 000,— DM betragen haben. Hinzu kam dann noch 1973 ein mit mehreren Millionen erheblich höherer Betrag

<u>Abrechnung über Verkaufserlös für Grundstück Teerhof 40</u>

I. Durch Vertrag vom 13.10.1959 wurde das Grundstück an die Stadtgemeinde Bremen für <u>DM 3.944,--</u> verkauft.

II. Von diesem Betrag sind <u>DM 1.244,--</u> laut folgender Aufstellung abzusetzen:

Datum	Zahlungsgrund	Empfänger	Betrag DM
6. 5.1953	Erbscheinserteilung	Gerichtskasse	18,80
8. 3.1954	Grundbuchänderungen	Rechtsanwälte Dr.	28,55
20.12.1957	Auseinandersetzung	" Dr.	20,80
24. 2.1961	Gläubigerausschluß	Gerichtskasse	10,--
14. 4.1961	Grundbuchänderungen	"	5,--
16. 6.1961	"	"	5,--
19.10.1962	Hypothekenablösung	, Baden-Baden	550,--
18.11.1962	Hypothekengewinnabgabe	Staatl.Kreditanst. Old.-Br.	537,66
21.12.1962	Hypothekenlöschung	Rechtsanwalt Dr.	31,38
19. 6.1963	Auslagen(Porto u.s.w.)	pauschal	36,81
Summe (ohne Berücksichtigung des eigenen erheblichen Zeit- und Arbeitsaufwandes)			1.244,--

III. Der Restbetrag von <u>DM 2.700,--</u> ist wie folgt auf die Erben zu verteilen:
1. , Miterbin zu 1/4,   DM 675,--
2. , Miterbin zu 1/4,"   675,--
3. , Miterbe zu 1/2, " 1.350,--

Summe   DM 2.700,--

Bild 276: *Abrechnung über den Grundstücksverkauf Teerhof Nr. 40 aus dem Jahre 1963*

für den Ankauf der inzwischen wiederbebauten Grundstücke Nr. 20 bis 21 der Weserburg (s. dazu D. I.).

An der den früheren Eigentümern deutlich gemachten Nichtbebauung des Teerhofs hat die Stadtgemeinde, nachdem sie Eigentümerin aller Grundstücke geworden war, nicht mehr festgehalten, sondern mit unterschiedlichen Varianten und Einzelerfolgen, aber letztlich durchgängig und zielstrebig eine neue Wohnbebauung betrieben. Das hat die früheren Eigentümer schockiert, enttäuscht und verärgert, und sie haben das auch gegenüber den Behörden zum Ausdruck gebracht[516]. Der Bauverwaltung war dies offensichtlich peinlich, sie zahlte zumindest einigen Eigentümern eine kleine Entschädigung für die Baubeschränkung, die z. B. für das Grundstück Teerhof Nr. 40 936,— DM betrug[517]. Außerdem stellte sie denjenigen, die sich um ihre Wohnchancen gebracht sahen, die Berücksichtigung bei der Vergabe der später errichteten Wohnungen in Aussicht[518], worauf sie indessen später nicht wieder zurückkam. Letzteres geschah offensichtlich deshalb nicht, weil sich ohnehin jeder, der die entsprechenden Mittel hatte, um eine Wohnung bewerben konnte, ohne daß dabei die früheren Eigentümer Sonderrechte erhielten.

Hätte die Stadtgemeinde, wie im Fall der Weserburg, auch die übrigen Grundstücke erst zu einem späteren Zeitpunkt (und dann möglicherweise bebaut) kaufen können, so hätte sie dafür ein Vielfaches der tatsächlich gezahlten Mittel aufwenden müssen. Wenn schon die Weserburg „mehrere Millionen" gekostet hat, so dürfte die erworbene Hälfte des Teerhofs kaum unter zehn Millionen DM zu haben gewesen sein. Diesen Betrag haben die früheren Eigentümer der Stadt erspart.

4. *Opferbereitschaft und Bürgersinn der Eigentümer*

Angesichts dieser Entwicklung stellte sich den früheren Eigentümern die Frage, ob die abgeschlossenen Kaufverträge nunmehr anfechtbar oder in anderer Weise zu korrigieren waren, weil der bei Vertragsabschluß erkennbar zugrunde gelegte Sachverhalt — Bausperre, zumindest keine Wohnbebauung — sich als nicht zutreffend erwiesen hatte. Zwar mußten sich die Betroffenen darüber im klaren sein, daß veränderte Planvorstellungen noch keine Korrektur der Kaufverträge rechtfertigen. Hier war jedoch insofern ein anderer Sachverhalt gegeben, als die Bauverwaltung — wie die Schilderung von Rosenberg im einzelnen ergibt — den Ankauf der Grundstücke gerade deshalb betrieb, um Planvorstellungen entwickeln zu können, dies aber den Verkäufern nicht mitteilte. Die Verkäufer mußten nicht vermuten, daß die Bauverwaltung mit den Ankäufen dieses Ziel verfolgte, denn sie konnten der naheliegenden Auffassung sein, daß zunächst die großen Grundsatz- und Gesamtpläne zu erstellen und parallel dazu die einzelnen Bebauungspläne in das Feststellungsverfahren bei Senat und Bürgerschaft zu geben und erst dann die Voraussetzungen für Grundstückskäufe der Stadt gegeben waren, wie dies u. a. der Baudirektor Tippel näher dargelegt hat[519]. Wären die Eigentümer in dieser Weise umfassend informiert worden, so hätten sie möglicherweise eine andere Entscheidung getroffen und sich nicht oder jedenfalls noch nicht zu einem Verkauf entschlossen.

Ohne den juristischen Fragen an dieser Stelle weiter nachgehen zu können, bleibt die Feststellung, daß sich die Teerhofleute mit der Situation abfanden, und es ist kein Fall bekannt geworden, daß einer von ihnen den Rechtsweg beschritt. Das läßt sich nur so erklären: Ein Teil der zumeist älteren Eigentümer war zwischenzeitlich verstorben, ihre Erben hatten offensichtlich keine Veranlassung, keine Möglichkeit oder kein Interesse, die Sache weiter zu verfolgen. Die früheren Eigentümer von Packhausgrundstücken waren in der Regel betrieblich auf ein Teerhofgrundstück und infolge des inzwischen stattgefundenen wirtschaftlichen Aufschwungs finanziell auf eine nachträgliche Korrektur der Verträge nicht mehr angewiesen. Einige weitere Eigentümer dürften wegen Fortzugs aus Bremen, beruflicher Veränderungen oder aus anderen Gründen verzichtet haben, der Angelegenheit weiter nachzugehen. Schließlich gab es nach den vorliegenden Bekundungen einige, die sich nach wie vor sehr betroffen fühlten, aber im Interesse Bremens oder wegen des lieben Friedens oder aus beiden Gründen die Sache als abgeschlossen betrachteten[520].

Letztlich kann dahinstehen, welche Motive für den Verkauf leitend waren — entscheidend ist die Tatsache, daß die Eigentümer des Teerhofs geschlossen alle Grundstücke der Stadt zu einem für diese sehr erträglichen Preis überlassen und damit eine wichtige Voraussetzung für einen planvoll betriebenen und den Interessen der Stadt und ihrer Bevölkerung dienenden Wiederaufbau des Teerhofs geschaffen haben. Für die meisten Teerhofleute war das ein doppeltes Opfer: Nach der Zerstörung der Häuser im Krieg nun noch der Verlust der Grundstücke. Sie konnten sich höchstens mit dem Gefühl trösten, etwas für die Stadt getan und sich wie die Bürger verhalten zu haben, die Ludwig Quidde (geboren 1858 in Bremen, Historiker, Friedenskämpfer, Friedens-Nobelpreis-Träger 1927) wie folgt beschrieben hat[521]:

„Ich habe den Eindruck gehabt, daß damals, als ich heranwuchs, jeder bremische Bürger etwas von dem echt demokratischen oder republikanischen Bewußtsein hatte, ‚der Staat sind wir'."

III. Vorbereitungen zur Neubebauung

Wie sollte der neue Teerhof aussehen? Sollte an die alte Bebauung angeknüpft oder etwas gänzlich Neues geschaffen werden? Empfahl sich die Fortsetzung der früheren Mischbebauung oder statt dessen eine einheitliche Baugestaltung mit nur wenigen Bautypen? War eine ausschließliche Wohnbebauung oder daneben eine Gewerbeansiedlung anzustreben? Oder sollte statt dessen ein Kulturzentrum mit verschiedenen Varianten (Museen, Veranstaltungsgebäude, Spielstätten, Grünanlagen) favorisiert werden? Sollte es veränderte bzw. neue Verkehrsverbindungen (z. B. eine Fußgängerbrücke) geben? War der Teerhof in öffentlicher Hand zu belassen oder sollte er privaten Investoren bzw. Trägergesellschaften übertragen werden? Welche Möglichkeiten und Grenzen der Finanzierung gab es? Diese und andere Fragen bewegten die Planer, Architekten, Kommunalpolitiker, Anlieger usw. und machten ihnen über längere Zeit zu schaffen.

1. *Kein Wiederaufbau des alten Teerhofs*

Die erste der vorgenannten Fragen war schon planerisch leicht zu beantworten: Eine Wiedererrichtung der früheren Bauten kam nicht in Betracht, weil für sie eine zeitgemäße Nutzungsmöglichkeit nicht mehr bestand. Packhäuser der früheren Art waren nunmehr fehl am Platz, weil sie infolge der Weserkorrektion nicht mehr vom Wasser bedient werden konnten, aber auch ihre Be- und Entladung von der Straßenseite mittels Winden zu umständlich geworden war und insgesamt die Lagerhaltung inzwischen in modernen Gebäuden erfolgte. Bezeichnenderweise hat deshalb die Firma Schilling die wiederaufgebauten Packhäuser der Weserburg kaum noch als Vorratsräume, sondern überwiegend als Kontore genutzt bzw. vermietet. Lagerplätze im Freien wie früher auf dem Tonnenhof (Teerhof Nr. 13) beanspruchten zuviel Grundfläche und waren deshalb an dieser zentralen Stelle der Stadt künftig nicht mehr zu vertreten. Schließlich waren auch die früheren ein- bis zweigeschossigen Wohnhäuser nicht mehr einzuplanen, weil auch hier der Grundstücksaufwand zu hoch war. Die beiden markantesten Bauformen des historischen Teerhofs, das kleine traufständige Wohnhaus in Fachwerk oder Verputz mit klassizistischen Giebeln und anderen Stilelementen und das sechs- und siebenstöckige giebelständige Packhaus in Backstein mit vorkragender Winde, gehörten damit endgültig der Vergangenheit an. Das schloß nicht aus, daß Anklänge an diese Bautypen auch bei einer neuzeitlichen Wohnbebauung, Gewerbeansiedlung oder kulturellen Belebung zu finden waren. So konnte die äußere Form des Packhauses sowohl für Büroräume und kulturelle Stätten (wie bei der neuen Weserburg) als auch für Wohnungen Verwendung finden (so bei der neuen Wohnbebauung). Eine Planung auf dieser Grundlage hatte allerdings, wollte sie sich nicht dem Vorwurf des Fassaden-Historismus aussetzen, auf zahlreiche inhaltliche Komponenten Bedacht zu nehmen und/oder auch andere, neuzeitliche Stilelemente „einzubauen".

2. *Vergebene Chancen einer frühen Neubebauung*

Die leitenden Planer der Baubehörde haben ganz offensichtlich den Teerhof nie gänzlich aus den Augen verloren. Schon bei Kriegsende trug sich Baudirektor Wortmann mit dem Gedanken, die grüne Zunge des Werderviertels bis an die ehemalige Kaiserbrücke heranzuführen und einige öffentliche Gebäude in diese Anlagen einzufügen[522]. Als Franz Rosenberg 1949 als Planer nach Bremen kam, zog ihn der Teerhof ebenfalls sofort an. Er entwickelte spontan die Lösung einer kompakten Baumasse als technisches Rathaus (Bauhof) an der Großen Weserbrücke mit anschließenden Wohnbauten in Zeilenform auf der Strecke bis zur Weserburg, dazwischen Grün und längs der Großen und Kleinen Weser Fußwege[523]. Es wurde bereits darüber berichtet, daß unter den früheren Bewohnern des Teerhofs schon vorher ähnliche Gedanken geäußert wurden (s. oben D. II. 3.): zwei- bis dreistöckige Wohnhäuser (wie die früheren Häuser Nr. 45, 55 und 56), kleinere Gewerbebetriebe (Kaffeeröstereien, Milchgeschäfte und Gastwirtschaften wie die früheren Häuser Nr. 29, 42 und 59) und dazwischen viel Grün (das es auf dem alten Teerhof nicht gab).

Waren mithin die Vorstellungen der behördlichen Planer schon in eine bestimmte Richtung entwickelt, die zudem auf eine Akzeptanz bei den früheren Bewohnern stießen, so hätte damit schon um 1950 ein Bebauungsplan über den Teerhof vorgelegt werden können. Hierfür sprachen auch weitere Gründe. So hatte die Baubehörde mit der Erteilung der Baugenehmigung für die Weserburg im Jahre 1949 (s. unter D. I.) bereits ein Zeichen für die künftige Bebauung des Teerhofs gesetzt, auch wenn es damals schon richtiger gewesen wäre, vorher einen Bebauungsplan aufzustellen und darin den projektierten Bau der Weserburg einzubeziehen.

Wichtig wäre sodann ein Bebauungsplan für die Erhaltung der vom Krieg verschonten Häuser Herrlichkeit Nr. 1 bis 3 (s. B. VIII. 1.) gewesen. Diese Gebäude, im einzelnen das verputzte Haus Nr. 1 mit Fenster-Rundbögen (Bild Nr. 134) und der schmalen Ostwand als Blickfang von der Brücke (Bild Nr. 252), das Haus Nr. 2 mit der Balustrade zum Fluß und seiner ereignisreichen Geschichte als Gasthaus (Bild Nr. 262) und vor allem das Freese-Haus als das wohl architektonisch bedeutendste Gebäude auf der Teerhofhalbinsel (Bild Nr. 135), hätten durch einen Bebauungsplan nicht nur vor der Zerstörung bewahrt, sondern auch das Renommee der künftigen Bebauung erhöhen können. Die tatsächliche spätere Behandlung dieser Häuser, nämlich zunächst ihre Sicherung während des Brückenbaus[524] und dann doch ihr Abriß (Bilder Nr. 137 und 138), mutet wie der Streich der Bürger von Schilda an.

Dem Erlaß eines Bebauungsplanes stand nicht entgegen, daß damals noch kein Konzept über Zweckmäßigkeit, Standort und Gestaltung von öffentlichen Gebäuden vorlag. Das Gelände des ehemaligen Bauhofs und ein Teil des eigentlichen Teerhofs hätten dafür vorgesehen werden können, wie überhaupt über die Bebauung im einzelnen noch später Entscheidungen hätten getroffen werden können.

Ebenso war kein Hindernis für einen Bebauungsplan, daß der Teerhof damals noch nicht vollständig im städtischen Eigentum stand. Ungeeignete Bauvorhaben einzelner Eigentümer hätten gemäß § 3 der Staffelbauordnung[525] gerade durch einen Bebauungsplan mit klaren Direktiven verhindert werden können[526].

Die Bauverwaltung blieb jedoch untätig, und so vergingen 15 Jahre, in denen außer dem Ankauf der Grundstücke keine Initiativen entwickelt wurden. Anträge und Überlegungen zur Bebauung mit Gebäuden für die Volkshochschule, das Focke-Museum, das Haus der Bürgerschaft und private Versicherungsgesellschaften blieben sämtlich erfolglos[527].

3. *Entwürfe und sonstige Aktivitäten in den sechziger Jahren*

Der erhebliche Bedarf an Wohnungen hatte schon bald nach dem Krieg zu neuen Vorstößen im Wohnungsbau geführt. Es entstanden Großsiedlungen und Trabantenstädte, in Bremen mit modellhaftem Charakter vor allem die Neue Vahr und die Gartenstadt Vahr, später die Siedlungen in Huchting, im Marßeler Feld und in Osterholz-Tenever. Die Bebauung der Randzonen der Stadt hatte indessen auch Nachteile, z. B. durch Zersiedelung der Landschaft, weite Verkehrswege insbesondere zu den Arbeitsstätten und durch Verödung der Innenstadt. Als erster machte Mitte 1964 der damalige Fraktionsvorsitzende der SPD in der Bürgerschaft, Richard Boljahn, der selbst als Vater der Neuen Vahr bezeichnet wurde, den Vorschlag, auf dem Teerhof Wohnhochhäuser zu errichten. Der Bund Deutscher Architekten (BDA) widersprach, ebenso der inzwischen zum Senatsbaudirektor avancierte Franz Rosenberg, der davor warnte, „diese letzte Baulandreserve in der Innenstadt jetzt zu verbrauchen"[528].

Dessenungeachtet legte Ende 1965 die aus drei Architekten bestehende Planungsgruppe 3 einen Entwurf über ein Ensemble aus terrassierten Wohnhochhäusern, Großgaragen und einem 93 m hohen Büroturm, erschlossen durch einen Straßenverteilerkreis und eine Fußgängerbrücke zur Böttcherstraße, vor[529].

Hierzu gesellte sich 1966 der Entwurf der Planungsgruppe Nord, einer Gemeinschaft von zehn Bremer Architekten, der terrassenförmige Gebäude von fünf bis sechs bzw. (bei einem Gebäude) von elf Stockwerken mit darunterliegenden Parkzonen und den schon vorhandenen Erschließungsanlagen zuzüglich einer Fußgängerbrücke zur Altstadt vorsah und auf eine integrative Nutzung für Wohnungen, Kleingewerbe, Beherbergungs-, Vergnügungs- und Kulturstätten abzielte[530].

Unterstützung erhielten diese Entwürfe von einer durch die Kirchengemeinde St. Martini ins Leben gerufenen „Arbeitsgemeinschaft zur Förderung der Teerhofbebauung", die den Vorschlag machte, auf dem Teerhof ein Erwachsenenbildungs-Zentrum, ein Altersheim mit einer Altentagesstätte und ein Terrassenhochhaus mit Eigentumswohnungen zu er-

Bild 277: *Entwurf des Planungsbüros 3, Bremen 1966*

Bild 278: *Entwurf der Planungsgruppe Nord, Bremen 1966*

richten. Zur Begründung wurde darauf hingewiesen, daß der Teerhof keine historische Stätte wie der Marktplatz sei, so daß hier entsprechend den neuen Erkenntnissen der Baukunst und der Architektur geplant und gebaut werden könne[531].

Die Baubehörde verhielt sich jedoch ablehnend und trat auch der angeregten Ausschreibung eines Architektenwettbewerbs nicht näher; lediglich für eine Fußgängerbrücke vom Martini-Anleger zum Teerhof sprach sich Senatsbaudirektor Rosenberg im Juli 1967 aus[532]. Auch bei der Aufbaugemeinschaft Bremen e.V., der Bremer Vereinigung für Städtebau und der Bremischen Gesellschaft Lüder von Bentheim e.V. stießen die Entwürfe durchweg auf starke Kritik, die sich vor allem gegen die Ausmaße der Baukörper und ein Fehlen der Angleichung an die umliegende Bebauung richtete[533].

Nicht in Kongruenz zur vorbeschriebenen Entwicklung verliefen die Planung und Be-

Bild 279: *Luftbild vom Teerhof mit der Innenstadt, um 1970; links oben die Gebäude der Versicherungsbörse mit der Wilhelm-Kaisen-Brücke, rechts oben die Weserburg mit der Bürgermeister-Smidt-Brücke, dazwischen der Teerhof mit Parkplätzen, Bäumen, dem Sperrwerk an der Kleinen Weser und dem Freese-Haus Herrlichkeit Nr. 3*

Bild 280: *Blick auf den Teerhof von Osten vom 21. Dezember 1967; vorn rechts die noch stehenden Häuser Herrlichkeit Nr. 1 bis 3, in der Mitte die Sperrwerk-Baustelle, dahinter die Weserburg*

Bild 281: *Das fertiggestellte Sperrwerk an der Kleinen Weser im Februar 1988, dahinter der Teerhof mit Parkplätzen, im Hintergrund die Häuser der Schlachte*

bauung für die Herrlichkeit. Hier wurde zügig eine Baugenehmigung zu einem modernen Hochhaus der Versicherungsbörse mit einem zehngeschossigen Haupttrakt erteilt; am 20. Dezember 1966 wurden das Richtfest, am 12. Dezember 1967 die Schlüsselübergabe gefeiert [534].

Außerdem wurde 1967 mit dem Bau eines Sperrwerkes über die Kleine Weser unterhalb der Brautbrücke begonnen.

Es wurde zur Wasserregulierung geschaffen, und zwar ohne Schleuse, da auf der Kleinen Weser seit Kriegsende kein Schiffsverkehr mehr stattfand. Die Krone des Sperrwerkes erhielt eine Fußgängerüberwegung, so daß die Brautbrücke als nunmehr überflüssig anschließend abgetragen wurde.

Schließlich wurden auch die Ufermauern des Teerhofs zum Schutz vor Hochwasser und Unterspülung erneuert und mit Werkstein verkleidet [535].

Hierin erschöpfte sich die Bautätigkeit auf dem Teerhof in diesen Jahren. Trotz der Weserburg im Westen und der Versicherungsbörse im Osten blieb der Teerhof mit dem Sperrwerk und den Parkplätzen in der Mitte weiterhin ein kahler und öder Platz (Bild Nr. 270), und das für die nächsten 20 Jahre.

4. Wettbewerbsausschreibung und sonstige Aktivitäten in den siebziger Jahren

Eine nun wiederum folgende mehrjährige Phase des öffentlichen Schweigens zur Neubebauung wurde 1973 mit der Bildung eines Ausschusses der Deputation für Bau- und Raumordnung zunächst beendet [536]. Dieser Teerhof-Ausschuß, der sich aus Vertretern der Parteien und der betroffenen Stadtteilbeiräte von Altstadt und Neustadt zusammensetzte, stellte den bisherigen Entwürfen die Idee einer harmonischen Wohnanlage mit vielschichtigen Freizeitmöglichkeiten gegenüber und kündigte programmatische Aussagen für einen Architektenwettbewerb an. Nachdem weitere zwei Jahre verstrichen waren, verkündete der Bausenator am 12. März 1975 das

Ende der Vorüberlegungen mit einem internationalen Wettbewerb noch im laufenden Jahr[537]. Auch in den folgenden zwei Jahren passierte indessen nichts dergleichen, wohl legte die Bremische Gesellschaft Lüder von Bentheim e.V. eine Studie mit folgenden Einzelvorschlägen vor: Ausbau des Freese-Hauses an der Herrlichkeit Nr. 3 zu einem Restaurant, durchgehende Fußgängerzone vom Roland zum Neustädter Markt mit zwei Fußgängerbrücken über die Große und Kleine Weser, differenzierte Wohnbebauung des Teerhofs mit viel Grün und Promenaden, Errichtung eines Seniorenhotels mit höchstens fünf Geschossen und Ausbau der Weserburg zu einem Touristenhotel[538]. Die erneute Untätigkeit der Baubehörde über zwei weitere Jahre veranlaßte den Weser-Kurier zu einer kritischen Berichterstattung unter dem Titel „Teerhof-Idylle steht in den Sternen"[539]. Auch frühere Eigentümer beklagten sich in Leserbriefen über den unbefriedigenden Zustand[540]:

Autoblechwüste
Zum Bericht „Teerhof-Idylle steht in den Sternen" (Weser-Kurier vom 15.3.1977):
Im Jahr 1959 habe ich zusammen mit zwei Miteigentümern ein kleines Grundstück auf dem Teerhof für 40 Mark je Quadratmeter an die Stadtgemeinde verkauft. Für den Entschluß war maßgebend, daß eine private Wiederbebauung des Grundstücks nicht in Aussicht gestellt, sondern eine öffentliche Nutzung angestrebt wurde. Letztere präsentiert sich seitdem in Form einer täglichen Autoblechwüste. Das trifft denjenigen um so schwerer, der sich an die geglückte Synthese von Arbeitswelt und Wohnwelt auf dem Teerhof zur Vorkriegszeit erinnert. In einem bunten Gemisch standen dort Packhäuser, Kaffeeröstereien, Fuhr- und Milchgeschäfte, Schifferkneipen und Wohnhäuser. Dieser einmalige Idealzustand ließ sich zwar nicht wiederherstellen, aber eine neuzeitliche Bebauung mit gemischter Struktur hätte nahegelegen. Das einzige, was heute am Teerhof noch wertvoll erscheint, sind offenbar die Grundstückspreise.

Dieser Protest blieb offenbar nicht ohne Wirkung, denn im Sommer 1977 wurde der Wettbewerb mit den folgenden programmatischen Vorgaben des Teerhofausschusses ausgeschrieben[541]:
„— Die Neugestaltung soll die Weserübergänge und damit die Verbindung von Alt- und Neustadt in den Mittelpunkt stellen und mit Wegen, die die Flußlandschaft des Werderlandes erschließen, verbinden.
— Eine Bebauung kann sich nur bis zur Höhe der ehemaligen Packhausgiebel (max. 4geschossig) entwickeln, soll aber im wesentlichen an die mittelhohe Bebauung anknüpfen, die den Teerhof über die Jahrhunderte prägte.
— Der Teerhof ist zum Wohnen sehr gut geeignet, andere Nutzungen (tertiäres Gewerbe und Gemeinbedarf) sollen nur in ganz geringem Umfang hier vorgeschlagen werden (Eigenversorgung).
— Die erwünschte Vielgestaltigkeit der baulichen Einzelformen im Rahmen der strombegleitenden notwendigen ruhigen Gesamtform verbietet eine einheitliche Handschrift, wie sie aus einheitlicher Trägerschaft und architektonischer Betreuung entstehen würde. Deshalb ist ein parzellenweiser Aufbau möglich zu machen. Der Aufbau auf den Parzellen soll im Rahmen eines Gesamtplanes von den einzelnen von den Bauherren beauftragten Architekten individuell gestaltet werden.
— Die Zahl der Wohnungen orientiert sich am Maßstab, überschläglich kann mit Raum für 500—600 Menschen gerechnet werden.
— Während der Weserstrom nicht so sehr zum Spielen einlädt (aber dazu, darin zu angeln), bietet die Kleine Weser oberhalb des Wehrs die Möglichkeit, Wege und Spielflächen unmittelbar an das aufgestaute ruhige Wasser heranzuführen.
— Mit dem Begriff Bummelkreuz soll angedeutet werden, daß die Wege zwischen Altstadt und Neustadt auf dem Teerhof entlang der Weserarme so verbunden werden müssen, daß viele Wegeverknüpfungen möglich sind.
Wege über eine eigene Fußgängerbrücke müssen ganzjährig Tag und Nacht zumutbar sein."

Bis zum Frühjahr 1978 gingen rund 70 Entwürfe ein, die von einer Fachjury unter Vor-

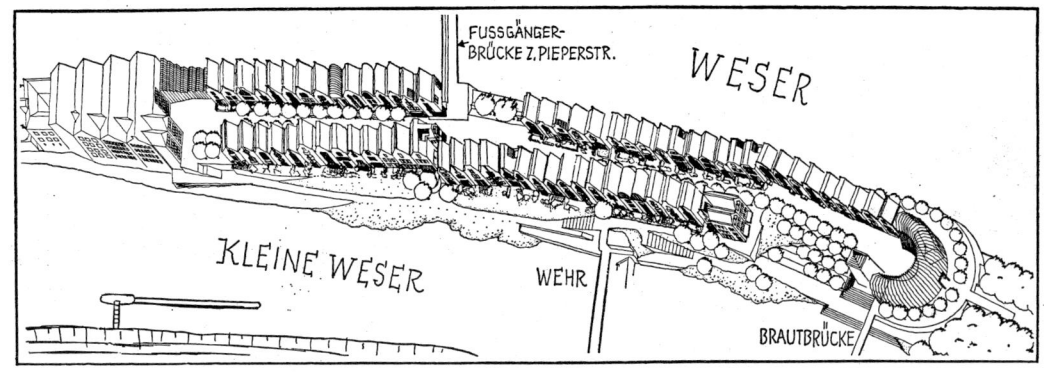

Bild 282: *Entwurf der Architekten Klumpp & Goldapp, Bremen und Hamburg 1978*

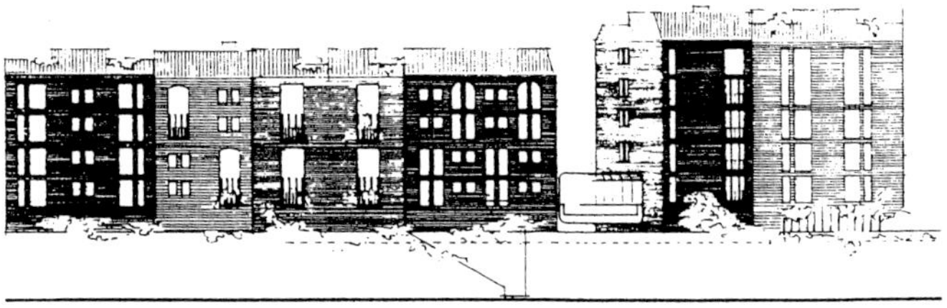

Nordostansicht

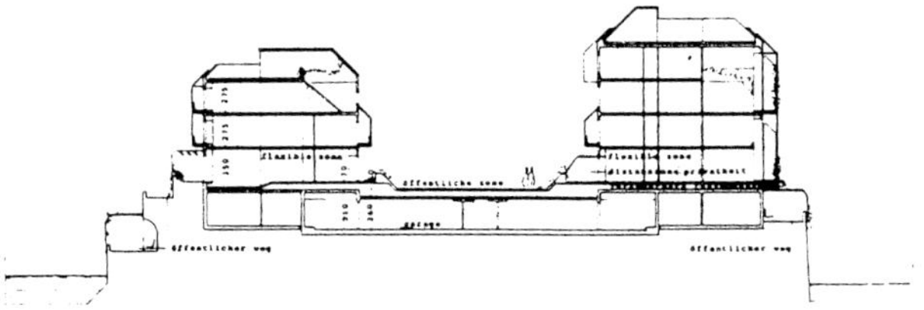

Schnitt

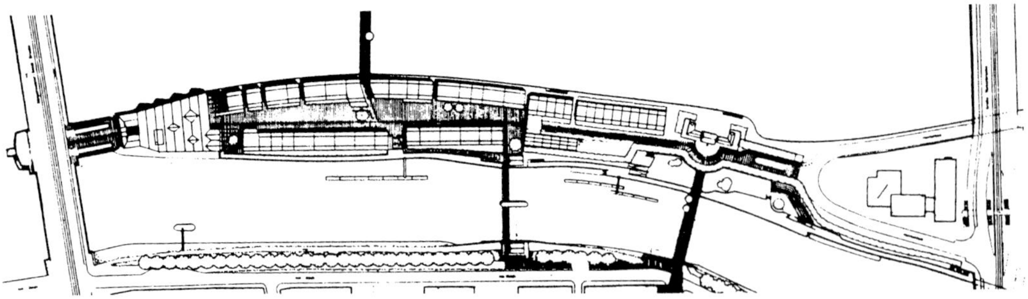

Bild 283: *Entwurf der Architekten Dissing & Weitling, Kopenhagen 1978*

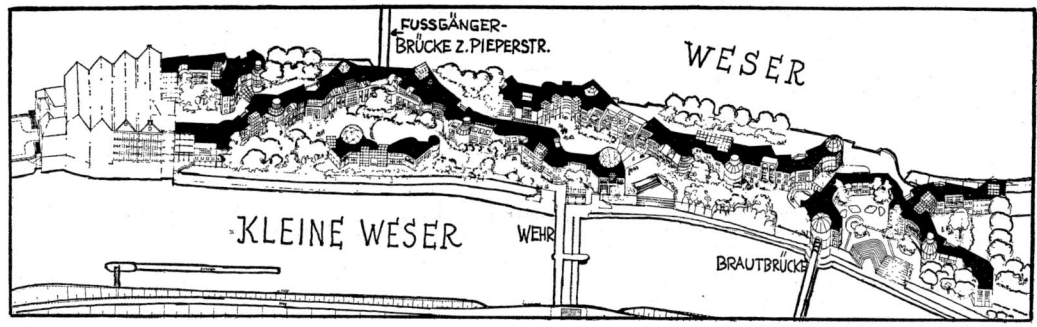

Bild 284: *Entwurf des Architekten Sporrer, Braunschweig 1978*

sitz von Professor Schürmann beurteilt wurden[542]. Den ersten Preis erhielt die Arbeit der Bremer Architekten Klumpp & Goldapp. Ihr Konzept sieht an beiden Wasserseiten insgesamt 73 individuell gestaltete giebelständige Stadthäuser mit Vorgärten vor, etwa ein Drittel als Zweifamilienhäuser, wobei die Uferzone zur Kleinen Weser mit Bäumen und Treppen gestaltet werden soll. An den beiden Endpunkten (Weserburg, Herrlichkeit) sollen Kommunikationseinrichtungen bzw. ein Jugendhotel entstehen. Auch in der Mitte des Teerhofs, auf die eine Fußgängerbrücke von der Pieperstraße treffen soll, bleibt Platz frei. Die Wohnwege sind Fußgängern und Radfahrern vorbehalten, Garagen für Autos sollen eine Ebene darunter angelegt werden.

Einer der beiden zweiten Preise wurde an die dänischen Architekten Dissing & Weitling vergeben, die sich für traufständige einzelne Wohnzeilenabschnitte entlang den Uferkanten und für einen langgestreckten angerähnlichen Raum in der Mitte entschieden.

Den anderen zweiten Preis erhielt der Braunschweiger Architekt Sporrer für seinen Entwurf mit 195 locker zwischen Grün und freien Flächen plazierten Wohneinheiten.

Die Jury empfahl eine Aufforderung an alle genannten Preisträger, auf der Basis ihrer Vorschläge und unter Einbeziehung auch anderer Ideen aus dem Wettbewerb an einem endgültigen Bebauungsentwurf mitzuarbeiten[543]. Obwohl sich auch der Bausenator bei der Ausstellung der Entwürfe für eine gesunde Bauauflockerung mit Chancen für alle Bevölkerungsschichten aussprach[544], blieb die erhoffte Entscheidung über die zukünftige Gestaltung wiederum aus. Die Bauverwaltung, nunmehr unter der Leitung des Senatsbaudirektors Kulenkampff, favorisierte den Entwurf der Architekten Dissing & Weitling, so daß diese 1979 mit der Ausarbeitung der städtebaulichen Planung beauftragt wurden.

Unter den Einwohnern der Umgebung stießen solche Pläne auf Widerspruch, insbesondere wurde vor einer „Nobelherberge" gewarnt[545]. Auch der Bund Deutscher Architekten und die Bremische Gesellschaft Lüder von Bentheim e.V. kritisierten die Übernahme des Konzepts der dänischen Architekten ohne eine erneute Diskussion, bezweifelten die räumliche Qualität des langgestreckten Innenraums und hielten die städtebaulichen Anbindungsfragen für ungelöst[546]. Der Architekt Müller-Menckens bemängelte außerdem den Ausschluß Bremer Architekten, insbesondere der Preisträger, eine fehlende architektonische Vielfalt, die Geschoßhöhe und den durch Häuser eingerahmten Platz („Banane ohne Inhalt")[547].

Möglicherweise wegen dieser Einwendungen, jedenfalls aber auch wegen der angespannten Finanzsituation kam es zu Beginn der achtziger Jahre wieder zu einem weiteren Planungsstopp, wobei auch überlegt wurde, zur Aufbesserung der Haushaltslage den Teerhof zu verkaufen[548].

5. *Weitere Vorschläge und Entwürfe in der ersten Hälfte der achtziger Jahre*

Die verschiedenen Anläufe zur Neubebauung des Teerhofs, ihre öffentliche Darstellung und Behandlung und schließlich ihre mehr oder weniger auffällige Versenkung im Meer der unrealisierten Chancen führten zwar nicht zum Ziel, belebten aber den Diskussionsprozeß bis hin zu den buntesten Konstruktionsblüten (Gondelbahn über die Weser, Roland-

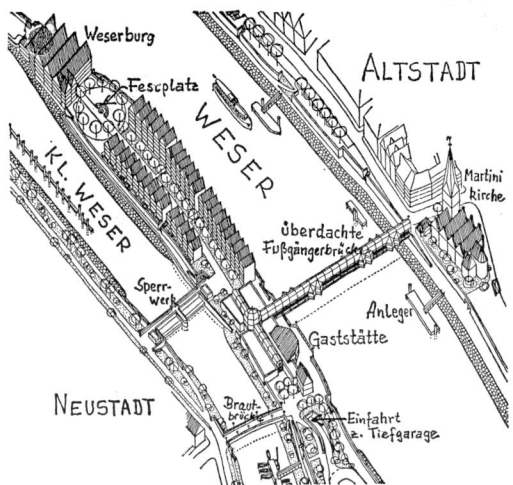

Bild 285: *Entwurf der Handelskammer Bremen, Bremen 1983*

figur als Brückenpfeiler, Freese-Haus im Glaskasten mit Palmengarten[549]) und sorgten vor allem für eine größere Öffentlichkeit. Es meldete sich nunmehr auch die Handelskammer Bremen mit einer Studie zur Bebauung mit giebelständigen hohen Wohnhäusern, einem Festplatz und einer überdachten Fußgängerbrücke zur Altstadt[550].

In spürbarem Gegensatz hierzu äußerte sich die Bremische Gesellschaft Lüder von Bentheim e.V. und wies zum wiederholten Male darauf hin, daß der Teerhof als „wichtiges Herzstück für Bremen" so bebaut werden müsse, daß das Ansehen und die Qualität der Hansestadt gewahrt blieben, also insbesondere die Front der Altstadt nicht verdeckt werde und der Teerhof nicht in die Hände von Spekulanten falle[551]. Die früheren Baudirektoren Wortmann und Rosenberg griffen durch Fachaufsätze in die Debatte ein, wobei sich beide ebenfalls für eine überdachte Fußgängerbrücke aussprachen[552]. Zum letztgenannten Komplex fand 1985 an der Hochschule Bremen ein Wettbewerb von Studenten der Architektur und des Bauingenieurwesens statt, der zu insgesamt 17 Entwürfen für Brücken über die Große und die Kleine Weser mit sorgfältigen Ausarbeitungen und interessanten Varianten führte[553]. Die Initiative „Bremer/innen für Bremen" ließ durch den Dipl.-Ing. Rutenberg einen Entwurf vorlegen, der neben viergeschossigen Wohnhäusern die Plazierung von Forschungseinrichtungen der Universität und Hochschulen, Ausstellungsräume, Läden, ein Terrassencafé und Busparkplätze vorsieht[554].

6. Die Gründung der Teerhof Bremen Bauprojektgesellschaft mbH (Teerhof-Gesellschaft) 1986

Auf der Grundlage des erwähnten Entwurfs der dänischen Architekten Dissing & Weitling entwickelte die Weser-Wohnbau, eine Bremer Bauträgergesellschaft, eine ausführliche Konzeption zur Neubebauung. Parallel dazu sprachen Vertreter der Bremer Architektenschaft und der mittelständischen Bauwirtschaft die Sparkase in Bremen wegen einer Bebauung des Teerhofs durch einheimische Träger an[555]. Nach langen und intensiven Gesprächen einigten sich diese Unternehmen darauf, gemeinsam unter Berücksichtigung der Vorgaben der Stadtgemeinde ein tragfähiges Konzept zu entwickeln[556]. Zur Vorbereitung und Umsetzung der gesamten Bebauung wurde Mitte 1986 die Gesellschaft „Der Teerhof Bre-

Bild 286: *Entwurf des Dipl.-Ing. Rutenberg, Bremen 1985*

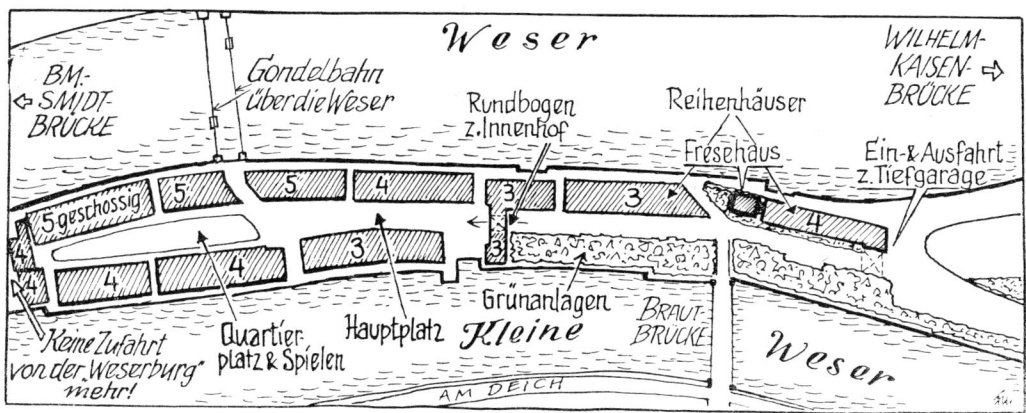

Bild 287: *Grobskizze der Teerhof-Gesellschaft, Bremen 1986*

men Bauprojektgesellschaft mbH" gegründet (im folgenden Teerhof-Gesellschaft genannt). Gesellschafter wurden die Weser-Wohnbau und die Bremer Schoss Baubetreuungs- und Beteiligungs-GmbH, eine Institution der Sparkasse in Bremen. Die neue Gesellschaft sollte einen Verkauf der Grundstücke von der Stadtgemeinde an verschiedene Bremer Bauträger vorbereiten und die Bebauung der Gesamtfläche zentral organisieren und begleiten[557]. Als Ziel wurde verkündet, die von der Stadtgemeinde an die Teerhof-Gesellschaft zu verkaufenden 22 000 qm des Teerhofs mit rund 200 gut ausgestatteten Wohnungen für den gehobenen Bedarf zu bebauen. Die in Anlehnung an den Entwurf der dänischen Architekten geplante Aufgliederung der Baukörper stellte die Teerhof-Gesellschaft in einer Grobzeichnung dar[558].

Im einzelnen wurden unter dem Slogan „Maritimes Wohnen im Herzen der Stadt" die Aufteilung der Blöcke in Eigentumswohnungen beschlossen und die Nutzung der Erdgeschosse zum Teil für Läden, Kunstgewerbegeschäfte und Restaurantbetriebe vorgesehen. Als Preis pro qm wurde ein Betrag von DM 850,— genannt, wobei z. B. eine Wohnung mit 80 qm den Betrag von DM 300 000,— nicht überschreiten sollte. Der Wiederaufbau des Freese-Hauses und seine architektonische Verbindung mit den niedrigen Blöcken wurde befürwortet. Zwecks Freihaltung des gesamten Geländes vom Autoverkehr wurde die Unterbringung der Kraftfahrzeuge in einer Tiefgarage mit Zu- und Abfahrt an der Herrlichkeit beschlossen. Als wesentlicher Bestandteil des gesamten Konzepts wurde die Verbindung zur Altstadt wie zur Neustadt in Gestalt von Fußgängerbrücken empfohlen. Außerdem sprach sich die Teerhof-Gesellschaft für ein Gästehaus als Stätte der Begegnung und Kommunikation aus[559].

7. Die Verabschiedung des Bebauungsplanes 1987

Nach der Klärung bzw. Beantwortung wichtiger wirtschaftlicher und städtebaulicher Fragen rückte auch die rechtliche Regelung wieder stärker in den Vordergrund. Wie oben dargelegt wurde (B. I.), spielte die Baureglementierung auf der Grundlage der erstmals während des 19. Jahrhunderts erlassenen Bauordnungen auch auf dem Teerhof eine nicht unwichtige Rolle. Der letzte Bebauungsplan vor der Kriegszerstörung stammte aus dem Jahre 1920 und sah die Gewerbeklasse I (Industrie- und Gewerbegebiet) vor, ließ also eine überwiegende Wohnbebauung nicht zu[560]. Es war deshalb der Erlaß eines neuen Bebauungsplanes erforderlich. Der 1967 für diesen Teil der Neustadt aufgestellte Flächennutzungsplan war bereits im Jahre 1979 mit der 56. Änderung dieses Planes dahin abgeändert worden, daß der Teerhof vorsorglich als gemischte Wohnbaufläche ausgewiesen wurde[561]. Die Baudeputation befaßte sich deshalb mit einem auf der Grundlage des genanten Bebauungskonzeptes erarbeiteten Entwurf eines Bebauungsplanes Nr. 1435 für das Gebiet Teerhof zwischen Wilhelm-Kaisen-Brücke und Bürgermeister-Smidt-Brücke und befürwortete nach Anhörung von Sachver-

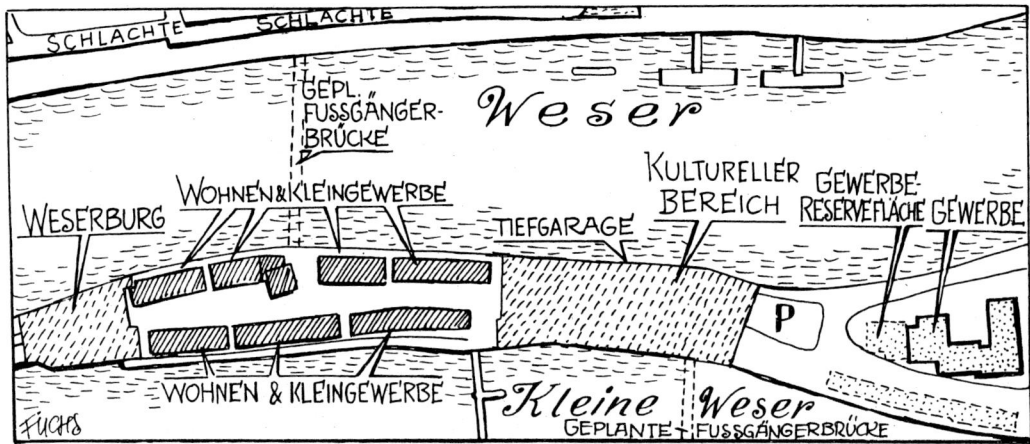

Bild 288: *Skizze der SPD-Bürgerschaftsfraktion, Bremen 1987*

ständigen (darunter den Preisträgern des Wettbewerbs) den Entwurf mit den Stimmen der SPD-Mitglieder[562]. Die CDU sprach demgegenüber von einer „grandiosen städtebaulichen Fehlleistung"[563], die Grünen verlangten eine Nutzung des Teerhofs „für kulturelle Zwecke"[564].

Im Anschluß an die öffentliche Auslegung des Planes gab es weitere Kritik seitens
— der Architektenkammer,
— des Bundes Deutscher Architekten („auf der Landzunge ein Torso"),
— der Aufbaugemeinschaft Bremen („Übergewicht für die Nutzung Wohnen", „Realisierung eines problematischen Programms"),
— der Stiftung „Bremerinnen und Bremer für Bremen" („Vertragsgrundlage entfallen" für „die ehemaligen Eigentümer"),
— der Bremischen Gesellschaft Lüder von Bentheim e.V. („andere öffentliche Einrichtungen"),
— des Landesmusikrates (Möglichkeit nutzen, „ein großes Kulturzentrum mit Museen, Konzertsaal, Jugendmusikschule, Hochschule etc. zu errichten"),
— der Shakespeare Company („Räume für freie Theater- und Kulturgruppen")[565].

Angesichts dieser Kritik und auf der Grundlage einer Forderung des SPD-Landesparteitages zur Kulturpolitik sprach sich die SPD-Fraktion der Bürgerschaft im Juni 1987 für eine Dreiteilung der Teerhoffläche in Wohnen, Kultur und Arbeiten aus, wobei der Kulturbereich u. a. durch ein Museum für zeitgenössische Kunst in der Weserburg und durch ein Kulturzentrum im Zusammenhang mit dem Freese-Haus erweitert werden sollte; der Vertreter der Teerhof-Gesellschaft, Schorling, signalisierte Einverständnis mit der Reduzierung der Wohnbebauung von rund 200 auf rund 150 Einheiten[566].

Der Senat erklärte sich nunmehr mit dem Verkauf einer Fläche von 12 550 qm durch die Stadtgemeinde an die Teerhof-Gesellschaft einverstanden; der Reinerlös von 10,9 Millionen DM sollte zu einem Großteil für die kulturellen Angebote verwendet werden[567]. Daraufhin beschloß die Stadtbürgerschaft in der Sitzung am 3. September 1987 den Bebauungsplan Nr. 1435 in der abgeänderten Fassung mit den Stimmen der SPD[568]. Auch mit dem neuen Inhalt erachteten die CDU und die Grünen den kulturellen Anteil als unzureichend[569]. Damit war nach langen Bemühungen eine rechtliche Grundlage für die Neubebauung vorhanden.

IV. Realisierung der Neubebauung

1. Realisierungswettbewerb

Leitlinie für die Durchführung der Bebauung war der auf dem Bebauungsplan Nr. 1435 und dem Entwurf der dänischen Architekten Dissing & Weitling beruhende städtebauliche Grundlagenplan.

Zur Gestaltung der hiernach vorgegebenen neun Hauszeilen wurde noch im Jahre 1987 unter den in der Liste der Architektenkammer

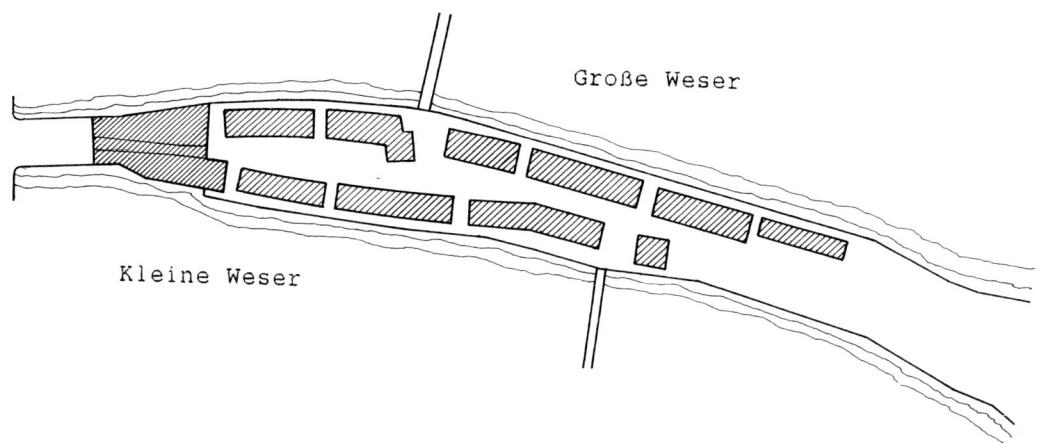

Bild 289: Teerhof, Neubebauung, städtebaulicher Grundlagenplan

Bild 290: 1. Preis Prof. Schomers

Bild 291: 2. Preis Prof. Müller-Menckens/Hübschen/Mulitze

Bremen eingetragenen Architekten ein Realisierungswettbewerb ausgeschrieben, dessen Ergebnisse Ende Januar 1988 bekanntgegeben wurden[570].
Folgende Preise und Ankäufe vergab die Jury:
1. Preis Prof. Schomers
2. Preis Prof. Müller-Menckens/Hübschen/ Mulitze
2. Preis Peter Weber
4. Preis Christian Lankenau
5. Preis Haslob/Hartlich/Schütz
Ankäufe: Freese/Morschel und Partner
Jürgen Renziehausen
Turk/Richter/Borchers
Rosengart/Sommer
Michael/Kasprick
Sonderankauf: Holger Schmidt

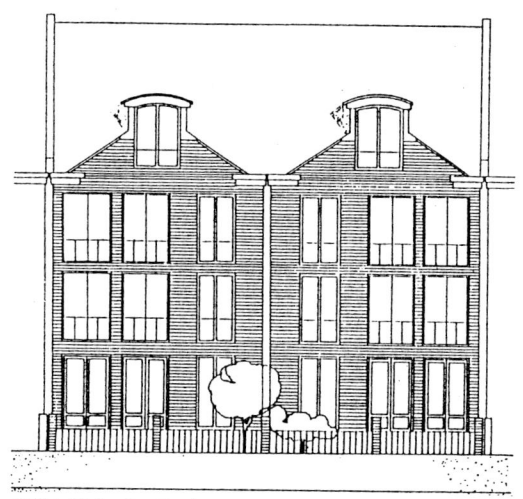

Bild 292: 2. Preis Peter Weber

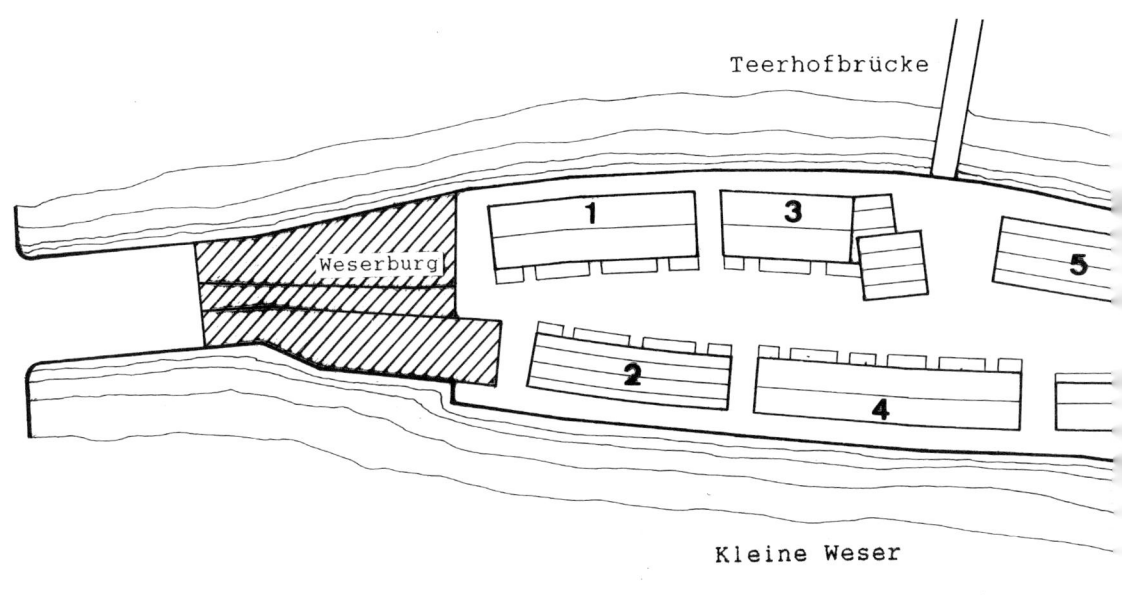

Bild 293: Teerhof, Neubebauung, Situation 1995, Lageplan

2. *Grundstückskaufvertrag*

Nach Abschluß des Architektenwettbewerbs wurde am 12. April 1988 der Kaufvertrag über das insgesamt zu bebauende Teerhof-Grundstück zwischen der Teerhof-Gesellschaft und der Stadtgemeinde Bremen als Vorbesitzerin unterzeichnet. Als Eckpunkte und Verpflichtungen der Vertragsparteien wurden festgeschrieben:

a) Kaufpreis 12,7 Millionen DM.
b) Öffentliche Nutzung eines größeren Teils der Teerhof-Freiflächen mit Ausnahme kleinerer, privater Gärten und Vorgärten.
c) Vorbehalt der Stadtgemeinde, die Zeilen 8 und 9 selbst zu bebauen und damit einer Nutzung in Richtung Kunst und Kultur zuzuführen.
d) Verpflichtung der Stadtgemeinde zur Errichtung einer Fußgängerbrücke vom Teerhof zur Altstadt in Höhe der ehemaligen Heimlichen-Straße zwischen dem Bachmann- und dem Schünemanngebäude. Die Bauarbeiten sollen 1991/92 abgeschlossen werden, gemeinsam mit dem dann geplanten Einzug in die zu errichtenden Wohnungen und kleinen Läden, Restaurants und Galerien.
e) Verpflichtung der Teerhof-Gesellschaft, die zu errichtenden Gebäude hervorragend zu gestalten[571].

3. *Gestaltungsvorgaben*

Anschließend beauftragte die Teerhof-Gesellschaft die folgenden Bremer Architekten — sämtlich Preisträger aus dem Architektenwettbewerb — mit der Gestaltung der einzelnen Häuserzeilen:
Zeile 1 Architekturbüro Gerd Schulze
Zeile 2 Architekt Holger Schmidt
Zeile 3 Architekturbüro Prof. Müller-Menckens/Hübschen/Mulitze
Zeile 4 Architekt Peter Weber

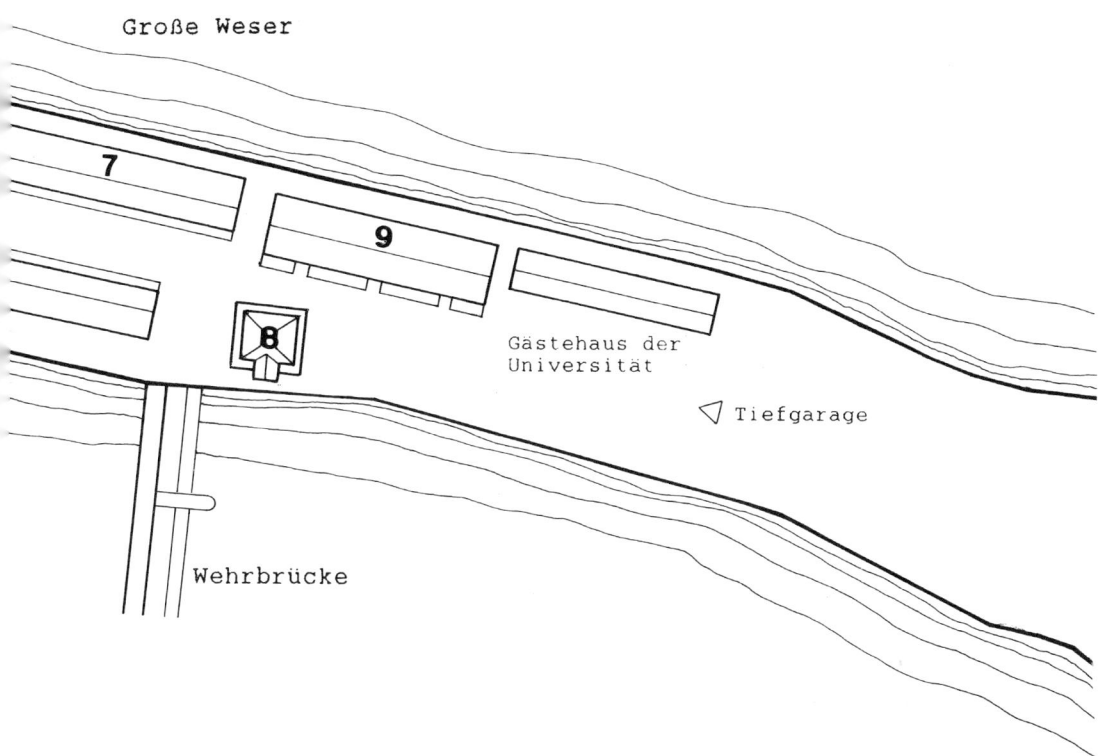

Zeile 5 Architekturbüro Prof. Schomers/ Schürmann/Stridde
Zeile 6 Architekt Peter Weber
Zeile 7 Architekturbüro Haslob/Hartlich/ Schütz
Zeile 8 Architekturbüro Prof. Müller-Menckens/Hübschen/Mulitze
Zeile 9 Architekturbüro Rosengart und Schnorrenberger[572].

Während die Zeilen 1, 3, 5, 7 und 9 zur Großen Weser ausgerichtet sind, liegen die Zeilen 2, 4, 6 und 8 am Ufer der Kleinen Weser (die sich an die Zeile 9 anschließende Hauszeile des Gästehauses wird später errichtet). Die Hauszeilen haben durchweg drei bis fünf Geschosse, lediglich die Zeile 3 überragt mit einem siebengeschossigen Turm die übrigen Zeilen und setzt so einen städtebaulichen Akzent unter gleichzeitiger räumlicher Beherrschung des Brückenplatzes (die Teerhofbrücke wird später gebaut). Die Zeilen 1, 2, 4 und 9 wurden als reine Wohngebäude geplant, für die übrigen Zeilen waren von vornherein in den Erdgeschossen Einzelhandelsgeschäfte und Gastronomieeinrichtungen vorgesehen.

Zur beratenden Begleitung des Realisierungsprozesses wurde ein Gestaltungsbeirat berufen, der sich aus insgesamt neun Architekten und im übrigen fachkundigen Vertretern der Stadtgemeinde und der Teerhof-Gesellschaft zusammensetzte. Er hatte insbesondere die Aufgabe, in Fragen der Gestaltung Empfehlungen in Richtung öffentliche Hand wie auch in Richtung Bauträger und Architekten auszusprechen. Die beauftragten Architekten wurden vom Bauträger verpflichtet, unbeschadet der öffentlich-rechtlichen Entscheidungen den Empfehlungen des Gestaltungsbeirats zu folgen[573].

Zur Planung der Freiraumgestaltung führte die Stadtgemeinde zusammen mit der Teerhof-Gesellschaft ein Gutachterverfahren durch. Die Gestaltungsvorschläge des Büros Krei-

Bild 294: *Blick von der Weserburg im Juli 1990 auf die Gründungsarbeiten am Teerhof*

kenbaum wurden der weiteren Außenraumplanung zugrunde gelegt.

Im Gegensatz zu der oben geschilderten, oft erheblich verzögerten und dann wieder sprunghaft vorangetriebenen Gesamtplanung einschließlich der Aufstellung des Bebauungsplanes wurden die gestaltenden Vorarbeiten zur Bauausführung stetig betrieben[574].

4. *Gründungsarbeiten*

Im Juni 1988 begannen die Erdarbeiten auf dem Teerhof (s. Bild Nr. 267). Die Zeit, die man sich bei der Vorplanung aus zumeist guten Gründen gelassen hatte, sollte offenbar jetzt wieder eingespart werden, denn es wurden entgegen den gerade für den Teerhof betonten kulturellen Ansprüchen die Erdmassen einfach „weggebuddelt", ohne die darin lagernden archäologischen Schätze zu beachten (s. C. VII. 4. und dazu Bild Nr. 268).

Ende 1990 waren die Gründungsarbeiten abgeschlossen, die Teerhofflächen zum größten Teil unterbaut.

In den Tiefgeschossen wurden Garageneinstellplätze, Technikräume sowie die privaten Hauskeller angelegt.

5. *Architektur der Hauszeilen 1 bis 9*

Die Häuser wurden in Stahlbeton und Kalksandstein-Mauerwerk errichtet und 1992 fertiggestellt. Sie erhielten einen wegen der Lage besonderen Wärme- und Schallschutz. Die Treppenhäuser wurden mit Fahrstuhlschächten und Naturplatten ausgestattet. Im Interesse eines homogenen architektonischen Erscheinungsbildes hatte der Gestaltungsbeirat eine einheitliche Traufhöhe mit drei bis fünf Geschossen (Ausnahme Zeile 3 mit sieben Geschossen) vorgeschlagen, die auch eingehalten wurde.

Die Einheitlichkeit der Bebauung kommt des weiteren durch die Dachdeckung aus roten Ziegelpfannen und die Fassadengestaltung durch Verblendsteine in verschiedenen Rottönen als äußere Schale des Außenmauerwerks zum Ausdruck.

Trotz des homogenen Gesamtbildes setzen sich die einzelnen Hauszeilen durch unterschiedliche architektonische Elemente voneinander ab. Als Dachformen wechseln Sattel- und Mansardendächer. Die Gestaltung der Gauben, Balkone, Wintergärten und die

Bild 295: *Blick vom Martini-Anleger auf den Teerhof, 1995, von links Gästehaus der Universität, Wohnbauzeilen 9, 7, 5 und 3*

Bild 296: *Blick von der Schlachte auf Teerhofbrücke und Teerhof, 1995, von links Zeilen 7 (Teil), 5, 3, 1 und die Gebäude der Weserburg*

Bild 297: *Blick von Süden über die Kleine Weser auf den Teerhof, 1995, von links die Gebäude der Weserburg, dann die Zeilen 2, 4 und 6, dahinter der Turm der Zeile 3*

Bild 298: *Blick von der Schlachte auf Teerhofbrücke und Teerhof, 1995, von links die Zeilen 7, 5, 3 und 1, anschließend die Weserburg*

Bild 299: *Blick über die Brücke des Sperrwerks wie bei Bild 281, jedoch jetzt nach der Neubebauung des Teerhofs; links die Zeile 6, in der Mitte im Hintergrund Zeile 7, rechts Zeile 8*

verschiedenen Größen der Fenster erzeugen insbesondere beim Blick aus der Nähe eine belebende Differenzierung der einzelnen Zeilen[575].

6. *Ausstattung und Verkauf der Wohnungen*

Die Wohnungen entsprechen dem üblichen soliden Standard: Wände mit Gipsputz, Fußböden mit Velours-Belag, Badezimmer in Carrara-Marmor, Türen und Fenster in Mahagoni[576].

Die unterschiedlich großen Wohnungen wurden auf dem freien Markt verkauft; Vergünstigungen für die früheren Teerhof-Eigentümer gab es — entgegen einer länger zurückliegenden und wohl nicht ganz ernst gemeinten Ankündigung der Bauverwaltung[577] — nicht. Nachfolgend zwei Kaufangebote:

Weser-Kurier, 19. September 1992:
Teerhof, exkl. Maisonettewohnung, mit Blick auf Weser, ca. 100 m², 2 Einstellplätze, 555 000 DM.

Bild 300: *Blick vom Balkon einer Wohnung gen Westen auf die Kleine Weser und die Bürgermeister-Smidt-Brücke, 1995*

Bild 301: *Blick von der Wilhelm-Kaisen-Brücke auf den Wuppesahl-Turm im Bau am 24. Juli 1991; rechts im Hintergrund die Baustelle auf dem Teerhof*

Weser-Kurier, 30. Januar 1993:
Teerhof-Dachgeschoß, exkl. 3-Zi.-Maisonette-Whg., 108m², 461 000 DM.

7. *Erweiterungsbauten der Versicherungsbörse*

In räumlichem Anschluß an den 1967 fertiggestellten Neubau der Versicherungsbörse (s. D. III. 3. und Bild Nr. 279) wurde 1991 ein Erweiterungsbau der Assekuranz-Makler errichtet und Anfang 1992 eingeweiht[578]. Das als „Wuppesahl-Turm" bezeichnete Gebäude wurde von dem Architekten Harm Haslob in bewußtem Bezug zu dem ca. 100 Jahre älteren und 750 m entfernten Wasserwerk auf dem Werder (als „umgedrehte Kommode" bekannt) konstruiert[579].

In Fortsetzung hierzu entsteht an der Kleinen Weser mit demselben Architekten ein weiterer Ergänzungsbau mit 10 000 qm Bürofläche, der ebenso wie der Wuppesahl-Turm mit den gleichen dunklen Wittmunder Torfbrandklinkern verblendet wird[580].

8. *Gästehaus der Universität*

Als letztes Gebäude der eigentlichen Teerhofanlage entstand 1994 im östlichen Anschluß an die Zeile 9 an der Großen Weser das Gäste-

Bild 302: *Blick von der Wilhelm-Kaisen-Brücke auf die Baustelle für den Erweiterungsbau der Versicherungsbörse, 1995; von rechts der Wuppesahl-Turm, das Gästehaus der Universität und die Häuserzeilen 9, 7 und 8*

haus der Universität (s. Bilder Nr. 293 und 295). Das von den Architekten Prof. Manfred Schomers und Rainer Schürmann entworfene und von der Firma Dr. Klaus Hübotter gebaute Haus unterscheidet sich in mehrfacher Hinsicht von den übrigen Bauten. Es wurde in nur neun Monaten hergestellt, in einer soli-

Bild 303: *Blick von der Schlachte über den Martini-Anleger auf Teerhofbrücke und Teerhof, 1995, ganz links das Gästehaus der Universität*

Bild 304: *Blick von der Neustadt über die Kleine Weser auf den Teerhof, 1995, von links die Zeilen 6, 8 und 9, das Gästehaus der Universität und im Hintergrund Häuser der Schlachte*

darischen Aktion von Bremen, dem Bund und zahlreichen Spendern finanziert und im Gegensatz zu den Zeilen 1 bis 9 zu einer öffentlichen und zugleich kulturellen Nutzung bestimmt. Neben 17 Einzelappartements, mehreren Zwei- und Drei-Zimmer-Wohnungen enthält es einen Vortragsraum mit 99 Plätzen, einen Clubraum und ein Foyer. Der weit über Bremens Grenzen hinaus wegen seiner eigenwilligen Kreativität, aber auch seines Bürgersinnes bekannte Hübotter war trotz erheblicher Verzögerungen (vor allem infolge einer überteuerten Berechnung des Hochbauamtes) bereit, zum ursprünglich angesetzten Baupreis (3,8 Millionen DM einschließlich Innenausstattung) zu bauen[581]. In der Verwendung der Materialien schließt sich das Gästehaus an die Zeilen 1 bis 9 an, wirkt aber durch die um ein Geschoß niedrigere Höhe und durch übersichtlichere und zum Teil sehr große Fenster eigenständig.

Ein klares und helles, an die Aufbauten eines Schiffes erinnerndes Dachgeschoß und ein leicht abgeknickter, fast dem Weserlauf folgender Grundriß geben ihm zusätzlich eine besondere Note.

9. Außenräume

Durch die räumliche Anordnung der Hauszeilen, die in ihrer Hauptrichtung den Uferkanten des Teerhofs folgen, entsteht ein länglicher, ovaler Innenhof, der an einen Dorfanger erinnern soll. Er ist mit kleinteiligem Granitpflaster ausgelegt. Der öffentliche Bereich ist durch Pflasterbänder entlang den Wohnzeilen optisch abgegrenzt.

Bild 305: *Blick von Südwesten auf das Gästehaus der Universität, 1995*

Der Übergang vom öffentlichen zum privaten Raum wird durch Mauerpfosten, Arkadengänge und begrünte Vorgärten betont.
Die Erdgeschoßzonen der Zeilen 2, 4 und 6 haben Terrassen und Wintergärten zur Kleinen Weser.
Direkt am Wasser sowohl der Großen als auch der Kleinen Weser sind öffentliche Wege angelegt, die zum Teil über Treppen erreichbar sind. Dadurch soll eine Zugänglichkeit im Sinne einer städtischen Belebung bewirkt werden.

10. *Fußgängerbrücken*

Die an die Stelle der Brautbrücke getretene Überwegung der Kleinen Weser war 1967 durch den Bau des Sperrwerkes entstanden (Bilder Nr. 280 und 281). Sperrwerk und Fußgängerüberweg wurden dann 1992 unverändert in die neue Bebauung eingebunden.
Bereits 1914 schlugen Baumeister und Planer eine Fußgängerbrücke über die Große Weser zwischen der Kaiserbrücke und der Großen Weserbrücke vor[582], doch wurde ihr Fehlen von der Teerhofbevölkerung in den folgenden Jahrzehnten nicht vermißt[583]. Bei den Planungen, Diskussionen und Entwürfen ab

Bild 306: *Blick von Südosten auf die Zeilen 8, 7 und 9 sowie das Gästehaus der Universität (von links), 1995; vorn die Einfahrt zur Tiefgarage*

1965 verknüpfte man indessen die Neubebauung des Teerhofs stets mit der Anlegung einer Fußgängerüberwegung über die Große Weser, vornehmlich zur Belebung des Teerhofs und zur besseren Verbindung zur Altstadt (s. D. III. 3.). Während die Brücke zunächst in Höhe der Böttcherstraße angelegt werden sollte (Bilder Nr. 277 und 278), wurde sie ab 1978 in Verlängerung der Pieperstraße geplant (Bild Nr. 282).

Bild 307: *Blick von der Weserburg auf den Innenhof des Teerhofs nach Osten, 1995; von links die Zeilen 1, 3, 5, 7, 9, 6, 4 und 2*

Bild 308: *Blick auf den Innenhof des Teerhofs nach Westen, 1995; von links die Zeilen 4 und 2, hinten die Weserburg, rechts die Zeilen 1 und 3*

Bild 309: *Blick auf den Eingangsbereich der Zeilen 4 und 6, 1995*

Bild 310: *Teilansicht von Zeile 4, 1995*

Bild 311: *Terrassen und Wintergärten der Zeile 6 an der Kleinen Weser, 1995, dahinter Zeile 8, ganz im Hintergrund das Hochhaus der Versicherungsbörse*

Bild 312: *Uferzone an der Großen Weser mit den Zeilen 5 und 7, 1995, im Hintergrund die Versicherungsbörse und Gebäude am Franziuseck*

Die gerade auch von den Planern der Baubehörde unterbreiteten Vorschläge einer Brückenüberdachung und Brückenausstattung mit Läden[584] à la Ponte Vecchio in Florenz sind glücklicherweise nicht realisiert worden. Solche orts- und zeitfremden Ornamente hätten nur einem übertriebenen Konsum- und Bequemlichkeitsbedürfnis entsprochen und mit dem denkbaren Slogan „Maritimes Wohnen am Wasser ohne Regen" nicht nur unter den früheren Teerhofbewohnern Spötter gefunden.

Den 1990 ausgeschriebenen Wettbewerb zur Gestaltung einer unüberdachten Brücke gewannen die Architekten Steffens und Quiram, die auch den Auftrag erhielten. Kostenvoranschlag (5,5 Millionen DM) und Zeitplan (Fertigstellung bis 1992) wurden dadurch hinfällig, daß das Wasser- und Schiffahrtsamt als die zuständige Bundesbehörde eine stärkere Aufprallfestigkeit und eine größere Durchfahrtshöhe (9,5 m auf 65 m Breite) forderte, vor dem Grundstück der Firma Bachmann an der Schlachte erhebliche bauliche Veränderungen erforderlich waren und der Eigentümer des dort liegenden Restaurantschiffes „Welle" erst nach einem langwierigen Rechts-

Bild 313: *Sperrwerk mit Brücke über die Kleine Weser während der Neubebauung im Dezember 1992*

Bild 314: *Einschwimmen und Einpassen der Teerhofbrücke am 6. April 1993*

Bild 315: *Blick über die Teerhofbrücke auf den Teerhof, 1994, von links die Zeilen 5, 4 und 3*

Bild 316: *Blick von der Schlachte auf Teerhofbrücke und Teerhof, 1995, von links die Zeilen 5, 3 und 1, dahinter die Weserburg; vor dem Turm der Zeile 3 die Fahrstuhlanlage der Brücke*

streit vor dem Verwaltungsgericht gegen Entschädigung zur Verlegung des Schiffes um 20 m veranlaßt werden konnte. Die Brücke kostete schließlich rund 13 Millionen DM[585]. Sie wurde von einer Arbeitsgemeinschaft der Howaldtswerke Deutsche Werft (Kiel) und der Firma Dörner (Dortmund) gebaut, beim Bremer Vulkan zusammengesetzt und am 6. April 1993 in einer spektakulären Aktion eingeschwommen und verankert.

Die Brücke liegt auf dem Teerhof nur auf und wird über den Betonpfeiler im Strom zur Rampe an der Schlachte gespannt. Trotz der insbesondere für Rollstuhlfahrer eingerichteten Fahrstuhlanlage ist die Überquerung bei einer verbleibenden Steigung von 7 % nicht ganz einfach[586]. Der Brückenkopf auf dem Teerhof wird optisch beherrscht durch den siebenstöckigen Turm der Zeile 3.

Mit der – nicht sehr originell – auch so getauften Teerhofbrücke besteht erstmals an

Bild 317: *Blick nach Norden auf den Brückenplatz, 1995, mit Fahrstuhlanlage, links der Turm der Zeile 3, rechts Zeile 5, im Hintergrund Häuser der Schlachte*

dieser Stelle ein Übergang vom Teerhof zur Altstadt.

11. Belebung des Teerhofs?

Planer, Architekten, Behörden, Bauträger, Bewohner und nicht zuletzt die Medien hatten sich nach den zitierten Verlautbarungen erhofft, daß mit den neuen Häusern und ihren Bewohnern auch geschäftiges, geselliges, einer Großstadt entsprechendes Leben auf dem Teerhof einkehrt. Die Hoffnung hat bislang getrogen. Auf den Fotos, die die Mitverfasserin A. G. an mehreren Tagen zu verschiedenen Zeiten von der Neubebauung gemacht hat, sind entweder überhaupt keine oder nur wenige Menschen zu sehen (Bilder Nr. 296, 299, 306, 307, 308, 309, 312, 315,

Bild 318: *Luftbild von Teilen der Innenstadt, der Teerhofbrücke und dem Teerhof, 1994; am Ufer der Schlachte ganz links das Gebäude der Firma Bachmann; rechts oben der Marktplatz*

Bild 319: *Die Urenkelin und der Ururenkel der Witwe Emilie van Houdt an etwa der Stelle, an der früher das Haus Nr. 40 gestanden hat, 1995*

317). Obwohl die Bewohner auf dem Teerhof jetzt mit mehr als 500 angenommen werden können[587], machen sie sich weniger bemerkbar als die gut 100 Einwohner vor der Kriegszerstörung (s. C. IV. 1.). Das beruht natürlich zu einem wesentlichen Teil auf den Veränderungen des gesellschaftlichen Lebens. Während früher die Wege zu den Arbeitsstätten, Einkaufsläden und öffentlichen Verkehrsmitteln im wesentlichen zu Fuß zurückgelegt wurden und außerdem die Straße als Lebensraum genutzt wurde (s. C. V.), werden heute selbst kleinere Strecken zumeist mit dem Kraftfahrzeug abgefahren. Auch der Teerhof scheint deshalb mit seinen neuen Bewohnern kein urbanes Quartier der alten Art werden zu können. Und wo ist die alte Spielstraße geblieben? Leben auf dem Teerhof überhaupt wieder Kinder?

Es waren deshalb schon frühzeitig Überlegungen berechtigt, den Teerhof für Dritte zugänglicher zu machen, z. B. durch die Fußgängerbrücke, die Einrichtung eines Cafés oder durch besondere Spazierwege an den Ufern beider Flußarme. Auch das hat aber offenbar keinen Erfolg gebracht[588].

Die Verfasser setzen gleichwohl auf erneute Versuche in diese Richtung und auf den weiteren Ausbau der Kultureinrichtungen in der Weserburg, die Bereitstellung der Vortragsräume des Gästehauses der Universität auch für außeruniversitäre Veranstaltungen und die Einrichtung eines Platzes für Zelte von Wanderbühnen, Schauspielgruppen und dergleichen, wie sie noch nach dem Krieg des öfteren auf dem Teerhof gastiert haben[589]. Parkmöglichkeiten für Kraftfahrzeuge in bestimmten Fällen (z. B. für Behinderte) sind dabei vorzuhalten. Als sich im letzten Jahr Anlieferer zur Graphothek in der Weserburg darüber beklagten, daß auch das Kurzparken auf dem Vorplatz zur Brücke nicht mehr erlaubt sei, traf das Amt für Straßen- und Brückenbau eine weise Entscheidung: Der Vorplatz wurde entwidmet mit der Folge, daß Ladeverkehr jeweils bis um 11.00 Uhr erlaubt ist[590].

Anzustreben wären auch Einrichtungen zur Zeitgeschichte, z. B. über die Weserschiffahrt, mit Vortrags- und Gastronomieräumen. Dabei sollte man sich vielleicht auch schlau machen, wie eine Wirtschaft auf dem Teerhof früher erfolgreich betrieben wurde (z. B. mit einem kulturellen Beiprogramm). Die früheren Bewohner denken gerade in dieser Zeit daran zurück. Sie wünschen jedenfalls der jetzigen Einwohnerschaft, daß sie ähnlich glückliche Jahre hier erleben möge.

V. Meinungen zur Neubebauung

Eine umfassende Bewertung der Neubebauung des Teerhofs ist nicht das Anliegen der Verfasser und wäre zum gegenwärtigen Zeitpunkt auch verfrüht. Die Arbeit sollte die historischen Ereignisse und ihren Verlauf darstellen und allerdings die Zusammenhänge mit dem Istzustand aufzeigen. Dadurch sollte vor allem dem Leser eine Beurteilung ermöglicht werden. Ob diese, die Meinungen der Experten oder die Ansichten der Verfasser zutreffend oder zumindest begründbar sind, mag in erster Linie der Zukunft überlassen bleiben. Es kommt bekanntlich vor, daß Bauwerke in frischem Zustand in Grund und Boden verdammt werden und später vor der Geschichte ihre Bewährungsprobe bestehen, während umgekehrt zunächst hochgelobte Bauten bei der Prüfung durch nachfolgende Generationen durchfallen. Dies alles hängt von vielen Kriterien ab, die gegenwärtig kaum reflektiert, geschweige denn beeinflußt werden können. So wird z. B. auch eine Rolle spielen, wie die jetzige Wohnbevölkerung den Teerhof als Domizil annimmt und wie sie sich als Einwohnerschaft in Zukunft verhält. Schon wegen der Kürze der bisherigen Wohnzeit haben die Verfasser insoweit keine Recherchen anstellen können.

Mit diesen, im Hinblick auf ein späteres Gesamturteil zurückhaltenden Vorbemerkungen soll die Kritik, die wir im Verlauf der historischen Betrachtung zwangsläufig an verschiedenen Stellen äußern mußten, nicht zurückgenommen werden. Es gab eben, wie schon Theophilus Freese, der wohl berühmteste Bewohner der Halbinsel, feststellte[591], immer „groß' Kopfzerbrechen" über dieses Quartier.

Zuviel Kopfzerbrechen kann aber schaden, und deshalb ist den kritischen Stimmen nicht zu folgen, die anstelle einer Neubebauung für ein Abwarten plädierten und die zugegebenermaßen wichtige Teerhoffläche für bessere Verwendungen ganz oder teilweise aufbe-

Bild 320: *Blick von der Bürgermeister-Smidt-Brücke auf den westlichen Teil der Weserburg, 1995*

Bild 321: *Blick über die Bürgermeister-Smidt-Brücke auf den gesamten Komplex der Weserburg und die anschließende Zeile 2, 1995*

Bild 322: *Blick über den Innenhof in Richtung Westen auf die Weserburg mit Durchgang, 1995*

wahrt haben wollten[592]. Es verwundert (oder auch nicht), daß diese zögerliche Haltung gerade von früheren leitenden Beamten der Bauverwaltung ausging, die es über Jahrzehnte hinweg versäumt hatte, günstigere Gelegenheiten für eine Bebauung auszunutzen. Letztere bestanden jedenfalls im Anschluß an die Wiedererrichtung der Weserburg Anfang der fünfziger Jahre oder später zugleich mit dem Bau der Versicherungsbörse in der zweiten Hälfte der sechziger Jahre, ohne daß dabei der vorherige Ankauf der Teerhofgrundstücke erforderlich gewesen wäre (s. D. II. und III.). Die Bedingungen sind seitdem nicht leichter geworden, und, wie Hübotter dargelegt hat, Bauherren, Bauträger und Architekten sind per Saldo inzwischen nicht klüger geworden[593]. Es muß deshalb dem Vorstandsmitglied Rebers von der Sparkasse in Bremen und dem Geschäftsführer Schorling von der Teerhof-Gesellschaft beigepflichtet werden, daß es notwendig war, den über Jahrzehnte bestandenen Zustand der Verödung möglichst bald zu beenden[594].

Bild 323: *Balkone der Zeile 1, 1995*

Bild 324: *Blick über die Bürgermeister-Smidt-Brücke auf den östlichen Teil der Weserburg und die Zeilen 2, 4 und 6, 1995*

Bild 325: *Zeilen 4 und 6 an der Kleinen Weser, 1995*

Bild 326: *Blick auf den Innenhof gen Westen mit dem Turm der Zeile 3 rechts, 1995*

Bild 327: *Turm der Zeile 8, 1995*

Zuzustimmen ist auch nicht den Kritikern, die eine Reminiszenz an den alten Teerhof vermissen[595]. Wenn insbesondere Aschenbeck anmerkt, daß den „armseligen" und „schäbigen kleinen Hütten" kein Denkmal gesetzt worden sei[596], so spricht er offenbar von einer anderen Straße. Die Darstellung über die frühere Bebauung sollte zeigen, daß der Teerhof keine Prachtstraße, aber immerhin ein Terrain mit gelungener und solider Mischbebauung war. Die „elenden Hütten" waren nach vorliegenden Gutachten sogar mehr als 100 Jahre nach ihrer Herstellung noch in einem guten Zustand[597]. Sie würden nach menschlichem Ermessen länger als die erreichten 120 bis 150 Jahre bestanden haben, wenn der Krieg sie nicht zerstört hätte. Das ändert allerdings nichts daran, daß sie schon wegen der geringen Höhe von ein bis zwei Stockwerken nach dem Krieg nicht wieder auf dem Teerhof hätten erbaut werden sollen. Eine Erinnerung an sie hätte man freilich dadurch pflegen können, daß man den weißen Verputz, in dem sie nahezu alle gehalten waren, auch jetzt mehr verwendet hätte und

Bild 328: *So stellte sich der Zeichner Fuchs 1966 das Problem der Hochbebauung auf dem Teerhof vor*

nicht nur an wenigen Stellen wie bei dem Gästehaus der Universität (s. Bilder Nr. 295 und 304). Außerdem ist zu fragen, weshalb man nicht an die zwei- bzw. dreistöckigen Häuser, die es auf dem alten Teerhof in zum Teil gediegener Ausstattung durchaus gab (s. z. B. die Häuser Nr. 14 b, 29, 45, 55, 56 und 57), angeknüpft hat.

Die Reminiszenz an die alten Packhäuser ist dagegen übermäßig ausgefallen. Wohl ist der

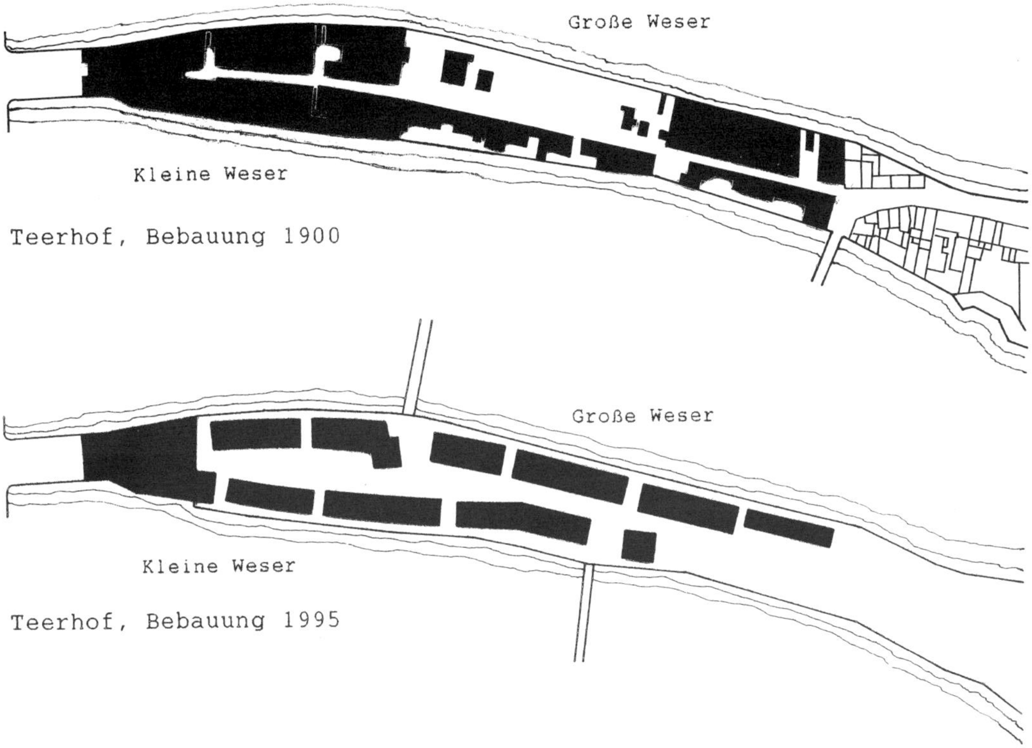

Teerhof, Bebauung 1900

Teerhof, Bebauung 1995

Bild 329

Wiederaufbau der Weserburg in der moderneren Gestaltung der früheren Häuser offensichtlich gelungen.

Auch überzeugt die Fortsetzung dieser Bebauung durch einige Wohnhäuser im Packhausstil.

Ob das Packhaus aber der Leittyp der heutigen Bebauung sein sollte (s. Bilder Nr. 296 und 298), kann allein deshalb bezweifelt werden, weil es sich schon auf dem alten Teerhof technisch-funktional überlebt hatte[598]. Salander, der zwar durch seine Ämter bei St. Martini bestimmte Interessen bezüglich des Teerhofs verfolgte, aber auch — wie seine Lebenserinnerungen zeigen — einiges von Baukultur versteht, hat deshalb nicht ganz Unrecht mit dem schon früher erhobenen Warnruf: „... vor allem aber keine Wohnungen mit ‚Packhaus-Fassaden'!"[599].

Allerdings muß den durch beeindruckende Arbeiten und Wettbewerbe ausgewiesenen Architekten bescheinigt werden, daß sie durch

Bild 330: *Blick vom Innenhof auf die Domtürme, 1995*

Bild 331: *Blick über die Brücke des Sperrwerkes auf die Zeilen 6 und 8, aufgenommen im Jahre 1995*

zahlreiche Details gelungene Assoziationen zu den früheren Packhäusern geschaffen haben.
Dies zeigt sich etwa, wenn man das Bild Nr. 156 mit dem Bild Nr. 323 vergleicht. Die Vorbehalte gegenüber einer im Vergleich zu den einfacheren früheren Packhausfassaden zu sehr betonten Ornamentik[600] erscheinen nicht begründet.
Dagegen ist nicht recht einsehbar, weshalb nahezu alle Häuser traufständig, in einheitlicher Höhe und in eben dieser Höhe gebaut wurden.
In diesen drei Bereichen hätte mehr Vielfalt der Bebauung offensichtlich gutgetan[601]. Auch hier mag man einmal die Silhouette von heute (Bild Nr. 324) mit der von früher (Bild Nr. 58) vergleichen (s. außerdem Bild Nr. 325 im Vergleich zu Bild Nr. 108). Der mehrfach gelobte Turm der Zeile 3[602] hätte eine markante Position am Brückenplatz auch dann einnehmen können, wenn alle Gebäude um ein bis zwei Stockwerke niedriger angelegt worden wären. Deshalb erscheint der Turm der Zeile 8 des Architekten Müller-Menckens letztlich auch gelungener als die Zeile 3 dieses Architekten.
Einwendungen sind sodann gegen die Kompaktbebauung erhoben worden[603]. Die Baukörper hätten lockerer und in größeren Abständen zueinander angeordnet werden können. Das ist dadurch zu belegen, daß der Durchblick zu den Türmen der Altstadt nur an wenigen Stellen möglich ist.
Früher präsentierte sich dagegen die Altstadt dem Betrachter vom Teerhof in ihrer ganzen Vielfalt (s. u. a. Bilder Nr. 146 und 187).
Der Hauptkritikpunkt aber bleibt schon nach den früheren Ausführungen die einseitige Nutzung des Geländes durch die Wohnbebauung. Die zahlreichen Mahnungen, der Arbeit und vor allem der Kultur mehr Raum zu gewähren[604], erscheinen berechtigt. Die gemischte Struktur der früheren Zeit hat den Teerhof lebendig gemacht, die zahlreichen kulturellen Veranstaltungen nach dem Krieg in bescheidenem Rahmen haben ihn zumindest vor dem völligen Vergessen bewahrt[605]. Es ist nicht einsichtig, daß die Stadtgemeinde von ihrem Kulturvorbehalt für die Zeilen 8

und 9 offensichtlich keinen rechten Gebrauch gemacht hat.

Man kann abschließend mit Klaus Hübotter, Kritiker und Humanist unter den Bauleuten, feststellen[606], daß die Mängel in der Bauerei auf Mängeln in der Gesellschaft beruhen und umgekehrt[607]. Auch die Kritiker und Spötter der Neubebauung haben sich dies zurechnen zu lassen. Auch wenn dieses Buch Rückschau hielt, kann das nicht der Maßstab des Handelns sein. Nicht das Verkriechen im Mauseloch, sondern der Blick nach vorn ist angezeigt, um ein Wort von Wilhelm Kaisen abzuwandeln[608].

Ausblick

Der Teerhof – Dank und Undank gegenüber der Weser

Wenn am Anfang der Historie die Entstehung des Teerhofs als Geschenk der Weser „angenommen" wurde, so stellt sich am Schluß die Frage, ob sich Bremen und seine Einwohnerschaft dieser Gabe würdig erwiesen haben. Damit müssen zwangsläufig die bisherigen Argumentationsebenen verlassen werden, auf denen der Stellenwert von Teerhof und Weser mehr oder weniger ausschließlich vom Aspekt des Nutzens für die Menschen bestimmt wurde. Ob man auf dem Teerhof nur wohnen oder auch arbeiten können soll, wie seine kulturelle Belebung betrieben werden kann, welche Verkehrsanbindungen geschaffen werden, ob und wie Autos dort geparkt werden sollen, diese und andere Themen aus der öffentlichen Diskussion haben die Belange der Weser ausgeklammert. Zwar sind zur Bebauung des Teerhofs klare und stabile Uferbegrenzungen, wie sie hier geschaffen worden sind, unerläßlich.

Das Gleichgewicht zwischen Land und Wasser wird indessen nicht schon dadurch wieder hergestellt, daß die Weser gewissermaßen als

Bild 332: *Uferbefestigung zur Großen Weser an der Zeile 3, 1995*

Bild 333: *Uferbefestigungen an der Kleinen Weser mit Blick auf die Neubebauung, 1995*

Gegenstand der Architektur neu entdeckt und in eine vorrangig vom Prinzip der Lebensqualität bestimmte urbane Gesamtplanung einbezogen wird[609]. Solange der Fluß zwischen Beton und Spundwänden eingepfercht und als Kloake benutzt wird, können hochwertige Wohn- und Arbeitsquartiere an seinen Ufern keinen ungeteilten Beifall finden, weil gerade sie zur einseitigen Belastung des Flusses beitragen.

Zur Wiederherstellung des Gleichgewichts vor dem historischen und ökologischen Hintergrund sind deshalb die Belange der Weser gegenüber denen der angrenzenden Straßen und ihrer Bewohner künftig stärker zu beachten. Dabei sind nicht nur die Kategorien der Gesundheit, der Moral und der Ästhetik, sondern auch die des Rechts zu nutzen. Die Weser ist, mag die allgemeine Auffassung dem auch (noch) entgegenstehen, nicht nur eine Wasserstraße des Bundes (Art. 89 Abs. 2 Grundgesetz) und Objekt bremischer Wirtschaft (Art. 38 Abs. 2 Bremische Landesverfassung), sondern auch ein Rechtssubjekt mit eigenen Pflichten und Rechten. Daß sie nicht selbst juristisch handeln kann, hat sie mit geschäftsunfähigen natürlichen Personen gemeinsam. Ihre Pflichten hat die Weser über alle Jahrhunderte hinweg vorbildlich erfüllt. Ihre Rechte sind ihr dagegen mehr und mehr vorenthalten worden. Dazu gehört, sich wie jedes Lebewesen regelmäßig reinigen zu können, Fische und andere Gäste beherbergen zu dürfen, nicht einen zu engen Anzug in Form von steinernen und stählernen Ufern tragen zu müssen und gelegentlich durch Überschwemmung ausflippen zu dürfen. Die früheren Bürgergenerationen waren gegenüber diesen Ansprüchen konzilianter, sie haben sogar regelmäßige Hochwasserzeiten eher hingenommen als belastende Eingriffe der Obrigkeit, wie am Bürgerprotest gegen die Höherlegung der Straße gezeigt wurde[610]. Es wird deshalb für die Zukunft des Teerhofs wie der Stadt insgesamt darauf ankommen, ob Ausgewogenheit und Verträglichkeit mit der Weser wieder hergestellt werden können. Der drastische Bremer Spruch am Anfang des Buches soll deshalb als Motto auch am Schluß stehen.

Anmerkungen

1. StA 2-P.3.B.2.c.
2. BUB I, Nr. 246 a. 1250, S. 248 f.: „insulam ex utraque parte pontis Bremensis in Wisera sitam". Zur ausführlichen Diskussion dieser nicht ganz eindeutigen Urkunde cf. Ulrich Weidingers Arbeit über die bremischen Hafenstrukturen, die demnächst erscheint. Ich möchte Ulrich Weidinger an dieser Stelle sehr herzlich dafür danken, daß er mir bereitwillig sein Manuskript zur Verfügung gestellt und strittige Fragen ausführlich diskutiert hat. Weidinger korrigiert u. a. auch die Interpretation der Herausgeber des Bremischen Urkundenbuches Ehmck und von Bippen, die im Text genannte „Schlachte" habe sich am Ufer des Teerhofes befunden. Es handelt sich bei der Schlachte eindeutig um den bremischen Uferhafen; dazu auch BUB I, Nrr. 235 f.
Der Name „Herrlichkeit" — so Wilhelm Lührs in der von ihm bearbeiteten und herausgegebenen „Geschichte der Freien Hansestadt Bremen von der Mitte des 18. Jhs. bis zur Franzosenzeit" von Christian Abraham Heineken, Bremen 1983, S. 91 Anm. 15 — stammt aus der Mitte des 18. Jhs. Theophilus Wilhelm Freese, der berühmte hier ansässige Bildhauer, hatte ihn — wohl das Hamburger Vorbild vor Augen — als treffende Kennzeichnung vorgeschlagen. Möglicherweise sah er den eigenen Wohn- und Schaffensraum solcherart als angemessen charakterisiert an.
3. BUB I, Nr. 226 a. 1244, S. 262.
4. Ibd., Nr. 227 a. 1244, S. 263.
5. Eine Nachbildung befindet sich im Focke-Museum in Bremen.
6. StA 2-P.3.B.2.f.
7. Dazu Siegfried Fliedner, Der Fund einer Kogge bei Bremen im Okt. 1962, in: Brem. Jb. 49, 1964, S. IX.
8. BUB V, Nr. 297 a. 1426, Juli 13., S. 311 f.
9. Der Notar Johann Renner, beruflich offenbar nicht ausgelastet, verfaßte 1582/83 eine zweibändige Chronik, die wohl wichtigste Quelle zur bremischen Geschichte dieser Zeit. Mein besonderer Dank gilt Lieselotte Klink, die an einer Edition dieser Quelle arbeitet und mir die den Teerhof betreffenden Textstellen ihres Manuskripts zur Verfügung gestellt hat. Hier Renner II, fol. 305 zum Jahre 1547.
10. StA 2-P.3.B.2.c.
11. Ibd., 2-P.3.B.2.b. „Ist beliebet, daß die Brücke bei Hermann Gohden wieder neu gemacht werden solle."
12. BUB I, Nr. 226 a. 1244, S. 262.
13. Der Stadtplan ist enthalten in der „Topographia Saxoniae inferioris" (Beschreibung Niedersachsens) Merians, die drei Jahre nach seinem Tode im Jahre 1650 von seinen Söhnen herausgegeben wurde.
14. Zu Identifizierung des Hofes als Bauhof in der Darstellung Hogenbergs — nach Weigels Holzschnitt von ca. 1550 — cf. Weidinger, wie Anm. 2.
15. Franz Buchenau, Die freie Hansestadt Bremen, 4. überarb. Auflage, Bremen 1934, S. 284.
16. StA 2-P.3.B.2.f.
17. Ibd., 2-P.3.B.2.c.
18. So z. B. der „Grundriß des H! R! (Heiligen Reiches) Reichs freyen Stadt BREMEN, mit den vornehmsten Gebäuden, Kirchen, Straßen und Märckten, entworfen von Matthäus Seutter, Kayserl. Geograph in Augspurg" von 1756.
19. Leider nennen weder Buchenau noch Duntze (Geschichte der freien Stadt Bremen, Bd. IV, 1851, S. 140 f.) Quellen.
20. StA F.2.a.XIV.2.; dazu 2-P.3.B.2.c.
21. BUB V, Nr. 297 a. 1426; zum Tonnengeld Adolf E. Hofmeister, Das Bremer Kornakzise- und Tonnengeldregister von 1532, in: Brem. Jb. 72, 1993, S. 51—97, bes. S. 56.
22. StA 2-P.3.B.2.c. 1648 Nov. 15.
23. Ibd., 1659 Oct. 2.
24. Ibd., 1684 Mai 16.
25. Ibd., 1761 Oct. 23.
26. Johann Focke, Das Seefahrtenbuch des Brüning Rulwes, in: Brem. Jb. 26, 1916, S. 108 f.
27. Zum Schiffbau Karl Helm, Bremens Holzschiffbau vom Mittelalter bis zum Ausgang des 19. Jahrhunderts, in: Brem. Jb. 44, 1955, S. 175 ff.; neuerdings Ulrich Weidinger wie Anm. 2.
28. Hier bes. Weidinger, Kapitel 5.
29. StA 2-P.3.B.2.c.
30. Ibd., 1751.
31. Ibd., 2-P.2.n.6.b.Ff.1.a.
32. S. o. Bild 7.
33. StA P.3.A.3.d.2.g.
34. S. o. Bild 5.
35. Wilhelm Lührs, Ein Verzeichnis der Straßen Bremens aus dem Jahre 1737, in: Brem. Jb. 47, 1961.
36. Bernd Holzkamp, Der Teerhof, Bremen 1962. Diese Examensarbeit der PH Bremen liefert einige sehr gute Informationen zur Geschichte des Teerhofes; hier bes. S. 12 Anm. 26.

37 StA 2-P.3.B.2.m.
38 Ibd., 2-P.3.B.2.f. 1719 Juni 26.; dazu auch 1719 Juli 5.
39 Ibd., z. B. 1732 Juni 17.
40 Ibd., z. B. zu 1722, 1723, 1728, 1729.
41 S. o. Bild 7 und 8.
42 StA 2-P.3.B.2.i.
43 Renner-Chronik, ed. L. Klink, StUB Bremen 1995, V, S. 192.
44 StA 2-P.3.B.2.f. 1729 und 1737.
45 S. o. Bild 7 und 8.
46 Düsing, Chronik von Bremen 1700–1757, Hs StUB Bremen, zum Jahre 1739.
47 StA 2-P.3.B.2.f.
48 Ibd., zum Jahre 1744.
49 Ibd., 1751.
50 Ibd., 2-P.3.B.2.d. 1785 Juni 29.
51 Weidinger, Kap. 5.
52 StA 2-P.3.B.2.d. 1723 März 10.
53 Ibd.
54 Ibd., 1730.
55 Ibd., 2-P.3.B.2.m. 1739.
56 Die Schreibweise variiert in den Akten zwischen „Marten" und „Martin". Der Einfachheit halber bleibe ich bei „Marten", denn so taucht er erstmals in den Texten auf.
57 StA 2-P.3.B.2.d. 1754 Sept. 2.
58 Die Schreibweise des Namens variiert in den Akten zwischen „Mencken" und „Mencke". Ich bleibe bei „Mencken", da dies die älteste Namensform zu sein scheint.
59 Sta 2-P.3.B.2.d. 1750 März 18.
60 Ibd., 1750 April 29.
61 Ibd., 1738 Nov. 26.
62 Ibd., 1748 Mai 28.
63 Ibd., 1758 März 23.
64 Ibd., 1772 Febr. 13.
65 Ibd., 1754.
66 Das Bremer Adreßbuch von 1796, hg. von Dr. Hermann Entholt (= Sonderveröffentl. d. Ostfäl. Familienkundl. Kom. Nr. 2), Leipzig 1929.
67 Christian Abraham Heineken, Geschichte der Freien Hansestadt Bremen von der Mitte des 18. Jhs. bis zur Franzosenzeit, bearb. von Wilhelm Lührs, Bremen 1983, S. 182; zur Person Heinekens cf. die informative Einleitung von Lührs. Zu den anderen Werftorten cf. Karl Helm und neuerdings Weidinger.
68 S. o. Bild 8.
69 StA 2-P.3.B.2.i. 1739 März 13. Meiners bat am 26. März 1745 um „Prolongation" auf weitere sechs Jahre.
70 Ibd., 2-P.3.B.2.c. 1901 April 23.
71 Die Nationalsozialisten hoben bei ihrem Machtantritt diese Steuer auf, führten sie jedoch 1939 wieder ein, ebenfalls aus Gründen der Kriegsfinanzierung. Diese Maßnahme der braunen Verbrecher hat gute Chancen, dereinst ihren 1000jährigen Geburtstag feiern zu dürfen.
72 StA 2-P.3.B.2.i. 1779 Aug. 26.
73 Ibd., 2-P.3.A.1.
74 Ibd., P.3.A.3.d.2.g.
75 Rudolf Stein, Das vergangene Bremen. Der Stadtplan und die Stadtansicht im Wechsel der Jahrhunderte, Bremen 1961, S. 85; dagegen s. o. Anm. 2
76 S. o. Bild 8.
77 Bremer Adreßbuch, S. 132.
78 Christian Abraham Heineken, Geschichte Bremens, S. 431.
79 StA 2-P.3.B.2.m. 1789 und 1795 Jan. 12.
80 Ibd., zum Jahre 1840.
81 Ibd., 2-P.3.B.2.a.1.
82 Ibd., zum Jahre 1807.
83 Ibd., 2-P.3.B.2.b.
84 Ibd.
85 Ibd., 2-P.3.B.2.m. 1845 März 10.–12. und Dec. 1.–10.
86 Ibd., 1852 April 10.–16.
87 Ibd., 1858 Mai 17.–21. – Teerhof Nr. 43; 1860 Febr. 15.–27.
88 Ibd., 2-P.3.B.2.f. 1844; Deputationsbericht 1846 Sept. 18.
89 Ibd., zum Jahre 1847.
90 S. o. Bild 3.
91 StA 2-P.3.B.2.m. 1844 Nov. 3. – 1845 Jan. 8.
92 StA 2-P.3.B.2.c. 1901 Mai 15.
93 S. Bild 11.
94 StA 2-P.3.B.2.f. 1857 Febr. 20.
95 StA 2-P.3.B.2.c. 1849 Sept. 11.
96 Ibd., 1864 Juni 18.–Sept. 29.
97 Ibd., 1857 März 2.
98 Der „Situationsplan des Theerhofes" weist dies Lagerhaus als den „kleinen Tonnenhof" aus, „dem Staat gehörig".
99 BremGBl. 1841, S. 41, § 12 Abs. a.
100 Ibd., §§ 1, 2, 3, 11, 12 Abs. b und c.
101 Ibd., §§ 2 und 4.
102 BremGBl. 1853, S. 37, § 12 Abs. a.
103 BremGBl. 1863, S. 115, § 6 Abs. g.
104 BremGBl. 1883, S. 75, Präambel, und § 163.
105 Ibd., § 24 Abs. 1.
106 Ibd., § 108.
107 Ibd., §§ 116 ff., §§ 153–157.
108 Im 20. Jahrhundert entstand eine Flut von baurechtlichen Vorschriften, so u. a. die Bauordnung vom 1.10.1906, BremGBl., S. 309, die Staffelbauordnung vom 7.7.1909, BremGBl., S. 177, mit 4 Änderungsgesetzen bis 1933, und das Gesetz über den Bau von Kleinhäusern vom 18.7.1913, BremGBl., S. 259, mit insgesamt 7 Neufassungen bis 1934.

109 Herbig, Notizen aus der Sozial-, Wirtschafts- und Gewerkschaftsgeschichte vom 14. Jahrhundert bis zur Gegenwart, S. 124 f. und 139; Priester, Bremische Wohnhäuser um 1800, S. 9 f., speziell zum Handel mit den USA s. Ludwig Beutin, Bremen und Amerika.
110 S. im einzelnen die Handfestenordnungen BremGBl. 1833 und 1860, S. 66 u. 119; erläuternd Elke Reining, aus: Drechsel u. a., Beiträge zur Sozialgeschichte Bremens, Heft 9: Östliche Vorstadt, S. 59 ff.; s. auch Gätjen, Der Rentenkauf in Bremen; Höpken, Das bremische Pfandrecht am liegenden Gut.
111 Vgl. Priester, wie Anm. 109, S. 45; Reining, wie Anm. 110, S. 65 ff.; Schwarz, Wirtschaftliche Grundlage der Sonderstellung Bremens im deutschen Wohnungsbau des 19. Jahrhunderts.
112 S. Statistisches Landesamt, Die Bevölkerungsentwicklung Bremens seit 1700, Heft 45, S. 17; Priester, wie Anm. 109, S. 10.
113 Mehlhorn, Geschäftshäuser, aus: Architekten- und Ingenieur-Verein, Bremen und seine Bauten, S. 390, 406 ff.; Priester, wie Anm. 109, S. 12 ff.
114 Grohne, Das historische Erbe, aus: Thalenhorst, Bremen und seine Bauten, S. 217 f.; Priester, wie Anm. 109, S. 48 ff.; Mehlhorn, wie Anm. 113.
115 Priester, wie Anm. 109, S. 51 f.
116 S. im einzelnen u. a. Gildemeister, Das Wohnhaus, aus: Architekten- und Ingenieur-Verein, Bremen und seine Bauten, S. 408 ff.; Priester, wie Anm. 109, S. 25 ff.; Cramer/Gutschow, Historische Entwicklung des Bremer Hauses, aus: Die Sparkasse in Bremen, Das Bremer Haus, S. 15.
117 S. Gildemeister, ibd.; Wolfgang Voigt, Wohnungsreform und Städtebau in Bremen 1880–1940, Hamburg 1992.
118 Vgl. Wortmann, Die bauliche Entwicklung der Stadt, aus: Thalenhorst, Bremen und seine Bauten, S. 208, 213, 215; Voigt, ibd.
119 Stein, Das vergangene Bremen, S. 85; dieser knappen, aber treffenden Beschreibung steht die Bewertung durch Grohne, wie Anm. 114, S. 227, gegenüber: „... hochgiebeligen Kaufmannsburg, die von der Altstadt aus gesehen mit der männlichen Wucht ihrer schlicht-großen Packhausgewände das an dieser Stelle etwas schwächliche Bautum der Neustadt verdeckte ...".
120 Zwar kamen auch im alten Stephaniviertel alle 3 Bautypen vor, es fehlte aber das kompakte Zusammentreffen in einer Straße.
121 S. Schreiber, Neues Bremisches Addreß-Buch auf das Jahr 1810, auf den (insgesamt 26) S. 38, 43, 62, 63, 68, 94, 101, 105, 108, 118, 123, 135 (zweimal), 140, 147, 149, 157, 163, 188, 190 (zweimal), 198, 204, 207, 208, 215, 235 und 240 mit folgenden (insgesamt 23) Haus-Nummern 2, 3, 9, 12, 13, 15, 18, 20, 21, 29, 30, 32, 33, 36, 40, 41, 43, 44, 45, 49, 54, 55 und 56.
122 Priester, wie Anm. 109, S. 52 f.
123 Im Adreßbuch für 1810 von Schreiber, wie Anm. 121, S. 188, ist der Straßenmacher Stellmann als Bewohner aufgeführt.
124 Brief von Herrn Paul Wenthe an den Verfasser R. G. vom 15.12.1994; Auskünfte von Frau Lieselotte Ehnholt an den Verfasser R. G. vom 28.6.1993 und 15.11.1994.
125 Priester, wie Anm. 109, S. 53.
126 Auskünfte von Lieselotte Ehnholt, wie Anm. 124; Brief von Frau Inge Stumper an den Verfasser R. G. vom 19.12.1994; Brief von Frau Hilde Kopplow an den Verfasser R. G.
127 Brief von Inge Stumper, wie Anm. 126.
128 Auszug aus der Schätzungsakte betr. die Grundstücke Teerhof Nr. 40 und 41, Bd. 34 Nr. 1; Schreiber, wie Anm. 121, nennt in seinem Adreßbuch von 1810, S. 101 und 215, Bewohner beider Häuser, so den Musiker Würffelmann (Nr. 40) und den Seeschiffer Johannes (Nr. 41).
129 Schreiber, wie Anm. 121, S. 135, unter Meyerdierks, Torfhandel, Nr. 43, und S. 198, unter Tute, Schneider, Nr. 44.
130 S. Verzeichnis der Eigentümer der bebauten Grundstücke vom 3.5.1899, Bild 151.
131 BremAB 1875, S. 258.
132 BremAB 1930, S. 195.
133 Schreiber, wie Anm. 121, S. 62, unter Elmers, Schiffszimmermeister, Nr. 49; BremAB 1825, S. 324.
134 BremAB 1940, S. 281; 1942, S. 331.
135 BremAB 1942, S. 331.
136 BremAB 1825, S. 324.
137 BremAB 1925, S. 387.
138 BremAB 1920, S. 335.
139 S. Verzeichnis der Eigentümer der bebauten Häuser vom 3.5.1899, Bild 151; Schätzungsurkunden des Katasteramtes vom 6.8.1912 und des Schätzungsamtes vom 16.1.1924.
140 BremAB 1850, S. 426; Bild Nr. 91.
141 BremAB 1825, S. 323; s. auch das Verzeichnis der Eigentümer der bebauten Grundstücke vom 3.5.1899, Bild 151, das das Grundstück Herrlichkeit Nr. 5 dem Teerhof zurechnet.
142 BremAB 1910, S. 726; 1940, S. 128; s. auch Stein, wie Anm. 119, S. 86, Bild 97.
143 Grundriß des Hauses Teerhof Nr. 40, Flurkarte von Bremen, Neustadt, Bl. 3, Riß Nr. 168, Druck und Verlag F. A. Dreyer, Bremen 1895; s. auch Bild Nr. 34.

144 Katasterunterlagen über eine Schätzung der Grundstücke Teerhof Nr. 40 und 41, Manual Nr. A Fol. 34.
145 Ibd.
146 Verkaufsunterlagen, Archiv des Verfassers R. G.
147 S. oben unter A 6, 10 und 12.
148 S. BremAB 1900, S. 647: Hausmeister Behrens, Nr. 20 d; 1925, S. 387: Hausmeister Lorenzen, Nr. 22/24; 1940, S. 281: Hausmeister Matzeit, Nr. 2 b.
149 S. Anm. 99 und 101; die Bauordnung von 1863 — Anm. 103 — weist in § 6 auf diese Verpflichtungen gerade bei Packhäusern hin.
150 S. Anm. 100.
151 S. Anm. 106 f.: 6 m + Straßenbreite 7 m.
152 Stein, wie Anm. 119, S. 8; Wortmann, wie Anm. 118, S. 213.
153 So die Häuser Nr. 6 und 7 der Firma C. Brauer & Sohn, die Häuser Nr. 14 und 14 a der Firma Fritze und die Häuser Nr. 20, 20 a bis c, 21 bis 24 und 30 bis 32 der Firma C. Poppe, s. BremAB 1875, S. 357 f.
154 BremAB 1825, S. 323; ausgenommen das Haus Nr. 29, s. Bild Nr. 28; vgl. zum Problem auch Stein, wie Anm. 119, S. 85.
155 S. Stein, ibd.
156 S. ausführlich unter B V 2.
157 Stein, wie Anm. 119, S. 85.
158 BremAB 1825, S. 323.
159 So die Wohnung des Ökonomen und Schreibers Koch, s. Schreiber, wie Anm. 121, S. 108.
160 Vgl. Eigentümerverzeichnis vom 3.5.1899, s. Bild 151.
161 BremAB 1920, S. 335; 1935, S. 269; 1942, S. 331.
162 BremAB 1920, S. 335.
163 BremAB 1825, S. 323; 1850, S. 426.
164 BremAB 1875, S. 357; Eigentümerverzeichnis vom 3.5.1899, s. Bild 151; BremAB 1900, S. 647; 1920, S. 335; 1925, S. 387.
165 S. BremAB 1925, S. 387; Briefkopf der Firma Kempe im Firmenschreiben vom 10.10.1922 an die Straßenbauverwaltung, s. Akte des StA.
166 S. Schreiben der Firma Kempe, ibd.
167 S. Bilder Nr. 67 und 73.
168 BremAB 1930, S. 195; 1935, S. 269.
169 Auskunft von Frau Hanna Mailand vom 9.1.1995.
170 Ibd.
171 Auskünfte der früheren Teerhofbewohner Rolf Ommen und Wilfried Schierloh vom 9. und 21.12.1994; Erinnerungen der früheren Teerhofbewohnerin Emilie Sanders, niedergelegt in Briefen und Tagebuchaufzeichnungen, Archiv des Verfassers R. G.
172 BremAB 1875, S. 357; Eigentümerverzeichnis vom 3.5.1899, s. Bild 151; BremAB 1925, S. 387.
173 BremAB 1935, S. 269; 1940, S. 281; 1942, S. 331.
174 S. Bild Nr. 33.
175 S. im einzelnen unter C VI 3, 5 und 6.
176 S. auch Stein, wie Anm. 119, S. 85.
177 BremAB 1875, S. 357; 1900, S. 647; Eigentümerverzeichnis vom 3.5.1899, s. Bild 151.
178 BremAB 1930, S. 195; 1935, S. 270; 1940, S. 281; Prüser, Heimatchronik der Freien Hansestadt Bremen, S. 544 f.
179 Prüser, ibd.; Mehlhorn, wie Anm. 113, S. 390, 405 ff.
180 BremAB 1875, S. 357; 1900, S. 647; Eigentümerverzeichnis vom 3.5.1899, s. Bild 151.
181 BremAB 1930, S. 195; 1942, S. 331.
182 BremAB 1920, S. 335; 1930, S. 195; 1940, S. 281.
183 BremAB 1925, S. 387; 1930, S. 195.
184 BremAB 1875, S. 358; Eigentümerverzeichnis vom 3.5.1899, s. Bild Nr. 151; BremAB 1900, S. 647; 1910, S. 889.
185 BremAB 1920, S. 335; 1930, S. 195; 1935, S. 270; 1940, S. 281.
186 S. Mutationsbuch der Neustadt, 1912, Bl. III, Flurstück 476, Grundbuchblatt 282.
187 S. im einzelnen Unterlagen der Kastaster- und Vermessungsverwaltung — der auch an dieser Stelle für die Überlassung gedankt sei — über die Schätzungen von 1927 und 1938.
188 Stein, wie Anm. 119, S. 84; s. auch oben unter A 12 und Bild Nr. 22.
189 BremAB 1875, S. 357; 1900, S. 647; Eigentümerverzeichnis vom 3.5.1899, s. Bild 151.
190 BremAB 1875, S. 358; 1900, S. 648; 1935, S. 270.
191 BremAB 1940, S. 281; 1942, S. 331.
192 BremAB 1910, S. 889; 1925, S. 387; 1930, S. 196; 1942, S. 331.
193 BremAB 1825, S. 324; 1850, S. 426.
194 Schreiber, wie Anm. 121, S. 108 unter Koch, Teerhof Nr. 2, und S. 157 unter Rabe, Teerhof Nr. 3; Chronik der Firma Stute.
195 BremAB 1925, S. 387; 1930, S. 195; 1935, S. 269; 1940, S. 281.
196 S. Akten des StA Bremen 2-P.3.B.2.f., Bl. 1.
197 Ibd., Bl. 27 ff., 53 ff.
198 S. z. B. die Angaben zum Packhaus Nr. 19, wie Anm. 187.
199 Ibd.
200 StA 2-P.3.B.2.f., Bl. 107.
201 Ibd.; s. auch Anlage zur Mitteilung des Senats vom 28.1.1851, Abs. 1.
202 S. BremAB 1850, S. 426.
203 S. im einzelnen Bild Nr. 92.
204 BremGBl. 1849, S. 38 ff., Art. 11 § 22.

205 Vgl. W. Biebusch, Revolution und Staatsstreich, Verfassungskämpfe in Bremen von 1848—1854, Veröffentlichungen des StA Bremen, Bd. 40, 2. Aufl., Bremen 1974, S. 23 ff.
206 BremGBl. 1854, S. 7 ff.; vgl. auch W. Klischies, Die verfassungs- und staatsrechtliche Entwicklung Bremens von einer mittelalterlichen Reichsstadt zu einem modernen Verfassungsstaat unter besonderer Berücksichtigung der Verfassungen von 1849 und 1854, Kiel 1955, S. 32 ff. und 122 ff.
207 Beschluß vom 24.2.1851, wie Anm. 200, S. 35.
208 Vorgang vom 12.11.1856, StA 2-P.3.B.2.f., Bl. 121, S. 322.
209 Vorgang vom 20.2.1857, StA 2-P.3.B.2.f., Bl. 121, S. 37.
210 Ibd.
211 Ibd., S. 415.
212 Ibd., S. 322.
213 BremGBl., S. 75, 118 f.
214 Wie Anm. 212.
215 S. allgemein Graepel/Fischer, Straßen, Straßenbahnen, Straßenbrücken, aus: Architekten- und Ingenieur-Verein, Bremen und seine Bauten, S. 530, 535 ff.
216 Bekanntmachung vom 19.5.1899, StA 2, wie Anm. 209, S. 151.
217 Leserbrief eines Anwohners in den Bremer Nachrichten vom 5.7.1899 und Verfügung des Baurats Graepel vom selben Tag (!), StA 2, wie Anm. 209, S. 171; s. auch unter B III 2 c.
218 S. Graepel/Fischer, wie Anm. 215.
219 Vgl. Stein, wie Anm. 119, S. 26, mit Stellungnahme gegen abweichende Ansichten von Schwarzwälder.
220 StA 4,29/1 — 1081, s. auch Anm. 468 und Bild Nr. 249.
221 S. auch die Unterlagen über Teerhof Nr. 19, Anm. 187.
222 Storck, Ansichten der Freien Hansestadt Bremen und ihrer Umgebungen, S. 153.
223 S. oben unter A 6 und 10.
224 Gläbe, Bremen einst und jetzt, S. 58.
225 Gläbe, ibd., S. 67.
226 Gläbe, ibd., S. 67 f.; Bücking, Franzius, aus: Historische Gesellschaft des Künstlervereins (Hrsg.), Bremische Biographie des neunzehnten Jahrhunderts, Bremen 1912, Nachdruck 1976, S. 150 f., 154.
227 Gläbe, ibd., S. 69 f.; Bücking, ibd., S. 155 f.; weitere Korrekturen folgten 1913 und 1924.
228 Herbig, wie Anm. 109.
229 Unrichtig insoweit u. a. Vogt, Bremen. Alte Ansichtskarten, S. 109.
230 Duntze, Geschichte der freien Stadt Bremen, vierter Band, S. 140 f.
231 S. Chronik der Firma Stute, wie Anm. 194.
232 S. dazu u. a. Storck, wie Anm. 222; Stein, wie Anm. 119, S. 26 ff.; vor allem Schwarzwälder, Bremen im Wandel der Zeiten — Die Altstadt, S. 233 ff.
233 Storck, wie Anm. 222, S. 153.
234 S. Bilder Nr. 256—258 und Anm. 475 f.
235 Beim Bau wurde bremische Sparsamkeit praktiziert: Das neue Eisengefüge war ein Teil der Notbrücke beim Neubau der Kaiserbrücke 1915, s. Lamster, Brückenbau, aus: Thalenhorst (Hrsg.), Bremen und seine Bauten, S. 516; Buchenau, Die Freie Hansestadt Bremen, S. 90.
236 S. Schwarzwälder, wie Anm. 232.
237 S. Bekanntmachung der Polizeidirektion vom 5.7.1872, BremGBl., S. 260.
238 Stein, wie Anm. 119, S. 85; zu Unrecht gibt Schwarzwälder, Bremen im Wandel der Zeiten — Die Neustadt, S. 37, das Jahr 1897 als Anschlußzeitpunkt an.
239 S. Lamster, wie Anm. 235; Buchenau, wie Anm. 235.
240 Vgl. Stein, wie Anm. 119, S. 26; s. auch Bilder Nr. 5, 7 und 10.
241 Vgl. auch Schwarzwälder, wie Anm. 238, S. 45; s. auch oben unter A 8, 9 und 11.
242 BremAB 1900, S. 523.
243 BremAB 1910, S. 726; 1920, S. 156; 1930, S. 89; 1940, S. 128.
244 S. Anm. 378 und Bild Nr. 176; ferner Chronik der Firma Stute, wie Anm. 194.
245 Bremer Nachrichten vom 27.5.1959 und vom 5.7.1967; Schorling, Der Aufbau, 1989, Heft 1, S. 4 f.
246 Schorling, ibd., S. 5.
247 BremAB 1900, S. 523; 1910, S. 726; 1920, S. 156; 1930, S. 89; 1940, S. 128; Erinnerungen von Emilie Sanders, wie Anm. 171.
248 BremAB 1900, S. 523; Aufzeichnungen des Teilhabers der Firma Stute, Grashoff, freundlichst überlassen von der Firma Stute; wenn dort die Nr. Teerhof 2 erwähnt wird, so beruht die offensichtlich auf einer früheren anderen Numerierung, wie sie z. B. auch bei Haus Nr. 5 vorkam.
249 BremAB 1910, S. 726; 1920, S. 156; 1930, S. 89; 1940, S. 128.
250 BremAB 1900, S. 523; 1930, S. 89.
251 Buchenau, wie Anm. 235, S. 288; Stein, wie Anm. 119, S. 84; Schwarzwälder, wie Anm. 238, S. 45; BremAB 1900, S. 523; 1910, S. 726; 1920, S. 156.
252 Stein, ibd.; Schwarzwälder, ibd.
253 Buchenau, Stein und Schwarzwälder, sämtlich ibd.; BremAB 1920, S. 156; 1930, S. 89.
254 Bremer Nachrichten vom 5.12.1949.
255 Buchenau, wie Anm. 235, S. 103.

256 Harmssen, Bremen – So wie es war, S. 21.
257 S. Statistisches Landesamt der Freien Hansestadt Bremen, wie Anm. 112, S. 17.
258 S. im einzelnen von Bippen, Geschichte der Stadt Bremen, 3 Bände; Kloos, Das alte Bremen; Prüser, Tausend Jahre Bremer Kaufmann; allgemein zur sozialen Situation in Deutschland Syrup/Neuloh, 100 Jahre Staatliche Sozialpolitik 1839–1939, Stuttgart 1957.
259 Zitiert nach Gläbe, wie Anm. 224, S. 58; s. auch Schwarzwälder, Geschichte der Freien Hansestadt Bremen, Bd. 2. Von der Französenzeit bis zum Ersten Weltkrieg, S. 87 f.
260 Vgl. Schwarzwälder, wie Anm. 259, S. 377; Rudolf Herbig, Wirtschaft, Arbeit, Streik, Aussperrung an der Unterweser, Bremerhaven 1979, S. 361.
261 S. Dietrich Schäfer, Mein Leben, S. 13, 19 ff.; s. auch Gläbe, wie Anm. 224, S. 93 ff.
262 Grundlegend Franz Neumann, Der Funktionswandel des Gesetzes im Recht der bürgerlichen Gesellschaft, 1937, Neudruck aus: Demokratischer und autoritärer Staat, Frankfurt a. M. 1967, S. 7, 31 ff.; Wolfgang Abendroth, Sozialgeschichte der Europäischen Arbeiterbewegung, Frankfurt a. M. 1966, S. 30 f.
263 S. vor allem Ferdinand Lassalle, Öffentliches Antwortschreiben an das Zentralkomitee zur Berufung eines Allgemeinen deutschen Arbeiterkongresses zu Leipzig, abgedr. bei Syrup/Neuloh, wie Anm. 258, S. 162.
264 Herbig, wie Anm. 109, S. 253; derselbe, wie Anm. 260, S. 361.
265 Grundlegend Wolfgang Abendroth, Die Aktualität der Arbeiterbewegung, Frankfurt a. M. 1985, S. 14 f.
266 S. u. a. Großmann, Wirtschafts- und sozialpolitische Grundkonzeption, aus: Kröning/Pottschmidt/Preuß/Rinken (Hrsg.), Handbuch der bremischen Verfassung, S. 208, 212.
267 Herbig, wie Anm. 260, S. 374 und 376.
268 Herbig, wie Anm. 109, S. 143.
269 Herbig, wie Anm. 260, S. 396 ff.
270 S. die Anträge der Abgeordneten Sanders und Ebert in der Bremischen Bürgerschaft 1888 und 1899/1901, behandelt bei Großmann/Mönch/Rohr, Bremisches Personalvertretungsgesetz, Einleitung Rz. 15 ff.; Großmann, wie Anm. 266, S. 208, 210, 227, 230; s. auch Schwarzwälder, wie Anm. 259, S. 495 f.
271 Hartmut Müller (Hrsg.), Bremer Arbeiterbewegung 1918–1945; Paulmann, Die Sozialdemokratie in Bremen 1864–1964; Schminck-Gustavus, Vryheit do ik ju openbar, aus: Kröning u. a. (Hrsg.), Handbuch der bremischen Verfassung, S. 13, 28 ff.; Großmann, wie Anm. 266, S. 208, 230 ff.
272 Wannagat, Lehrbuch des Sozialversicherungsrechts, S. 55–60; Schwarzwälder, wie Anm. 259, S. 391 ff.
273 Wannagat, ibd., S. 58.
274 Wannagat, ibd., S. 65 f.; Schwarzwälder, wie Anm. 259, S. 397 f.
275 Wannagat, ibd., S. 66 ff.; Schwarzwälder, ibd., S. 398 f.
276 Wannagat, ibd., S. 68 f.; Schwarzwälder, ibd., S. 399 ff.
277 Wannagat, ibd., S. 76 ff.
278 Wannagat, ibd., S. 70; Schwarzwälder, wie Anm. 259, S. 399 f.
279 Wannagat, ibd., S. 70 ff., 83 f.; Schwarzwälder, ibd., S. 400 f., 497 ff.
280 StA 6, 2-F.2.a. XIV.2. und 2-P.3.B.2.c.; s. auch unter A 1, 2 und 5 und Anm. 20; gegen diese wohl herrschende Ansicht sind allerdings Bedenken zu erheben, denn letztlich waren der Rat selbst und später die Stadtgemeinde Eigentümerin, was auch der Name „Herrlichkeit" (Land der Ratsherren, s. Stein, wie Anm. 119, S. 26) andeutet.
281 S. oben unter A 3; erst durch die Erbe- und Handfestenordnung von 1833 – s. Anm. 110 – wurde ein einheitliches Bau- und Grundstücksrecht für ganz Bremen – Altstadt, Neustadt, Vorstädte und ländliche Gebiete – geschaffen, s. auch Reining, wie Anm. 110, S. 60.
282 Eigentümerverzeichnis vom 3.5.1899, s. Bild Nr. 151.
283 Der Tonnenhof stand von jeher im städtischen Eigentum, s. oben unter A und B IV 1, ferner Anm. 1 und 188.
284 S. Anm. 186 f. und 319.
285 S. unter C IV 5.
286 Z. B. die Beisitzwitwe Wöltjen im Haus Nr. 41, s. BremAB 1920, S. 335, und Anm. 144.
287 S. Anm. 148.
288 S. auch unter C IV 3 und 5; Erinnerungen Emilie Sanders, wie Anm. 171.
289 S. gerade auch in der Zeit von 1910–1940, BremAB 1910, S. 889, einerseits, und BremAB 1940, S. 281, andererseits.
290 Chronik der Firma Stute, wie Anm. 194.
291 So H. C. G. Stute auf dem Grundstück Nr. 33 und J. A. C. Stute Witwe auf dem Grundstück Nr. 56, s. Bild Nr. 91 und BremAB 1850, S. 426.
292 BremAB 1900, S. 647 f.; 1910, S. 889.
293 S. Schreiben der Firma an die Baubehörde vom 28.2.1913 betr. Elektroanschluß, StA 2 und Chronik der Firma Stute, wie Anm. 194.
294 Ibd.

295 BremAB 1875, S. 358; 1900, S. 648; Eigentümerverzeichnis vom 3.5.1899, s. Bild Nr. 151.
296 BremAB 1920, S. 335; 1935, S. 270.
297 BremAB 1940, S. 281; mündlicher Bericht von Wilfried Schierloh, wie Anm. 171.
298 S. Bilder Nr. 261 und 263; Bericht von Wilfried Schierloh, wie Anm. 171.
299 S. oben unter B IV 1; Anm. 188 und 283.
300 BremAB 1900, S. 647.
301 BremAB 1910, S. 889; 1942, S. 331.
302 Brief von Paul Wenthe, wie Anm. 124.
303 BremAB 1920, S. 335; 1930, S. 195; 1940, S. 289.
304 Auskunft von Herrn Hans-Werner Deetjen, dem Enkel des Firmengründers, vom 8.2.1993.
305 Bilder Nr. 233—235; Auskunft von Hans-Werner Deetjen, wie Anm. 304.
306 Bilder Nr. 251 und 252.
307 Auskunft von Hans-Werner Deetjen, wie Anm. 304.
308 BremAB 1925, S. 387; 1930, S. 195; 1940, S. 281; durch eine etwa 2 m breite Toreinfahrt konnten Fahrzeuge in das Innere der Gebäude gelangen, vgl. ein Firmenschreiben vom 10.10.1922 an die Straßenbauverwaltung betr. Absenkung der Saumsteige vor dem Haus.
309 S. unter C VI 2; im Haus Nr. 7 waren zeitweilig Kriegsgefangene untergebracht, s. unter C VI 4.
310 So C. Poppe im vergangenen Jahrhundert, BremAB 1875, S. 358, und Conrad Loose am Anfang dieses Jahrhunderts, BremAB 1900, S. 647; 1910, S. 889.
311 BremAB 1920, S. 335; 1942, S. 331.
312 BremAB 1935, S. 269.
313 Auskunft von Frau Marianne Chantelau, Schwiegertochter des Bruders, vom 2.2.1993.
314 Auskunft Lieselotte Ehntholt, wie Anm. 124.
315 Auskunft Lieselotte Ehntholt, wie Anm. 124; Bilder Nr. 234 und 239.
316 Bilder Nr. 251 und 252; Auskunft Lieselotte Ehntholt, wie Anm. 124.
317 Auskunft Lieselotte Ehntholt, wie Anm. 124.
318 Auskunft Marianne Chantelau, wie Anm. 313.
319 S. oben unter B III 2 e.
320 Auskunft von Frau Martha Poser, der Witwe des früheren Inhabers, vom 10.11.1993.
321 Bilder Nr. 225 und 232.
322 BremAB 1930, S. 195; 1942, S. 331.
323 BremAB 1930, S. 195.
324 S. unter C VI 3; Bilder Nr. 218 und 219.
325 S. unter B III 2 b.
326 BremAB 1920, S. 335; 1935, S. 269; 1942, S. 331.
327 S. unter B III 3.
328 BremAB 1940, S. 281.
329 S. unter C VI 2 und 4; Bilder Nr. 221 und 225.
330 BremAB 1925, S. 387; 1930, S. 195.
331 Bilder Nr. 219, 233 und 234.
332 Z. B. im Haus Nr. 46, s. BremAB 1910, S. 889.
333 BremAB 1930, S. 195; 1935, S. 269; 1940, S. 281; Katasterunterlagen Nr. 271-197-462; das Haus Nr. 31 wurde schon 1940 zerstört, s. Bild Nr. 219.
334 Auskunft des Küpermeisters Bernhard Lackmann vom 2.1.1995.
335 BremAB 1935, S. 269; 1940, S. 281; Auskunft von Herrn Hermann Klingenberg von 1993.
336 BremAB 1910, S. 889; 1925, S. 387.
337 BremAB 1935, S. 270.
338 S. Prüser, wie Anm. 178, S. 544 f.
339 Prüser, ibd.; BremAB 1900, S. 647; 1920, S. 335.
340 Prüser, ibd., S. 545 f.
341 S. unter D I und III 2; Bilder Nr. 280 und 321 f.
342 S. unter B IV 1; Auskunft von Herrn Reinhard Bormann vom 1.2.1993.
343 S. unter B IV 1.
344 S. unter C IV 5; Auskunft von Reinhard Bormann, wie Anm. 342.
345 BremAB 1935, S. 270; 1940, S. 281; 1942, S. 331; Textbeiträge, Unterlagen und mündliche Informationen von Frau Gabriele Mönch, M. A., Urenkelin des Firmengründers und Enkelin des jetzigen Firmeninhabers.
346 WK vom 13.12.1994.
347 S. unter C III 5 und Anm. 308.
348 Auskunft der damaligen kaufmännischen Angestellten Hanna Mailand, wie Anm. 169.
349 S. unter C IV 4.
350 WK, wie Anm. 346.
351 BremAB 1920, S. 335; 1925, S. 387; 1942, S. 381.
352 BremAB 1910, S. 889; 1935, S. 270.
353 S. Flurkarte der Neustadt, Grundbuchblatt Nr. 289.
354 BremAB 1930, S. 195; 1940, S. 281.
355 BremAB 1935, S. 270.
356 BremAB 1940, S. 281; 1942, S. 331. — Zu diesem Zeitpunkt war allerdings das Packhaus schon zerstört.
357 BremAB 1910, S. 889; 1925, S. 387.
358 BremAB 1930, S. 196; 1942, S. 331.
359 Erinnerungen von Emilie Sanders, wie Anm. 171.
360 Schreiber, wie Anm. 121, S. 43, 123 und 163.
361 Priester, wie Anm. 109, S. 53.
362 BremAB 1825, S. 323, wo allerdings die Schreibweise „Rehling" lautet; BremAB 1850, S. 426.

363 BremAB 1900, S. 647.
364 Brief von Inge Stumper, wie Anm. 126.
365 BremAB 1942, S. 331; Auskünfte von Lieselotte Ehntholt, wie Anm. 124.
366 Brief von Inge Stumper, wie Anm. 126.
367 BremAB 1900, S. 647; 1910, S. 889; 1920, S. 335; 1940, S. 281; Mutationsbuch der Neustadt, Bl. III, S. 290, Nr. 465.
368 Brief von Paul Wenthe, wie Anm. 124.
369 So C. Böndel von Nr. 18 nach Nr. 49 und die Familie Droop von Nr. 5 nach Nr. 41.
370 H. Klünder von Nr. 30 in das wieder aufgebaute Haus Nr. 54, H. Stute von Nr. 33 nach Nr. 56.
371 S. BremAB 1900, S. 647 f.; 1920, S. 335.
372 BremAB 1925, S. 387; 1930, S. 195 f.; 1935, S. 269 f.; 1940, S. 281.
373 BremAB 1942, S. 331.
374 S. oben unter C II und IV 1; zur Wohnungsausstattung s. die Angaben zu Teerhof Nr. 40 unter B II 3.
375 S. oben unter B VIII 1.
376 Beispiele sind die Witwen Emilie van Houdt und Emilie Sanders im Haus Nr. 40, s. unter C IV 5.
377 Im Packhaus wurde früher nicht gewohnt, sondern nur gearbeitet, und das mühsam und nicht ungefährlich, s. oben unter B III sowie die Schilderungen von Dietrich Schäfer, wie Anm. 261, S. 13; Georg Droste, Ottjen Alldag, und Anton Kippenberg, Geschichten aus einer alten Hansestadt; die in den Packhäusern früher wohnenden Haus- und Lagermeister mit ihren Familien — s. Anm. 148 und 287 — lebten fast im Dunkeln und ungesund und mußten oft auch außerhalb der eigentlichen Arbeitszeit tätig werden.
378 Gerd Mesecke, Insel Piep, aus: Bremer Nachrichten vom 26./27.9.1953.
379 Brief von Paul Wenthe, wie Anm. 124.
380 S. Anm. 378.
381 Brief von Paul Wenthe, wie Anm. 124.
382 Brief von Paul Wenthe, ibd.; Brief von Inge Stumper, wie Anm. 126.
383 Dietrich Schäfer, wie Anm. 261; Erinnerungen von Emilie Sanders, wie Anm. 171; Brief von Paul Wenthe, wie Anm. 124.
384 Brief von Inge Stumper, wie Anm. 126.
385 S. im einzelnen Brief von Paul Wenthe, wie Anm. 124; Brief von Inge Stumper, wie Anm. 126.
386 Schreiben vom 19.10.1915, StA 2, S. 577.
387 Erinnerungen von Emilie Sanders, wie Anm. 171.
388 Brief von Paul Wenthe, wie Anm. 124.
389 Katasterunterlagen über Teerhof Nr. 40, wie Anm. 144.
390 BremAB 1920, S. 335; 1925, S. 387; 1930, S. 195.
391 Katasterunterlagen, wie Anm. 144.
392 Ibd.
393 S. oben unter B II 3; Bilder Nr. 34 und 56.
394 S. oben unter C I 3.
395 Wie Anm. 261, S. 29.
396 S. oben unter B II 3a; Erinnerungen von Emilie Sanders, wie Anm. 171.
397 S. zu den Hausbewohnern BremAB 1935, S. 270; 1940, S. 281; Beschreibung des Hauses oben unter B II 3; Erinnerungen von Emilie Sanders, wie Anm. 171.
398 S. oben unter B V.
399 Gespräch mit Herrn Heinrich Schmidt-Barrien am 16.6.1993.
400 S. Anm. 118; allgemein zur Baugeschichte in Bremen Rosenberg, Die Stadtentwicklung und das Bauen seit 150 Jahren, aus: Faust (Hrsg.), Geistiges Bremen, S. 9; Wortmann, wie Anm. 118, S. 208 ff., die indessen beide auf die Bautätigkeit unter dem Nationalsozialismus nur am Rande eingehen; hierzu s. aber Voigt, wie Anm. 117.
401 S. auch Gerd Offenberg, Mosaik meines Lebens, Bremen 1974, StA D 1447, S. 174 ff.: 1934–1942 Als Baudirektor in Bremen, S. 242: Ufergestaltung des Teerhofs, Lageplan, S. 243: dito, Vogelschau, 1939.
402 Erinnerungen von Emilie Sanders, wie Anm. 171.
403 S. Bruss, Die Bremer Juden unter dem Nationalsozialismus, S. 18; zur Verfolgung der Juden in Bremen s. auch Marßolek/Ott, Bremen im Dritten Reich, S. 339.
404 Bruss, ibd., S. 251; BremAB 1925, S. 387; 1930, S. 195.
405 Bruss, ibd., S. 244; BremAB 1935, S. 270.
406 RGBl. 1938, S. 414, 823, 1579 f.
407 Bruss, wie Anm. 403, S. 310.
408 Bruss, ibd., S. 251.
409 Bruss, ibd., S. 244, 248.
410 Auskünfte von Rolf Ommen, wie Anm. 171; Erinnerungen von Emilie Sanders, wie Anm. 171.
411 Ibd.
412 S. Kaisen, Meine Arbeit, mein Leben, S. 114 ff.; StA 7,97; von Hörsten, Ein Dach überm Kopf, S. 9.
413 Hartmut Müller (Hrsg.), wie Anm. 271, S. 126, 188.
414 Brief Paul Wenthe, wie Anm. 124; Bericht von Rolf Ommen, wie Anm. 171.
415 Berichte von Rolf Ommen und Wilfried Schierloh; Erinnerungen von Emilie Sanders, sämtlich wie Anm. 171.
416 Brief von Paul Wenthe, wie Anm. 124.

417 Wenthe, ibd.; Reinhold Thiel, Die bremische Flugabwehr im 2. Weltkrieg, Bremen 1995.
418 Paul Wenthe, ibd.; Fritz Peters, Zwölf Jahre Bremen 1933–1945, S. 201; die Bemerkung von Peters, es seien 7 Packhäuser zerstört worden, ist allerdings zu korrigieren, wie die folgenden Ausführungen zeigen.
419 StA 4,77, 24. Luftangriff; wichtige Belege stellen auch die von H.-W. Deetjen, Firma Knappstein & Co., freundlichst überlassenen Fotos dar.
420 Ausführlich StA, ibd.; nahezu alle Lagervorräte in den zerstörten Häusern, wie Kaffee, Getreide, Tabak und Textilien, wurden durch Brand vernichtet.
421 Ibd.; diese Annahme dürfte allerdings zu hoch liegen, denn der amtliche Schätzungswert für Haus und Grundstück Teerhof Nr. 19 betrug, wie unter B III 3 dargelegt, nur RM 45 000,–, ein Warenwert von über 400 000 RM erscheint somit überhöht.
422 Brief von Paul Wenthe, wie Anm. 124; Erinnerungen des Verfassers R. G.
423 Berichte von Rolf Ommen und Wilfried Schierloh vom 21.12.1994; Erinnerungen von Emilie Sanders, sämtlich wie Anm. 171; auch Schwarzwälder, Geschichte der Freien Hansestadt Bremen, Band IV, Bremen in der NS-Zeit, S. 498, erwähnt den Aufenthalt von Kriegsgefangenen auf dem Teerhof, gibt dafür allerdings keine Quelle an.
424 Drucksache der Bremischen Bürgerschaft – Landtag – 11/804, im folgenden Drucksache 11/804; s. auch Drechsel u. a. (Hrsg.), Beiträge zur Sozialgeschichte Bremens, Heft 5, Zwangsarbeit, Rüstung und Widerstand.
425 Drucksache 11/804, S. 6; unter ihnen befanden sich 12 653 Frauen; Kriegsgefangene in Lagern ohne Arbeitseinsatz sind hierunter nicht erfaßt, wobei die Abgrenzung offenbar schwierig ist, so daß die Zahlen gegenüber anderen Veröffentlichungen abweichen, s. u. a. Heuzeroth, Unter der Gewaltherrschaft des Nationalsozialismus 1939–1945, Oldenburg 1994, S. 194 ff.; Drechsel u. a., wie Anm. 424; insgesamt dürfte die Zahl der Arbeitssklaven von 1940–1945 etwa 100 000 betragen haben.
426 Drucksache 11/804, S. 5 und 9.
427 Drucksache 11/804, S. 3 f., 7; Schminck-Gustavus, Bremen kaputt, S. 210, 213, 223; Heuzeroth, wie Anm. 425, S. 196, 202 ff., 225.
428 Schminck-Gustavus, ibd., S. 220, 228; Heuzeroth, ibd., S. 213, 231.
429 Drucksache 11/804, S. 8.
430 Laut Drucksache 11/804, S. 8, wurden die sogenannten Zivilarbeiter bis 1942 teilweise in Privatquartieren untergebracht; vgl. auch Heuzeroth, wie Anm. 425, S. 194 ff.
431 Ludwig Beutin, wie Anm. 109, S. 266.
432 S. oben unter C III 18.
433 Drucksache 11/804, S. 5.
434 Berichte von Rolf Ommen und Wilfried Schierloh sowie Erinnerungen von Emilie Sanders, sämtlich wie Anm. 171.
435 Ibd.
436 Erinnerungen von Emilie Sanders, wie Anm. 171; Erinnerungen des Verfassers R. G.
437 Berichte von Rolf Ommen und Wilfried Schierloh, wie Anm. 171.
438 Berichte von Rolf Ommen und Wilfried Schierloh vom 21.12.1994, wie Anm. 171; s. auch allgemein Schminck-Gustavus, wie Anm. 427, S. 231 und 241.
439 Ibd.
440 StA 4,77, 103. Luftangriff.
441 Brief von Inge Stumper, wie Anm. 126; s. auch Bild 233.
442 Erinnerungen von Emilie Sanders, wie Anm. 171.
443 Johann Reiners, Erlebt und nicht vergessen, S. 144 ff.; Schminck-Gustavus, wie Anm. 427, S. 250 ff.
444 Thiel, wie Anm. 417, S. 156 ff.
445 Erinnerungen von Emilie Sanders, wie Anm. 171.
446 Fritz Peters, wie Anm. 418, S. 266.
447 S. ausführlich zum Angriff und zu den entstandenen Personen- und Sachschäden StA 4,77, 137. Luftangriff; auch auf dem Teerhof kamen einige Personen zu Tode, darunter im Packhaus Nr. 14 der offenbar dort als Wachmann eingesetzte Reinhard Rahn, geb. 14.3.1920, s. im übrigen unter 8.
448 Wie Anm. 124.
449 Wie Anm. 171.
450 StA 4,77, 137. Luftangriff.
451 Bericht von Rolf Ommen, wie Anm. 171.
452 S. oben unter C III 16.
453 Landesbildstelle, Bremen nach dem Kriege 1945–1949, S. 27; Schminck-Gustavus, wie Anm. 427, S. 276; Harmssen, wie Anm. 256, S. 48.
454 StA 4,77, 137. Luftangriff.
455 Harmssen, wie Anm. 256, S. 48.
456 S. oben unter C III 25.
457 Brief von Paul Wenthe, wie Anm. 124.
458 S. oben unter C III 17.
459 BremAB 1925, S. 387; 1930, S. 196; 1935, S. 270; 1940, S. 281; Bericht von Rolf Ommen, wie Anm. 171.
460 Bericht von Rolf Ommen, ibd.
461 S. oben unter C IV 5.
462 Erinnerungen von Emilie Sanders, wie Anm. 171.

463 Wie Anm. 124.
464 S. unter C III 23.
465 Bericht von Rolf Ommen, wie Anm. 171.
466 S. unter C IV 5.
467 Erinnerungen von Emilie Sanders, wie Anm. 171.
468 StA 4,29, 1-1081; zum früheren Fährbetrieb s. unter B VI 1.
469 Lamster, wie Anm. 235, S. 518; Schwarzwälder, wie Anm. 232, S. 236.
470 Lamster, ibd., S. 519; Schwarzwälder, ibd.
471 Lamster, ibd., S. 518; WK vom 29.9.1945.
472 Lamster, wie Anm. 235, S. 519; WK vom 19.3.1947.
473 Wolfgang Beutin, Der Wanderer im Wind, S. 67 f.
474 Wolfgang Beutin, ibd., S. 68.
475 Lamster, wie Anm. 235, S. 519; Schwarzwälder, wie Anm. 232, S. 236.
476 Die Lage der Brücke hat die Bebauung am Franziuseck und an der Herrlichkeit und damit mittelbar auch die auf dem Teerhof beeinflußt.
477 Lamster, wie Anm. 235, S. 520 ff.
478 BremAB 1951, S. 357; 1960, S. 481.
479 BremAB 1910, S. 889.
480 BremAB 1951, unter Herrlichkeit, Bewohner eingetragen bei den Häusern Nr. 1 und 3; s. auch Anm. 245.
481 So der Text der behördlichen Anerkennungsurkunde; s. im einzelnen Kaisen, wie Anm. 412, S. 280; zu den rechtlichen Grundlagen dieser Arbeitspflicht s. Großmann, wie Anm. 266, S. 211, insbesondere Fußnote 10.
482 Ausführlich Großmann, ibd., S. 209 ff.; s. zum Wiederaufbau Bremens allgemein Adamietz, Das erste Kapitel; Apelt, Bremens Weltgeltung, aus: Thalenhorst (Hrsg.), Bremen und seine Bauten, S. 11; von Hörsten, wie Anm. 412; Jansen/Meyer-Braun, Bremen in der Nachkriegszeit; Landeszentralbank Bremen, Vom Taler zur Deutschen Mark; Karl-Heinz Müller, Lebenssituationen 1945–1948; Röpcke, Entstehung, Status und Verwaltung der amerikanischen Enklave Bremen; Sauermilch/Wegener, Bremen 1949–1979; Schmidt, Bremen nach der Stunde Null; Wortmann, wie Anm. 118, S. 215 f.
483 Landesbildstelle Bremen, wie Anm. 453, S. 6 f.
484 Landesbildstelle Bremen, ibd.
485 Bericht im WK vom 6.10.1949.
486 Landesbildstelle Bremen, wie Anm. 453, S. 16.
487 Bericht von Wilfried Schierloh, wie Anm. 171.
488 Jörn Schierloh, Anm. zur Archäologie des Teerhofs, freundlichst überlassen im Dezember 1994.
489 WK vom 30.6.1995.
490 S. Storck, wie Anm. 222; eine sympathische gastgebende Rolle spielte der Teerhof allerdings noch über Jahre hinweg als Standort für Veranstaltungen kultureller und unterhaltender Art, z. B. der Weserlust, einer Delphin-Schau, eines Tanztheaters, mehrerer Wanderbühnen und vor allem des Zirkus Roncalli, s. Bremer Nachrichten vom 23.4., 14.5. und 2.9.1983, 12.7.1985 und 15.8.1986 sowie WK vom 25.4.1983, 2.7.1984 und 28.6.1986.
491 Bremer Nachrichten vom 14.12.1949; s. auch StA 9, S 0-726; Prüser, wie Anm. 178, S. 546.
492 Bremer Nachrichten, ibd.; Bremer Volkszeitung vom 14.10.1950; StA 4, 29/1-539.
493 S. Bild Nr. 165 und Anm. 491; BremAB 1951, S. 357.
494 BremAB 1960, S. 481; WK vom 14.9.1973.
495 S. unter C III 16; Prüser, wie Anm. 178, S. 546 f.
496 WK vom 14.9.1973; StA 9, S 0-726.
497 Auskunft von Lieselotte Ehntholt, wie Anm. 124.
498 Auskunft von Hans-Werner Deetjen, wie Anm. 304.
499 S. unter C III 17 und Anm. 345; Auskunft von Reinhard Bormann, wie Anm. 342.
500 Erinnerungen von Emilie Sanders, wie Anm. 171.
501 Rosenberg, Vom Wiederaufbau und von der Stadterweiterung in Bremen in den Jahren 1949–1970, S. 303.
502 S. Berichte von Reinhard Bormann, wie Anm. 342; Lieselotte Ehntholt, wie Anm. 124, und Wilhelm Schierloh, wie Anm. 171.
503 Original im Archiv des Verfassers R. G.
504 S. Anm. 188 und 283; StA — S 6,2 F.2.a.XIV; es handelt sich um die Fläche zwischen Teerhof Nr. 7 und Teerhof Nr. 14, s. Bild Nr. 21.
505 Bremer Volkszeitung vom 14.10.1950.
506 Bericht von Wilfried Schierloh, wie Anm. 171.
507 Tippel, Der Neuaufbau, aus: Thalenhorst (Hrsg.), Bremen und seine Bauten, S. 250; hierbei ist interessant, daß der Wiederaufbau der Stadt durchaus planvoll angegangen wurde, wie Tippel, ibd., näher dargelegt hat; so gab es den Bremer Ausschuß für Bauforschung, der unter Wortmann von 1945–1948 Arbeiten für die Behörde lieferte; eine Arbeitsgemeinschaft der Stadtplanung, gemischt aus privaten und behördlichen Fachleuten, überprüfte alle Gedanken der offiziellen Stadtplanung; die Gebietsarchitekten der Auf-

baugemeinschaft Bremen bearbeiteten als Mittler zwischen Anlieger und Behörde die Detailpläne der Innenstadtgebiete; schließlich wirkte die Aufbaugemeinschaft selbst an Grundsätzen und Planungen entscheidend mit.

508 S. unter C VI 1 und Anm. 401.
509 Bericht von Lieselotte Ehntholt, wie Anm. 124; Erinnerungen von Emilie Sanders, wie Anm. 171.
510 S. besonders deutlich Salander, Schicksal oder Zufall? Bremen im Wandel von 100 Jahren, S. 96; a. A. möglicherweise Grohne, wie Anm. 114 und 119, der aber die frühere Mischbebauung außer acht läßt.
511 Dabei wichen die Vorstellungen der früheren Bewohner nicht wesentlich von denen des Oberbaudirektors Rosenberg ab, s. Rosenberg, Gedanken zur Bebauung des Teerhofes, Der Aufbau, 1984, Heft 1, S. 5.
512 Auskünfte von Rolf Ommen, wie Anm. 171.
513 Auskünfte von Lieselotte Ehntholt, wie Anm. 124.
514 Vgl. z. B. die Schätzungen für das Packhausgrundstück Nr. 19 mit ca. RM 12,— pro qm aus dem Jahre 1927 — s. oben B III 3b — und für das Wohnhausgrundstück Nr. 40 mit ca. RM 17,50 pro qm aus dem Jahre 1933 — s. oben B II 3b; allgemein zur Grundstückspreisentwicklung in Bremen Lucht, Der Aufbau, 1988, Heft 1, S. 19.
515 S. Anm. 505.
516 S. Berichte von Rolf Ommen und Wilfried Schierloh, wie Anm. 171, und Lieselotte Ehntholt, wie Anm. 124.
517 Schreiben des Senators für das Bauwesen vom 14.6.1961, Archiv des Verfassers R. G.
518 Schreiben des Liegenschaftsamtes vom 17.8.1978, Archiv des Verfassers R. G.
519 Tippel, wie Anm. 507.
520 Erklärungen verschiedener Eigentümer gegenüber dem Verfasser R. G., wegen des Datenschutzes und etwaiger rechtlicher Folgen einer Veröffentlichung hier nicht namentlich zu nennen.
521 Ludwig Quidde, Rückblick, abgedruckt bei Johann-Günther König, Kinner mit'n Willen kriegt wat vör de Billen, Bremer Kindheiten, Bremen 1989, S. 93 f.
522 S. den Bericht in der Bremer Volkszeitung vom 14.10.1950; StA 9, S. 0—726; differenzierter Wortmann, Die Lebensgesetze einer Stadt — dargestellt an den Beispielen Teerhof und Bürgerweide, Der Aufbau, 1984, Heft 1, S. 7 und 12 ff.
523 Rosenberg, wie Anm. 511.
524 Bremer Nachrichten vom 27.5.1959.
525 S. Neufassung der Staffelbauordnung für die Stadt Bremen und das Landgebiet vom 23.3.1940, BremGBl. 1940, S. 64.
526 Zutreffend Tippel, wie Anm. 507, S. 249.
527 Bremer Nachrichten vom 14.5.1963 und WK vom 4.7.1964; kritisch zur Untätigkeit u. a. Jens-Theo Müller, Bremen von klein auf, S. 43; StA 9, S 0—726.
528 S. WK vom 4.7.1964.
529 Bremer Nachrichten vom 28. und 30.12.1965 und 6.8.1966 sowie WK vom 8.2.1966; s. auch StA 9, S 0—726.
530 Bremer Nachrichten vom 2.9.1966, WK vom 2.9.1966, Bremer Bürgerzeitung vom 10.9.1966; StA 9, S 0—726.
531 WK vom 8.2.1966 und Bremer Nachrichten vom 21.12.1967.
532 WK vom 21.12.1967; s. auch Rosenberg, wie Anm. 511, S. 5 f.
533 S. u. a. Bremer Vereinigung für Städtebau: „Keinerlei Rücksicht auf die Altstadt, struktursprengend, ohne Einordnung, grober und gefährlicher Fremdkörper", zitiert nach Schomers, Innenstadtnahes Wohnen am Wasser, Baumeister, 1978, Nr. 8, S. 695.
534 Bremer Nachrichten vom 21.12.1966 und 13.12.1967; Schomers, wie Anm. 533, bezeichnete den Komplex als „erhebliche Erbbelastung".
535 S. auch Wortmann, wie Anm. 522, S. 7 und 12; es handelte sich um eine bis in die siebziger Jahre laufende Küstenschutzmaßnahme für 12 Millionen DM aus dem Programm der Bundesregierung für Zukunftsinvestitionen.
536 WK vom 15.3.1977; Schomers, wie Anm. 533.
537 S. WK vom 15.3.1977; insgesamt förderte die abwartende Haltung einen auf Partizipation gegründeten Entwicklungsprozeß, so Schomers, wie Anm. 533; Partizipation war in Bremen immer stärker als anderswo ein tragendes Element, s. ausführlich Großmann, wie Anm. 266.
538 Bremer Nachrichten von März 1975.
539 WK vom 15.3.1977; s. auch StA 9, S 0—726.
540 Leserbrief im WK vom 19./20.3.1977.
541 Teerhof-Ausschuß, Wettbewerbsausschreibung Innenstadtnahes Wohnen am Wasser, zitiert nach Schomers, wie Anm. 533, S. 696.
542 Bremer Nachrichten vom 14.3.1978 und WK vom 14.3.1978 und 23.2.1980; die preisgekrönten oder angekauften Entwürfe sind wiedergegeben in Baumeister, 1978, Nr. 8, S. 697—700; kritisch zum Ergebnis des Wettbewerbs insgesamt Schomers, wie Anm. 533, S. 696, der insbesondere eine Ausnutzung der außergewöhnlichen Lage und eine Freiraumgestaltung bei den Entwürfen vermißt.
543 WK vom 14.3.1978.

544 Bremer Nachrichten vom 16.3.1978.
545 WK von Ende Juni 1978.
546 WK von März 1979 und 23.2.1980.
547 WK vom 23.2.1980 und 29.10.1982; gegen eine Hochhaussiedlung auch der frühere Landesdenkmalpfleger Dillschneider, ibd.
548 WK vom 17.12.1983.
549 Bremer Nachrichten vom 14.3.1978 und WK vom 23.2.1980; s. auch Baumeister, 1978, Nr. 8, S. 700.
550 WK vom 21.5.1983.
551 WK vom 28.3.1984.
552 Wortmann, wie Anm. 522, S. 7, 12; Rosenberg, wie Anm. 511, S. 5 f.
553 S. Umbruch, Zeitung der Hochschule Bremen, 1985, Heft 3, S. 7 ff.
554 WK vom 6.5.1986.
555 Schorling, Der Teerhof Bremen — Maritimes Wohnen im Herzen der Stadt, Der Aufbau, 1986, Heft 2, S. 11.
556 Schorling, ibd.; WK vom 9.1.1985.
557 Schorling, ibd.; WK, ibd.
558 WK, ibd.
559 WK, ibd.; Schorling, wie Anm. 555, S. 11 f.
560 S. auch die Ausführungen von Bausenator Blase in den Bremer Nachrichten vom 2.2.1966.
561 S. Bremer Nachrichten vom 17.5.1979.
562 Zur städtebaulichen Konzeption der Stadtgemeinde s. auch Plenarprotokolle der Bremischen Bürgerschaft, 11. Wahlperiode, 32. Sitzung vom 5.12.1986, S. 1628.
563 WK von Dezember 1986 und 9.5.1987.
564 WK, ibd.
565 WK vom 28.4. und 9.5.1987; Der Aufbau, 1987, Heft 1, S. 7 f.
566 WK vom 24.6.1987.
567 S. Mitteilung des Senats vom 25.8.1987, Drucksache der Bremischen Bürgerschaft 11/646; WK vom 4.9.1987.
568 BremABl. 1987, S. 350; s. auch die Kommentare zu diesem Entscheidungsprozeß in Der Aufbau, 1988, Heft 1, S. 6 f.
569 WK vom 4.9.1987.
570 S. den ausführlichen Bericht der Aufbaugemeinschaft in Der Aufbau, 1988, Heft 1, S. 4 f.
571 S. Schorling, „Wer da bauet an den Straßen ...". Die Teerhofbebauung — Ein integratives Verfahren, Der Aufbau, 1988, Heft 2, S. 7 ff.
572 Schorling, ibd.
573 Schorling, ibd.
574 Schorling, ibd., S. 8.
575 S. im einzelnen Baubeschreibung der Teerhof-Gesellschaft, Fassung vom 30.5.1990; speziell zur Zeile 4 s. Weber, Teerhof in Bremen, Baumeister, 1990, Heft 1, S. 27 f.
576 Baubeschreibung der Teerhof-Gesellschaft, ibd.
577 Schreiben des Liegenschaftsamtes, wie Anm. 518.
578 Weser-Report vom 20.2.1991 und Bremer Nachrichten vom 24.5.1991.
579 WK vom 8.1.1992.
580 WK vom 12.11.1993 und 26.4.1995.
581 WK vom 13.12.1994 und 31.1.1995.
582 S. Wortmann, wie Anm. 522, S. 7, 12.
583 Mündliche Auskünfte früherer Bewohner und Erinnerungen von Emilie Sanders, wie Anm. 171, in denen auf die gute Zuwegung zu allen angrenzenden Stadtteilen hingewiesen wurde; s. auch unter C V.
584 S. Anm. 552.
585 WK vom 9.4. und 24.7.1992 und 6.4.1993.
586 WK vom 6.4.1993.
587 WK vom 29.7.1993: 450 zum damaligen Zeitpunkt.
588 WK vom 29.7.1993 und Weser-Report vom 7.8.1994.
589 S. die Angaben in Anm. 490.
590 WK vom 6.5.1994; Bekanntmachung des Amtes vom 23.6.1994.
591 S. u. a. Bremer Nachrichten vom 16.3.1978; ausführlich zu Freese oben unter A 9, zu seinem Haus Herrlichkeit Nr. 3 B VIII 1; s. auch Schorling, wie Anm. 245.
592 So Rosenberg, wie Anm. 511, S. 5, und Anm. 528; Wortmann, wie Anm. 522, S. 12 und 14.
593 Hübotter, Du baust wie Du bist, S. 16; derselbe, Du baust wie Du bist II, S. 22.
594 S. Schorling, wie Anm. 555, S. 13.
595 S. u. a. Jens-Theo Müller, wie Anm. 527, S. 43; Aschenbeck, Bremens neue Altstadt, Bauwelt, 1993, Heft 22, S. 1167.
596 Wie Anm. 595; derselbe, Bremer Mittelmaß, WK vom 2.10.1992, Magazin, S. III.
597 S. z. B. die Anm. 139 und 144 f. über die Schätzungen der Häuser Teerhof Nr. 55 und 40.
598 S. oben unter III 1; ebenso Wortmann, wie Anm. 522, S. 12.
599 Wie Anm. 510, S. 96.
600 Vgl. u. a. Christoph Hackelsberger, Welt am Sonntag vom 28.11.1993, S. 58.
601 Berechtigt ist z. B. die Frage, weshalb die preisgekrönten Arbeiten aus dem Wettbewerb von 1977/78 — s. oben unter III 3 — mit Ausnahme des Entwurfs von Dissing und Weitling nicht berücksichtigt worden sind, s. auch Aschenbeck, wie Anm. 595 f.
602 Aschenbeck in WK vom 15.10.1991; derselbe, wie Anm. 595, S. 1170.
603 Aschenbeck, wie Anm. 595, S. 1169.

604 Vgl. u. a. Wortmann, wie Anm. 522, S. 13 f.; Schorling, wie Anm. 571, S. 8; Aschenbeck, wie Anm. 602.
605 S. die Angaben in Anm. 490.
606 Wie Anm. 593, Band I, S. 115.
607 Das Wechselspiel im aktionistischen Sinne hat Kurt Hiller, wie Ludwig Quidde — s. Anm. 521 — und Klaus Hübotter — wie Anm. 593 — ratioaktiver Kämpfer für bessere Zustände, mit folgendem Spruch deutlich gemacht: „Man hat gesagt, es komme nicht darauf an, die Einrichtungen zu verbessern, sondern darauf, die Menschen. Törichter Gegensatz! Ohne bessere Menschen werden die Einrichtungen nicht gebessert werden — und ohne bessere Einrichtungen nicht die Menschen. Fangen wir also an beiden Enden zugleich an!", aus: Wolfgang Beutin u. a. (Hrsg.), 100 x Kurt Hiller 1885—1985, Nr. 3.
608 Vgl. Kaisen, wie Anm. 412, S. 184; Koschnick (Hrsg.), Zuversicht und Beständigkeit. Wilhelm Kaisen; Wedemeier (Hrsg.), Unser Wilhelm Kaisen, S. 42 und 74.
609 Vgl. z. B. Aschenbeck, wie Anm. 595, S. 1170, der faktisch zutreffend, aber perspektivisch einseitig darauf hinweist, daß die Weser durch die Neubebauung des Teerhofs eine optische Begrenzung bekommen habe und als Fluß enger und damit interessanter geworden sei; stärker auf die Belange des Flusses eingehend Peter Groth und Wigbert Gerling, Der mißachtete Fluß schlägt wieder hohe Wellen, WK vom 11.9.1993; für die noch darüber hinausgehenden Überlegungen, die Weser gewissermaßen als eigenständigen Rechtsträger in den Mittelpunkt baulicher Veränderungen zu stellen, wird auf Gespräche mit dem Architekten Kristen Müller Bezug genommen; in eine ähnliche Richtung gehen auch Ausführungen von Uwe Süchting, Hochschule für Künste in Bremen, wiedergegeben in Der Aufbau, 1988, Heft 1, S. 8.
610 S. oben B V 2.

Literaturverzeichnis

Adamietz, Horst, Das erste Kapitel, Bremen 1975

Apelt, Hermann, Bremens Weltgeltung, aus: Thalenhorst, Bremen und seine Bauten, 1952, S. 11

Architekten- und Ingenieur-Verein (Hrsg.), Bremen und seine Bauten, Bremen 1900

Aschenbeck, Nils, Bremer Mittelmaß. Die Wohnbebauung auf dem Teerhof steht kurz vor der Fertigstellung, WK Nr. 229 vom 2.10.1992, Magazin, S. III

—, Bremens neue Altstadt. Harmlose Architektur auf der Weserinsel Teerhof, Bauwelt, Zeitschrift, 1993, Heft 22, S. 1167

Aufbaugemeinschaft Bremen, Wettbewerb Teerhof, Der Aufbau, Zeitschrift, 1988, Heft 1, S. 4

Beeck, Kurt, Alt Bremen, Bremen 1990

Bessell, Georg, Bremen. Geschichte einer deutschen Stadt, Bremen 1954

Beutin, Ludwig, Bremen und Amerika, Bremen 1953

Beutin, Wolfgang, Der Wanderer im Wind, Hamburg 1991

Beutin, Wolfgang / Großmann, Ruprecht / Hübötter, Klaus (Hrsg.), 100 x Kurt Hiller 1885–1985, Hamburg 1985

Bippen, Wilhelm von, Geschichte der Stadt Bremen, 3 Bände, Bremen 1892–1904, Bd. I 1892, Bd. II 1898, Bd. III 1904

Bollmann, Johannes, Bremisches Staats- und Verwaltungsrecht, Bremen 1904

Bruss, Regina, Die Bremer Juden unter dem Nationalsozialismus, Bremen 1983

Buchenau, Franz, Die Freie Hansestadt Bremen, Bremen, 4. Aufl. 1934

Cramer, Johannes / Gutschow, Niels, Historische Entwicklung des Bremer Hauses, aus: Die Sparkasse in Bremen, Das Bremer Haus, Bremen 1982, S. 15

Die Sparkasse in Bremen, Das Bremer Haus. Geschichte, Programm, Wettbewerb, Bremen 1982

Drechsel, Wiltrud / Gerstenberger, Heide / Marzahn, Christian (Hrsg.), Beiträge zur Sozialgeschichte Bremens, Heft 5: Arbeit. Teil 1. Zwangsarbeit, Rüstung, Widerstand 1931–1945, Bremen 1982

—, Beiträge zur Sozialgeschichte Bremens, Heft 9: Östliche Vorstadt. Zur Entstehung eines Stadtteils im 19. Jahrhundert, Bremen 1985

Droste, Georg, Ottjen Alldag, Bremen 1907

Duckwitz, Richard, Bremen. Demokratie / Diktatur. Erlebte Probleme und Lösungen, Bremen 1952

Duntze, Johann Hermann, Geschichte der freien Stadt Bremen, 4. Bd., Bremen 1851

Entholt, Hermann (Hrsg.), Das Bremer Adreßbuch von 1796, Leipzig 1929

Faust, Alfred (Hrsg.), Geistiges Bremen, Bremen 1960

Fliedner, Siegfried, Der Fund einer Kogge bei Bremen im Oktober 1962, Brem. Jb. Bd. 49, 1964, S. IX

Focke, Johann, Das Seefahrtenbuch des Brüning Rulwes, Brem. Jb. Bd. 26, 1916, S. 108

Gätjen, Bernhard, Der Rentenkauf in Bremen, Veröffentlichungen aus dem Staatsarchiv der Freien Hansestadt Bremen, Heft 1, Bremen 1928, S. 1

Gildemeister, Eduard, Das Wohnhaus, aus: Architekten- und Ingenieur-Verein, Bremen und seine Bauten, 1900, S. 408

Gläbe, Friedrich, Bremen einst und jetzt. Eine Chronik, Bremen 1960

Graepel, R. / Fischer, M., Straßen, Straßenbahnen, Straßenbrücken, aus: Architekten- und Ingenieur-Verein, Bremen und seine Bauten, 1900, S. 530

Grohne, Ernst, Das historische Erbe. Verluste und Besitz 1900–1951, aus: Thalenhorst, Bremen und seine Bauten, 1952, S. 217

Großmann, Ruprecht, Wirtschafts- und sozialpolitische Grundkonzeption, aus: Kröning u. a. (Hrsg.), Handbuch der Bremischen Verfassung, S. 208

Großmann, Ruprecht / Mönch, Ronald / Rohr, Ulrich, Bremisches Personalvertretungsgesetz, Kommentar, Neuwied und Darmstadt 1979

Groth, Peter / Gerling, Wigbert, Der mißachtete Fluß schlägt wieder hohe Wellen, WK Nr. 213 vom 11.9.1993, S. 25

Gutmann, Hermann, Bremen zu Kaisers Zeiten 1900–1910. Bremer illustrierte Geschichte, Bremen 1987

Harmssen, Henning, Bremen – So wie es war, Düsseldorf 1974

Hauff, Wilhelm, Phantasien im Bremer Ratskeller (Nachdruck), Bremen 1966

Heineken, Christian Abraham, Geschichte der Freien Hansestadt Bremen von der Mitte des 18. Jahrhunderts bis zur Franzosenzeit, bearbeitet von Wilhelm Lührs, Bremen 1983

Heise, Horst, Bremen in seiner Region, aus: Kröning u. a. (Hrsg.), Handbuch der Bremischen Verfassung, S. 670

Helm, Karl, Bremens Holzschiffbau vom Mittelalter bis zum Ausgang des 19. Jahrhunderts, Brem. Jb. Bd. 44, 1955, S. 175

Herbig, Rudolf, Notizen aus der Sozial-, Wirtschafts- und Gewerkschaftsgeschichte vom 14. Jahrhundert bis zur Gegenwart, Leinfelden-Echterdingen, 5. Aufl. 1976

Höpken, Johann, Das bremische Pfandrecht am liegenden Gut, Brem. Jb. Bd. 7, 1874

Hörsten, Willem von, Ein Dach überm Kopf, ein Parzellenbewohner-Roman, Fischerhude 1978

Holzkamp, Bernd, Der Teerhof. Ein Beitrag zur Bremer Heimatgeschichte. Wissenschaftliche Hausarbeit zur Ersten Lehramtsprüfung, hektographiert und gebunden, Bremen 1962

Hübotter, Klaus, Du baust wie du bist. Anmerkungen zu einigen Wohnungsbauten in und um Bremen aus den 70er Jahren, Fürth o. J.

—, Du baust wie du bist. II. Anmerkungen zu einigen Bauten in und um Bremen aus den 80er Jahren, Bremen 1989

Jansen, Hans G./Meyer-Braun, Renate, Bremen in der Nachkriegszeit. 1945–1949. Politik – Wirtschaft – Gesellschaft, Bremen 1990

Kaisen, Wilhelm, Meine Arbeit, mein Leben, München 1967

Kippenberg, Anton, Geschichten aus einer alten Hansestadt, Bremen 1937

Klapproth, Paul, Die Bremer Schulspeisung, Bremen 1949

Klischies, Waldemar Christian, Die verfassungs- und staatsrechtliche Entwicklung Bremens von der mittelalterlichen Reichsstadt zu einem modernen Verfassungsstaat unter besonderer Berücksichtigung der Verfassungen von 1849 und 1854, juristische Dissertation, Kiel 1955

Kloos, Werner, Das alte Bremen, Bremen 1978

—, Bremer Lexikon. Ein Schlüssel zu Bremen, Bremen, 2. Aufl. 1980

Knechtel, Otto, Das älteste Bremen. Seehafen oder Brückenort? Ein Beitrag zur Entstehungsgeschichte Bremens, Bremen 1962

Koschnick, Hans (Hrsg.), Zuversicht und Beständigkeit. Wilhelm Kaisen. Eine Dokumentation, Bremen 1977

Kröning, Volker, Bremen in der Gesamtverfassung von Land, Bund und Gemeinschaft, aus: Kröning u. a. (Hrsg.), Handbuch der Bremischen Verfassung, S. 141

Kröning, Volker/Pottschmidt, Günter/Preuß, Ulrich K./Rinken, Alfred (Hrsg.), Handbuch der Bremischen Verfassung, Baden-Baden 1991

Kuckuk, Peter, Spanten und Sektionen. Werften und Schiffbau in Bremen und der Unterweserregion im 20. Jahrhundert, Bremen 1986

Lamster, Brückenbau, aus: Thalenhorst, Bremen und seine Bauten, 1952, S. 518

Landesbildstelle Bremen, Bremen nach dem Kriege 1945–1949, Embsen 1995

Landeszentralbank Bremen (Hrsg.), Vom Taler zur Deutschen Mark. Aus der bremischen und deutschen Geldgeschichte, Bremen 1986

Lerbs, Karl, Hinter Rolands Rücken, Bremen 1952

Lührs, Wilhelm, Ein Verzeichnis der Straßen Bremens aus dem Jahre 1937, Brem. Jb. Bd. 47, 1961, o. S.

—, Bremische Biographie 1912–1962, hrsg. von der Historischen Gesellschaft zu Bremen und dem Staatsarchiv Bremen, Bremen 1969

Maas, Heinrich, Geist und Formen des bremischen Staatslebens, Bremen und Frankfurt 1952

Marßolek, Inge/Ott, René, Bremen im Dritten Reich. Anpassung – Widerstand – Verfolgung, Bremen 1986

Mehlhorn, R. W., Geschäftshäuser, aus: Architekten- und Ingenieur-Verein, Bremen und seine Bauten, 1900, S. 390

Meinhardt, Dieter, Bremen. Ein Jahrtausend Schlüssel zur Welt, Bremen 1965

Meyer, Hanns, Das Bremer Gesicht, Bremen 1964

Müller, Hartmut, Der Weg zum Grundgesetz. Eine Dokumentation, Bremen 1979

Müller, Hartmut (Hrsg.), Bremer Arbeiterbewegung 1918–1945. Trotz alledem, Berlin 1983

Müller, Ingo, Die furchtbaren Juristen, München 1987

Müller, Jens-Theo, Bremen von klein auf, Bremen 1987

Müller Karl, Die staats- und verfassungsrechtliche Entwicklung in Bremen bis zum Jahre 1848, Bremen 1931

Müller, Karl-Heinz, Lebenssituationen 1945–1948. Materialien zum Alltagsleben in westlichen Besatzungszonen 1945–1948, Frankfurt 1983

Nemitz, Kurt, Wirtschaftsstruktur des Unterweserraumes, aus: Kröning u. a. (Hrsg.), Handbuch der Bremischen Verfassung, S. 647

Paulmann, Christian, Die Sozialdemokratie in Bremen 1864–1964, Bremen 1964

Peters, Fritz, Zwölf Jahre Bremen 1933–1945, Bremen 1951

Priester, Karl, Bremische Wohnhäuser um 1800. Beiträge zur Baugeschichte der Stadt Bremen, Bremen 1912

Prüser, Friedrich, Heimatchronik der Freien Hansestadt Bremen, Köln 1955

—, Bremen. Ein Bildband, Stuttgart 1958

—, Tausend Jahre Bremer Kaufmann, hrsg. von der Historischen Gesellschaft, Bremen 1965

Reiners, Johann, Erlebt und nicht vergessen. Eine politische Biographie, Fischerhude 1982

Renner, Johann, Chronik zur bremischen Geschichte, Bd. I und II, Bremen 1582/83, bearbeitet von Lieselotte Klink

Rinken, Alfred, Bremen, I. Geschichte, II. Staat und Verfassung, aus: Staatslexikon, hrsg. von der Görres-Gesellschaft, 7. Aufl., Bd. I, Freiburg, Basel und Wien 1985, Sp. 875

Röpcke, Andreas, Entstehung, Status und Verwaltung der amerikanischen Enklave Bremen, Brem. Jb. Bd. 66, 1988, S. 423

Rosenberg, Franz, Die Stadtentwicklung und das Bauen seit 150 Jahren, aus: Faust, Alfred (Hrsg.), Geistiges Bremen, Bremen 1960

—, Vom Wiederaufbau und von der Stadterweiterung in Bremen in den Jahren 1949–1970. Ein subjektiver Bericht, verfaßt 1981, hektographiert, STA Ae 119, Bremen 1983

—, Gedanken zur Bebauung des Teerhofes, Der Aufbau, Zeitschrift, 1984, Heft 1, S. 5

Saebens, Hans/Meyer, Hanns, Schönes Bremen, Bremen 1966

Salander, Gustav Adolf, Schicksal oder Zufall? Bremen im Wandel von 100 Jahren, Bremen 1987

Sauermilch, Werner/Wegener, Heiko, Bremen 1949–1979. 30 Jahre Grundgesetz, Bremen 1979

Schäfer, Dietrich, Mein Leben, Berlin 1926

Schaefer, Karl, Baugeschichtliche Übersicht, aus: Architekten- und Ingenieur-Verein, Bremen und seine Bauten, 1900, S. 37

Schierloh, Jörn, Anmerkungen zur Archäologie des Teerhofes, unveröffentlichtes Manuskript in Maschinenschrift, freundlichst überlassen vom Verfasser

Schmidt, Georg, Bremen nach der Stunde Null. Bilddokumente aus den Jahren 1945–1960, Bremen 1983

Schmidt-Barrien, Heinrich, Von der Bremer Böttcherstraße, Bremen o. J.

Schminck-Gustavus, Christoph U. (Hrsg.), Bremen — kaputt. Bilder vom Krieg 1939–1945. Berichte — Dokumente — Erinnerungen, Bremen 1983

—, Vryheit do ik ju openbar. Versuch zu einigen Aspekten der bremischen Verfassungsgeschichte, aus: Kröning u. a. (Hrsg.), Handbuch der Bremischen Verfassung, S. 13

Schomers, Manfred, Innenstadtnahes Wohnen am Wasser, Baumeister, Zeitschrift für Architektur, 1978, Nr. 8, S. 695

Schorling, Werner, Der Teerhof Bremen — Maritimes Wohnen im Herzen der Stadt, Der Aufbau, Zeitschrift, 1986, Heft 2, S. 11

—, „Wer da bauet an den Straßen . . .". Die Teerhofbebauung — ein integratives Verfahren, Der Aufbau, Zeitschrift, 1988, Heft 2, S. 7

—, Der Teerhof in Bremen — eine wechselvolle Geschichte, Der Aufbau, Zeitschrift, 1989, Heft 1, S. 3

Schreiber, Caspar Hinrich (Hrsg.), Neues Bremisches Addreß-Buch auf das Jahr 1810, Braunschweig 1810

Schuster, Rudolf, Die Entwicklung der bremischen Vorstädte im dritten Viertel des 19. Jahrhunderts, Veröffentlichungen aus dem Staatsarchiv der Freien Hansestadt Bremen, Heft 18, Bremen 1949, S. 23

Schwarz, Klaus, Wirtschaftliche Grundlage der Sonderstellung Bremens im deutschen Wohnungsbau des 19. Jahrhunderts, Brem. Jb. Bd. 54, 1976, S. 45

Schwarzwälder Herbert, Bremen im Wandel der Zeiten — Die Altstadt, Bremen 1970

—, Bremen im Wandel der Zeiten — Die Neustadt und ihre Vororte, Bremen 1973

—, Geschichte der Freien Hansestadt Bremen, Bd. 2. Von der Franzosenzeit bis zum Ersten Weltkrieg (1810—1918), Bremen 1976

—, Geschichte der Freien Hansestadt Bremen, Bd. 3. Bremen in der Weimarer Republik (1918—1933), Hamburg 1983

—, Geschichte der Freien Hansestadt Bremen, Bd. 4. Bremen in der NS-Zeit (1933—1945), Hamburg 1985

—, Reise in Bremens Vergangenheit. Stationen und Bilder einer 1200jährigen Geschichte, Bremen, 2. Aufl. 1986

Seebacher, Wendelin / Cordes, Dieter, Ostertor, Bremerhaven 1987

Spitta, Theodor, Kommentar zur Bremischen Landesverfassung von 1947, Bremen 1960

—, Aus meinem Leben. Bürger und Bürgermeister in Bremen, München 1969

Statistisches Landesamt der Freien Hansestadt Bremen, Die Bevölkerungsentwicklung Bremens seit 1700, Statistische Mitteilungen, Heft 45, 1979

Stein, Rudolf, Das vergangene Bremen. Der Stadtplan und die Stadtansicht im Wechsel der Jahrhunderte, Bremen 1961

—, Das Bürgerhaus in Bremen, Tübingen 1970

Storck, Adam, Ansichten der Freien Hansestadt Bremen und ihrer Umgebungen, Frankfurt am Main 1822

Teerhofausschuß, Innenstadtnahes Wohnen am Wasser. Wettbewerbsausschreibung, Baumeister, Zeitschrift für Architektur, 1978, Nr. 8, S. 697

Thalenhorst, Carl (Hrsg.), Bremen und seine Bauten. 1900—1952. Bearbeitet vom Architekten- und Ingenieur-Verein, Bremen 1952

Tippel, Klaus, Der Neuaufbau, aus: Thalenhorst, Bremen und seine Bauten, 1952, S. 241

Verkehrsverein Bremen, Bremen — Die Stadt und der Hafen, sechzig Kupfertiefdruckbilder, Leipzig o. J. (um 1930)

Vogt, Werner, Bremen. Alte Ansichtskarten, Brüssel 1979

Wannagat, Georg, Lehrbuch des Sozialversicherungsrechts, Bd. I, Tübingen 1965

Weber, Peter, Teerhof in Bremen, Baumeister, Zeitschrift für Architektur, 1990, Heft 1, S. 27

Wedemeier, Klaus (Hrsg.), Unser Wilhelm Kaisen, Bremen 1987

Wilda, H., Werften und Maschinenfabriken. Geschichtliches über den Bremer Schiffbau, aus: Architekten- und Ingenieur-Verein, Bremen und seine Bauten, 1900, S. 693

Wortmann, Wilhelm, Die bauliche Entwicklung der Stadt von 1900—1945, aus: Thalenhorst, Bremen und seine Bauten, 1952, S. 208

—, Die Lebensgesetze einer Stadt — dargestellt an den Beispielen Teerhof und Bürgerweide, Der Aufbau, Zeitschrift, 1984, Heft 1, S. 7

Abkürzungsverzeichnis

a.A.	anderer Ansicht	GG	Grundgesetz für die Bundesrepublik Deutschland vom 23.5.1949 (BGBl., S. 1)
a.a.O.	am angegebenen Ort		
ABl.	Amtsblatt		
Abs.	Absatz		
a.E.	am Ende	ggf.	gegebenenfalls
a.F.	alte Fassung	Hrsg.	Herausgeber
a.M.	anderer Meinung	hrsg.	herausgegeben
Anl.	Anlage	ibd.	ibidem = ebenda
Anm.	Anmerkung	i.d.F.	in der Fassung
Art.	Artikel	i.d.R.	in der Regel
Aufl.	Auflage	i.S.	im Sinne
Bd.	Band	i.V.m.	in Verbindung mit
betr.	betreffend	m.w.N.	mit weiterem Nachweis
BGB	Bürgerliches Gesetzbuch vom 18.8.1896 (BGBl. III 400-2)	n.F.	neue Fassung
		Nr.	Nummer
BGBl.	Bundesgesetzblatt	o.J.	ohne Jahr
BremAB	Adreßbuch der Freien Hansestadt Bremen	o.O.	ohne Ort
		o.S.	ohne Seite
BremABl.	Amtsblatt der Freien Hansestadt Bremen	RGBl.	Reichsgesetzblatt
		Rz.	Randziffer
BremGBl.	Gesetzblatt der Freien Hansestadt Bremen	s.	siehe
		S.	Seite
Brem. Jb. Bd.	Bremisches Jahrbuch Band	SaBremR	Sammlung des bremischen Rechts
BremLV	Landesverfassung der Freien Hansestadt Bremen vom 21.10.1947 (BremGBl., S. 251)	Slg.	Sammlung
		s.o.	siehe oben
		Sp.	Spalte
BremPersVG	Bremisches Personalvertretungsgesetz in der jeweils gültigen Fassung	StA	Akten des Staatsarchivs Bremen
		s.u.	siehe unten
BremStGH	Staatsgerichtshof der Freien Hansestadt Bremen	Tz.	Textziffer
		u.a.	unter anderem
BremStGHE	Entscheidungen des Staatsgerichtshofs der Freien Hansestadt Bremen	v.	vom, von
		vgl.	vergleiche
		VO	Verordnung
BUB	Bremisches Urkundenbuch, hrsg. von Ehmck und v. Bippen, korrigiert von Ulrich Weidinger	Vorbem.	Vorbemerkung
		WK	Weser-Kurier
		w.N.	weiterer Nachweis
		zul.	zuletzt
BVerfG	Bundesverfassungsgericht	zust.	zustimmend
BVerfGE	Entscheidungen des Bundesverfassungsgerichts		
dergl., desgl.	dergleichen, desgleichen		
ders.	derselbe		
d.h.	das heißt		
EG	Europäische Gemeinschaft		
f.	folgende Seite		
ff.	folgende Seiten		
gem.	gemäß		

Bildnachweise

Wegen der großen Zahl der Bildunterlagen wird auf die Quellen nicht an den betreffenden Stellen im Text, sondern hier zentral hingewiesen, geordnet nach den verschiedenen Quellen. Die Zahlen bei den einzelnen Quellen bezeichnen die entsprechenden Nummern, unter denen die Abbildungen im Text aufgeführt sind. Die Angaben in Klammern enthalten nähere Erläuterungen zu den Fundstellen, soweit das nötig oder möglich ist. Werden dazu weitere Erklärungen benötigt, so stehen die Verfasser auf Anfrage zur Verfügung. Bildunterlagen, die zeichnerisch übertragen worden sind, sind in der Regel unter der Originalquelle und bei der Verfasserin Anke Großmann genannt.

Abschließend sei allen, die uns Bildunterlagen zur Verfügung gestellt haben, auch an dieser Stelle gedankt.

1. Staatsarchiv Bremen

a) Bildarchiv:

22, 24, 33, 38, 40, 46–47, 52–53, 62, 66, 68, 70–73, 75, 77, 91, 102, 104, 106–107, 158–159, 178, 187, 192, 199, 207, 209, 225–228, 232–235, 237–238 und 244 (Grund-Registrier-Nr. 10 B–102)

b) Dokumentenarchiv:

90, 92, 96, 151 und 160 (Registrier-Nummern P.3.B.2., S. 1, StA 2, S. 149 f., 219, 581)

2. Landesbildstelle Bremen

23, 26–27, 32, 35–36, 43, 44, 58, 74, 76, 80, 82–83, 108, 121, 130, 134–135, 138–141, 144, 163, 166, 172–173, 190, 193, 200–201, 208, 211–213, 271, 281, 294, 301 und 313 (verschiedene Registriernummern)

3. Landesmuseum für Kunst und Kulturgeschichte (Focke-Museum)

25, 28, 48–50, 54, 63, 65, 105, 126, 154, 181 und 241 (verschiedene Registriernummern)

4. Weser-Kurier

183 (Ausgabe vom 10.8.1994), 197 (ca. 1993), 270 (9.3.1967), 272 (Dezember 1986), 282 (14.3.1978), 284 (14.3.1978), 285 (21.5.1983), 286 (6.5.1986), 287 (9.1.1985), 288 (24.6.1987), 302 (26.4.1995), 314 (6.4.1993) und 318 (27.3.1994) (die Texte, Fotos und Zeichnungen sind außerdem in der über den Teerhof geführten Akte des Staatsarchivs Bremen StA 9, S 0–726 enthalten)

5. Bremer Nachrichten

137 (Ausgabe vom 20.3.1973), 176 (26./27.9.1953), 280 (21.12.1967) und 328 (8.1.1966) (die Texte, Fotos und Zeichnungen sind außerdem in der über den Teerhof geführten Akte des Staatsarchivs Bremen StA 9, S 0–726 enthalten)

6. Bremer Bürgerzeitung

275 (Ausgabe vom 21.9.1973) und 278 (10.9.1966) (die Texte, Fotos und Zeichnungen sind außerdem in der über den Teerhof geführten Akte des Staatsarchivs Bremen StA 9, S 0–726 enthalten)

7. H. Fuchs (Zeichner)

176 (Bremer Nachrichten vom 26./27.9.1953), 286 (WK 6.5.1986), 287 (WK 9.1.1985), 288 (WK 24.6.1987) und 328 (Bremer Nachrichten 8.1.1966)

8. J. Stoss (Fotograf)

183 (WK vom 10.8.1994), 302 (WK 26.4.1995) und 314 (WK 6.4.1993)

9. Baumeister, Zeitschrift für Architektur

277 (1978, Nr. 8, S. 696) und 283 (1978, Nr. 8, S. 697)

10. Der Aufbau, Zeitschrift

290 (1988, Heft 1, S. 4), 291 (1988, Heft 1, S. 4) und 292 (1988, Heft 1, S. 5)

11. Bremer Adreßbuch

152 (1900, S. 647 f.)

12. Reichsgesetzblatt

150 (1911, S. 509)

13. Bremisches Gesetzblatt

12 (1853, S. 37) und 109 (1892, S. 217)

14. Kataster- und Vermessungsverwaltung

20, 21 (gezeichnet von Anke Großmann nach der amtlichen Flurkarte des Liegenschaftskatasters) und 34 (Karte von Bremen, Neustadt, Blatt 3)

15. Büro Bremen-Werbung

279 (Prospekt der Freien Hansestadt Bremen)

16. C. U. Schminck-Gustavus

229—231 (Bremen kaputt, 1. Aufl., S. 213, 223 und 241), 236 (a.a.O., S. 250), 242 (a.a.O., S. 289) und 249 (a.a.O., S. 315)

17. H. Schwarzwälder

196 (Bremen im Wandel der Zeiten — Die Altstadt, S. 243, Nr. 492)

18. R. Stein

245 (Das Bürgerhaus in Bremen)

19. H. Harmssen

118 (Bremen so wie es war, S. 51 f., Nr. 105), 206 (a.a.O., S. 17, Nr. 23)

20. K. Beeck

99 (Alt Bremen, S. 62), 103 (a.a.O., S. 55), 147 (a.a.O., S. 17) und 194 (a.a.O., S. 56)

21. F. Gläbe

252 (Bremen einst und jetzt)

22. W. Sauermilch und H. Wegener

251, 256, 258 f., 264 und 274 (Bremen 1949—1979. 30 Jahre Grundgesetz)

23. Landesbildstelle

254 (Bremen nach dem Kriege)

24. Verkehrsverein Bremen

69 (Bremen — Die Stadt und der Hafen)

25. W. Vogt

98 und 205 (Alte Ansichtskarten, Nr. 123 und 118)

26. R. W. Mehlhorn

81 (aus Architekten- und Ingenieur-Verein, Bremen und seine Bauten, S. 390)

27. R. Graepel und M. Fischer

127 (aus Architekten- und Ingenieur-Verein, Bremen und seine Bauten, S. 530)

28. W. Wortmann

132 (aus Thalenhorst, Bremen und seine Bauten, S. 208)

29. W. Schorling

262 und 269 (Der Aufbau, 1989, Heft 1, S. 3)

30. Sammlung Beckmann

37, 41—42, 61, 64, 88, 97, 100—101, 111—114, 116—117, 119—120, 122—125, 128—129, 142—143, 145, 162, 164—165, 188—189, 195, 198, 202, 240, 243, 250, 253, 255, 257, 260—261, 265 und 273

31. Verlag Hauschild

39 und 148 (Kalender 1906)

32. Klaus Stute

79 (Alt-Bremer Postkartenkalender 1995, Bild Dezember)

33. A. Hübener

35, 45 und 203 (Postkarten)

34. Firma Stute

153 und 210 (aus Firmenprospekten)

35. Frau G. Mönch (Firma Bormann & Schulze)

87 und 168—171

36. H.-W. Deetjen (Firma Knappstein & Co.)

29, 74, 84—86, 155—156, 161, 191 und 217—224

37. Frau L. Ehntholt

67, 78 und 157

38. W. Klemet

216

39. R. Ommen

51

40. W. Schierloh

239 und 263

41. J. Schierloh

267—268

42. P Wenthe

179—180 und 182

43. H. Vehlber

89, 131 und 204

44. K. Lappenberg

177, 214 und 266

45. Frau M. Guter

31

46. C. Weinrich

319

47. A. Großmann (Zeichnungen)

13—15, 17—21, 55—57, 59—60, 93—95, 110, 133, 289—291, 293, 329

48. A. Großmann (Fotos)

295—300, 303—312, 315—317, 320—327 und 330—333

49. R. Großmann (Grafiken)

174, 175 und 184

50. R. Großmann (Fotos und sonstige Unterlagen)

30, 146, 149, 185—186, 246—248